Die grenzüberschreitende Verbraucherverbandsklage nach dem Unterlassungsklagengesetz im Binnenmarkt

Studien zum vergleichenden und internationalen Recht -
Comparative and International Law Studies

Herausgeber: Bernd von Hoffmann, Erik Jayme
und Heinz-Peter Mansel

Band 151

PETER LANG
Frankfurt am Main · Berlin · Bern · Bruxelles · New York · Oxford · Wien

Kristin Kohler

Die grenzüberschreitende Verbraucherverbandsklage nach dem Unterlassungsklagengesetz im Binnenmarkt

PETER LANG
Internationaler Verlag der Wissenschaften

Bibliografische Information der Deutschen Nationalbibliothek
Die Deutsche Nationalbibliothek verzeichnet diese Publikation in der Deutschen Nationalbibliografie; detaillierte bibliografische Daten sind im Internet über <http://www.d-nb.de> abrufbar.

Zugl.: Köln, Univ., Diss., 2007

D 38
ISSN 0930-4746
ISBN 978-3-631-58063-9

www.peterlang.de

Vorwort

Die Dissertation ist in den Jahren 2005 und 2006 entstanden. In ihrem Kern basiert sie auf dem Stand der Literatur und Rechtsprechung bis Januar 2007. Einzelne Aktualisierungen bis zum Januar 2008 sind eingearbeitet.

Gegenstand der Arbeit ist die seit Umsetzung der UKl-RL in Deutschland bestehende Rechtslage bei Unterlassungsklagen von Verbraucherverbänden mit europäischem Auslandsbezug, wobei die §§ 1 - 3 UKlG im Fokus stehen. Mit ihr soll angesichts der steigenden Bedeutung des kollektiven Rechtsschutzes in Europa ein Bezugsrahmen für die praktische rechtliche Analyse solcher Verbandsklagen unter kollisionsrechtlicher Rücksicht vorgelegt werden.

Mein herzlicher Dank gilt der stetigen und ermutigenden Betreuung und Unterstützung durch Prof. Dr. Mansel. Bei Prof. Dr. Prütting möchte ich mich für die zügige und engagierte Erstellung des Zweitgutachtens bedanken.

Kristin Kohler

Inhaltsverzeichnis

Einleitung

I. Problemaufriss

Es ist seit vielen Jahren ein wichtiges Anliegen der Europäischen Union, ein hohes Verbraucherschutzniveau bei geringstmöglichen Kosten für die Wirtschaft sowie rechtliche Sicherheit und eine effektive Rechtsdurchsetzung im Binnenmarkt zu gewährleisten[1].

Auf materiell-rechtlicher Ebene geschieht dies durch vielfältige Schutzvorschriften, die das Ungleichgewicht zwischen Verbrauchern und Unternehmern ausgleichen oder abmildern. Dieser Schutz ist unzureichend, wenn er auf gesetzlicher Ebene verbleibt. Da Rechtszugang und Rechtsdurchsetzung Teil der verbraucherorientierten Vertragsgerechtigkeit sind[2], bedarf der materielle Schutz einer prozessualen Entsprechung[3].

Grundsätzlich kann jeder Verbraucher seine Rechte individuell in gerichtlichen Verfahren geltend machen. Jedoch besteht häufig ein „rationales Desinteresse" an der Verfolgung des eigenen Rechts, weil diese finanziell, zeitlich und persönlich außer Verhältnis zum möglichen Nutzen steht[4]. *Lindacher* spricht von der „strukturellen Schwäche des Konzepts individueller Interessenwahrnehmung"[5]. Es entsteht dann ein relevantes Ungleichgewicht, wenn die allgemein fehlende individuelle Rechtsdurchsetzung systematisch von der anderen Marktseite genutzt wird.

Daher wurden als Gegengewicht zu Rechtsverstößen mit Streuwirkung Instrumente mit ebenfalls potentieller Breitenwirkung geschaffen[6], um so Verbraucherinteressen kollektiv durchzusetzen. Dies insbesondere durch die Klagemöglichkeit von Verbraucherverbänden gegen Verwender und Empfehler von rechtswidrigen Allgemeinen Geschäftsbedingungen und gegen Personen, die Verbraucherschutzgesetzen zuwiderhandeln. Durch die kollektive Rechtsdurchsetzung soll die Asymmetrie zwischen individuellem Verbraucherinteresse und Unternehmerinteresse überwunden[7] und die Vertragsfreiheit wieder hergestellt werden[8].

---

[1] Grünbuch zum Verbraucherschutz in der Europäischen Union, KOM(2001) 531 endg., S. 3.
[2] Rösler, S. 177 ff.
[3] Gilles, ZZP 98 (1985), 1; Reich/Micklitz, S. 1148.
[4] Baetge, ZZP 112 (1999), 329, 330; Micklitz/Stadler, in Das Verbandsklagerecht, S. 11; Halfmeier, S. 144.
[5] Lindacher, ZZP 103 (1990), 400.
[6] Säcker, Rn. 79, das rationale Desinteresse allein als Legitimationsgrund ablehnend, Rn. 64.
[7] von Moltke, S. 35.
[8] MüKo-Micklitz, Vor § 13 AGBG Rn. 2 ff.

Zivilprozessuale Verbandsklagen sind weder in Deutschland noch in der Europäischen Union eine besonders junge Erscheinung. Bereits das UWG von 1909 sah eine Möglichkeit für Klagen gewerblicher Verbände vor[9]. Mit einer Änderung des UWG im Jahre 1965 wurden erstmals auch Verbraucherverbandsklagen zugelassen[10]. Entsprechend war die erste europäische Norm, mit der den Mitgliedstaaten die Einführung einer Verbandsklage im Interesse der Verbraucher vorgeschrieben wurde, eine wettbewerbsrechtliche, Art. 4 der Richtlinie 84/450/EWG über irreführende Werbung[11].

Seit einiger Zeit findet sich die Verbandsklage auch außerhalb des Wettbewerbsrechts. Mit der Verkündung des AGBG im Jahr 1976[12] wurde durch § 13 AGBG eine Klagemöglichkeit für Verbraucherverbände eröffnet[13]. Insoweit hat Deutschland Art. 7 Richtlinie 93/13/EWG über missbräuchliche Klauseln in Verbraucherverträgen[14], der im europäischen Raum einen kollektiven Schutz gegen missbräuchliche Allgemeine Geschäftsbedingungen vorschreibt, nicht mehr gesondert umgesetzt[15].

Trotz ihrer relativ langen Etablierung wird die Verbandsklage weiterhin als Fremdkörper bezeichnet[16]. Dem liegt zugrunde, dass der deutsche Zivilprozess vorrangig auf die Durchsetzung subjektiver Rechte in Zweipersonenverhältnissen gerichtet ist[17]. Die Verbandsklage jedoch zielt letztendlich auf die Wahrung des objektiven Rechts und die Durchsetzung eines öffentlichen Interesses, auch wenn dieses Interesse im Ausgleich des Kräfteverhältnisses einer zivilrechtlichen Zweipersonenbeziehung besteht.

Daher ist schon im nationalen Bereich die Anwendung der Verbandsklage und ihre Einordnung in die gegebenen materiellen und prozessualen Strukturen umstritten[18]. Im internationalen Raum wächst die Zahl der ungeklärten Fragen[19].

---

[9] RGBl 1909, 499.

[10] BGBl 1965 I 625.

[11] ABl EG L 250 vom 19.09.1984, S. 17.

[12] BGBl I 3317.

[13] Zur Entstehungsgeschichte der AGB-Verbandsklage siehe MüKo-Micklitz, Vor § 13 AGBG Rn. 9 ff.

[14] ABl EG L 25 vom 21.04.1993, S. 29 – Klauselrichtlinie.

[15] Fehlenden Umsetzungsbedarf konstatierte Ulmer, EuZW 1993, 346; a.A. Frey, ZIP 1993, 579 hinsichtlich der Zulassung ausländischer Verbände.

[16] Baetge, ZZP 112 (1999), 329 f.

[17] Stürner, in FS-Baumgärtel, S. 547 f., auch zu weiteren Prozesszwecken, so der Bewahrung des objektiven Rechts.

[18] Säcker, Rn. 1.

[19] Vgl. Oepen, ZZP 113 (2000), 443; MüKo-ZPO-Micklitz, Aktualisierungsband, UKlG Rn. 11.

In der Rechtsprechung findet die Diskussion über grenzüberschreitende Verbraucherverbandsklagen im Wesentlichen anhand zweier Fallkonstellationen statt. Die erste Gruppe sind die sogenannten Gran-Canaria - Fälle, benannt nach dem Ort, an dem sie sich häufig zugetragen haben. Darin verkauften deutsche Firmen, wohl in dem Versuch, die deutschen Verbraucherschutznormen zu umgehen[20], unter formaler Einschaltung spanischer Firmen an deutsche Touristen in Spanien verschiedene Produkte, vorzugsweise Wolldecken. Die Urlauber wollten sich später von diesen Verträgen lösen.

In den entsprechenden Individualrechtsstreitigkeiten lag der Schwerpunkt der gerichtlichen Diskussion auf der Reichweite deutschen Sachrechts im europäischen Ausland[21]. Das als Verbandsklage initiierte Verfahren, dessen Sachverhalt allerdings auf Mallorca stattfand, wurde schon aus einem anderen Grund abgewiesen. Der BGH entschied, dass die deutsche Firma die angegriffenen AGB nicht im Sinne von § 13 AGBG verwendet habe, denn unmittelbare Vertragspartnerin sei die spanische Firma[22].

In einer wettbewerbsrechtlichen Entscheidung mit parallelem Sachverhalt, der sich tatsächlich auf Gran Canaria zutrug, wurde dagegen die Passivlegitimation nicht weiter problematisiert, sondern vielmehr die Anwendbarkeit deutschen Rechts und damit ein Anspruch nach § 13 UWG (nunmehr § 8 UWG) verneint. Die Frage, ob über den UWG-Verbandsanspruch auch ein Verstoß gegen ausländisches Recht geltend gemacht werden könne, wurde offen gelassen, weil sich der Kläger auf ausländisches Recht nicht berufen habe[23].

Die zweite Fallkonstellation entstammt der Gewinnspielwerbung. Eine deutsche Firma versandte über die Tschechische Republik Schreiben in französischer Sprache an französische Verbraucher in Frankreich mit der Mitteilung, man werde Waren im Wert von FF 600 erhalten, wenn man zunächst FF 99 an ein deutsches Postfach sende[24].

Im Ergebnis fehlte es nach Auffassung des BGH an der Aktivlegitimation des klagenden Verbandes; deutsches Recht sei nicht einschlägig, auf ausländisches Recht habe sich der Kläger nicht berufen. Erneut lies der BGH zwei Fragen offen. Zum einen, ob ein Verband klagen kann, wenn eine nach deutschem Recht zu beurteilende Handlung allein die Interessen von im (EU-)Ausland ansässigen

---

[20] Diese Intention hält auch der BGH trotz Klageabweisung nicht für fernliegend, Urt. v. 19.09.1990 – VIII ZR 239/89, ZIP 1990, 1352 – Kauf im Ausland / AGB.
[21] Vgl. nur Michaels/Kamann, JZ 1997, 601; Mankowski, EWiR 1995, 453; Lüderitz, IPRax 1990, 216.
[22] BGH, Urt. v. 19.09.1990 – VIII ZR 239/89, ZIP 1990, 1348 – Kauf im Ausland / AGB.
[23] BGH, Urt. v. 15.11.1990 – I ZR 22/89, BGHZ 113, 11 – Kauf im Ausland / UWG.
[24] BGH, Urt. v. 26.11.1997 – I ZR 148/95, NJW 1998 1227 – Direct Shopping.

Verbrauchern berührt. Zum anderen, ob ein Verband nach § 13 UWG über den Wortlaut der Norm hinaus auch einen Verstoß gegen ausländisches Wettbewerbsrecht geltend machen kann.

Diese Urteile zeigen die Schwierigkeiten von Verbraucherverbandsklagen mit Auslandsbezug vor deutschen Gerichten. Deutsche Verbände konnten bisher nur in Deutschland ansässige Verbraucher nach Maßgabe des deutschen Rechts vor in Deutschland verwendeten oder empfohlenen missbräuchlichen Allgemeinen Geschäftsbedingungen schützen[25].

Die Verfolgung verbraucherrechtswidrigen Verhaltens z.B. eines deutschen Unternehmers gegenüber deutschen Verbrauchern in Frankreich war sowohl für deutsche wie für französische Verbände mit hoher Rechtsunsicherheit verbunden, wenn nicht unmöglich. Denn der deutsche Verband wäre in Frankreich mangels einer behördlichen Zulassung nicht als klageberechtigt anerkannt worden, während die Klage eines französischen Verbandes mangels Schutzbedürfnis französischer Verbraucher ebenfalls nicht zulässig wäre[26].

In Deutschland wiederum sähe sich die Klage des deutschen Verbandes dem Einwand ausgesetzt, dass weder der Rechtsverkehr in der Bundesrepublik Deutschland betroffen sei noch deutsches Recht auf die Situation Anwendung fände[27]. Denn in dem Verweis der Verbandsklagenormen auf das deutsche Recht wurde eine Beschränkung zum Teil auf deutsche Verbände und auf den Schutz von in Deutschland ansässigen Verbrauchern nur nach deutschem Recht gesehen[28].

Ist eine Rechtsdurchsetzung im grenzüberschreitenden Raum nicht möglich, greift die Funktion der Verbandsklage, die prozessuale Ungleichheit zwischen Verbrauchern und Unternehmern auszugleichen, bei der Verschränktheit der wirtschaftlichen Aktivitäten und der Mobilität der Verbraucher im europäischen Binnenmarkt in weiten Bereichen ins Leere.

Um diesen Ausgleich im europäischen Raum bei grenzüberschreitenden Aktivitäten sicherzustellen, wurde die Richtlinie 98/27/EG über Unterlassungsklagen zum Schutz der Verbraucherinteressen[29] erlassen[30]. Sie soll verhindern, dass Un-

---

[25] MüKo-Micklitz, § 13 AGBG Rn. 139; Maidl, S. 264.
[26] Beispiel nach Baetge, ZZP 112 (1999), 332 und 342; siehe auch Hopt/Baetge, S. 35, Schaumburg, BB 2002, 725.
[27] Vgl. nur die Begründung des BGH im Urt. v. 12.10.1989 – VII ZR 339/88, BGHZ 109, 33.
[28] Reich, RabelsZ 56 (1992), 474; OLG Köln, Urt. v. 12.05.1995 – 6 U 25/94, VuR 1995, 289 – II. Instanz zu Direct Shopping.
[29] ABl EG L 166 vom 11.06.1998, S. 51 – Unterlassungsklagenrichtlinie (UKl-RL).

ternehmer durch Verlagerung bestimmter Aktivitäten ins Ausland, sich der Rechtsdurchsetzung entziehen und damit nicht nur den individuellen Verbraucher schädigen, sondern auch wettbewerbsverzerrend handeln und den Binnenmarkt einschränken[31].

Das UKlG wurde in der Literatur als unvollständig in Bezug auf Auslandssachverhalte kritisiert[32]. Auch der Bundesrat merkte in seiner Stellungnahme Lücken bzw. Unklarheiten im Bereich der grenzüberschreitenden Unterlassungsklagen an[33]. Die Bundesregierung verwarf in ihrer Gegenäußerung die Bedenken des Bundesrates als durch allgemeine Regeln gelöst[34]. Nunmehr gibt der Gesetzgeber mit seinem Gesetz über die Durchsetzung der Verbraucherschutzgesetze bei innergemeinschaftlichen Verstößen[35] selbst Anlass, an der Möglichkeit des grenzüberschreitenden Rechtsschutzes nach §§ 1, 2 UKlG zu zweifeln.

Weder die UKl-RL noch das UKlG enthalten über die Regelung der Berechtigung ausländischer Einrichtungen zur Erhebung einer kollektiven Klage hinaus Vorschriften des internationalen Privatrechts und des internationalen Zivilprozessrechts, sieht man von dem im Richtlinientext selbst platzierten Hinweis auf den Ursprungs- und den Verletzungsort in Art. 2 II UKl-RL ab, der aber keine normative Wirkung hat.

Ob die UKl-RL mit der in Deutschland erfolgten Umsetzung durch das UKlG für grenzüberschreitende Verbandsklagen adäquate Lösungen bietet und ob die durch den BGH gesetzten „restriktiven Grenzen" der Verbandsklage des internationalen Vertragsrechts[36] Bestand haben können oder ob weitere gesetzliche Maßnahmen erforderlich sind, ist klärungsbedürftig. Solange erhebliche rechtliche Unsicherheit über die Behandlung internationaler Verbandsklagen vor deutschen Gerichten besteht, ist eine signifikante Anzahl solcher Klagen[37] nicht zu erwarten und verhindert die Durchsetzung der Richtlinienziele[38].

---

[30] Zur Ermächtigungsgrundlage der UKl-RL siehe Baetge, ZZP 112 (1999), 333 und Reich/Micklitz, S. 1166, 1169.
[31] Erwägungsgrund Nr. 4 UKl-RL.
[32] Heß, S. 532 f.
[33] BT-Drucks. 14/6857, S. 40
[34] vom 21.12.2006, BGBl I 3367.
[35] BT-Drucks. 16/2930, S. 42; Näher hierzu siehe in Kapitel 2 III. d) bb).
[36] Van Meenen, S. 153.
[37] Mit der Ausnahme weniger Einzelfälle gibt es keine grenzüberschreitenden Verbandsklagen. Grund hierfür ist auch die rechtliche Unsicherheit, öBMSG, Praktische Umsetzung, S. 19, 24, 113, 166.
[38] Rott/von der Ropp, ZZPInt 9 (2004), 21.

Bis auf weiteres bleiben hierbei kollisionsrechtliche Fragestellungen auch im europäischen Raum entscheidungserheblich. Denn zum einen ist mit dem Prinzip der gegenseitigen Anerkennung nach ausländischem Recht zugelassener Einrichtungen in der UKl-RL kein spezifisch gemeinschaftsrechtliches Instrumentarium geschaffen worden. Und zum anderen verfolgen die verbraucherschützenden Richtlinien den Grundsatz der Mindestharmonisierung, so dass erhebliche Rechtsunterschiede zwischen den Mitgliedstaaten bestehen[39].

II. Untersuchungsgegenstand

Gegenstand dieser Arbeit ist die seit Umsetzung der UKl-RL in Deutschland bestehende Rechtslage bei Unterlassungsklagen mit Auslandsbezug von Verbraucherverbänden. Aufgrund dieses Bezugspunktes wird grundsätzlich nur die innereuropäische Situation betrachtet.

Sachlich werden die §§ 1 und 2 UKlG in Augenschein genommen, wobei bei § 1 UKlG das Augenmerk auf den Unterlassungsansprüchen liegt. Der durch Art. 4 des Gesetzes über die Durchsetzung der Verbraucherschutzgesetze bei innergemeinschaftlichen Verstößen neu geschaffenen § 4a UKlG wird nur in seiner Konkurrenz zu §§ 1, 2 UKlG besprochen, weil er erst mit ihrem Abschluss verabschiedet wurde und nicht auf der UKl-RL beruht.

§§ 2a, 3a UKlG werden wegen ihrer gesonderten Rechtsgrundlage[40] und der speziellen urheberrechtlichen Thematik ebenfalls nicht erörtert. Andere Verbandsklagen, insbesondere § 8 UWG, sollen lediglich zur Abgrenzung und Erläuterung des UKlG dienen. Unterlassungsklagen wegen eines vertraglichen Anspruchs oder aufgrund eines Prozessvergleichs sind nicht Gegenstand der Arbeit. Auch der einstweilige Rechtsschutz ist ausgenommen.

Obwohl ebenfalls von Verbänden eingeklagt, ist die im Rahmen von Art. 1 § 3 Nr. 8 RBerG mögliche Prozessstandschaft durch Verbraucherverbände nicht eine der hier besprochenen Verbandsklagen. Sie gehört – in Anlehnung an den Erwägungsgrund Nr. 2 der UKl-RL, nach dem die von der Richtlinie geschützten Kollektivinteressen diejenigen Interessen sind, bei denen es sich nicht um eine Kumulierung von Interessen durch einen Verstoß geschädigter Personen handelt – ebenso wenig zum Gegenstand der Arbeit wie Gruppen- oder Musterklagen. Sie weisen, wenn auch oft im Zusammenhang erwähnt, andersartige rechtliche Strukturen und Begründungserfordernisse auf.

---

[39] Koch, ZZP 113 (2000), 436; So auch die Bundesregierung zu Art. 29a EGBGB, BT-Drucks. 14/2920, S. 7, 16.

[40] Art. 6 IV Richtlinie 2001/29/EG vom 22.05.2001, ABl EG L 167 vom 22.06.2001, S. 10; hierzu Erman-Roloff, § 2a UKlG Rn. 1.

Auf personeller Ebene ist die Untersuchung beschränkt auf Klagen von Verbraucherverbänden oder qualifizierten Einrichtungen. Die in § 3 I 1 Nr. 2 UKlG genannten gewerblichen Verbände werden vereinzelt zum Vergleich herangezogen. Die in § 3 I 1 Nr. 3 UKlG genannten Industrie- und Handelskammern und Handwerkskammern werden vollständig ausgeklammert. Aus dem in Deutschland bisher üblichen Sprachgebrauch heraus wird in dieser Arbeit der Begriff Verbraucherverband dergestalt verwendet, dass er einerseits auch ausländische unter Umständen nicht privatrechtlich strukturierte Einrichtungen erfasst und er sich andererseits grundsätzlich auf registrierte Verbände bezieht.

Es wird eine kollisionsrechtliche Lösung für Verbraucherverbandsklagen nach §§ 1, 2 UKlG erarbeitet. Anhaltspunkte sollen hierbei insbesondere die oben genannten vom Bundesgerichtshof in der *Direct Shopping* - Entscheidung unbeantworteten Fragen sein, ob deutsche Verbände auch zum Schutz von ausländischen Verbrauchern tätig werden können und ob die deutschen Verbandsklagenormen auch Klagen wegen der Verletzung ausländischen Rechts zulassen.

Aus diesen – jedoch keinesfalls abschließenden – Fragen lassen sich bereits die Merkmale entnehmen, die für die rechtliche Beurteilung relevant werden können. Es sind die „Nationalität“, d.h. der Sitz bzw. der gewöhnliche Aufenthalt, von Kläger und Beklagtem, der noch näher zu bestimmende Begehungsort und die betroffene Verbrauchergruppe. Demnach sind in Deutschland Verbraucherverbandsklagen in sechzehn Konstellationen denkbar, die sich für den Empfehlungstatbestand des § 1 UKlG sogar noch einmal differenzieren lassen:

1.	dt. Verband	dt. Unternehmer	in Deutschland	dt. Verbraucher
2.	dt. Verband	dt. Unternehmer	in Deutschland	ausl. Verbraucher
3.	dt. Verband	dt. Unternehmer	im Ausland	dt. Verbraucher
4.	dt. Verband	dt. Unternehmer	im Ausland	ausl. Verbraucher
5.	dt. Verband	ausl. Unternehmer	in Deutschland	dt. Verbraucher
6.	dt. Verband	ausl. Unternehmer	in Deutschland	ausl. Verbraucher
7.	dt. Verband	ausl. Unternehmer	im Ausland	dt. Verbraucher
8.	dt. Verband	ausl. Unternehmer	im Ausland	ausl. Verbraucher
9.	ausl. Verband	dt. Unternehmer	in Deutschland	dt. Verbraucher
10.	ausl. Verband	dt. Unternehmer	in Deutschland	ausl. Verbraucher
11.	ausl. Verband	dt. Unternehmer	im Ausland	dt. Verbraucher
12.	ausl. Verband	dt. Unternehmer	im Ausland	ausl. Verbraucher
13.	ausl. Verband	ausl. Unternehmer	in Deutschland	dt. Verbraucher
14.	ausl. Verband	ausl. Unternehmer	in Deutschland	ausl. Verbraucher
15.	ausl. Verband	ausl. Unternehmer	im Ausland	dt. Verbraucher
16.	ausl. Verband	ausl. Unternehmer	im Ausland	ausl. Verbraucher

In den ersten beiden Spalten sind Kläger und Beklagter aufgeführt, in der dritten der Verwendungsort und in der letzten die betroffene Verbrauchergruppe. Einige der Situationen sind kollisionsrechtlich relativ leicht zu lösen. So ist die Zuständigkeit deutscher Gerichte in Situation 1 gegeben und die Verbandsklage insgesamt deutschem Recht zu entnehmen. Ebenso deutlich fehlt es in Situation 16 bereits an der Zuständigkeit deutscher Gerichte. Situation 3 beschreibt den Sachverhalt der *Kauf im Ausland / AGB* - Entscheidung aus Sicht des Klägers, während sich die *Direct Shopping* - Entscheidung in Situation 4 findet[41].

Eine auf den ersten Blick übersichtlichere Aufteilung in zwei Komponenten, Klagen am Verursachungsort und Klagen am Verletzungsort[42], wurde nicht gewählt. Sie bietet sich zwar an, wenn der Fokus der Betrachtung auf der Frage der Zulässigkeit von Klagen ausländischer Verbände liegt. Jedoch hat diese Frage mit der eindeutigen Verpflichtung zur Anerkennung ausländischer Verbände durch die UKl-RL an Bedeutung verloren. Darüber hinaus aber nötigt auch eine solche Aufteilung wieder zu Untergliederungen, die auf die oben vorgenommenen hinauslaufen.

Für alle aufgelisteten Situationen soll im Verlauf der Arbeit gezeigt werden, an welchen Stellen in der rechtlichen Prüfung welche Elemente relevant sind und wo sich Diskussionsbedarf ergibt. Diese Fallgestaltungen gilt es letztendlich zu lösen. Sie bieten das Ziel der Untersuchung.

III. Gang der Untersuchung

Zu Beginn der Arbeit erfolgt zunächst ein kurzer Überblick über die verschiedenen Formen des kollektiven Rechtsschutzes sowie ihre rechtspolitische Funktion (Kapitel 1).

Ebenfalls einführend werden in Kapitel 2 die für den Untersuchungsgegenstand relevanten Rechtsgrundlagen vorgestellt und in ihrem Anwendungsbereich insbesondere gegenüber dem neuen § 4a UKlG abgegrenzt. Im Rahmen einer näheren Darstellung der §§ 1, 2 UKlG mit ihren Rechtsschutzzielen und Voraussetzungen wird die Rechtsnatur der Verbandsklage diskutiert. Diese bildet den Ausgangspunkt der internationalprivatrechtlichen Beurteilung.

Die Diskussion um die Qualifikation von § 3 UKlG als Regelung der Prozessführungsbefugnis und / oder Aktivlegitimation wurde nicht in Einem mit der Rechtsnatur der Verbandsklage erörtert, sondern im Kapitel 3 über die Parteien der Unterlassungsklage. Denn thematisch ist § 3 UKlG dem individuellen An-

---

[41] Ausführlich zu den Situationen in Kapitel 7.
[42] So Reich, RabelsZ 56 (1992), 454 und Maurer, S. 49 ff.

spruchsumfang zuzurechnen. Zudem wird die Stellungnahme zur Einordnung von § 3 UKlG nicht durch die zur Rechtsnatur präjudiziert[43]. Im Rahmen der Anspruchsberechtigung der Verbände werden auch die mit der eingeführten Registrierung einhergehenden Änderungen und Schwierigkeiten hinsichtlich der Verteilung der Prüfungskompetenzen sowie der Umfang der Aktivlegitimation von Verbänden erörtert.

Das vierte Kapitel betrifft die Reichweite und die Wirkungen der auf Unterlassung gerichteten Klagen. Hier geht es zum einen um die der Verbandsklage eigenen potentiellen Drittwirkung nach § 11 UKlG. Zum anderen werden einerseits die für Unterlassungsklagen im Allgemeinen typischen Probleme des Anspruchsumfangs und der Rechtshängigkeit besprochen sowie andererseits die bei der Verbandsklage im Besonderen entstehenden Fragen hinsichtlich der räumlichen, sachlichen und subjektiven Reichweite der Ansprüche. Eine mit diesen Fragen in Zusammenhang stehende Erörterung der internationalen Anerkennung und Vollstreckung von Verbandsklageurteilen würde den Umfang der Arbeit überschreiten und wurde nicht einbezogen.

Anschließend werden die internationale Zuständigkeit (Kapitel 5) und das anwendbare Recht (Kapitel 6) erörtert. Der Schwerpunkt des fünften Kapitels liegt neben der Anwendungsbereichseröffnung der EuGVVO in der Bestimmung des Handlungs- und Erfolgsorts nach Art. 5 Nr. 3 EuGVVO für die Verwendung und Empfehlung von AGB nach § 1 UKlG bzw. für die Zuwiderhandlung gegen Verbraucherschutzgesetze nach § 2 UKlG.

Das sechste Kapitel über das anwendbare Recht wird mit einer Darstellung über den Stand der Rechtsprechung und Literatur eingeleitet. Anhand der in diesem ersten Abschnitt des sechsten Kapitels aufgezeigten Unklarheiten, wird in einem zweiten Abschnitt ein eigener Ansatz für die Anknüpfung von §§ 1, 2 UKlG entwickelt. Der bestimmende Grundansatz der Arbeit ist die Differenzierung zwischen verschiedenen Aspekten. Hierzu gehören vor allem die allgemeine Klageberechtigung eines Verbandes im Unterschied zu seiner konkreten Interessensbetroffenheit sowie das Unterlassungsbegehren im Unterschied zur Beurteilung des Rechtsverstoßes, der dem Beklagten vorgeworfen wird[44]. Nicht zu vernachlässigen ist darüber hinaus die Unterscheidung zwischen dem Verwendungs- und dem Empfehlungstatbestand von § 1 UKlG. Jede dieser Fragen ist einer eigenen kollisionsrechtlichen Prüfung zu unterziehen. Auch sollte die Lösung stimmig mit den Annahmen zur Rechtsnatur von §§ 1 - 3 UKlG sein.

---

[43] Wolf/Horn/Lindacher-Lindacher, § 13 Rn. 21.

[44] Diese Differenzierungen nimmt sonst insbesondere Kessedjian, riv. dir. int. priv. proc. 1997, 292 f. deutlich vor.

In Anbetracht der anstehenden Veränderungen des deutschen internationalen Privatrechts durch das europäische Recht wird die gefundene Lösung an den geplanten Verordnungen Rom I - VO[45] und Rom II - VO[46] überprüft.

In einem letzten Kapitel (Kapitel 7) werden zur Veranschaulichung die oben aufgelisteten Situationen jeweils gesondert für die Verwendung und Empfehlung von AGB aufgegriffen und überblicksweise im Hinblick auf ihre kollisionsrechtliche Fragestellung gelöst. Auch wenn dabei ein hoher Abstraktionsgrad bestehen bleibt, können die für einzelne Konstellationen problematischen Aspekte hervorgehoben werden und es kann ein Ergebnisvergleich erfolgen.

Die Arbeit schließt mit einer Zusammenfassung der Ergebnisse.

---

[45] Vorschlag über eine Verordnung über das auf vertragliche Schuldverhältnisse anzuwendende Recht, KOM(2005) 650 endg.

[46] Vorschlag für eine Verordnung über das auf außervertragliche Schuldverhältnisse anzuwendende Recht, KOM(2006) 83 endg.

Kapitel 1: Einführung in den kollektiven Rechtsschutz

Der kollektive Rechtsschutz hat seit der Einführung der Verbandsklage im vorigen Jahrhundert in verschiedenen Formen in eine Reihe von Rechtsgebieten Einzug gehalten. Nicht zuletzt durch die europäische Rechtsentwicklung ist der kollektive Rechtsschutz und seine Ausweitung in den letzten Jahren erneut in den Blick der juristischen Öffentlichkeit geraten[1].

Inzwischen liegt der Schwerpunkt der Diskussion weniger auf der klassischen auf Unterlassung gerichteten Verbandsklage, sondern auf Schadenersatzklagen von Verbänden und auf der Verfahrensbündelung, d.h. Muster-, Gruppen-, und Sammelverfahren[2]. Dies lässt sich am deutlichsten an der Aufnahme dieser Themen in den zivilrechtlichen Schwerpunkt auf dem 66. Deutschen Juristentag 2006 erkennen[3]. Dort wurde jedoch im Ergebnis dem kollektiven Rechtsschutz mit der Ausnahme von Musterverfahren mit Skepsis begegnet[4].

Der Verdeutlichung der Zielsetzungen und Anforderungen des kollektiven Rechtsschutzes sowie der Abgrenzung seiner Rechtsinstitute dient der folgende Überblick über die gängigsten Normen[5].

I. Typologie des kollektiven Rechtsschutzes

1. Rechtsgebiete

Im Verbraucherschutzrecht ist neben den in dieser Arbeit besprochenen §§ 1, 2 UKlG der gegen bestimmte Kommunikationsdienste gerichtete § 13 UKlG zu nennen. Dieser gewährt den in § 3 I Nrn. 1 und 3 UKlG genannten Einrichtungen einen Anspruch auf Auskunft über Namen und Anschrift von einem am Kommunikationsverkehr Beteiligten. Zudem gestattet Art. 1 § 3 Nr. 8 RBerG[6]

---

[1] Siehe Basedow/Hopt/Baetge (Hrsg.), Die Bündelung gleichgerichteter Interessen im Prozeß, 1999; von Moltke, Kollektiver Rechtsschutz der Verbraucherinteressen, 2003; Stadler, Bündelung von Interessen im Zivilprozess, 2004; Bundesministerium für Verbraucherschutz, Ernährung und Landwirtschaft (Hrsg.), Das Verbandsklagerecht in der Informations- und Dienstleistungsgesellschaft, 2005; Halfmeier, Popularklagen im Privatrecht, 2006; Zur europäischen Perspektive Röthel, ZEuP 2002, 58.

[2] Rott/von der Ropp, ZZPInt 9 (2004), 3.

[3] Siehe G. Wagner, S. A 106 ff. und seine Zusammenfassung in der Beilage zum NJW-Heft 22, 2006, 5 ff.

[4] Beschlüsse des 66. Deutschen Juristentages, NJW 2006, XXXII.

[5] Für eine ausführliche Darstellung der wichtigsten „privatrechtlichen“ Verbandsklagenormen s. Halfmeier, S. 51 ff.

[6] Hierzu Micklitz/Stadler, in Das Verbandsklagerecht, S. 1351 ff.; Zum neuen Rechtsdienstleistungsgesetz-Entwurf siehe Römermann, NJW 2006, 3026, 3030.

die außergerichtliche Besorgung von Rechtsangelegenheiten und den Forderungseinzug durch Verbraucherverbände in Form der prozessstandschaftlichen Sammelklage[7].

Zum Schutz der Kapitalanleger wurde 2005 befristet auf fünf Jahre im KapMuG die Möglichkeit für Musterverfahren bei Klagen über Schadenersatzansprüche wegen falscher, irreführender oder unterlassener öffentlicher Kapitalmarktinformationen und über Erfüllungsansprüche aus Verträgen, die auf einem Angebot nach dem WpÜG beruhen, geschaffen[8]. In dem Musterverfahren können bestimmte Tatbestandsvoraussetzungen und Rechtsfragen gegenüber allen Beteiligten verbindlich festgestellt werden.

Im Urheberrecht gewährt § 2a UKlG[9] den in § 3a UKlG genannten Verbänden einen Anspruch bei Verstößen gegen § 95b I UrhG. Dieser soll verschiedenen Begünstigten z.B. zum Zweck von Unterricht und Forschung den Zugang zu Werken auch bei Verwendung technischer Schutzmaßnahmen ermöglichen. Weiteren Rechtsschutz für die in § 8 III UWG genannten Klageberechtigten gewähren auch §§ 55 II Nr. 3, 128 I und 135 I MarkenG.

Das Wettbewerbsrecht[10] enthält in § 8 UWG Unterlassungs- und Beseitigungsansprüche bei Verstößen gegen § 3 UWG. Anspruchsinhaber sind gewerbliche Verbände, qualifizierte Einrichtungen des UKlG sowie Industrie- und Handelskammern und Handwerkskammern. In § 8 V UWG wird zudem auf den Auskunftsanspruch nach § 13 UKlG in entsprechender Anwendung verwiesen. Darüber hinaus können diese Einrichtungen seit der Neufassung des UWG im Jahre 2004 nach § 10 UWG einen Anspruch auf Gewinnabschöpfung an den Bundeshaushalt bei vorsätzlichen Verstößen gegen § 3 UWG geltend machen[11].

In vergleichbarer Weise enthält das Kartellrecht[12] Ansprüche auf Unterlassung und Vorteilsabschöpfung für gewerbliche Verbände. § 33 II GWB gibt einen Beseitigungs- und Unterlassungsanspruch bei Verstößen gegen das GWB, Art. 81, 82 EGV oder eine Verfügung der Kartellbehörde. § 34a GWB gewährt

---

[7] BGH, Urt. v. 14.11.2006 – XI ZR 294/05, ZIP 2006, 2359.

[8] Hierzu Veil, NJW-Sonderheft, S. 7 f.; Kramer, NJW-Sonderheft, S. 8 ff.; Ch. Wolf, NJW-Sonderheft, S. 13 ff.

[9] Hierzu Dreier/Schulze-Dreier, § 95b Rn. 6.

[10] Einen Überblick über das verbraucherschützende Lauterkeitsrecht bieten Oppermann / Müller, GRUR 2005, 280 ff.

[11] Hierzu Schaub, GRUR 2005, 918 ff.; Stadler, NJW-Sonderheft, S. 19 ff.

[12] Loewenheim/Meessen/Riesenkampff-Rehbinder, § 34a Rn. 1 - 11; siehe auch BGH, Urt. v. 07.02.2006 – KZR 33/04, NJW 2006, 2627 zum Umfang von §§ 33, 34a GWB und ihrem Verhältnis zum Wettbewerbsrecht.

in Parallele zu § 10 UWG bei vorsätzlichen Verstößen einen gegenüber der Vorteilsabschöpfung durch die Kartellbehörde nach § 34 GWB subsidiären Anspruch auf Vorteilsabschöpfung zugunsten des Bundeshalts. Zukünftig wird von Seiten der EU auch die Möglichkeit von Sammelklagen im Kartellrecht erwogen[13].

Gewerbliche Verbände haben gemäß § 32 II EnWG bei bestimmten Verstößen gegen das EnWG einen Beseitigungs- und Unterlassungsanspruch. Der Unterlassungsanspruch des § 44 II TKG für Verbände nach § 3 UKlG bei verbraucherrechtsrelevanten Verstößen gegen das TKG ist ebenfalls dem Bereich der Wettbewerbsregulierung zuzurechnen.

Das AGG[14] enthält, anders als in der Literatur zum Teil gefordert[15], keine eigenständigen Klagerechte für Verbände. Nach § 23 AGG haben Antidiskriminierungsverbände jedoch die Befugnis, im Rahmen ihres Satzungszwecks als Beistand von Benachteiligten aufzutreten, soweit für das Verfahren keine anwaltliche Vertretung vorgeschrieben ist.

Das Arbeitsrecht[16] dagegen kennt in gewisser Weise den kollektiven Rechtsschutz mit Einfluss auf einzelvertragliche Regelungen. Das BAG hat in einer Entscheidung aus dem Jahr 1999 anerkannt, dass der den Gewerkschaften bei Eingriffen in ihre Koalitionsfreiheit in ständiger Rechtsprechung gewährte Unterlassungsanspruch auch dann greift, wenn durch eine arbeitsvertragliche Einheitsregelung Tarifnormen verdrängt würden[17].

§ 13 BGG eröffnet eine subsidiäre Klage für nach dem Gesetz anerkannte Verbände in ihrem satzungsgemäßen Aufgabenbereich gegen die Verletzung bestimmter Normen zum Schutz gegen die Diskriminierung Behinderter. Diese Verbände können nach § 12 BGG auch als Prozessstandschafter für Behinderte auftreten. Darüber hinaus haben sie als eigenes Beteiligungsrecht nach § 5 BGG die Möglichkeit, von Unternehmen und deren Verbänden die Verhandlung über Zielvereinbarungen zur Schaffung von Barrierefreiheit zu verlangen.

---

[13] Grünbuch Schadenersatzklagen wegen Verletzung des EU-Wettbewerbsrechts, KOM(2005) 672, S. 10 Frage H.
[14] Hierzu Maier-Reimer, NJW 2006, 2582 f.
[15] Raasch, ZESAR 2005, 213; Kocher, S. 187 ff., 202.
[16] Zum kollektiven Rechtsschutz im Arbeitsrecht siehe Pfarr/Kocher, Kollektivverfahren im Arbeitsrecht, 1998.
[17] BAG, Beschl. v. 20.04.1999 – 1 ABR 72/98, NZA 1999, 887.

Das Umweltrecht[18] enthält in §§ 57 ff. BNatSchG und den jeweiligen Landesgesetzen Vorschriften über Klagen von anerkannten Umweltschutzverbänden. Es wird eine Verbandsklage bei Befreiungen von Verboten und Geboten zum Schutz von verschiedenen Schutzgebieten und bei bestimmten Planfeststellungsbeschlüssen sowie Plangenehmigungen gewährt, soweit der satzungsgemäße Aufgabenbereich des Verbandes berührt wird. Ferner haben die Verbände Beteiligungsrechte bei der Schaffung untergesetzlicher umweltbezogener Normen sowie bei bestimmten Planfeststellungsverfahren und Plangenehmigungen.

An gesetzlichen Entwicklungen im Umweltrecht soll das kürzlich in Kraft getretene Umwelt-Rechtsbehelfsgesetz genannt werden[19]. Es dient der Umsetzung der Richtlinie 2003/35/EG[20] und sieht erweiterte Verbandsklagebefugnisse sowohl für inländische wie auch für ausländische anerkannte Umweltverbände vor. Zudem muss die Richtlinie 2004/35/EG[21], die Klagen von Umweltverbänden für ökologische Schäden vorsieht, bis zum 30.04.2007 in nationales Recht umgesetzt werden[22].

Schließlich kennt auch die VwGO seit 1991 ein Musterklageverfahren[23].

2. Rechtsschutzziele

Das BGG und das BNatSchG unterscheiden sich von den eben zuerst genannten Rechtsgebieten dadurch, dass die Verfahren vor den Verwaltungsgerichten stattfinden und sie mit der Ausnahme von § 5 BGG nicht gegen private Rechtspersonen, sondern Akte der öffentlichen Gewalt gewendet sind.

Es lässt sich sagen, dass die verwaltungsrechtlichen Verbandsklagen die behördliche Tätigkeit überwachen[24], während die privatrechtlichen Verbandsklagen sie dagegen ein Stück weit ersetzen[25]. In dieser Ausrichtung der privatrechtlichen Verbandsklagen auf das Verhalten eines Privatrechtssubjektes liegt ihre rechtspolitische Bedeutung[26].

---

[18] Zu § 93a VwGO siehe Schunder, in FS-Folz, S. 296 ff.
[19] BGBl 2006 I 2816.
[20] Richtlinie 2003/35/EG vom 26.05.2003, ABl EG L 156 vom 25.06.2003, S. 17; Gellermann, NVwZ 2006, 7 ff.
[21] Richtlinie 2004/35/EG vom 21.04.2004, ABl EG L 143 vom 30.04.2004, S. 56.
[22] Hierzu G. Wagner, S. A 127 f.
[23] Hierzu Kopp/Schenke, VwGO, § 93a Rn. 1 - 13.
[24] Auf die behördliche Tätigkeit überwachende Aufgabe der verwaltungsrechtlichen Verbandsklage stütz Weyreuther seine Skepsis gegenüber der Verbandsklage, S. 12 ff., 33.
[25] Verallgemeinert von Marotzke, ZZP 98 (1985), 161, dort zur UWG-Verbandsklage.
[26] Halfmeier, S. 19.

Entsprechend sind die Rechtsschutzziele nach dem BGG und dem BNatSchG gegen die jeweiligen Verwaltungsakte oder auf Beteiligung gerichtet, während die „privatrechtlichen" Maßnahmen des kollektiven Rechtsschutzes Auskunft, Beseitigung oder Unterlassung gegenüber Privatpersonen gewähren. Hinzu kommt die Gewinnabschöpfungsklage zugunsten des Bundeshaushalts in § 10 UWG und § 34a GWB.

3. Klageformen

Der kollektive Rechtsschutz weist verschiedene Klage- oder Verfahrensformen auf. In der rechtlichen Anwendung sind die Klage aus „eigenem Recht" der Verbände, die Prozessstandschaft durch Verbände, die Bündelung verschiedener individueller Rechte in Gruppen- oder Sammelverfahren sowie Musterverfahren mit Präjudizwirkung zu unterscheiden.

Eine derartige verfahrensrechtliche Orientierung hat der Entwurf eines Gesetzes zur Regelung von Verbands-, Muster- und Gruppenklagen (GVMuG-E)[27]. Er ist das Resultat einer umfassenden rechtsvergleichenden Studie, die *Micklitz* und *Stadler* im Auftrag des Bundesministeriums für Ernährung, Landwirtschaft und Verbraucherschutz durchgeführt haben und sieht eine Regelung des kollektiven Rechtsschutzes in einem einheitlichen Gesetz vor.

Die Unterlassungsansprüche von Verbänden im Wettbewerbs- und Verbraucherschutzrecht werden dem Wortlaut nach grundsätzlich übernommen, vgl. §§ 11 - 14 GVMuG-E. Jedoch bezeichnet der § 3 UKlG entsprechende § 2 GVMuG-E in Abweichung zur bisherigen Rechtslage die Kläger ausdrücklich als „klagebefugte Verbände" und befürwortet aus europarechtlichen Gründen eine Abkehr von der bisher herrschenden durch den Gesetzgeber vorgegebenen Einordnung der Verbandsklagen als Ansprüche. Der Gesetzesentwurf gestaltet die auf Unterlassung gerichtete Verbandsklage als eigenständige Verfahrensform im Unterschied zu einem materiell-rechtlichen Begehren. Hierauf wird in Kapitel 2 III.1. eingegangen.

Neben der ausführlichen Darstellung des kollektiven Rechtsschutzes in einer Reihe von europäischen Mitgliedstaaten liegt der Schwerpunkt des Gutachtens auf der Diskussion um die Notwendigkeit der Einführung neuer Rechtsbehelfe wie Abschöpfungs-, Sammel- und Gruppenklagen in Ergänzung zum bisher bestehenden Rechtsschutz durch Prozessstandschaften und Verbandsklagen.

---

[27] Bundesministerium für Verbraucherschutz, Ernährung und Landwirtschaft (Hrsg.), Das Verbandsklagerecht in der Informations- und Dienstleistungsgesellschaft, 2005, S. 1417 ff.

II. Legitimation des kollektiven Rechtsschutzes

Der kollektive Rechtsschutz wird über verschiedene Argumentationslinien legitimiert. Sie sollen begründen, weshalb eine privatrechtliche Durchsetzung von kollektiven Interessen bzw. die verfahrensrechtliche Bündelung individueller Interessen rechtspolitisch notwendig oder zumindest sinnvoll ist. Sie geben aber zunächst keine Auskunft über die rechtstechnische Gestaltung der so begründeten Mittel.

Zum Verständnis muss berücksichtigt werden, dass der kollektive Rechtsschutz vorrangig in Antwort auf spezifische Lebenssachverhalte geschaffen wurden[28]. Auch aus diesem Grunde ist eine anerkannte übergreifende Konzeption bislang nicht gelungen und wird auch in dieser Arbeit nicht versucht. Dennoch ist es notwendig, die herangezogenen faktischen und rechtlichen Begründungen zur Verankerung des kollektiven Rechtsschutzes zu skizzieren.

Den Formen des kollektiven Rechtsschutzes ist gemeinsam, dass in den von ihnen erfassten Sachverhalten eine Restitution innerhalb des herkömmlichen Zivilprozesses entweder nicht möglich oder nicht ausreichend erscheint[29]. Je nach dem, welche Schadensart vorliegt und welche Rechtsschutzform befürwortet wird, verschieben sich die Akzente in den Begründungsansätzen. Diese setzen an den Defiziten teils des Individualrechtsschutzes, teils des staatlichen Vollzugs und teils des gerichtlichen Zugangs an[30]. Zudem sind sie beeinflusst von der politischen und gesellschaftstheoretischen Grundauffassung des jeweiligen Autors[31].

1. Rationales Desinteresse

In der Einleitung zu dieser Arbeit wurde schon der zur Begründung von Verbandsklagen am häufigsten genannte Ansatz zusammengefasst: das „rationale Desinteresse“ der Verbraucher an der Durchsetzung ihrer individuellen Rechte wegen eines unverhältnismäßig hohen Zeit- und Kostenaufwands[32]. Hierdurch entsteht ein Ungleichgewicht, das systematisch zum Rechtsbruch genutzt wird, was letztendlich zu einem teilweisen Verzicht auf das materielle Recht führt[33].

---

[28] Die nur punktuelle und wenig systematische Regelung der Verbandsklage durch den deutschen und den europäischen Gesetzgeber bemängelt auch Halfmeier, S. 4 f., 187.

[29] G. Wagner, S. A 106.

[30] Halfmeier, S. 217 ff.

[31] Deutlich bei Säcker einerseits, Rn. 113 ff. und Micklitz/Stadler, in Das Verbandsklagerecht, S. 3 andererseits.

[32] Dort unter I. insbesondere die Nachweise in den Fußnoten 3 - 8.

[33] von Moltke, S. 28.

Die Verbandsklage hat nach diesem Ansatz die Aufgaben, Marktpraktiken zu regulieren und kollektiven Verbraucherinteressen Rechtszugang zu Gericht zu gewähren[34]. Das kollektive Verbraucherinteresse ist hierbei das verobjektivierte Interesse der Verbraucher in ihrer Gesamtheit und ist bezogen auf das Gemeinwohl ein Partikularinteresse[35].

Der BGH hat sich nun auch zur Begründung der Ausnahmevorschrift Art. 1 § 3 Nr. 8 RBerG in einer von einem Verbraucherverband eingeleiteten Sammelklage aus abgetretenen Ansprüchen auf den hohen Kostenaufwand und das Risiko des einzelnen Verbrauchers gestützt[36].

Über das „rationale Desinteresse" hinaus wurde bei der Einführung der gewerblichen Verbandsklage im UWG und im GWB befunden, dass wirtschaftliche Abhängigkeiten die betroffenen Konkurrenten von Klagen abhielten und auch insoweit der Individualrechtsschutz nicht für die Bewährung der Rechtsordnung und eine funktionierende Marktfreiheit tauge[37]. In ihrer auf die Durchsetzungskraft des Rechtsschutzes setzenden vergleichbaren Argumentation wird vertreten, dass eine Beschränkung auf den Individualrechtsschutz den Effektivitätsgrundsatz des Gemeinschaftsrechts verletze[38].

Das „rationale Desinteresse" muss zur Begründung des kollektiven Rechtsschutzes jedoch ergänzt werden. Zum einen weist *Säcker* zutreffend darauf hin, dass der Verbraucher sich aus guten Gründen dafür entscheide, seine Rechte nicht geltend zu machen. Diese Entscheidung zu unterlaufen, enthält zumindest das Potential, die Privatautonomie zu gefährden[39].

Zum anderen greift das Argument des „rationalen Desinteresses" nur bei Streuschäden im Unterschied zu Massenschäden. Streuschäden sind solche, bei denen der einzelne Geschädigte nur einen geringfügigen Schaden erleidet, während die Summe der Einzelschäden signifikante Ausmaße erreicht[40]. Demgegenüber ist für Massenschäden charakteristisch, dass dasselbe Schadensereignis bei einer Vielzahl von Personen erhebliche Schäden verursacht[41].

---

[34] Micklitz/Stadler, in Das Verbandsklagerecht, S. 2.
[35] von Molkte, S. 28.
[36] BGH, Urt. v. 14.11.2006 – XI ZR 294/05, ZIP 2006, 2359, Rn. 30 ff.
[37] Hempel, S. 56, 85.
[38] Rott, S. 118, 125.
[39] Säcker, Rn. 61, 64; MüKo-Micklitz, § 13 AGBG Rn. 2.
[40] G. Wagner, S. A 107; Der BGH hat in seinem Urt. v. 14.11.2006 – XI ZR 294/05, ZIP 2006, 2359, Rn. 32 angenommen, dass Verbraucher selbst bei Schäden bis zu 1.000 Euro von der Rechtsverfolgung abgehalten werden könnten.
[41] G. Wagner, S. A 119.

Aufgrund der individuellen Schadenshöhe kann bei Massenschäden nicht von einem „rationalen Desinteresse“ gesprochen werden. Daher wird bei ihnen nicht die Verbandsklage befürwortet, sondern Sammel- und Gruppenklagen[42]. Auch Musterverfahren haben hier ihre Funktion, weil aufgrund des einheitlichen Schadensereignisses einzelne tatsächliche und rechtliche Fragen in jedem Verfahren übereinstimmend auftauchen können. Demgegenüber beseitigte die Gewährung einer Sammel- oder Gruppenklage bei Streuschäden nicht das „rationale Desinteresse“ des Einzelnen, so dass hier mit den Verbänden nach einem dritten Kläger gesucht wird.

Schließlich kann das Argument des „rationalen Desinteresses“ deshalb in Frage gestellt werden, weil wettbewerbsrechtliche Ansprüche von Verbrauchern bisher mit dem Argument abgelehnt wurden, dass das zu befürchtende Ausmaß der Klagetätigkeit den Unternehmen nicht zugemutet werden könne[43]. Ein Desinteresse des Einzelnen wird also gerade nicht angenommen.

2. Breitenwirkung

Ein weiterer, mit dem „rationalen Desinteresse“ verbundener Ansatz zur Legitimierung des kollektiven Rechtsschutzes ist seine Breitenwirkung. Danach ist es weniger das Ziel der Verbandsklage, der Entscheidung des einzelnen Verbrauchers entgegenzusteuern, sondern mehr der Summe dieser individuellen Entscheidungen, die in ihrer Gesamtheit erhebliche Gewinne[44] und damit ein hohes Interesse auf Unternehmerseite zur Folge haben.

Mit der Verbandsklage soll daher bei Streuschäden, die schon von ihrer Anlage her auf eine große Anzahl von Personen gerichtet sind, ein ebenfalls über den Einzelfall hinauswirkendes Instrument geschaffen werden. Dies wird erzielt über die Wahl des Rechtsschutzbegehrens, der zukünftigen Unterlassung aller im Kern gleichen Handlungen, in Verbindung mit § 11 UKlG, der es dem individuellen Verbraucher ermöglicht, sich auf ein Verbandsklageurteil zu berufen[45]. Die Verbandsklage gleicht ein Verhandlungs- und Interessenungleichgewicht aus und stellt die für das Funktionieren des Rechtsverkehrs erforderliche prozessuale Waffengleichheit wieder her[46]. Zu diesem Zweck kann die „Ratio-

---

[42] von Moltke, S. 143.

[43] Säcker, Rn. 64; Hefermehl/Köhler/Bornkamm-Köhler, § 8 Rn. 3.4.

[44] von Moltke, S. 99 m.w.N.; Rott, S. 121; Säcker, Rn. 63, dagegen bezweifelt die finanzielle Bedeutung von Bagatellschäden.

[45] MüKo-Micklitz, Vor § 13 AGBG Rn. 11.

[46] von Moltke, S. 31; MüKo-Micklitz, § 13 AGBG Rn. 4; Die Verbandsklage als gerechtfertigten Bruch mit der prozessualen Waffengleichheit deutend, Säcker, Rn. 5.

nalität“ der Entscheidung des einzelnen Verbrauchers, seinen Anspruch nicht geltend zu machen, durch das kollektive Instrument ergänzt werden.

Selbst *Säcker*, der der Verbandsklage skeptisch gegenüber steht, erkennt unter dieser Rücksicht das Interesse an einer Verbandsklage an. AGB hätten per definitionem eine Breitenwirkung, deren „Allgemeingefährdung“ in Anlehnung an den Rechtsgedanken aus § 31 II BVerfGG nur über die mit der Verbandsklage verbundene in § 11 UKlG statuierte Breitenwirkung beseitigt werden könne[47]. Da mit den Verbandsklagen des UWG ebenfalls eine Streuwirkung bekämpft werde, könne dieser Gedanke auch im Wettbewerbsrecht herangezogen werden[48].

Anders als bei der UWG- und der AGB-Verbandsklage, die neben oder zusätzlich und daher nicht in Konflikt zu individuellen Ansprüchen steht, ist die Breitenwirkung bei Gruppen- oder Musterverfahren gerade problematisch, weil bei diesen Ansprüche der Einzelnen gebündelt werden und ihre Entscheidungsfreiheit beschnitten werden kann[49]. In diesen Fällen wird ein Ausgleich über die größere Verhandlungsmacht bzw. die verfahrensrechtliche Effizienz gesucht.

3. Selbstregulierung

Beide genannten Punkte erklären jedoch noch nicht, weshalb das „rationale Desinteresse“ der Verbraucher nicht durch das Tätigwerden einer öffentlichen Einrichtung kompensiert, sondern die breitenwirksame Verhaltenssteuerung privaten Verbänden übertragen und im Wege des Zivilprozesses vorgenommen wird.

Zwar gehört auch die Bewährung objektiven Rechts zu den Aufgaben des Zivilprozesses[50]. Jedoch ist die Legitimation der Verbände fraglich, weil diese weder alle Verbraucherinteressen repräsentativ darstellen noch eine Abwägung zwischen allen Gemeinwohlinteressen vornehmen müssen, noch die Verletzung der Interessen von Verbandsmitgliedern Anspruchsvoraussetzung ist. Dennoch sind die Verbände als Kläger geeignet, weil sie eine besondere Sach- und Fachkenntnis aufweisen, die sie dem Beklagten ausgleichend entgegensetzen können[51].

---

47 Säcker, Rn. 77.

48 Säcker, Rn. 78.

49 Micklitz/Stadler, in Das Verbandsklagerecht, S. 4; Wolf, NJW-Sonderheft, 2006, S. 13 ff.

50 Stürner, in FS-Baumgärtel, S. 547 f.; speziell zur Verbandsklage von Moltke, S. 136 f.

51 Wolf/Horn/Lindacher-Lindacher, § 13 AGBG Rn. 5; von Moltke, S. 35, 89; Halfmeier, S. 225 beruft sich anschaulich auf die „repeat player“ Unternehmer/Verband im Unterschied zum „one shot player“ Verbraucher; vgl. auch BGH, Urt. v. 14.11.2006 – XI ZR 294/05, ZIP 2006, 2359, Rn. 33.

Im Rahmen der Diskussion um die Einführung der Verbandsklage im Verbraucherschutzrecht wurde die Verbandsklage als einer freiheitlichen Wirtschaftsverfassung angemessener angesehen als eine behördliche AGB-Kontrolle[52]. Die Verbandsklage kann in verfassungsrechtlicher Terminologie als „milderes Mittel" für den Eingriff in die Rechte der Unternehmer aus Art. 12, 14 GG verstanden werden. Sie wurde gewählt, um die zusätzlichen Eingriffswirkungen, die behördliches Handeln mit sich bringt, zu vermeiden[53].

Dies erklärt auch das deutliche Plädoyer für eine private im Unterschied zu einer staatlichen Rechtsdurchsetzung in der Stellungnahme des Deutschen Industrie- und Handelskammertags zu einem frühen Entwurf des Gesetzes über die Durchsetzung der Verbraucherschutzgesetze bei innergemeinschaftlichen Verstößen[54]. Allerdings dürfte neben dem Argument der liberalen Wirtschaftsverfassung die bisher relativ geringe Wirksamkeit der Verbandsklage[55] ein weiterer Gedanke hinter der Bevorzugung der privaten Rechtsdurchsetzung sein.

Aus diesem Grund kann auch *Säckers* Interpretation angezweifelt werden, dass die Befürworter der Verbandsklage eine außerbehördliche Durchsetzung wollen, weil der schwache Staat dem Einfluss der Industrie unterliege und die Schwachen im Recht durch stärkere private Verbände unterstützt werden müssten[56].

Die Ursprünge der Verbandsklage mit der Gewährung einer wettbewerbsrechtlichen Klage an gewerbliche Verbände und damit ein wesentlicher Grund, die auch öffentlichen Interessen durch private Einrichtungen schützen zu lassen, liegen in dem Gedanken der Selbstregulierung der Wirtschaft[57]. Erst nachdem deutlich wurde, dass gewerbliche Verbände allenfalls gegen Konkurrenten, nicht aber gegen Mitglieder aktiv wurden, wurde die Verbandsklage, nun bereits im privaten Bereich angesiedelt, auf Verbraucherverbände ausgeweitet.

Das Ziel einer Selbstregulierung wird weiterhin zum Beispiel durch die Zentrale zur Bekämpfung unlauteren Wettbewerbs e.V. verfolgt, die selbst zu setzende Verhaltensregeln für bestimmte Branchen bzw. Tätigkeitsfelder erarbeitet und veröffentlicht[58].

---

[52] So die Argumentation zu einem frühen Gesetzesentwurf der CDU/CSU-Fraktion, BT-Drucks. 7/3200, S. 21.
[53] Pfeiffer, ZZP 106 (1993), 551.
[54] http://www.ihk-augsburg.de/dokumente/ergaenz_info/EI165216.pdf (Stand: 24.10.2006).
[55] Hierzu von Moltke, S. 221 ff., Rott, S. 125.
[56] So Säcker, Rn. 3, 61.
[57] Staudinger-Schlosser, Einl zum UKlG Rn. 1, 2; Säcker, Rn. 81; Henckel, AcP 174, 137.
[58] http://www.wettbewerbszentrale.de/de/verhaltensregeln (Stand: 11.10.2006).

Diese Herkunft der Verbandsklage aus der Regelung originär privatrechtlicher Verhältnisse verdeutlicht, dass die Verbandsklage nicht in jeden Bereich übertragen werden kann[59]. Andererseits ist es nach den Grundsätzen des „schlanken Staates“ erstrebenswert, bestimmte Aufgaben außerhalb hoheitlicher Kerngebiete privaten Einrichtungen zu übertragen[60].

4. Steuerungsfunktion des Deliktsrechts

Mit der Steuerungsfunktion des Deliktsrechts, die ein normgerechtes Verhalten des Schädigers bewirken soll, wird begründet, weshalb der kollektive Rechtsschutz dem Privatrecht nicht wesensfremd ist[61]. Wissen die Unternehmer, dass ihr rechtswidriges Verhalten mangels Wahrnehmung von Individualrechten keine Konsequenzen hat, ist die Tendenz zur Beibehaltung des Verhaltens größer und der Individualrechtsschutz läuft leer[62]. Mit Einführung der Verbandsklage kann diese dem Deliktsrecht eigene und notwendige Funktion bewirkt werden.

Die Steuerungsfunktion wird zwar auch zur Begründung von Musterverfahren herangezogen[63], ist aber vorrangig ein Argument für die Ausweitung der Verbandsklage vom Unterlassungsrechtsschutz zur Liquidation von Streuschäden in Schadenersatz- bzw. Gewinnabschöpfungsansprüchen[64]. Denn um eine Verhaltenssteuerung zu bewirken, haben sich Unterlassungsansprüche bisher nicht als ausreichend erwiesen[65]. Sie wirken nur in die Zukunft und belassen dem Schädiger den bereits gewonnenen Vorteil. Insoweit mutet die Gefahr selbstschädigenden „vorauseilenden Unterlassungsgehorsams“ durch potentiell Beklagte[66] zumindest bisher kaum realistisch an.

Gewinnabschöpfungsansprüche der Verbände zugunsten des Bundeshaushaltes gibt es sowohl in § 10 UWG als auch in § 34a GWB. Sie werden unter verschie-

---

[59] Säcker, Rn. 74 f.
[60] von Moltke, S. 134 f.
[61] von Moltke, S. 101.
[62] Micklitz/Stadler, in Das Verbandsklagerecht, S. 24; MüKo-Micklitz, Vor § 13 AGBG Rn. 31.
[63] Siehe Veil, NJW-Sonderheft, S. 7 zum KapMuG.
[64] G. Wagner, S. A 109 f.; von Moltke, S. 122, 135, 153; Ein frühes Plädoyer für eine Schadenersatzklage von Verbänden findet sich bei Gilles, ZZP 98 (1985), 11 – 15; dagegen Henckel, AcP 174 (1974) 138, nachdem das gesetzlich geschützte Interesse des Verbandes eine fremde Rechtssphäre zu verteidigen, nur vorbeugenden Rechtsschutz auslösen könne, nicht aber Schadenersatzansprüche.
[65] Baetge, ZZP 112 (1999) 346; von Moltke, S. 85 m.w.N.; Auch in anderen Ländern wird die fehlende Steuerungsfunktion der Verbandsklage bemängelt, siehe z.B. für Frankreich Kobina Gaba, Le Dalloz 2002, 3202.
[66] So aber Säcker, Rn. 101, 10.

denen Gesichtspunkten kritisiert, die hier nicht im Detail besprochen werden können, sondern nur in Kürze exemplarisch aufgezählt werden sollen.

Zunächst wird die Einordnung der Gewinnabschöpfungsansprüche diskutiert. Sie ist unter anderem deshalb problematisch, weil die anspruchsberechtigten Verbände selbst keinen Schaden erlitten haben und der Anspruch zugunsten des Bundeshaushaltes geltend gemacht wird. Die herrschende Auffassung spricht deshalb von einem Anspruch sui generis, der sowohl deliktische als auch bereicherungsrechtliche Elemente enthalte[67]. Eine andere Ansicht geht demgegenüber von einer Prozessstandschaft zugunsten des Bundes aus[68]. Schließlich wird § 10 UWG aufgrund seines behaupteten Strafcharakters von einigen Autoren für verfassungswidrig gehalten[69].

Bei der konkreten Anwendung von § 10 UWG gibt es zwei größere Hürden. Zum einen können beweisrechtliche Schwierigkeiten entstehen, weil der Anspruch Vorsatz voraussetzt; zum anderen ist die Methode der Gewinnberechnung noch unklar[70].

Um die Beweisschwierigkeiten abzumildern schlagen *Micklitz* und *Stadler* eine Ausweitung auf grob fahrlässiges Verhalten in Verbindung mit einer Beschränkung auf Bagatellschäden vor[71], was *Säcker* jedoch wegen des Übermaßverbots ablehnt[72].

Wagner befürwortet ebenfalls eine Beschränkung auf Streu- im Unterschied zu Massenschäden, weil nur bei Streuschäden die Notwendigkeit bestünde, die Steuerungsfunktion durch ein kollektives Verfahren zu unterstützen. Gleichzeitig solle die Norm auf fahrlässiges Verhalten ausgeweitet werden, weil eine Beschränkung auf Vorsatz im Deliktsrecht systemwidrig. *Wagner* spricht sich auch dafür aus, im Grundsatz einen Schadenersatzanspruch anzunehmen, da die Gewinnabschöpfung im Deliktsrecht nur unter besonderen Voraussetzungen gewährt werde[73].

---

[67] Hefermehl/Köhler/Bornkamm-Köhler § 10 Rn. 5; Stadler, NJW-Sonderheft, S. 21; Schaub, GRUR 2005, 921; Oppermann/Müller, GRUR 2005, 284; zum GWB: Loewenheim/Meessen/Riesenkampff-Rehbinder, § 34a Rn. 8; a.A. Halfmeier, der von einem „Instrument“ sui generis spricht, S. 125.
[68] Säcker, Rn. 93 m.w.N.
[69] Sack, WRP 2003, 552; Wimmer-Leonhardt, GRUR 2004, 16 ff.
[70] Halfmeier, S. 132; Rott, S. 129 ff.
[71] Micklitz/Stadler, in Das Verbandsklagerecht, S. 1324, 1344.
[72] Säcker, Rn. 101.
[73] G. Wagner, S. A 111 - 115.

Schließlich wird vorgeschlagen, den Verbänden zumindest einen Teil des nach § 10 UWG eingeklagten Betrages zu belassen, um einen finanziellen Anreiz für die Klagetätigkeit zu schaffen[74].

Unter dem Gesichtspunkt der deliktsrechtlichen Steuerungsfunktion wird als Alternative zum kollektiven Rechtsschutz auch die Ausweitung des Individualrechtsschutzes diskutiert[75], zumal diese vergleichbar den kartellrechtlichen Entwicklungen[76] schon aus europarechtlicher Perspektive erforderlich werden kann[77].

5. Verfahrensrechtliche Effizienz

Für die Bündelung von Individualrechten wird die deliktsrechtliche Steuerungsfunktion dagegen nicht so relevant. Gruppenverfahren und Musterprozesse können vor allem auf das Argument der verfahrensrechtlichen Effizienz gestützt werden. Sie dienen der Bewältigung von Massenschäden, wo zwar ein Interesse des Individuums an der Klage besteht, die große Anzahl an Verfahren aber in Individualverfahren nicht in einem angemessenen zeitlichen Rahmen bewältigt werden kann[78]. Zudem kann die einheitliche Entscheidung derselben Tatsachen- und Rechtsfragen als Gewinn für die materielle Gerechtigkeit empfunden werden.

Im Rahmen der klassischen (Unterlassungs-)verbandsklage gewinnt der Effizienzgesichtspunkt durch die Spezialisierung der Verbände an Bedeutung. Die Verbände haben in sachlicher und fachlicher Hinsicht einen Informationsvorsprung gegenüber individuellen Klägern und aufgrund ihrer Organisationsstruktur gegebenenfalls auch gegenüber einer Gruppe von Klägern. Darüber hinaus können unter Umständen künftige Prozesse vermieden werden, was ebenfalls der Entlastung der Justiz dient[79].

6. Finanzierung

Abschließend muss noch ein Blick auf die Kostenlage der Verbraucherverbände geworfen werden. Derzeit haben diese selbst bei Förderung durch öffentliche

---

[74] Oppermann/Müller, GRUR 2005, 284; Halfmeier, S. 123.
[75] Oppermann/Müller, GRUR 2005, 285 f.
[76] Einen kartellrechtlichen Individualrechtsschutz verlangt der EuGH im Urt. v. 20.09.2001 – Rs. C-453/99, EuGHE 2001 I 6297 – Courage und im Urt. v. 13.07.2006 – Rs. C-295/04 bis C-298/04 – Manfredi; siehe auch Keßler, WRP 2006, 1061.
[77] Rott, S. 113 f.
[78] G. Wagner, S. A 119 ff.; Kramer, NJW-Sonderheft, S. 12 zum KapMuG.
[79] von Moltke, S. 137 f.

Gelder kaum die Mittel, in einem für den Zweck der Verbandsklage ausreichendem Maße die ihnen gewährten Klagerechte zu nutzen[80]. Dadurch wird entgegen der ursprünglichen Rechtsgewährung die eigentliche Funktion der Verbandsklage unterlaufen[81]. Insbesondere für grenzüberschreitende Fälle wurde ein negatives Kosten-Nutzen-Verhältnis vermutet[82]. Die erste internationale Verbandsklage, bei der die Verbandsaufwendungen die vom Gericht zum Kostenausgleich zugesprochene Summe deutlich überstiegen[83], gibt dieser Befürchtung Recht.

Daher werden neue Finanzierungsmodelle für die Verbraucherverbände erwogen[84]. Um wenigstens einen gewissen Ausgleich zu schaffen, wird zur Zeit bei der Streitwertbemessung berücksichtigt, dass die Verbände vor allzu hohen Kostenrisiken geschützt werden müssen[85]. Gleichzeitig stellen jedoch die Prozesskosten eine nicht ungewollte Zugangssperre vor übermäßiger oder ungerechtfertigter Rechtsverfolgung dar[86].

Schließlich wird befürchtet, dass Verbände sich in Vergleichen hohe Summen für die Rücknahme einer Klage oder die Nichtveröffentlichung des Namens des Beklagten zahlen lassen[87]. Obwohl die Finanzierung der Verbandsklage gesichert werden muss, wäre eine solche Entwicklung nicht im öffentlichen Interesse, da mit ihr die Funktion der Verbandsklage, eine Breitenwirkung zu erzielen, konterkariert würde[88].

Daher muss eine Finanzierung der Verbraucherverbände gefunden werden, die ihnen einerseits die Prozessführung in einem ausreichenden Maße sicherstellt, die in ihrer Ausgestaltung aber die Verbände nicht zur missbräuchlichen Klageerhebung anregt und darüber hinaus vorzugsweise einen Urteilsspruch herbeiführt, auf den sich der individuelle Verbraucher berufen kann.

---

[80] Gilles, ZZP 98 (1985), 5 f.; von Moltke, S. 86 ff., 102 ff.; MüKo-Micklitz, Vor § 13 AGBG Rn. 42.

[81] Rott/von der Ropp, ZZPInt 9 (2004), 19 - 21; öBMSG, Praktische Umsetzung, S. 165 f.; Halfmeier spricht zutreffend von Inkonsequenz, S. 123.

[82] Rösler, S. 178.

[83] öBMSG, Praktische Umsetzungen, S. 60.

[84] Vgl. G. Wagner, S. A 114 f.; Micklitz/Stadler, in Das Verbandsklagerecht, S. 1343, 1270 ff.

[85] BGH, Urt. v. 18.07.2000 – VIII ZR 12/00, NJW-RR 2001, 352; kritisch zu niedrigen Streitwerten bei AGB-Verbandsklagen dagegen Ulmer/Brandner/Hensen-Hensen, § 5 UKlG Rn. 20 f.; siehe auch Halfmeier, S. 350.

[86] Gilles, ZZP 98 (1985), 19; Staudinger-Schlosser, § 2 UKlG Rn. 4.

[87] Ein (umweltrechtliches) Beispiel nennt Säcker, Rn. 85; von Moltke dagegen schätzt die Verhandlungsmacht der Verbände eher gering ein, S. 114 f.

[88] G. Wagner, S. A 119.

7. Zusammenfassung

Es gibt zwei Formen des kollektiven Verbraucherschutzes, die originäre Verbandsklage und die Bündelung von Individualinteressen einschließlich von Musterprozessen[89]. Erstere dient der Bewältigung vor allem von Streuschäden und rechtfertigt sich in dem Ausgleich des „rationalen Desinteresses" des Einzelnen durch die Breitenwirkung und Steuerungsfunktion der Verbandsklage. Die Wahrnehmung dieses auch öffentlichen Interesses wird aus dem Gedanken der Selbstregulierung und Staatsentlastung heraus Verbänden überlassen. Letztere Klageformen haben vorrangig die Aufgabe verfahrensrechtlicher Effizienz und Justizentlastung[90]. Während bei der Verbandsklage die Legitimität der Verbände überprüft werden muss, ist bei der Verfahrensbündelung auf die Handlungsfreiheit des individuellen Klägers zu achten.

Beide Formen des Rechtsschutzes befinden sich aktuell in Entwicklung. Insbesondere bei der Verbandsklage wird trotz ihrer langen Etablierung durch die faktische Sanktionslosigkeit ein Vollzugsdefizit beklagt[91] und aus diesem Grunde für sogar für europarechtswidrig gehalten[92].

[89] Vgl. auch Halfmeier, S. 5.
[90] Micklitz/Stadler, in Das Verbandsklagerecht, S. 9.
[91] von Moltke, S. 221 ff.; MüKo-ZPO-Micklitz, Aktualisierungsband, UKlG Rn. 9.
[92] Rott, S. 125 f., 133 mit Hinweis auf den Effektivitätsgrundsatz.

Kapitel 2: Rechtsgrundlagen der Verbraucherverbandsverfahren

Die in dieser Arbeit zu betrachtenden Verbandsklagen sind im UKlG normiert. Dieses wurde am 26.11.2001 verkündet[1] und trat am 01.01.2002 in Kraft. Mit der Auflösung des AGBG im Zuge des Schuldrechtsmodernisierungsgesetzes waren die im AGBG enthaltenen materiellrechtlichen Verbraucherschutzregelungen in das BGB überführt und die Normen über die Verbandsklage in das UKlG ausgelagert worden. Da mit dieser Aufteilung keine wesentlichen inhaltlichen Änderungen einhergingen, kann auf Rechtsprechung und Literatur zum AGBG für das UKlG entsprechend zurückgegriffen werden. Die entscheidenden Neuerungen fanden bereits mit der Umsetzung und Einarbeitung der Fernabsatzrichtlinie sowie der UKl-RL in das AGBG statt[2].

I. Europäische Verbraucherschutzrichtlinien

Den Verbandsklagen nach §§ 1, 2 UKlG liegen verschiedene europäische Richtlinien zugrunde. Dies ist zunächst Art. 7 Klauselrichtlinie. Darüber hinaus schreiben sowohl Art. 11 Richtlinie 2005/29/EG über unlautere Geschäftspraktiken[3] und Art. 12 Richtlinie 92/28/EWG über die Werbung für Humanarzneimittel[4] als auch Art. 11 Richtlinie 97/7/EG über den Verbraucherschutz bei Vertragsabschlüssen im Fernabsatz[5] und Art. 13 Richtlinie 2002/65/EG über den Fernabsatz von Finanzdienstleistungen an Verbraucher[6] den Mitgliedstaaten zur Einhaltung der Richtlinien die Einführung einer Verbandsklage vor[7]. Diese Richtlinien sind primär gegenstandsbezogen und schützen den individuellen Verbraucher vor spezifischen Gefahren. Zu den jeweils gewährten Schutzmechanismen gehört auch die Verbandsklage.

Die Zielsetzung der UKl-RL hat eine andere Tendenz. Sie behandelt nicht Individualrechte, sondern die gerichtliche Durchsetzung kollektiver Verbraucherinteressen bei Verstößen gegen bestimmte Verbrauchergesetze[8]. Kollektivinteressen im Sinne der Richtlinie sind solche, „bei denen es sich nicht um eine Kumu-

---

[1] BGBl 2001 I 3138, 3179.
[2] BGBl 2000 I 897.
[3] ABl EG L 149 vom 11.06.2005, S. 22, ursprünglich geregelt in Art. 4 Richtlinie 84/450/EWG über irreführende Werbung, ABl EG L 250 vom 19.09.1984, S. 17.
[4] ABl EG L 113 vom 30.04.1992, S. 13.
[5] ABl EG L 144 vom 04.06.1997, S. 19.
[6] ABl EG L 271 vom 09.10.2002, S. 16.
[7] Zu der anfänglichen Diskussion, ob die Verbandsklage für die Mitgliedstaaten optional oder obligatorisch sein sollte, siehe Reich/Micklitz, S. 1168 f.
[8] Vgl. Art. 1 II UKl-RL.

lierung von Interessen durch einen Verstoß geschädigter Personen handelt“[9]. Die UKl-RL soll – auch mit Blick auf die prohibitive Handhabung in Deutschland, das als einziger Mitgliedstaat gegen die Richtlinie gestimmt hat[10] – den Zugang der Verbraucher zum Recht, die Freizügigkeit von Unterlassungsurteilen innerhalb der Europäischen Union und die Angleichung prozessrechtlicher Vorschriften bewirken[11].

In der UKl-RL wird daher zunächst der sachliche Anwendungsbereich von auf Unterlassung gerichteten Verbandsklagen um eine Reihe von verbraucherschützenden Richtlinien erweitert. Jede Handlung, die einer der im Anhang der UKl-RL aufgeführten Richtlinien zuwider läuft und die Kollektivinteressen der Verbraucher beeinträchtigt, soll nunmehr mit einer Verbandsklage verfolgt werden können, Art. 1 I, II UKl-RL. Für diejenigen im Anhang zu Art. 1 UKl-RL genannten Richtlinien, die anders als die bereits genannten keine eigenständigen Verbandsklageregeln enthalten[12], schreibt die UKl-RL eine Verbandsklage vor[13]. Dass die UKl-RL eine Rechtsgrundlage für die Einführung von Unterlassungsklagen darstellt, wird zum Teil bezweifelt. Vielmehr setze die UKl-RL die in Art. 2 UKl-RL genannten Rechtsbehelfe voraus[14].

Art. 2 I UKl-RL bezeichnet die mit der Verbandsklage möglichen Rechtsschutzziele. Es werden die Anordnung der Einstellung des Verstoßes, gegebenenfalls auch im einstweiligen Rechtsschutz, soweit erforderlich die Veröffentlichung von Entscheidungen und, soweit nach dem Recht des jeweiligen Mitgliedstaates

---

[9] Erwägungsgrund Nr. 2 UKl-RL.
[10] Greger, NJW 2000, 2458.
[11] Koch, ZZP 113 (2000), 432 f.
[12] Dies sind derzeit die Richtlinie 85/577/EWG betreffend den Verbraucherschutz im Fall von außerhalb von Geschäftsräumen geschlossenen Verträgen, ABl EG L 372 vom 31.12.1985, S. 31, die Richtlinie 87/102/EWG zur Angleichung der Rechts- und Verwaltungsvorschriften über den Verbraucherkredit, ABl EG L 42 vom 12.02.1987, S. 17, die Richtlinie 89/552/EWG zur Koordinierung bestimmter Rechts- und Verwaltungsvorschriften der Mitgliedstaaten über die Ausübung der Fernsehtätigkeit, ABl EG L 298 vom 17.10.1989, S. 23, geändert durch die Richtlinie 97/36/EG, ABL EG L 202 vom 30.07.1997, S. 60, die Richtlinie 90/314/EWG über Pauschalreisen, ABl EG L 158 vom 23.06.1990, S. 59, die Richtlinie 94/47/EG zum Schutz der Erwerber im Hinblick auf bestimmte Aspekte von Verträgen über den Erwerb von Teilzeitnutzungsrechten an Immobilien, ABl EG L 280 vom 29.10.1994, S. 83, die Richtlinie 1999/44/EG zu bestimmten Aspekten des Verbrauchsgüterkaufs und der Garantien für Verbrauchsgüter, ABl EG L 171 vom 07.07.1999, S. 12 und die Richtlinie 2000/31/EG über bestimmte rechtliche Aspekte der Dienste der Informationsgesellschaft, insbesondere des elektronischen Geschäftsverkehrs, im Binnenmarkt, ABl EG L 178 vom 17.07.2000, S. 1.
[13] Vgl. Erwägungsgrund Nr. 2 UKl-RL; Baetge, ZZP 112 (1999), 399; Rott, S. 118, sich auf den europäischen Effektivitätsgrundsatz berufend.
[14] Maurer, S. 45; Nassall, S. 1052, Rn. 7, 8, der die Rechtsgrundlage für die Unterlassungsklagen ausschließlich in den jeweiligen Richtlinien des Anhangs sieht.

zulässig, die Androhung eines Zwangsgeldes bei Nichtbeachtung der Entscheidung benannt. Da die Norm aber in erster Linie die Benennung der zuständigen Gerichte bzw. Verwaltungsbehörden vorschreibt und in der deutschen Fassung formuliert „Rechtsbehelfe, die auf folgendes abzielen *können*“[15], sind die Zweifel derer, die in der UKl-RL nicht die Rechtsgrundlage für die Verbandsklage sehen, zunächst nachvollziehbar.

Jedoch wird zumindest in der englischen und der französischen Fassung der UKl-RL eine Wahlfreiheit hinsichtlich der Rechtsbehelfe nicht deutlich[16]. Darüber hinaus lautet die Überschrift zu Art. 2 UKl-RL nicht etwa „Zuständige Gerichte und Behörden“, sondern „Unterlassungsklagen“[17] und nur die unter c) aufgeführte ins Zwangsvollstreckungsrecht fallende Androhung der Zahlung eines Zwangsgeldes ist unter den Vorbehalt der Bekanntheit nach nationalem Recht gestellt, woraus im Umkehrschluss eine europäische Verpflichtung für die Buchstaben a) und b) angenommen werden kann.

Bedenkt man zudem, dass Art. 4 I UKl-RL die Mitgliedstaaten verpflichtet, für grenzüberschreitende Verstöße ausländischen Einrichtungen die Klagen nach Art. 2 I UKl-RL zu ermöglichen, ist trotz der nicht eindeutigen Formulierung davon auszugehen, dass die UKl-RL die Rechtsgrundlage für die genannten Rechtsbehelfe darstellt und auch für die Richtlinien des Anhangs, die keine eigenständigen Regeln über die Verbandsklage vorschreiben, nunmehr eine Unterlassungsklage verpflichtend fordert. Ansonsten könnte die Verpflichtung, ausländische Verbände als Kläger zuzulassen, bei den Richtlinien, die eine Verbandsklage nicht zwingend vorschreiben, ins Leere greifen.

Neben der sachlichen Erweiterung der Inlandsverbandsklage ist die UKl-RL auf die grenzüberschreitende Durchsetzung der Unterlassungsklagen und damit auf ein internationales, prozessuales Ziel gerichtet[18]. Es soll der in der Einleitung dieser Arbeit beschriebene Missstand behoben werden, dass es Verbänden in der Regel nur möglich war, in ihrem „Heimatland“ zu klagen und dies auch nur dann, wenn Verbraucher aus eben diesem Land betroffen waren. Diese Situationen, in denen Ursprungs- und Auswirkungsort von verbraucherschädigenden Verhaltensweisen auseinander fallen, soll die UKl-RL klären.

---

[15] Hervorhebung durch die Verfasserin.

[16] „Member States shall designate the courts or administrative authorities competent to rule on proceedings commenced by qualified entities within the meaning of Article 3 *seeking*: [...]“ bzw. „Les États membres désignent les tribunaux ou autorités administratives compétents pour statuer sur les recours formés par les entités qualifiées au sens de l'article 3 *visant*: [...]“; Hervorhebungen durch die Verfasserin.

[17] In der englischen bzw. französischen Fassung „Actions for an injunction“ bzw. „Action en cessation“.

[18] Reich/Micklitz, S. 1166.

Nach ihrem Art. 4 I muss jeder Mitgliedstaat die erforderlichen Maßnahmen treffen,

> „damit im Fall eines Verstoßes, dessen Ursprung in seinem Hoheitsgebiet liegt, jede qualifizierte Einrichtung eines anderen Mitgliedstaates, in dem die von dieser qualifizierten Einrichtung geschützten Interessen durch den Verstoß beeinträchtigt werden, [...] die [...] zuständige Verwaltungsbehörde anrufen kann".

Die UKl-RL verpflichtet damit Deutschland, vor deutschen Gerichten die Einwirkung auf das Verhalten deutscher Unternehmer im Ausland zumindest durch ausländische Einrichtungen zu ermöglichen[19].

Kernstück der Richtlinie ist daher die wechselseitige Anerkennung der durch die Mitgliedstaaten eingeräumten Klageberechtigung und die Einrichtung einer von der Europäischen Kommission verwalteten Liste der „qualifizierten Einrichtungen" der Mitgliedstaaten[20]. In Art. 4 I 2 UKl-RL heißt es: „Die Gerichte oder Verwaltungsbehörden akzeptieren dieses Verzeichnis als Nachweis der Berechtigung der qualifizierten Einrichtung zur Klageerhebung [...]".

Die durch die UKl-RL vorgeschriebene wechselseitige Anerkennung der Klagebefugnis ist aus Sicht des Richtliniengebers nicht gleichbedeutend mit der Gewährung einer europaweiten Klageberechtigung für alle Verbände in allen Situationen. Wie sich aus Art. 4 I 1 und 2 UKl-RL ergibt, müssen die durch die qualifizierte Einrichtung „geschützten Interessen" betroffen sein und „der Zweck der Einrichtung deren Klageerhebung" rechtfertigen.

Die Regelung über die Anerkennung bedeutet, dass ein zuständiges mitgliedstaatliches Gericht die Klage einer ausländischen Einrichtung nicht deshalb abweisen darf, weil diese Ausstattungs- oder Gründungsvoraussetzungen der lex fori nicht erfüllt. Jeder Mitgliedstaat entscheidet selbst darüber, welche Voraussetzungen eine in ihm ansässige Einrichtung erfüllen muss. Die EU stützt sich damit auf die unterschiedlichen mitgliedstaatlichen Verfahren, anstatt ein eigenes zu schaffen, erzeugt durch die Anerkennungsverpflichtung aber einen Angleichungsdruck[21].

Die UKl-RL enthält aufgrund der erheblichen Unterschiede zwischen den mitgliedstaatlichen Verbandsklageregelungen und in einer Betonung des Subsidiaritätsprinzips eine Vielzahl von optionalen Regelungen. So insbesondere, ob die qualifizierten Einrichtungen im Sinne der Richtlinie öffentliche oder private

---

[19] Stellungnahme des Bundesrates, BT-Drucks. 14/6857, S. 40; Heß, S. 540.
[20] Erwägungsgründe Nr. 11, 12 und Art. 4 UKl-RL.
[21] Hopt/Baetge, S. 35 f.

Stellen sind[22] und ob vor der Klageeinreichung ein „Konsultationsverfahren" mit der zu verklagenden Partei durchzuführen ist[23].

In gewisser Weise kann der Regelungsgehalt der UKl-RL als begrenzt bezeichnet werden[24]. Grund hierfür ist zunächst, dass einzelne Richtlinien ausgewählt wurden, anstatt umfassend auf alle europäischen verbraucherschützenden Normen zu verweisen. Zudem umfasst die UKl-RL personell ausschließlich verbraucherschützende Einrichtungen. Von der Regelung einer Verbandsklagebefugnis für gewerbliche Verbände wurde abgesehen.

Sachlich nicht umfasst von der UKl-RL sind Schadenersatzklagen von Verbraucherverbänden, wie sie in einigen Mitgliedstaaten der Europäischen Union möglich sind[25]. Der Wirtschafts- und Sozialausschuss der Europäischen Gemeinschaft hat jedoch die in der UKl-RL vorgesehenen Maßnahmen in seiner Stellungnahme zum Richtlinienvorschlag lediglich als ersten Schritt zur Verbesserung des Zugangs der Verbraucher zum Recht bezeichnet und eine zusätzliche Haftungsklage für die Zukunft befürwortet[26].

Laut *Baetge* fehlt es in der UKl-RL an besonderen Vorkehrungen gegen den Missbrauch des Klagerechts durch Verbände[27]. Jedoch scheint das sogenannte „Abmahnunwesen", das die Rufe nach einer Missbrauchskontrolle hervorruft, eine typisch deutsche Sorge zu sein, die auf dem Kostenrecht beruht und nicht der Verbandsklage inhärent ist[28].

Wie andere verbraucherschützende Richtlinien legt die UKl-RL nur den Mindeststandard fest. Gemäß Art. 7 UKl-RL können die Mitgliedstaaten qualifizierten Einrichtungen sowie Betroffenen weitergehende Rechte einräumen.

---

22 Erwägungsgründe Nr. 9, 10 und Art. 3 UKl-RL.

23 Erwägungsgründe Nr. 13, 14 und Art. 5 UKl-RL.

24 So Heß, S. 528 und Rösler, S. 178.

25 Schadenersatzklagen in verschiedenen Formen kennen Frankreich, Griechenland, Spanien und eingeschränkt Italien, Beuchler/Mom, in Das Verbandsklagerecht, S. 1141. Für einen allgemeinen rechtsvergleichenden Überblick der Verbandsklage in anderen Mitgliedstaaten der EU siehe Koch, ZZP 113 (2000), 417 ff. und seit Umsetzung der UKl-RL öBMSG, Praktische Umsetzungen, S. 15 ff.

26 ABl EG C 30 vom 30.01.1997, S. 112 unter 2.4.

27 Baetge, ZZP 112 (1999), 349 ff.

28 Koch, ZZP 113 (2000), 430; Baetge, a.a.O.

II. Nationale Umsetzungen

Wie bereits erwähnt, erfolgte die Umsetzung der UKl-RL in Deutschland ursprünglich im AGBG. Erst später fand im Rahmen des Schuldrechtsmodernisierungsgesetzes eine Auslagerung in ein eigenes Gesetz statt, das UKlG.

1. Rechtsschutzziele

Bei der Umsetzung der UKl-RL wurden die bestehenden Verbandsklagerechte in ihren Normen belassen. Die Verbandsklage für die im Anhang der UKl-RL ursprünglich genannte Richtlinie 84/450/EWG über irreführende Werbung, nunmehr ersetzt durch die Richtlinie 2005/29/EG über unlautere Geschäftspraktiken, findet ihre deutsche Entsprechung in § 8 UWG. Bei Verstößen gegen die Klauselrichtlinie greift § 1 UKlG mit den Tatbestandsalternativen der Verwendung und der Empfehlung von rechtswidrigen AGB. Der Verstoß gegen Verbraucherschutzgesetze „in anderer Weise" wird von § 2 UKlG erfasst.

Die Veröffentlichung der Urteilsformel mit der namentlichen Bezeichnung des Beklagten kann nach § 7 UKlG ausgesprochen werden. Für die anderen in Art. 2 I UKl-RL genannten Ziele, den einstweiligen Rechtsschutz und die Zahlung eines Zwangsgeldes, wird über den Verweis in § 5 UKlG auf die allgemeinen Regeln der ZPO und des UWG zurückgegriffen.

Die deutsche Richtlinienumsetzung trifft in den Rechtsschutzzielen keine Unterscheidung zwischen den deutschen Verbänden gewährten Ansprüchen und den ausländischen Verbänden gewährten Ansprüchen. Anders zum Beispiel in Großbritannien, wo zwischen „domestic infringements" und „community infringements" unterschieden und den bei der Kommission registrierten „community enforcer" nur ein Klagerecht hinsichtlich der „community infringements" zugestanden wird, Chapter 40 Section 211, 212, 213, 215 Enterprise Act 2002. Grund hierfür könnte die weite Fassung des „domestic infringements" sein, das auch strafrechtlich bewehrte Verstöße erfasst, und eine weite Tätigkeitsbefugnis des Office of Fair Trade und der „domestic enforcer" gibt.

Ähnliches dürfte für Frankreich gelten, wo in Art. L421-1, L421-2 Code de la Consommation nur französischen Verbänden die Klageberechtigungen zugesprochen werden, die auch einen Schadenersatzanspruch erfassen, während über Art. L421-6 alle registrierten Verbände klagen dürfen, jedoch „nur" auf Unterlassung verbraucherrechtswidrigen Verhaltens, einschließlich des Verbotsausspruchs verwendeter oder empfohlener rechtswidriger AGB.

Eng am Wortlaut der Richtlinie hat sich Österreich orientiert, das in § 29 II KSchG – anders als es der Wortlaut der deutschen, englischen oder französischen Umsetzungen nahe legt – einen grenzüberschreitenden Sachverhalt fordert. Für diesen Fall ist der gewährte Rechtsschutz aber übereinstimmend mit dem für inländische Verbände.

2. Anwendungsbereich

Deutschland hat sowohl den personellen als auch den sachlichen Anwendungsbereich des UKlG weiter gefasst als die UKl-RL. Sachlich führt § 2 II UKlG eine Vielzahl von Vorschriften auf. Dies geschieht jedoch nur exemplarisch, wie durch die Formulierung „insbesondere" deutlich wird. Dies ermöglicht es, auch gegen Verstöße gegen weitere, nicht in § 2 II UKlG oder im Anhang der UKl-RL genannte verbraucherschützende Vorschriften vorzugehen.

Personell gibt das UKlG in § 3 UKlG eine Anspruchsberechtigung nicht nur qualifizierten Einrichtungen, die in Deutschland nach §§ 3 I 1 Nr. 1, 4 UKlG registriert oder in der Liste der Europäischen Kommission aufgeführt sind, sondern auch – außerhalb des Anwendungsbereichs der UKl-RL – nach § 3 I 1 Nr. 2 und 3 UKlG gewerblichen Verbänden sowie den Industrie- und Handelskammern und den Handwerkskammern.

Das in § 4 UKlG geregelte Verfahren über die Registrierung für Verbraucherschutzverbände wurde erforderlich, um der Europäischen Kommission die entsprechenden Einrichtungen zu nennen[29]. Es soll den Gerichten ersparen, in jedem einzelnen Verfahren die Verbandsausstattung zu überprüfen, so die Justiz entlasten und unterschiedlichen Entscheidungen verschiedener Gerichte vorbeugen[30]. Allerdings hat durch die Einführung der Registrierung als einzige Möglichkeit für Verbraucherverbände, in Deutschland eine Verbandsklage zu erheben, auch eine potentielle Einschränkung des persönlichen Anwendungsbereichs stattgefunden. Denn die Registrierung hat jedenfalls bei Anwendbarkeit deutschen Rechts zunächst die Folge, dass ausschließlich Einrichtungen aus EU-Mitgliedstaaten klagen können.

Wenn man nicht davon ausgehen möchte, dass das Bundesamt für Justiz auch ausländische Verbände registrieren würde – wobei sich aus § 4 UKlG zunächst keine Einschränkung auf Verbände mit Sitz in Deutschland ergibt – können Verbraucherverbände zum Beispiel aus der Schweiz bei der Anwendbarkeit deutschen Rechts grundsätzlich keine Klage in Deutschland erheben. Ob dies früher möglich gewesen wäre, war im Einzelnen streitig[31], ist nun aber unabhän-

[29] Bereits bei Einführung der AGB-Verbraucherverbandsklage 1976 in Deutschland sah ein früher Gesetzesentwurf eine Verbandsregistrierung vor, s. BT-Drucks. 7/3200, S. 6.
[30] Schaumburg, DB 2002, 725; Greger, NJW 2000, 2458.
[31] Hierzu Maurer, S. 63 - 66; Pfeiffer, S. 721 ff., Maidl, S. 262 f.

gig von den betroffenen Personen für Verbrauchervereinigungen[32] ausgeschlossen. Es kann allenfalls überlegt werden, ob im Wege der kollisionsrechtlichen Substitution ein ausländisches Äquivalent zur Registrierung akzeptiert werden kann.

3. Eintragungsnachweis

In Umsetzung von Art. 4 I 1 UKl-RL – „nach Vorlage des in Absatz 3 vorgesehenen Verzeichnisses" – spricht § 3 I 1 Nr. 1 UKlG den Verbänden die Ansprüche aus §§ 1, 2 UKlG zu, die *nachweisen*, dass sie eingetragen sind. Da nicht einfacher formuliert wurde, dass eingetragenen Einrichtungen der Anspruch zusteht, muss dem Wortlaut nach von einem zusätzlichen prozessualen Klageerfordernis ausgegangen werden.

Neben diesem Verständnis beschreibt *Greger* eine zweite Interpretationsmöglichkeit. Das „Nachweisen" könne nicht nur ein zusätzliches formales Klagekriterium sein, sondern auch lediglich unbedacht ohne besondere Bedeutung gewählt worden sein und nur die dem Verband ohnehin obliegende Beweislast betonen[33]. *Greger* neigt der zweiten Auslegung zu, weil der Gesetzgeber nicht ausdrücklich auf die Einführung einer neuen speziellen Prozessvoraussetzung eingegangen sei[34].

Obwohl die Einführung eines prozessualen Erfordernisses dem Gesetzgeber eine Erläuterung hätte Wert sein dürfen, kann der Wortlaut der Norm nicht ignoriert werden[35], zumal sich eine Stütze in der umzusetzenden Richtlinie findet. Auch hat ein prozessuales Nachweiserfordernis die praktische Folge, dass ein Gericht bei fehlender oder nicht nachgewiesener Eintragung die Klage zügig als unzulässig abweisen kann. Um das Übergehen der Registrierungsvoraussetzung durch übereinstimmenden Parteivortrag unmöglich zu machen, wäre das Nachweiserfordernis nicht erforderlich; hierfür ist die Wahrheitspflicht der Parteien nach § 138 ZPO ausreichend.

Eine Lösung in einem gesonderten Absatz vergleichbar zu § 29 III österreichisches Konsumentenschutzgesetz (KSchG)[36] ist vorzugswürdig. So wäre die prozessuale Voraussetzung von dem materiellen Anspruchsinhaber getrennt und die Absicht des Gesetzgebers erkennbar.

---

[32] Mangels Registrierung ist dies bei gewerblichen Verbänden grundsätzlich möglich, hierzu Schack, Rn. 556.
[33] Greger, ZZP 113 (2000), 399, 406 f., ohne jedoch auf § 291 ZPO einzugehen.
[34] Greger, NJW 2000, 2460.
[35] So auch Steinringer, S. 262.
[36] www.ris.bka.gv.at.

4. Art. 4 I 2 UKl-RL

Eine ausdrückliche Umsetzung von Art. 4 I 2 UKl-RL, nach dem die Gerichte überprüfen dürfen, ob der Zweck der qualifizierten Einrichtung die Klageerhebung im konkreten Fall rechtfertigt, findet sich anders als zum Beispiel in § 29 II Nr. 2 KSchG im UKlG nicht. Dennoch besteht auch nach deutschem Recht eine Überprüfungsmöglichkeit dahingehend, ob der Verband sich mit der konkreten Klage im Rahmen seiner Zwecksetzung bewegt[37].

Anders als *Greger* an einer Stelle schreibt, ist eine Umsetzung des Vorbehalts in Art. 4 I 2 UKl-RL auch nicht in § 2 III UKlG zu sehen[38]. Zum einen erfasst § 2 III UKlG nicht die Ansprüche aus § 1 UKlG, für den der Vorbehalt des Art. 4 I 2 UKl-RL ebenso notwendig ist. Und zum anderen ist Ziel von Art. 4 I 2 UKlG weniger der Klagemissbrauch – kein zulässigerweise eingetragener Verband hat als Satzungszweck die Erreichung von Kostenansprüchen – sondern vielmehr, sachliche oder räumliche Beschränkungen der Satzung aufzugreifen und damit die Betroffenheit des Verbandes in seinen satzungsgemäßen Interessen sicherzustellen. Dies kann im Registrierungsverfahren nicht überprüft werden.

Bei § 2 III UKlG handelt es sich vielmehr um einen besonderen Missbrauchstatbestand, der geschaffen wurde, um der durch das „Abmahnunwesen“ entstandenen Situation in Deutschland gerecht zu werden. Danach kann der Unterlassungsanspruch des § 2 UKlG nicht geltend gemacht werden, wenn dies unter Berücksichtigung aller Umstände missbräuchlich ist, insbesondere wenn vorrangig zur Schaffung eines Kostenersatzanspruchs geklagt wird. Die Regelung wurde in Anlehnung an das UWG geschaffen. § 1 UKlG enthält keinen Missbrauchstatbestand, weil die Gefahr reiner Gebührenklagen für gering gehalten wird[39].

5. Verhaltensmaßstab

§§ 1, 2 UKlG und § 13 UWG beziehen sich für die Bestimmung der Rechtswidrigkeit von AGB oder Verhalten auf deutsche Normen. Demgegenüber verweisen sowohl das englische Chapter 40 Section 212 Enterprise Act 2002[40] als auch der französische Art. L421-6 Code de la Consommation[41] auf die Umsetzungen der im Anhang der UKl-RL genannten Richtlinien, formulieren also unabhängig

---

[37] Siehe hierzu in Kapitel 3 I. 4. b).

[38] Greger, NJW 2000, 2458 Andererseits schreibt er zutreffend auf S. 2461, dass der deutsche Gesetzgeber diesen Vorbehalt nicht umgesetzt habe.

[39] BT-Drucks. 14/2658, S. 53; MüKo-Micklitz, § 13 AGBG Rn. 92; grundsätzlich skeptisch gegenüber einer Missbrauchgefahr Halfmeier, S. 96 f.

[40] www.opsi.gov.uk/acts/acts2002/20040--p.htm#210.

[41] www.legifrance.gouv.fr.

von nationalstaatlichen Normen. Ähnlich das österreichische Recht, das in § 28a I KSchG zwar nicht auf den Richtlinienanhang verweist, sondern abstrakt die Verbrauchergeschäfte auflistet, bei denen nicht gegen ein gesetzliches Verbot verstoßen werden darf, was aber ebenfalls nationale wie ausländische Normen erfasst.

Während der englische Gesetzgeber davon ausgeht, dass die ausschließliche Nennung englischen Rechts eine fehlerhafte Richtlinienumsetzung darstellen würde, weil die Regeln des internationalen Privatrechts auch die Anwendbarkeit des Rechts eines anderen Mitgliedstaates bestimmen könnten[42], begründet die deutsche Bundesregierung gegenüber dem Bundesrat den Verweis auf deutsche Vorschriften damit, dass bei Nennung der Richtlinienumsetzungen aller Mitgliedstaaten in die anerkannte kollisionsrechtliche Regel des Marktortprinzips eingegriffen würde. Es bestehe kein Regelungsbedürfnis für die grenzüberschreitende Verbandsklage über die herkömmlichen Regeln des internationalen Privatrechts hinaus[43]. Hinzu kam die Überlegung des Rechtsausschusses, dass dem nationalen Rechtsanwender durch Nennung der deutschen Normen das Verständnis des Rechtsinhalts erleichtert werden solle[44].

6. Konsultationsverfahren

Die in der UKl-RL vorgesehene Möglichkeit, ein dem gerichtlichen Verfahren vorgelagertes Konsultationsverfahren zwingend vorzuschreiben, wurde in Deutschland nicht umgesetzt. In Deutschland ist daher unter prozessualer Rücksicht weiterhin weder ein Einigungsverfahren noch eine Abmahnung erforderlich, um die Zulässigkeit der Klage zu erreichen. Wird die Abmahnung unterlassen, können jedoch die aus § 93 ZPO resultierenden Kosten entstehen[45]. Entsprechend § 12 UKlG i.V.m. § 15 UWG besteht bei Ansprüchen nach § 2 UKlG lediglich die Möglichkeit, eine Einigungsstelle anzurufen und so ein außergerichtliches Streitschlichtungsverfahren durchzuführen.

7. Zuständigkeit

In Ausführung von Art. 2 I UKl-RL hat Deutschland in § 6 UKlG die Landgerichte des Niederlassungs- bzw. Wohnsitzbezirks des Beklagten für zuständig erklärt. Eine allgemeine Übertragung auf die Oberlandesgerichte, wie es in Par-

---

[42] Anmerkung 480 zum Enterprise Act 2002 des Department of Trade and Industry, www.opsi.gov.uk/acts/en2002/02en40-h.htm.
[43] BT-Drucks. 14/6857, S. 72, unter „Zu Nummer 146".
[44] BT-Drucks. 14/3195, S. 35, unter „Zu Artikel 3 Nr. 7 (§ 22 des AGB-Gesetzes)".
[45] Erman-Roloff, § 5 UKlG Rn. 4; Staudinger-Schlosser, § 1 UKlG Rn. 37; Baetge, ZZP 112 (1999), 347.

allelität zum Normenkontrollverfahren des § 47 VwGO gefordert wurde[46], hat nicht stattgefunden. Jedoch wurden die Landesregierungen nach § 6 II UKlG ermächtigt, zur Verfahrenskonzentration Rechtsstreitigkeiten einem spezifischen Landgericht zuzuweisen. Hiervon haben Bayern, Hessen, Mecklenburg-Vorpommern und Nordrhein-Westfalen Gebrauch gemacht[47]. Diese Regelung entspricht § 13 II UWG. Allerdings erfolgte – auch für die Verwendung von AGB im kaufmännischen Verkehr – keine Zuweisung an die Kammer für Handelssachen. Für das weitere Verfahren verweist der Gesetzgeber in eigener Regelungskompetenz in § 5 UKlG auf die Vorschriften der ZPO sowie § 12 I, II und IV UWG.

III. §§ 1, 2 UKlG

Im folgenden Arbeitsverlauf werden drei Tatbestände aus dem UKlG vertieft behandelt. Die Verwendung und die Empfehlung rechtswidriger AGB, die beide in § 1 UKlG geregelt sind, und sonstige verbraucherschutzgesetzwidrige Praktiken, die in § 2 UKlG untersagt werden.

1. Rechtsnatur

Welcher Rechtsnatur §§ 1, 2 UKlG bzw. ihre Vorgängernormen sind, ob sie ein rein prozessuales Mittel der Rechtsdurchsetzung darstellen oder materielle Unterlassungsansprüche des Verbandes oder eines Dritten, wird seit langem kontrovers diskutiert[48]. Die verschiedenen Standpunkte werden als Grundlage für die grenzüberschreitende Behandlung der Verbandsklage kurz dargestellt. Die zitierten Stellungnahmen beziehen sich zum Teil auf die UWG-Verbandsklage, die aber in den jeweiligen Fällen von den Autoren mit der AGB-Verbandsklage gleichbehandelt wird.

Selbst wenn die Meinungsunterschiede auf nationaler Ebene vielleicht noch wegen vorgeblich geringer praktischer Auswirkungen offen gelassen werden könnten[49], entstehen spätestens bei internationalen Sachverhalten Auswirkungen auf die Rechtsanwendung[50]. Denn Ausgangspunkt der kollisionsrechtlichen Diskus-

---

[46] Hierzu MüKo-Micklitz, § 14 AGBG Rn. 7 und Gilles, ZZP 98 (1985), 18.
[47] Palandt-Bassenge, § 6 UKlG Rn. 7.
[48] Zum strukturellen Unterschied zwischen der prozessualen und der materiellen Lösung siehe Weyreuther, S. 7 ff. für die verwaltungsrechtliche Verbandsklage und Fn. 27 für die privatrechtliche.
[49] So von Moltke, S. 64; Ulmer/Brandner/Hensen-Hensen, § 3 UKlG Rn. 9 „zu keiner Zeit Bedeutung".
[50] MüKo-Micklitz, § 13 AGBG Rn. 11.

sion wäre bei Einordnung als prozessuales Institut der lex fori -Grundsatz[51], bei Annahme einer Fremdprozessführung die internationale Prozessstandschaft[52] und bei einem eigenen Verbandsanspruch die lex causae.

Die Diskussion um die rechtliche Einordnung der Verbandsklage resultiert daraus, dass sich die Verbandsklage dem Anspruchsverständnis des § 194 BGB nicht ohne besondere Erwägungen unterordnen lässt. Denn in der Regel streiten in einem deutschen Zivilprozess Individuen um subjektive Rechte[53].

Verbandsklagen sind jedoch weder Durchsetzungen zusammengefasster oder gesammelter Individualrechte der Verbandsmitglieder noch sind die Verbände im herkömmlichen Sinne in einer originären Rechtsposition verletzt, vergleichbar zu Eigentum oder einem vertraglichen Recht. Vielmehr wird die Verbandsklage mit dem Schutz kollektiver Verbraucherinteressen begründet[54]. Den Verbänden, die sich frei konstituieren und ihre Satzung autonom setzen, ist die Wahrung dieser Interessen allein durch gesetzgeberische Entscheidung übertragen.

a) Prozessuales Institut

Daraus schließt eine Gruppe von Ansichten, dass der Verband keinen materiellen Anspruch im Sinne eines subjektiven Rechts geltend macht[55], sondern ein öffentliches Anliegen in einer dritten Rechtsschutzspur oder eine besondere anspruchsunabhängige Prozessführungsbefugnis im Sinne einer aktionenrechtlichen Regelung[56].

Dieses Verständnis der Verbandsklage wird damit begründet, dass ein Anspruch niemals isoliert bestehen könne, sondern ihm immer eine individuelle Stammposition zugrunde liege müsse[57]. Die Konzepte subjektives Recht und Anspruch

---

[51] Zu diesem und seiner Reichweite siehe Geimer, Rn. 319 ff., speziell zur Verbandsklage auch Rn. 341a, 2240 a.E.
[52] Hierzu Schack, Rn. 549 ff.; Geimer, Rn. 2234 ff.
[53] Pfeiffer, S. 238 m.w.N.
[54] Palandt-Bassenge, § 1 UKlG Rn. 1; Dauner-Lieb-Walker, Vor UKlG Rn. 6; vgl. Kapitel 1 II.
[55] Früher war die materiell-rechtliche Anspruchsqualität aller gesetzlichen Unterlassungsansprüche umstritten. Die heute h.M. geht von einem Anspruch aus. Hierzu Hefermehl/Köhler/Bornkamm-Köhler, § 8 Rn. 1.8 und Fritzsche, S. 114 ff; Siehe auch Halfmeier, S. 263 ff., der von der „Reprozeduralisierung" des Anspruches hierdurch spricht.
[56] E. Schmidt, NJW 2002, 25; Hadding, JZ 1970, 310; Halfmeier, S. 275; Lakkis, S. 124; Pfarr/Kocher, S. 114.
[57] E. Schmidt, NJW 2002, 28.

seien bei der Verbandsklage nicht gegeben[58]. Unterstützend für die prozessuale Beurteilung der Verbandsklage wurde auch der Gesetzeswortlaut herangezogen, da § 13 II AGBG a.F. formulierte „geltend gemacht werden“[59].

Gegen die herrschende Meinung spreche, dass der von ihr postulierte Anspruch weder verfügbar noch verhandelbar sei[60]. Sie verwische die Differenz zwischen individuellem Güterschutz und objektiver Rechtskontrolle. Das subjektive Recht werde auf die Summe seiner Rechtsschutzmöglichkeiten reduziert und die bisherige Trennung von materiellem Recht und Prozessrecht aufgegeben[61]. Zudem sei die herrschende Meinung in sich nicht stimmig, weil sie die Verbandsklagenormen überwiegend sowohl als Aktivlegitimation als auch als Prozessführungsbefugnis einordne[62].

Mit der Begründung, dass es bei der Verbandsklage im Kern um die Übertragung staatlicher Aufgaben an private Rechtsträger gehe, befürworten *Micklitz* und *Stadler* de lege ferenda die Einräumung einer rein prozessualen Klagebefugnis und eine Abkehr vom materiellen Anspruch, den sie für die gegenwärtige Rechtslage aber anerkennen[63]. Hintergrund dieser Auffassung ist die Begründung der Verbandsklage in europäischen Normen und eine damit verbundene Vorstellung der Veränderung von juristischen Kategorien[64] sowie die Annahme, dass die UKl-RL eine abstrakte Klagebefugnis vorschreibe[65].

b) Prozessstandschaft

Ebenso wie die prozessualen Deutungen zieht auch eine andere Gruppe von Ansichten den Wortlaut von § 13 II AGBG a.F. für ihre Deutung heran, jedoch die Bezeichnung von § 13 I AGBG a.F. als „Anspruch“[66]. Zwar klagten die Verbände einen Anspruch ein, weil es aber an der eigenen Betroffenheit des Verbands fehle, einen für sie fremden.

---

[58] Halfmeier, S. 230 ff. zum subjektiven Recht und S. 252 ff. zum Anspruch; siehe auch Lakkis, S. 107 f., 115.
[59] Lakkis, S. 109.
[60] E. Schmidt, NJW 2002, 25.
[61] Halfmeier, S. 244, 270.
[62] Lakkis, S. 111, 124; Halfmeier, S. 98 f., 283; zur sog. Doppelnatur vgl. Kapitel 3. I. 3.
[63] Micklitz/Stadler, in Das Verbandsklagerecht, S. 21, 1190, 1222.; s. auch MüKo-Micklitz, § 13 AGBG Rn. 8 „Ein europäisches Verbandsklagerecht als Bürgerrecht gewährt den Verbänden auch eine Klage aus eigenem Recht.“
[64] Micklitz/Stadler, in Das Verbandsklagerecht, S. 1196, S. 1192: „Gemeinschaftsrechtlich betrachtet wird aus der Prozessführungsbefugnis die Klagebefugnis, aus der Aktivlegitimation das Rechtsschutzinteresse.“ Vgl. auch Reich/Micklitz, S. 1204 f.
[65] Beuchler/Mom, in Das Verbandsklagerecht, S. 1152; Siehe auch Rott/von der Ropp, ZZPInt 9 (2004), 13.
[66] Marotzke, ZZP 98 (1985), 161, 188.

Das Klagerecht sei den Verbänden nur gesetzlich übertragen[67]. Es würden Verbraucherinteressen wahrgenommen, nicht Interessen des Verbandes. Der eigentliche Anspruch stünde daher dem Verbraucherkollektiv bzw. dem Staat zu. Diese Auffassungen bezeichnen die Verbandsklage als eine der Popularklage nahe stehende Spielart der gesetzlichen Prozessstandschaft[68], eine im öffentlichen Interesse verliehene Aufgreifzuständigkeit im Sinne eines objektiven Institutionenschutzes[69] oder eine Fremdprozessführung über ein diffuses Kollektivrecht[70].

Hauptargument dieser Ansichten ist das behauptete Fehlen eines eigenen Rechtsguts des Verbandes[71]. Sie ist zudem davon beeinflusst, dass bei der Annahme eines einem Kollektiv zustehenden Anspruchs, wegen anderweitiger Rechtshängigkeit nicht mehrere Verbände wegen desselben Verhaltens parallel Klage erheben können[72].

Im Wettbewerbsrecht wird als Vorteil der Annahme einer Prozessstandschaft für gewerbliche Verbände auch angeführt, dass die Rechtskraft der Verbandsklage einer Klage eines individuellen Verbandsmitglieds im Weg stünde[73]. Im UKlG greift diese Argumentation nicht, weil dem individuellen Verbraucher kein vergleichbarer Unterlassungsanspruch zusteht, sondern er lediglich ein anderes Recht, nämlich die Vertrags- bzw. Klauselunwirksamkeit und dadurch eine fehlende Zahlungsverpflichtung oder einen Gewährleistungsanspruch einklagen kann.

c) Verbandsanspruch

Die Rechtsprechung[74] sowie die herrschende Literatur[75] nehmen an, dass es sich bei §§ 1 und 2 UKlG um eigene materielle Ansprüche des Verbandes handelt.

---

[67] Koch, in FS-Siehr, S. 351.
[68] Marotzke, S. 199; für das österreichische Recht Rechberger, FS-Welser, S. 876.
[69] Lindacher, ZZP 103 (1990), 397; MüKo-ZPO-Lindacher, Vor § 50 Rn. 72.
[70] Gilles, ZZP 98 (1985), 1; Tsantinis, S. 179 f.
[71] Marotzke, ZZP 98 (1985), 179.
[72] Siehe Gilles, ZZP 98 (1985), 10 f.; Marotzke, ZZP 98 (1985), 171 ff. und 180 f.
[73] So Tsantinis S. 91; dagegen von Moltke, S. 64, diese Folge als Nachteil der Prozessstandschaft einordnend.
[74] RG, Urt. v. 24.01.1928 – II ZR 272/27, RGZ 120, 47, 49; BGH, Urt. v. 21.02.1990 – VIII ZR 216/89, NJW-RR 1990, 886; BGH, Urt. v. 15.02.1995 – VIII ZR 93/94, NJW 1995, 1488; BGH, Urt. v. 14.11.2006 – XI ZR 294/05, ZIP 2006, 2359, Rn. 23.
[75] Greger, ZZP 113 (2000), 404; Henckel, AcP 174 (1974), 138; Pfeiffer, S. 256; Balzer, NJW 1992, 2721; Palandt-Bassenge, § 1 UKlG Rn.1; Erman-Roloff, § 1 UKlG Rn. 1; Ulmer/Brandner/Hensen-Hensen, § 1 UKlG Rn. 23; von Moltke, S. 90; Schlosser/Coester-Waltjen/Graba-Schlosser, § 13 AGBG Rn. 8; Stein/Jonas-Bork, vor § 50 Rn. 48; aus der Literatur zum UWG: Teplitzky, Kap. 13 Rn. 14; Pastor/Ahrens-Jestaedt, Kap. 24

Selbst das BVerwG hat zur öffentlich-rechtlichen Klage von Naturschutzverbänden von einer materiellen Rechtsposition gesprochen, in der das öffentliche Interesse subjektiviert sei[76].

d) Diskussion

Die herrschende Meinung kann sich zunächst auf den Gesetzeswortlaut stützen[77]. §§ 1, 2 UKlG werden in § 3 UKlG nunmehr als Ansprüche bezeichnet, die den aufgelisteten Einrichtungen „zustehen", während § 13 AGBG im Unterschied dazu formulierte „können nur geltend gemacht werden von". Abschnitt 1 UKlG ist mit „Ansprüche bei Verbraucherrechts- und anderen Verstößen" überschrieben[78].

Das Verständnis als Anspruch deckt sich mit dem Willen des Gesetzgebers zum Zeitpunkt der Wortlautänderung[79]. Bei der Einführung der AGB-Verbandsklage war die Sprache des Gesetzgebers weniger deutlich[80], jedoch ergibt sich aus einem frühen Entwurf, in dem auch eine Prozessstandschaft der Verbände vorgesehen war, dass in Abgrenzung hierzu von einem Anspruch ausgegangen wurde[81]. Letztlich liegt in der Gesetzessprache jedoch nicht der entscheidende Konflikt.

Die Einwände, die gegen die herrschende Meinung erhoben werden, stützen sich zu Recht nicht auf eine Wortlautinterpretation – wenn auch die prozessuale Auffassung zu begründen sucht, weshalb ihre Auffassung vom Gesetzeswortlaut ebenfalls getragen wird – sondern auf die grundsätzliche Frage, ob es strukturell zulässig ist, einen Anspruch ohne originäre Rechtsposition durch das Gesetz gleichsam erst zu schaffen.

Es ist zutreffend, dass die Ansprüche des deutschen Zivilrechts aus der Verletzung einer subjektiven Rechtsposition, sei sie relativ oder absolut begründet, resultieren[82]. In aller Regel dürfte der Rechtsschutz dieser individuellen Sphäre

---

Rn. 1; Hefermehl/ Köhler/ Bornkamm-Köhler, § 13 Rn. 3.3; Fezer-Büscher, § 8 Rn. 191; Ahrens, WRP 1994, 653; Van Meenen, S. 156.

[76] BVerwG, Urt. v. 31.10.1990 – 4 C 7/88, NVwZ 1991, 165.

[77] von Moltke, S. 65, 90; Ulmer/Brandner/Hensen-Hensen, § 1 UKlG Rn. 23.

[78] Gerade anders der GVMuG-E, wo der erste Abschnitt im Besonderen Teil mit „Unterlassungsklagen" überschrieben ist, Micklitz/Stadler, in Das Verbandsklagerecht, S. 1422. Hierzu siehe Kapitel 1 I. 3.

[79] BT-Drucks. 14/2658, S. 52; Auch beim neuen § 4a UKlG wird ausdrücklich von einem materiellrechtlichen Anspruch gesprochen, BT-Drucks. 16/2930, S. 57.

[80] In BT-Drucks. 7/5422, S. 10 ist sowohl von Klagebefugnis als auch von Anspruch die Rede.

[81] BT-Drucks. 7/3200, S. 6, 22.

[82] Säcker, Rn. 60.

auf eine verfassungsrechtlich geschützte Position zurückzuführen sein. Dies ist bei Verbraucherverbänden anders. Zwar ist die Vereinigungsfreiheit in Art. 9 GG geschützt und Verbände können wie jede juristische Person Prozesse über von ihnen geschlossene Verträge oder ihnen zustehende Sachen und Rechte führen. Das durch die Verbandsklage gerügte Verhalten ist jedoch unmittelbar zunächst auf Verbraucher gerichtet. Deren Rechtssphäre ist primär beeinträchtigt und ihnen stehen entweder Einwendungen gegen die gegen sie gerichtete Ansprüche oder Schadenersatzansprüche zu. Ohne die gesetzlich normierte Verbandsklage oder außerhalb ihres Anwendungsbereichs kann der Verbraucherverband daher nicht die Unterlassung des Verhaltens verlangen und sich auch auf keine Position stützen, um die Einführung oder Ausweitung einer solchen Klage zu verlangen[83].

Insoweit ist die Verbandsklage ungewöhnlich und bedarf in der Tat einer besonderen rechtspolitischen Begründung, insbesondere mit Rücksicht auf die verfassungsrechtlich durch Art. 2, 12, 14 GG geschützten Positionen der Anspruchsgegner[84]. Dass diese durch die Verbandsklage verletzt würden und §§ 1, 2 UKlG generell verfassungswidrig seien, wird aber in der Diskussion um die Rechtsnatur der Verbandsklage nicht behauptet[85].

Abgesehen von diesen verfassungsrechtlichen Einschränkungen gibt es keinen Grund, weshalb der Gesetzgeber nicht bestimmten natürlichen oder juristischen Personen einen privatrechtlichen Anspruch verleihen dürfte. Der Gesetzgeber kann eine Rechtsposition mit einer gesetzlichen Vorschrift begründen[86], die sich auf ordnungspolitische Erwägungen stützt[87]. Nach *Henckel* hat sich die Prämisse, dass „Ansprüche als zivilrechtliche Schutzformen nur aufgrund eines Rechtsverhältnisses oder eines subjektiven Rechts bestehen können", nicht als richtig erwiesen. Ein Anspruch könne allein auf einer dem Anspruchsberechtigten zugewiesenen Rechtssphäre beruhen[88].

Selbst *Gilles* als Befürworter der Prozessstandschaft schreibt, dass die Befugnis des Verbandes, das Recht einzuklagen "pure Selbstverständlichkeit gewesen und [...] keiner besonderen Regelung bedurft" hätte, wenn der Gesetzgeber den Ver-

---

[83] BVerfG, Beschl. v. 10.05.2001 – 1 BvR 481/01 und 1 BvR 518/01, NVwZ 2001, 1148.
[84] Diesen Aspekt betonend Säcker, S. 2, 6.
[85] Auch Marotzke, ZZP 98 (1985), 174, 176 bestreitet nicht grundsätzlich die Möglichkeit des Staates, eine private Durchsetzung zu wählen. Lediglich durch die mögliche Mehrfachverfolgung sieht er das Übermaßverbot verletzt.
[86] Palandt-Heinrichs, 59. Aufl., Vor § 13 AGBG Rn. 1.
[87] MüKo-Micklitz, § 13 AGBG Rn. 4, 86.
[88] Henckel, AcP 174 (1974), 138.

bänden das Recht eingeräumt hätte, Unterlassung oder Widerruf „zu verlangen“[89]. Mit der Änderung des Gesetzeswortlauts ist dieser Fall eingetreten.

Die Legaldefinition des Anspruchs in § 194 I BGB – das Recht, von einem anderen ein Tun oder Lassen zu verlangen – ist von §§ 1, 2 UKlG erfüllt. *Halfmeier* weist jedoch nicht zu Unrecht darauf hin, dass § 194 BGB im Kontext der Einzelfrage Verjährung definiert wird und die Trennung von materiellem Recht und Prozessrecht gerade betont[90]. Allein auf den Definitionswortlaut sollte die Annahme eines Anspruchs nicht gestützt werden[91]. Über die formale Definition des § 194 I BGB hinaus kann aber auch bei der Verbandsklage eine Güterzuweisung und damit verbundene Befugnis des Rechtsinhabers über die bloße Klagegewährung hinaus[92] beschrieben werden.

Mit dem Verbandsklageanspruch schützt der Gesetzgeber den satzungsgemäßen Aufgabenkreis des Verbandes. In diesem ist der Verband verletzt. Zwar liegt das Interesse des Verbandes im Schutz fremder Interessen bzw. darin, die Beeinträchtigung von Verbrauchern zu verhindern, aber dieses Interesse ist ein eigenes des Verbands[93]. Es unterscheidet sich für jeden Verband. Die tatsächliche Ausübung der Satzungsaufgaben ist eine der Registrierungsvoraussetzungen und die Betroffenheit in den satzungsgemäßen Verbandsinteressen muss bei jeder Klage nachgewiesen werden. Das die Popularklage kennzeichnende Merkmal, keine Anforderungen an die Betroffenheit des Klägers zu stellen,[94] ist daher nach der Verbandsklagekonzeption des Gesetzgebers nicht gegeben. Diese Satzungsbezogenheit bedeutet nicht, dass sich der Anspruch aus der Satzung selbst herleitet und ein Verband es allein in der Hand hätte, sich einen Anspruch zu verschaffen[95]; rechtsbegründend ist allein die gesetzgeberische Gewährung.

In Gegenüberstellung zur prozessualen Auffassung *Halfmeiers*, der die Verbandsklage als personell eingeschränkte Popularklage betrachtet, wird deutlich, dass die Einordnung der Verbandsklage davon beeinflusst wird, worin man den „Gegenstand“ der Verbandsklage sieht. Für *Halfmeier* ist dies letztendlich die Rechtmäßigkeit der zu beurteilenden Klauseln oder des Verhaltens[96]. Er rückt

---

[89] Gilles, ZZP 98 (1985), 8.
[90] Halfmeier, S. 261.
[91] In diesem Sinne auch Lindacher, ZZP 103 (1990), 404.
[92] So die von Halfmeier beschriebenen Voraussetzungen, S. 242, 255.
[93] So auch Henckel, AcP 174 (1974), 138; Dagegen Pfarr/Kocher, S. 113, diese Argumentation als Umgehung wertend. Kocher, S. 190, 204 Fn. 9 erkennt inzwischen die Gestaltung als Anspruch an und spricht von einem eigenen Recht im fremden Interesse.
[94] Siehe Halfmeier, S. 200.
[95] So aber Lakkis, S. 112.
[96] Halfmeier, S. 245, 269.

die Verbandsklage damit zumindest in die Nähe der Feststellungsklage[97]. Aus dieser Perspektive entsteht die Zurückhaltung, den Verbänden ein eigenes Recht zuzugestehen, da sie nicht allgemeinverbindlich die Rechtmäßigkeit oder Rechtswidrigkeit des Verhaltens festlegen dürfen.

Dies entspricht jedoch nicht der Konzeption des Gesetzgebers[98]. Zwar ist rechtspolitisches Ziel der Verbandsklage die Kontrolle von Privatrechtsverhältnissen am objektiven Recht und dessen verbesserte Durchsetzung. Jedoch ist der Weg, der hierfür gewählt wurde, das Recht des Verbandes Unterlassung zu verlangen. Die Rechtswidrigkeit eines Verhaltens des Beklagten ist hierfür zwar Voraussetzung, aber der Verband erhält nicht die Rechtsmacht über die allgemeine Rechtswidrigkeit oder Rechtmäßigkeit des beanstandeten Verhaltens. Über das Recht, Unterlassung zu verlangen, hat der Verband jedoch durchaus eine subjektive Willensmacht. Sie geht auch über die Zuweisung der Klagekompetenz hinaus. Der Unterlassungsanspruch kann von der klageweisen Geltendmachung durch eine Unterlassungsklage als spezielle Form einer Leistungsklage unterschieden werden, die allgemeine Bezeichnung „Verbandsklage" ist insoweit irreführend[99]. Entgegen der Auffassung *Halfmeiers* schließt die herrschende Meinung daher nicht den Anspruch aus der Klagekompetenz[100], sondern umgekehrt die Klagekompetenz aus dem zugewiesenen Anspruch.

Dass die Verbandsklage auch im öffentlichen Interesse geschaffen wurde, steht einem Verbandsanspruchs nicht entgegen. Dies ist insbesondere aus dem Wettbewerbsrecht nicht unbekannt. Der Schutzzweck der individuellen Abwehr- und Schadenersatzansprüche ist nicht primär auf ein absolutes subjektives Recht gerichtet, sondern vorrangig auf die Unterbindung unlauterer Wettbewerbsmethoden durch Konstituierung objektiver Verhaltensnormen[101].

Die prozessualen Auffassungen geraten zudem im außergerichtlichen Bereich in Erklärungsnot. Denn die Verbände führen nicht nur Prozesse, sondern werden gerade außerhalb und zur Vermeidung von Prozessen tätig, was im deutschen Recht einen Anspruch voraussetzt[102].

Gegen eine Form der Prozessstandschaft spricht, dass sich das kollektive Interesse nicht als Summe der ebenfalls geschützten individuellen Verbraucherinte-

---

[97] Vgl. Halfmeier, S. 262, 278, 288, 304, 325 und 382, wo er de lege ferenda einen Feststellungsantrag vorschlägt.
[98] So auch MüKo-Micklitz, § 13 AGBG Rn. 95.
[99] Weyreuther, S. 7.
[100] So Halfmeier, S. 267.
[101] Oppermann/Müller, GRUR 2005, 282.
[102] Balzer, NJW 1992, 2721; Pfeiffer, S. 256 Fn. 189; Wolf/Horn/Lindacher-Lindacher, § 13 Rn. 4.

ressen darstellt. Es wird kein Recht eines vom Verband verschiedenen konkreten Rechtsträgers geltend gemacht[103]. Letztlich wird für den Anspruchsinhaber auf die fiktive Gruppe der kollektiven Verbraucher zurückgegriffen, die selbst in keiner Weise ihren Anspruch verwirklichen kann. Dies aber ohne dass die Verbände verpflichtet sind, ein Verfahren durchzuführen oder ein begonnenes zu beenden[104]. Der eigentliche Anspruchsinhaber hätte nach dieser Auffassung daher keinerlei Möglichkeit – auch nicht als Kollektiv – auf die Geltendmachung seines Anspruchs einzuwirken.

Die Vertreter der Fremdprozessführung, die den Staat als eigentlichen Anspruchsinhaber sehen und diejenigen, die die öffentliche Aufgabe der Verbandsklage betonen, müssen bedenken, dass nicht nur mit öffentlichen Geldern geförderte allgemeine Verbraucherverbände klagen können, sondern jeder private Verband, der die im Gesetz genannten Voraussetzungen erfüllt und registriert wurde. Die Interessen von verschiedenen Verbänden an derselben Angelegenheit können dabei verschieden sein[105]. Sie können sogar im Konflikt zu anderen öffentlichen Interessen stehen, da die Verbände weder zu einer Gesamtabwägung aller Gemeinwohlinteressen verpflichtet sind noch die Interessen der Verbraucher repräsentativ wiederspiegeln müssen[106].

Die durch Annahme eines eigenen Anspruchs feste Verankerung der Verbandsklage im Privatrecht verdeutlicht die eigenständige prozessuale Handlungsbefugnis der Verbände und verhindert eine Gleichsetzung mit staatlichen Einrichtungen oder umfassenden öffentlichen Interessen im Unterschied zu Partikularinteressen. Daher plädiert *von Moltke* zu Recht dafür, das zu schützende Interesse nicht mit der prozessualen Durchsetzung zu vermengen und zwischen dem Interesse, das bei der Rechtskontrolle geltend gemacht wird und dem, das an der Geltendmachung des Rechts besteht, zu differenzieren[107].

Letztendlich stützt das deutsche Rechtssystem die herrschende Meinung. Insgesamt ist es „näherliegend, den Fremdkörper, wenn man einen solchen annehmen will, in der Einräumung eines individuellen Rechts an eine überindividuelle Institution zu sehen“[108] als andere, ebenso fremde Gestaltungen zu wählen. Die

---

[103] Lakkis, S. 113; Schlosser/Coester-Waltjen/Graba-Schlosser, § 13 Rn. 8; Halfmeier, S. 8, 271 f.; Henckel, AcP 174 (1974), 137.
[104] Wolf/Horn/Lindacher-Lindacher, § 15 Rn. 2, 3.
[105] OLG Frankfurt, Urt. v. 17.07.2003 – 1 U 190/02, NJW-RR 2003, 1430: die Wiederholungsgefahr werde nach Unterwerfung gegenüber einem Dritten nur bei besonderem Interesse beseitigt.
[106] Säcker, Rn. 58, 75, 83; siehe auch Weyreuther, S. 34 f., 37.
[107] von Moltke, S. 21 ff.
[108] Pfeiffer, S. 724.

gesetzgeberische Entscheidung für eine privatrechtliche Regelung und einen Anspruch sollte möglichst konsequent durchgeführt werden[109].

Es kann nicht ausgeschlossen werden, dass sich im Rahmen der Europäisierung des Rechts und mit der Einführung einer europäischen Zivilrechtsordnung langfristig andere dogmatische Strukturen durchsetzen[110].

Die UKl-RL zwingt jedoch noch nicht zu einer Abkehr von einem materiellen Verständnis hin zu einem europäischen Anspruchsbegriff[111]. Zwar ist zutreffend, dass die Mitgliedstaaten über die Eintragung hinaus keine verbandsspezifischen Anforderungen an die Berechtigung zur Klageerhebung stellen dürfen. Anders als *Rott* und *von der Ropp* es jedoch nahe legen, geht dies mit der Anerkennung eines materiellen Rechts und der daraus folgenden Prüfung der Aktivlegitimation nicht notwendig einher. Die Prüfung der Aktivlegitimation beinhaltet nicht eine Beschränkung der Verbandsklage auf deutsche Normen, auch wenn Urteile deutscher Gerichte dies verschiedentlich angenommen haben. Und die Prüfung der Verletzung des Verbandes in seinem satzungsgemäßen Aufgabenbereich, den *Rott* und *von der Ropp* als zweiten Aspekt der Aktivlegitimation benennen, wird durch Art. 4 I 2 UKl-RL gerade gebilligt. Die an französischen Rechtskategorien orientierte UKl-RL verlangt daher nicht ein Aufgeben des Anspruchsverständnisses.

2. Anspruchsinhalt

a) § 1 UKlG

§ 1 UKlG enthält zwei Tatbestände, das Verwenden[112] und das Empfehlen von rechtswidrigen AGB. Beide Tatbestände, auch die Empfehlungsvariante, sind zwingend durch Art. 7 II, III Klauselrichtlinie vorgeschrieben[113]. Ihre Handhabung und ihre Voraussetzungen laufen im Wesentlichen parallel und werden hier gemeinsam vorgestellt. Dennoch darf insbesondere mit Rücksicht auf die später untersuchten internationalen Konstellationen die unterschiedliche Wirkweise beider Tatbestände im Verbraucherschutz nicht außer Acht gelassen werden. Denn während durch das Verwendungsverbot die unmittelbare Einwirkung auf die Verbraucher selbst verhindert werden soll, kommt bei dem Empfeh-

---

[109] Pfeiffer, ZZP 106 (1993), 546.

[110] Die Divergenzen zwischen deutschem und europäischen Anspruchsbegriff aus öffentlichrechtlicher Perspektive beschreibt Ruffert, CMLR 1997, 307 ff.

[111] Dies vertreten Rott/von der Ropp, ZZPInt 9 (2004), 12 - 14; anders aber Rott, S. 114.

[112] Für eine umfassende Urteilsübersicht zum Verwendungstatbestand siehe Hensen, in FS-Ulmer, S. 1135 ff.

[113] EuGH, Urt. v. 24.01.2002 – Rs. C-372/99, EuGHE 2002 I 819 – Kommission gegen Italien, Rn. 16.

lungsverbot stärker das präventive Element zum Ausdruck[114]. Schon die mittelbare Einwirkung auf den Verbraucher soll verhindert werden, d.h. die Einwirkung auf den potentiellen Verwender.

aa) Rechtsschutzziele

Die Ansprüche aus § 1 UKlG sind zum einen auf Unterlassung der Verwendung bzw. Empfehlung der rechtswidrigen AGB gerichtet.

Die Verwendungsalternative wird weit ausgelegt. Die unwirksamen AGB dürfen weder in neue Verträge einbezogen werden noch darf sich der Verwender bei der Abwicklung bereits abgeschlossener Verträge gegenüber dem Vertragspartner auf diese AGB berufen[115]. Hierbei handelt es sich nicht um eine Rückwirkung des Urteils[116]. Denn das als „Verwendung“ verstandene Berufen auf die AGB findet zeitlich nach Rechtskraft des Unterlassungsurteils statt und die rechtliche Ungültigkeit der Klauseln von Anfang an ist bereits im Wortlaut des § 307 I 1 BGB gesetzlich festgelegt. Die Unterlassungsverpflichtung wird also nicht auf einen Zeitpunkt ausgedehnt, in dem es dem Beklagten etwa noch erlaubt gewesen wäre, entsprechende Klauseln zu verwenden. Ein Verwenden liegt auch vor, wenn die beanstandete Klausel im Einzelfall durch eine Individualvereinbarung überlagert wird[117].

Nicht nach § 1 UKlG geschuldet ist die Unterrichtung der Vertragspartner oder die Vernichtung noch vorhandener Formulare[118]. Aufbrauchfristen wie sie zum Teil aus dem Wettbewerbsrecht bekannt sind, sind grundsätzlich nicht möglich[119].

Entsprechend muss der Empfehler die Empfehlung der AGB unterlassen. Er darf in Zukunft nicht mehr mehreren potentiellen Verwendern[120] die AGB nahe legen[121]. Dies schließt das Unterbinden des weiteren Verkaufs etwa eines Formularbuchs ein[122].

---

[114] EuGH, Urt. v. 24.01.2002 – Rs. C-372/99, EuGHE 2002 I 819 – Kommission gegen Italien, Rn. 15.
[115] Palandt-Bassenge, § 1 UKlG Rn. 8.
[116] von Moltke, S. 80; Ulmer/Brandner/Hensen-Hensen, § 1 UKlG Rn. 26.
[117] BGH, Urt. v. 28.01.1981 – VIII ZR 165/79, NJW 1981, 979.
[118] Staudinger-Schlosser, § 1 UKlG Rn. 23; a.A. MüKo-Micklitz, § 13 AGBG Rn. 17, 74.
[119] Zusammenfassend OLG Frankfurt, Urt. v. 17.07.2003 – 1 U 190/02, NJW-RR 2003, 1430.
[120] BGH, Urt. v. 19.09.1990 – VIII ZR 239/89 – Kauf im Ausland / AGB, ZIP 1990, 1348, dort Ls. 2.a.
[121] Erman-Roloff, § 1 UKlG, Rn. 4 .
[122] MüKo-Micklitz, § 13 AGBG Rn. 81.

Damit wird die ursprüngliche Empfehlungswirkung jedoch noch nicht beseitigt. Gegen den Empfehler kann daher auch ein Widerrufsanspruch geltend gemacht werden. Der Widerruf muss gegenüber dem gleichen Personenkreis und in der gleichen Art wie die Empfehlung erfolgen[123]. Die Gewährung des Widerrufsanspruchs betont die präventive Ausrichtung und nur mittelbare Verbraucherwirkung des Empfehlungstatbestandes[124]. Denn es soll bereits die Einwirkung auf den potentiellen Verwender und die in der Verbreitung der AGB liegende Gefährdung[125] beseitigt und nicht nur der Verbraucher über die rechtswidrige Empfehlung informiert werden.

Neben der Unterlassung kann das Gericht auf Antrag gemäß § 7 UKlG die Befugnis des Klägers zur Veröffentlichung des Urteilstenors im Bundesanzeiger auf Kosten des Beklagten aussprechen. Auf eigene Kosten kann dem Antrag auch für die Veröffentlichung an anderer Stelle stattgegeben werden. Letzteres wird überwiegend auch mit Namensnennung unabhängig von einem besonderen gerichtlichen Ausspruch für zulässig gehalten[126]. Dem Antrag wird nur stattgegeben, wenn die mit der Veröffentlichung bezweckte Breitenwirkung erreichbar erscheint[127].

Jedoch ist die Verbreitung des Bundesanzeigers im Vergleich zu juristischen Fachzeitschriften oder Tageszeitungen gering. Zudem hat der BGH im Rahmen des ihm bei der Entscheidung zustehenden Ermessens einen Veröffentlichungsantrag abgelehnt, weil der Tenor allein einen falschen Eindruck hinsichtlich der Zulässigkeit der erörterten AGB-Klauseln erwecken könnte[128]. Aus diesen Gründen wird die Bedeutung von § 7 UKlG nicht für hoch erachtet[129].

bb) Voraussetzungen

§ 1 UKlG setzt zunächst voraus, dass überhaupt allgemeine Geschäftsbedingungen vorliegen, die gemäß §§ 305, 307 III, 310 BGB den §§ 307 - 309 BGB unterliegen. Der BGH hat eine Inhaltskontrolle nach §§ 307 - 309 BGB im Rahmen von § 1 UKlG auch dann für zulässig erachtet, wenn der Beklagte gegen das Umgehungsverbot des § 306a BGB verstößt und damit keine AGB vorlie-

---

123 Palandt-Bassenge, § 1 UKlG Rn. 12.
124 BT-Drucks. 7/5422, S. 10 zur Begründung des Widerrufsanspruchs.
125 Ulmer/Brandner/Hensen-Hensen, § 1 UKlG Rn. 18; Steinringer, S. 254 spricht von der „Übernahmegefahr".
126 MüKo-Micklitz, § 18 AGBG Rn. 1; Staudinger-Schlosser, § 7 UKlG Rn. 1.
127 Dauner-Lieb-Walker, § 7 UKlG Rn. 5.
128 BGH, Urt. v. 23.01.2003 – III ZR 54/02, NJW 2003, 1237.
129 von Moltke, S. 83; Rott/von der Ropp, ZZPInt 9 (2004), 15 f.

gen[130]. Über § 310 IV BGB hinaus ist gemäß § 15 UKlG auch das Arbeitsrecht aus dem Anwendungsbereich ausgenommen.

Die Ansicht *Nasalls*, § 1 UKlG verstoße gegen Gemeinschaftsrecht, weil die Verwendung und Empfehlung von Klauseln im Sinne des § 310 III Nr. 2 BGB nicht erfasst seien[131], ist nicht zutreffend. Art. 7 II Klauselrichtlinie verlangt im Unterschied zu Art. 3 Klauselrichtlinie ein Abfassen der Klauseln im Hinblick auf eine „allgemeine Verwendung". Vorformulierte Individualverträge müssen daher nicht in die kollektive Kontrolle einbezogen werden[132].

Zudem fehlte es bei zur einmaligen Verwendung bestimmten Vertragsbedingungen nicht nur an der Wiederholungsgefahr, sondern es könnte schon das Rechtsschutzinteresse der Verbände angezweifelt werden, wenn nicht das Verbraucherkollektiv, sondern „nur" ein individueller Verbraucher betroffen ist.

Die in AGB enthaltenen Bestimmungen müssen dem Wortlaut nach gemäß §§ 307 - 309 BGB unwirksam sein. Es wird jedoch allgemein eine Ausweitung wegen der gleichen Schutzwirkung bei einem Verstoß gegen ein gesetzliches Verbot oder gegen zwingendes Recht angenommen[133]. Eine Überprüfung kann auch anhand ausländischer Rechtssätze erfolgen[134].

Bei der Verbandsklage wird die angegriffene Klausel abstrakt betrachtet. Daher können Umstände, die nur im Einzelfall gelten, nicht berücksichtigt werden[135]. Dies betrifft insbesondere die Art der Einbeziehung[136] sowie überraschende Klauseln nach § 305c BGB, da das Überraschungsmoment grundsätzlich von individuellen Faktoren abhängig ist[137]. Daher bleiben auch außerhalb der AGB liegende Umstände außer Betracht[138]. Die zu prüfende Klausel muss jedoch im Licht der gesamten AGB interpretiert werden und darf nicht aus dem Kontext gerissen werden. Bei der Auslegung der Klausel ist anders als im Individualverfahren immer die kundenunfreundlichste Auslegung heranzuziehen[139].

---

[130] BGH, Urt. v. 08.03.2005 – XI ZR 154/04, NJW 2005, 1645.

[131] Nassall, S. 1056 Rn. 22 und 23.

[132] Steinringer, S. 124 f.; Ulmer, EuZW 1993, 337; Staudinger-Schlosser, § 1 UKlG Rn. 2.

[133] Palandt-Bassenge, § 1 UKlG Rn. 5; Ulmer/Brander/Hensen-Hensen, § 1 UKlG Rn. 6 f.

[134] Hierzu in Kapitel 6 II. 2. d) und Kapitel 6 III. 2. c).

[135] MüKo-Micklitz, § 13 AGBG Rn. 23.

[136] BGH, Urt. v. 16.10.2002 – IV ZR 307/01, NJW-RR 2003, 103.

[137] BGH, Urt. v. 25.06.1986 – IVa ZR 263/84, NJW-RR 1987, 45.

[138] Erman-Roloff, § 1 UKlG Rn. 6; zu §§ 305 ff. BGB auch Ulmer/Brandner/Hensen-Hensen, § 1 UKlG Rn. 8 ff.

[139] EuGH, Urt. v. 09.09.2004 – Rs. C-70/03, EuGHE 2004 I 7999 – Kommission gegen Spanien.

Die AGB müssen verwendet oder empfohlen worden sein. Beide Begriffe wurden im Rahmen der Rechtsschutzziele bereits erläutert. Die Empfehlung muss zudem für den rechtsgeschäftlichen Verkehr erfolgen. Diese Einschränkung wurde gewählt, um einerseits neben den Verbandsempfehlungen auch die Verfasser von Formularbüchern zu erfassen und andererseits die wissenschaftliche Auseinandersetzung unbehelligt von Verbandsklagen zu ermöglichen[140]. Näheres zum Anspruchsgegner sowie zu den in § 3 UKlG an den Anspruchsinhaber gestellten Voraussetzungen und das Erfordernis der Betroffenheit in den Verbandsinteressen wird gesondert im nächsten Kapitel besprochen.

Weiteres – ungeschriebenes – Tatbestandsmerkmal beider Unterlassungsansprüche ist die Erstbegehungs- oder Wiederholungsgefahr der Verwendung oder Empfehlung, die häufig einen Kernpunkt der gerichtlichen Auseinandersetzung darstellt[141]. Die Wiederholungsgefahr wird in aller Regel vermutet und muss vom Verwender entkräftet werden. An die Beseitigung der Wiederholungsgefahr sind strenge Anforderungen zu stellen. In der Regel geschieht dies durch Abgabe einer strafbewehrten Unterlassungserklärung gegenüber dem Kläger[142]. Auch die Voraussetzung der Wiederholungsgefahr verdeutlicht, dass der entscheidende Anspruch zur Gefahrenbeseitigung im Rahmen des Empfehlungstatbestandes der Widerruf ist.

Die Auffassung *Nasalls*, die Wiederholungsgefahr als Anspruchsvoraussetzung verstoße gegen das Gemeinschaftsrecht[143], ist abzulehnen. Zutreffend ist seine Feststellung, dass die EuGH-Rechtsprechung im Allgemeinen auf eine Erleichterung der Verbandsklage ausgerichtet ist. Jedoch ergibt sich die Wiederholungsgefahr aus der Zukunftsorientiertheit von Unterlassungsansprüchen. Ist angesichts der strengen Voraussetzungen des BGH an den Fortfall der Wiederholungsgefahr sichergestellt, dass der Beklagte die Klauseln nicht mehr verwenden oder empfehlen wird, wäre ein Unterlassungsurteil nutzlos.

Nicht erforderlich zur Durchsetzung von § 1 UKlG ist eine Abmahnung vor Einleitung des Klageverfahrens. Auch bedarf es grundsätzlich keiner besonderen

---

[140] BT-Drucks. 7/5422, S. 10.

[141] Siehe nur die bei Palandt-Bassenge, § 1 UKlG Rn. 7 und MüKo-Micklitz, § 13 AGBG Rn. 69 ff. zitierten Urteile.

[142] Zusammenfassend zur Wiederholungsgefahr BGH, Urt. v. 09.07.1992 – VII ZR 7/92, NJW 1992, 3161 und Urt. v. 18.04.2002 – III ZR 199/01, NJW 2002, 2386; Urt. v. 16.03.2006 – I ZR 92/03, WRP 2006, 1027 zum Übergang auf den Erben; OLG Frankfurt, Urt. v. 17.07.2003 – 1 U 190/02, NJW-RR 2003, 1430 zur Drittunterwerfung.

[143] Nasall, S. 1057 Rn. 25.

Darlegung des Rechtsschutzinteresses, weil der Anspruch auf eine gegenwärtig geschuldete und nicht auf eine künftige Leistung gerichtet ist[144].

b) § 2 UKlG

aa) Rechtsschutzziel

Der Anspruch nach § 2 UKlG ist auf die Unterlassung einer gegen ein Verbraucherschutzgesetz verstoßenden Handlung gerichtet. Auch bei einem Verstoß durch Unterlassen ist das Urteil auf Unterlassen der Unterlassung gerichtet. Dies gilt zum Beispiel bei der Verletzung von Informationspflichten. Mit dem Anspruch kann kein positives Tun verlangt werden[145]. Aufgrund der daraus resultierenden Schwierigkeiten bei der Formulierung des Klageantrags und des Urteilstenors wird der Unterlassungsanspruch aus § 2 UKlG zum Teil als ungeeignet kritisiert[146].

Der Betriebsinhaber, der immer auch selbst Störer ist, § 2 I 2 UKlG, schuldet als Beklagter zur Einhaltung seiner eigenen Pflicht auch die Einflussnahme auf seine Angestellten und Beauftragten[147].

bb) Voraussetzungen

Voraussetzung für einen Anspruch nach § 2 UKlG ist ein Zuwiderhandeln durch Tun oder Unterlassen gegen eine Verbraucherschutznorm. Die Aufzählung von einzelnen Normen in § 2 II UKlG ist nur beispielhaft. Verbraucherschutzgesetze sind solche, deren eigentlicher Zweck der Verbraucherschutz ist[148]. Er darf nicht bloß untergeordnete Bedeutung haben[149]. Es muss sich um Verhaltensgebote nicht um bloße Obliegenheiten handeln[150]. Welche Normen und Verhaltensweisen im Einzelnen von § 2 UKlG erfasst sind, wird noch einen längeren Klärungsprozess durch die Rechtsprechung erfordern[151], denn in seiner Reichweite

---

144 Palandt-Bassenge, § 5 UKlG Rn. 8; BGH, Urt. v. 21.02.1990 – VIII ZR 216/89, NJW-RR 1990, 886.
145 Halfmeier, S. 179 f.
146 E. Schmidt, NJW 2002, 26; dagegen Staudinger-Schlosser, § 2 UKlG Rn. 6.
147 Palandt-Bassenge, § 2 UKlG Rn. 8.
148 OLG München, Urt. v. 26.07.2001 – 29 U 3265/01, NJW-RR 2002, 348.
149 BT-Drucks. 14/2658, S. 53.
150 Staudinger-Schlosser, § 2 UKlG Rn. 7 gegen OLG Celle, Urt. v. 01.12.2004 – 3 U 160/04.
151 Vgl. OLG Düsseldorf vom 20.02.2004 – I-7 U 149/03, DuD 2005, 173 zu § 28 BDSG; OLG München, Urt. v. 26.07.2001 – 29 U 3256/01, NJW-RR 2002, 348 zu § 6 TDG; KG, Urt. v. 15.02.2003 – 23 U 98/03, NJW-RR 2004, 1239 zu § 2 WoVermittG; OLG Nürnberg, Urt. v. 23.08.2005 – 3 U 991/05, NJW 2005, 3000 zu §§ 439, 475, 476 BGB, derzeit unter VIII ZR 200/05 beim BGH anhängig, der mit Beschl. v. 16.08.2006 ein Vorlageverfahren

stellt § 2 UKlG „eine Art Generalklausel“ dar[152]. Die Art ihrer Bezeichnung wird als „zum erheblichen Teil rechtsstaatlich unerträglich“ bezeichnet[153].

Die Inanspruchnahme muss im Interesse des Verbraucherschutzes erfolgen. Dies ist dann der Fall, wenn der Verstoß in seinem Gewicht und seiner Bedeutung über den Einzelfall hinausreicht und eine generelle Klärung geboten erscheinen lässt[154]. Der Tatbestand verlangt damit ein kollektives Moment der gesetzeswidrigen Praktiken, nicht aber eine wesentliche Beeinträchtigung[155]. Eine spezifisch wettbewerbliche Relevanz wie für § 8 UWG oder die Intendierung der Verletzung durch den Handelnden ist nicht Voraussetzung[156].

Ebenso wie für § 1 UKlG ist eine Wiederholungsgefahr gefordert[157]. Neben einer strafbewehrten Unterlassungserklärung kann auch ein zwischen den Parteien geschlossener Vergleich die Wiederholungsgefahr entfallen lassen[158].

Da der Anspruch aus § 2 UKlG im Unterschied zu dem aus § 1 UKlG vom Gesetzgeber für besonders missbrauchsanfällig gehalten wurde[159], enthält er in seinem Absatz 3 eine Regelung, nach der eine Klage unzulässig ist, wenn die Geltendmachung des Anspruchs unter Berücksichtigung der gesamten Umstände missbräuchlich ist, insbesondere wenn sie vorwiegend dazu dient, einen Aufwendungsersatzanspruch für die Kosten der Rechtsverfolgung zu erhalten. Die Norm entspricht § 8 IV UWG.

Ein weiterer Anwendungsbereich für die Missbrauchsklausel könnte in der Einschränkung der durch § 2 UKlG angreifbaren Verhaltensweisen liegen. Die dem Wortlaut nach gegebene Weite von § 2 UKlG könnte in absehbarer Zeit Verbandsklagen bei Sachverhalten veranlassen, in denen der Einzelne durchaus in der Lage und bereit wäre, seine Rechte zu verteidigen, was aber der Begründung zur Einführung der Verbandsklage widersprechen würde[160].

---

beim EuGH eingeleitet hat; eine Übersicht über betroffene Normen findet sich bei Micklitz, Rechtsbruchklage, S. 110 ff.

152 Halfmeier, S. 173.

153 Staudinger-Schlosser, § 2 UKlG Rn. 12.

154 BT-Drucks. 14/2658, S. 53.

155 Micklitz, Rechtsbruchklage, S. 103, 105; dagegen Halfmeier, S. 177.

156 Micklitz, Rechtsbruchklage, S. 102 - 104.

157 Palandt-Bassenge, § 2 UKlG Rn. 7.

158 OLG Celle, Urt. v. 01.12.2004 – 3 U 160/04, OLGR Celle 2005, 77.

159 BT-Drucks. 14/2658, S. 53.

160 Diese Sorge äußert Staudinger-Schlosser, § 2 UKlG Rn. 1.

c) Abtretbarkeit

Im Zusammenhang mit der Umsetzung der Fernabsatzrichtlinie und der UKl-RL wurde auch die Abtretbarkeit des Anspruchs geregelt, § 3 I 2 UKlG. Um eine Kommerzialisierung zu vermeiden[161], kann eine Abtretung jedoch nur an Verbände nach § 3 I 1 UKlG erfolgen.

Entgegen der Auffassung von *Schmidt* handelt es sich hierbei nicht um einen „krampfhaften Versuch, die vorgenommene Qualifikation zu retten"[162], weil die Zessionare ohnehin bereits Anspruchsinhaber seien und insoweit aus eigenem Recht klagen könnten[163]. Denn § 3 I 2 UKlG muss dahingehend ausgelegt werden, dass eine Abtretung an alle in § 3 I 1 Nr. 1 - 3 UKlG abstrakt genannten Stellen erfolgen kann, unabhängig davon, ob sie im konkreten Fall ebenfalls anspruchsberechtigt wären.

Die Anspruchsberechtigung kann zum Beispiel fehlen, wenn eine Abtretung an einen Verband vorgenommen wird, dessen Tätigkeitsbereich räumlich oder sachlich beschränkt ist. *Micklitz* sieht eine Relevanz vor allem für § 2 UKlG, weil hier Spezialisierungen von Verbänden zum Tragen kommen können[164]. Der Gesichtspunkt der Spezialisierung oder besseren Rechtskenntnis kann auch im internationalen Rechtsverkehr trotz bestehenden eigenen Klagerechts Bedeutung erlangen, wenn ein im Herkunftsstaat des Unternehmers sitzender Verband klagen soll[165].

Darüber hinaus ist § 3 I 2 UKlG eine Einschränkung der grundsätzlich aus der Einordnung als Anspruch folgenden umfassenden Abtretbarkeit. Ansonsten wäre zur Erreichung dieses rechtspolitisch erstrebenswerten Ziels allenfalls der Weg über § 399 BGB gangbar gewesen[166].

Die Abtretbarkeit in Verbindung mit der Annahme eines eigenen Anspruchs verdeutlicht noch einmal die Vorzüge der herrschenden Meinung über die Rechtsnatur der Verbandsklagenormen. Denn die Geltendmachung durch einen inländischen Verband nach Beauftragung durch einen ausländischen Verband ist bei Annahme einer bloßen Prozessstandschaft nicht möglich, da es an einem für die Prozessstandschaft erforderlichen eigenen schutzwürdigen Interesse des in-

---

161 BT-Drucks. 14/2658, S. 52.

162 E. Schmidt, NJW 2002, 28 bezüglich der Annahme eines materiellen Anspruchs durch die h.M.

163 So auch Franke, S. 156 Fn. 614 und Halfmeier, S. 155.

164 MüKo-Micklitz, § 22 AGBG Rn. 5.

165 von Moltke, S. 95.

166 So Hefermehl/Köhler/Bornkamm-Köhler, § 8 Rn. 3.17 ff. für das Wettbewerbsrecht, dem eine Regelung über die Abtretung fehlt.

ländischen Verbandes fehlt[167]. Seine Satzung erfasst diese Fälle gerade nicht. Bei der hier vertretenen Auffassung ist ein solches Vorgehen möglich.

d) Konkurrenzen

Hinsichtlich der Konkurrenzen um §§ 1, 2 UKlG ist unstreitig, dass § 1 UKlG vorrangig gegenüber § 2 UKlG ist, letzterer insoweit eine Auffangfunktion hat[168]. Das Verhältnis von §§ 1, 2 UKlG zu anderen Normen ist jedoch noch nicht abschließend geklärt.

aa) Abgrenzung zum UWG

Soweit § 3 UWG verletzt wird, ist § 8 UWG wegen seines mit der Neufassung zum UWG 2004 eingefügten Absatzes 5 Satz 2 vorrangig zu §§ 1 und 2 UKlG[169].

Darüber hinaus wird überwiegend vertreten, dass die Normen des UWG und des UKlG nebeneinander bestehen[170].

bb) Abgrenzung zu § 4a UKlG

Ein für die in dieser Arbeit besprochenen grenzüberschreitenden Verbraucherverbandsklagen bedeutenderes Konkurrenzproblem entsteht durch das Gesetz über die Durchsetzung der Verbraucherschutzgesetze bei innergemeinschaftlichen Verstößen, das insbesondere das EG-Verbraucherschutzdurchsetzungsgesetz (VSchDG) enthält[171]. Das Gesetz dient der Durchführung der EG-Verordnung 2006/2004 über die Zusammenarbeit im Verbraucherschutz[172, 173].

Die EG-Verordnung 2006/2004 beabsichtigt, die behördliche Zusammenarbeit für die Durchsetzung von Verbraucherrechten bei grenzüberschreitenden Sachverhalten zu verbessern. Zu diesem Zweck soll jeder Mitgliedstaat eine zentrale Verbindungsstelle benennen, die für die Anwendung der Verordnung verantwortlich ist. Kapitel II bis IV der Verordnung spezifizieren verschiedene For-

---

167 Reich, RabelsZ 56 (1992), 472.

168 Erman-Roloff, § 2 UKlG Rn. 2; BT-Drucks. 14/2658, S. 53.

169 Palandt-Bassenge, § 1 UKlG Rn. 3, § 2 UKlG Rn. 2.

170 Halfmeier, S. 92; Dauner-Lieb-Walker, § 2 Rn. 2.

171 BGBl 2006 I 3367; Eine gemeinsame Stellungnahme des Deutschen Industrie- und Handelskammertags zu einer früheren Fassung des deutschen Gesetzesentwurfs ist im Internet: http://www.ihk-augsburg.de/dokumente/ergaenz_info/EI165216.pdf (Stand: 24.10.2006).

172 Verordnung (EG) Nr. 2006/2004 vom 27.10.2004, ABl EG L 354, S. 1 vom 09.12.2004, geändert durch Richtlinie 2005/29/EG, ABl EG L 149, S. 33.

173 Für einen Überblick über Zweck und Inhalt der Verordnung sowie ihren Umsetzungsbedarf in Deutschland siehe Schmidt-Ränsch, NJW-Sonderheft, S. 32 ff.

men der Amtshilfe und ihre Verfahren, insbesondere den Austausch von Informationen und Durchsetzungsersuchen an Behörden anderer Mitgliedstaaten. In Art. 4 VI verpflichtet die Verordnung die Mitgliedstaaten, ihren Behörden verschiedene Einsichts-, Auskunfts- und Ermittlungsrechte zu gewähren. Gemäß Art. 8 III der Verordnung können die Mitgliedstaaten einen legitimierten Dritten mit der Einstellung des Verstoßes beauftragen und selbst nur subsidiär tätig werden.

Zentrale Verbindungsstelle im Sinne der Verordnung ist nach § 3 VSchDG das Bundesamt für Verbraucherschutz und Lebensmittelsicherheit. Das VSchDG regelt zudem die Zuständigkeiten, Befugnisse, Rechtsbehelfe und das Verfahren für die Durchsetzung der Verordnung 2006/2004. Dabei wird in § 7 VSchDG vorgesehen, dass die zuständige Behörde zunächst einen Dritten mit der Abstellung des innergemeinschaftlichen Verstoßes beauftragen soll. Es wird auf die nach dem UKlG und dem UWG anspruchsberechtigten Einrichtungen verwiesen.

Auf die weiteren Details soll hier nicht eingegangen werden. Vielmehr soll an dieser Stelle die Aufmerksamkeit ausschließlich auf Art. 4 des Gesetzes über die Durchsetzung der Verbraucherschutzgesetze bei innergemeinschaftlichen Verstößen gerichtet werden. Mit dieser Norm wird ein § 4a UKlG geschaffen. Dieser gibt den in § 3 I UKlG genannten Berechtigten einen Unterlassungsanspruch, wenn innergemeinschaftlich gegen Gesetze zum Schutz der Verbraucherinteressen im Sinn von Art. 3 lit. b Verordnung 2006/2004 verstoßen wird. Laut Begründung der Bundesregierung soll mit § 4a UKlG die Voraussetzung für ein Tätigwerden der nach § 7 VSchDG beauftragten Verbände geschaffen werden[174].

Art. 3 lit. b der Verordnung 2006/2004 definiert einen „innergemeinschaftlichen Verstoß“ als eine Schädigung kollektiver Verbraucherinteressen, die ihren Ursprung in einem anderen Mitgliedstaat als dem des gewöhnlichen Aufenthalts der betroffenen Verbraucher hat, durch Verstoß gegen die in Art. 3 lit. a der Verordnung 2006/2004 genannten Gesetze. Dieser wiederum verweist auf einen Anhang, der eine Vielzahl verbraucherschützender Richtlinien aufzählt.

In der vorgesehenen Fassung steht § 4a UKlG in direkter Konkurrenz zu §§ 1, 2 UKlG[175]. § 4a UKlG sieht einen Unterlassungsanspruch bei grenzüberschreitenden Verstößen gegen Verbraucherschutzrecht vor. Dadurch entsteht eine Über-

---

[174] BR-Drucks. 538/06, S. 54.

[175] Insoweit ist die Formulierung in Palandt-Bassenge, § 4a UKlG Rn. 1, § 4a UKlG gebe einen § 2 I 1 entsprechenden Unterlassungsanspruch, etwas zu eng, weil sich die Verordnung 2006/2004 auch auf die Klauselrichtlinie bezieht.

schneidung mit §§ 1, 2 UKlG, die – wie auch vom Gesetzgeber bei der Schaffung von §§ 1, 2 UKlG angenommen wurde[176] – ebenfalls grenzüberschreitende Situationen lösen können. Gerade zu diesem Zweck wurden in Umsetzung der UKl-RL, die als ein wesentliches Ziel die Verfolgung grenzüberschreitender unlauterer Geschäftspraktiken hat[177], ausländische Verbände als Anspruchsberechtigte anerkannt.

Es könnte überlegt werden, §§ 1, 2 UKlG nach Inkrafttreten von § 4a UKlG nur noch bei „nationalen" Verstößen und § 4a UKlG bei grenzüberschreitenden Verstößen anzuwenden, letzteren also als speziellere Norm zu verstehen. In diesem Sinne könnte *Köhler* zu verstehen sein, der § 4a UKlG als eine Erweiterung des Anwendungsbereichs des Unterlassungsanspruchs auf innergemeinschaftliche Verstöße bezeichnet[178].

Jedoch ergibt sich aus der Gesetzesbegründung für einen veränderten Anwendungsbereich von §§ 1 und 2 UKlG, d.h. einer Einschränkung von der usprünglich vorgesehenen grenzüberschreitenden Geltung auf eine rein nationale Geltung, kein Anhaltspunkt. Eine Aufteilung von nationalen und grenzüberschreitenden Sachverhalten ist zum einen unnötig, weil die Normen grundsätzlich keine verschiedenen Anforderungen an die in ihnen benannten Verstöße stellen. Zum anderen wäre ihre Folge, dass es einem individuellen Verbraucher nicht mehr möglich ist, sich in einem grenzüberschreitenden Fall auf das von einem Verband erstrittene Unterlassungsurteil zu berufen, weil eine Änderung von § 11 UKlG bisher nicht vorgesehen ist, dieser § 4a UKlG also nicht erfasst.

Darüber hinaus würde eine entsprechende Auslegung von § 4a UKlG gegenüber §§ 1, 2 UKlG den Anwendungsbereich der internationalen Verbandsklage auf die von der VO 2006/2004 erfassten Richtlinien beschränken. Zuvor war aber über die offene Formulierung von § 2 UKlG, die alle verbraucherschützenden Normen erfasst, ein weiter Anwendungsbereich eröffnet. Es entspricht gerade nicht der Intention des Gesetzgebers die internationale Verbandsklage durch die Schaffung des § 4a UKlG einzuschränken.

Eine Beschränkung von §§ 1, 2 UKlG auf nationale Verstöße in Abgrenzung zum geplanten § 4a UKlG ist auch europarechtlich bedenklich, weil dieser auf Art. 3 VO 2006/2004 verweist und nicht auf den Anhang der UKl-RL. Zwar nennen beide derzeit dieselben verbraucherschützenden Richtlinien. Jedoch können durch weitere europäische Gesetzgebungsakte, und sei es nur übergangsweise, Differenzen zwischen den Anhängen der UKL-RL und der VO

[176] Siehe BT-Drucks. 14/6857, S. 40 und 72.
[177] Säcker, Rn. 72.
[178] Hefermehl/Köhler/Bornkamm-Köhler, 26. Aufl., § 4a UKlG Rn. 1.

2006/2004 entstehen, weil letztere nicht auf die Schaffung von Verbandsklagen ausgerichtet ist, sondern auf die behördliche Zusammenarbeit. Daher müssen §§ 1, 2 UKlG ebenfalls grenzüberschreitende Situation erfassen, um die UKl-RL rechtmäßig umzusetzen.

Aus diesen Gründen ist eine Spezialität von § 4a UKlG gegenüber §§ 1, 2 UKlG abzulehnen. Die Normen stehen in echter Anspruchskonkurrenz. §§ 1, 2 UKlG haben weiterhin einen Anwendungsbereich und ein Geltungserfordernis auch in grenzüberschreitenden Situationen.

Das Verhältnis der Spezialität von § 4a UKlG zu §§ 1, 2 UKlG wäre allerdings in einer anderen Form durchaus zu befürworten. Diese klingt schon in § 7 I VSchDG an, der die Beauftragung nach § 4a UKlG vorsieht. § 4a UKlG sollte in Einschränkung zu seiner jetzigen Gestaltung, die eine Beauftragung durch das Bundesamt für Verbraucherschutz und Lebensmittelsicherheit nicht voraussetzt[179], als Spezialnorm für die Beauftragung von Verbänden nach § 7 VSchDG ausgestaltet werden.

Er sollte darüber hinaus vorsehen, dass im Falle der Beauftragung die Verbände als in ihrem satzungsgemäßen Aufgabenbereich betroffen gelten. Denn bei der Einführung der Verbandsregistrierung ging der Gesetzgeber davon aus, dass grenzüberschreitende Verfahren im konkreten Fall durch die jeweilige Verbandssatzung abgedeckt sein müssen[180]. Wird dieser Satzungsumfang für den Verband nicht vermutet, wäre es insbesondere bei den derzeit üblichen Satzungsformulierungen denkbar, dass ein nach § 7 VSchDG beauftragter Verband den Unterlassungsanspruch nicht geltend machen kann, weil die konkrete grenzüberschreitende Situation nicht zu seinem satzungsgemäßen Aufgabenbereich gehört.

Die Betroffenheit im satzungsgemäßen Aufgabenbereich des Verbandes muss im Rahmen von §§ 1 und 2 UKlG grundsätzlich auch nach der aktuellen Rechtslage geprüft werden[181]. Allerdings wurde diese Voraussetzung in einem ersten Anwendungsfall von § 7 VSchDG bzw. § 4a UKlG offenbar nicht weiter problematisiert. Dies entspricht der Gesetzesintention, kommt in seinem Wortlaut allerdings nicht hinreichend zum Ausdruck. In dem aktuellen Anwendungsfall war der Verbraucherzentrale Bundesverband e.V. nach Beauftragung durch das Bundesamt für Verbraucherschutz und Lebensmittelsicherheit, das wiederum vom belgischen Föderalen Öffentlichen Dienst für Wirtschaft um Unterstützung gebeten worden war, gegen den deutschen Betreiber einer Internetseite vorge-

---

179 Hefermehl/Köhler/Bornkamm-Köhler, 26. Aufl., § 4a UKlG Rn. 2.
180 Siehe BT-Drucks. 14/2658, S. 54/55.
181 Siehe Kapitel 3 I. 4.

gangen, der in Belgien online Flugtickets für nicht existente Flüge verkauft hatte[182].

Ob im vorliegenden Fall die von Deutschland aus betriebene Internetseite nur belgische und damit aus deutscher Sicht ausländische Verbraucher ansprach, kann der Pressemitteilung des Bundesamtes für Verbraucherschutz und Lebensmittelsicherheit nicht entnommen werden. Da jedoch anzunehmen ist, dass auch Verbraucher aus Deutschland die Seite abrufen und mit entsprechenden Sprachkenntnissen ggf. nutzen konnten, kann vorliegend sogar eine Betroffenheit im Satzungsbereich angenommen werden[183]. Schließlich wäre zu erwägen, ob § 4a UKlG anders als §§ 1 und 2 UKlG durch seine Herkunft aus der behördlichen Zusammenarbeit in der Intention nicht nur auf den Verbraucherschutz, sondern auch auf die Unternehmerkontrolle gerichtet ist, so dass die Aktivlegitimation des jeweiligen Verbandes auch dann gegeben ist, wenn sich der Unternehmer in Deutschland befindet. Dabei ist darauf zu achten, dass sich die Frage nach der Aktivlegitimation von der des anwendbaren Rechts bzw. des räumlichen Anwendungsbereichs von § 4a UKlG unterscheidet.

In der derzeitigen Fassung von § 4a UKlG verbleibt es bei der Parallelität zwischen diesem und §§ 1, 2 UKlG, wenn man nicht mit Hilfe von § 7 I VSchDG und des Verweises in § 4a UKlG auf die Verbraucherinteressen im Sinne der Verordnung 2006/2004 auf eine hinsichtlich des Anwendungsbereichs einschränkende und hinsichtlich der Aktivlegitimation der Verbände ausweitende Auslegung von § 4a UKlG zurückfallen möchte. Die folgenden Ausführungen der Arbeit zu §§ 1, 2 UKlG ändern sich durch den neuen § 4a UKlG jedoch nicht.

---

182 Siehe hierzu die Pressemitteilung des Bundesamtes für Verbraucherschutz und Lebensmittelsicherheit, http://www.bvl.bund.de/cln_027/nn_491652/DE/08__PresseInfothek/01__InfosFuerPresse/01__PI__und__HGI/Verbraucherschutz/BVL__und__vzbv__stoppen__Betrug__an__belgischen__Verbrauchern.html (Stand: 04.01.2008).

183 Siehe Kapitel 3 I. 5. zum Umfang der Klageberechtigung.

Kapitel 3: Parteien der Verbraucherverbandsverfahren

I. Kläger

Die Inhaber der Ansprüche aus §§ 1 und 2 UKlG sind in § 3 UKlG benannt. Die hier relevanten qualifizierten Einrichtungen nach § 3 I Nr. 1 UKlG müssen gemäß § 4 UKlG in die beim Bundesamt für Justiz geführte Liste eingetragen sein. Diese wiederum ist Grundlage für die deutschen Nennungen in der Liste der Europäischen Kommission, die von ausländischen Gerichten zur Bestimmung deutscher klageberechtigter Verbände verwendet wird. Der Regelungsgehalt von §§ 3, 4 UKlG ist unter verschiedenen Aspekten ungeklärt.

1. Verfügungsbefugnisse der Verbände

Jeder Verband ist eigener Anspruchsinhaber und handlungsautonom. Er kann den Anspruch unabhängig von anderen Verbänden geltend machen oder von einer Verfolgung absehen. Es gelten die zivilrechtlichen Verfahrensmaximen, insbesondere die Dispositionsbefugnis und der Beibringungsgrundsatz[1]. Mit der Übertragung der Klagekompetenz an private Einrichtungen hat der Gesetzgeber die Nichtverfolgung einzelner Ansprüche in Kauf genommen[2].

Dies ist entgegen mancher Autoren[3] unbedenklich, weil die Gestaltung des Verbandsverfahrens als privatrechtliches mit der potentiellen Vielzahl von Anspruchsinhabern korrespondiert. Daher ist es nicht erforderlich, den Verbänden einen Zwang zur Rechtsverfolgung aufzuerlegen, Einfluss auf die Art ihrer Rechtsverfolgung zu nehmen oder es den Gerichten zu gestatten, ihre Prüfung auf nicht beanstandete Klauseln desselben Regelwerks auszuweiten[4]. Zumal die Disposition über den Anspruch oder das Zugestehen von Tatsachen nur Auswirkungen auf den jeweiligen Unterlassungsanspruch, nicht jedoch auf die Rechtslage im Allgemeinen oder Ansprüche anderer Verbände hat[5].

---

[1] Staudinger-Schlosser, § 5 UKlG Rn. 1, § 8 Rn. 8, 10, § 9 Rn. 11.
[2] Greger, ZZP 113 (2000), 409 f.; Säcker, Rn. 83; Ulmer/Brandner/Hensen-Hensen, § 5 UKlG Rn. 12.
[3] Göbel, S. 136 - 144; E. Schmidt, NJW 2002, 29 und Halfmeier, S. 156 ff. aus der Konzeption der Verbandsklage als objektive Rechtskontrolle, hierzu siehe MüKo-Micklitz, § 15 AGBG Rn. 4 a.E.
[4] Micklitz/Stadler, in Das Verbandsklagerecht, S. 1222 f. für Unterlassungsklagen keine Einschränkung; MüKo-Micklitz, § 15 AGBG Rn. 2 a.E. - 4, mit Verschiebungen in der Beweislast zugunsten des Verbandes, Rn. 5.
[5] Micklitz/Stadler, in Das Verbandsklagerecht, S. 1226.

2. Prozessführungsbefugnis und Aktivlegitimation

In der Diskussion um den Regelungsgehalt von § 3 UKlG müssen zwei Begriffe vorab definiert werden. Dies ist zunächst die Prozessführungsbefugnis. Sie ist das Recht, im eigenen Namen über das geltend gemachte Recht einen Rechtsstreit zu führen[6]. Demgegenüber steht die Aktivlegitimation. Sie bedeutet, dass dem Kläger nach dem materiellen Recht das von ihm geltend gemachte Recht zusteht, dass er Träger dieses Rechts ist[7].

Im Zusammenhang mit Verbandsklagen findet sich darüber hinaus häufig der Begriff der Klagebefugnis. Die Klagebefugnis wird als Synonym sowohl für die Prozessführungsbefugnis als auch für die Aktivlegitimation sowie als Oberbegriff für beides verwendet[8]. Möglicherweise ist dies der schon erörterten Unsicherheit über die Einordnung der Verbandsklage zwischen prozessualem und materiellem Recht zuzuschreiben.

Ein Grund für diese Begrifflichkeit könnte auch die Nähe der Verbandsklage zum öffentlichen Recht sein. Der Begriff Klagebefugnis entstammt dem Verwaltungsprozess und wird in § 42 II VwGO verankert. Die Norm betrifft die Frage, ob der Kläger einen Prozess über das geltendgemachte Recht führen darf. Sie ist geprägt durch die Involvierung von öffentlichen Interessen und dem Ausschluss der Popularklage[9]. Daher wird anders als im Zivilprozess bereits im Rahmen der Zulässigkeit zumindest die Möglichkeit der behaupteten Rechtsverletzung überprüft; die bloße Behauptung einer Rechtsverletzung ist nicht ausreichend[10].

Die Geltendmachung eines auch öffentlichen Interesses im Unterschied zu einer originär individuellen Rechtsverletzung kennzeichnet auch die Verbandsklage. Da sich der Gesetzgeber aber für eine zivilprozessuale Zuordnung der Verbandsklage entschieden hat und auch um eine Abgrenzung zwischen prozessualen und materiellen Fragestellungen zu ermöglichen, werden im Folgenden die Begriffe Prozessführungsbefugnis und Aktivlegitimation wie oben definiert verwendet.

---

[6] Thomas/Putzo-Putzo, § 51 ZPO Rn. 20.

[7] Thomas/Putzo-Reichold, Vorbem § 253 ZPO Rn. 39.

[8] Zur Konfusion zwischen Klagebefugnis und Aktivlegitimation siehe auch Lakkis, S. 105 und Maurer, S. 56. Ein Beispiel bieten Köhler/Pieper, wo in § 3 Rn. 515 die Klagebefugnis mit der Aktivlegitimation, in § 13 Rn. 4 (allerdings durch einen anderen Kommentator) die Klagebefugnis mit der Prozessführungsbefugnis gleichgesetzt wird und es in § 13 Rn. 35 wiederum heißt, dass die Klagebefugnis in materieller Hinsicht eingeschränkt sei.

[9] Kopp/Schenke, VwGO, § 42 Rn. 60.

[10] Sogenannte Möglichkeitstheorie, siehe Kopp/Schenke, VwGO, § 42 Rn. 65 f.

Hieran ist trotz der Überschrift zu Art. 3 der deutschen Fassung der UKl-RL „Klagebefugte Einrichtungen" festzuhalten. Denn wie sich aus der Formulierung „als Nachweis der Berechtigung der qualifizierten Einrichtung zur Klageerhebung" in Art. 4 I 1 UKl-RL ergibt, geht es in der Richtlinie darum, die Klageberechtigung ausländischer Einrichtungen anzuerkennen, nicht aber eine dogmatische Einordnung im prozessualen oder materiellen Sinne vorzunehmen.

3. Qualifikation von § 3 UKlG

Wie in Kapitel 2 besprochen klagen Verbraucherverbände mit ihrem Unterlassungsbegehren einen eigenen Anspruch ein. Aus §§ 1, 2 UKlG allein lässt sich der Inhaber des Anspruchs nicht ableiten, weil diese Normen ausschließlich die Unterlassungsverpflichtung des Verwenders, Empfehlers bzw. des Zuwiderhandelnden festlegen. Daher regelt § 3 I UKlG jedenfalls die Aktivlegitimation des Anspruchstellers.

a) Regelung mit Doppelnatur

Darüber hinaus ging die herrschende Meinung zu § 13 II UWG a.F. und § 13 II AGBG in der Fassung vor Umsetzung der Fernabsatzrichtlinie und der UKl-RL – dessen Funktion nunmehr § 3 UKlG innehat – davon aus, dass die Norm neben der Aktivlegitimation zugleich die Prozessführungsbefugnis regelt (sogenannte Doppelnatur der Verbandsklage)[11]. Da diese Ansicht weiterhin vertreten wird, sie aber an § 13 II UWG a.F. und § 13 II AGBG a.F. entwickelt wurde und an ihnen erst verständlich wird, soll sie in ihrem Kontext erläutert werden.

§ 13 II AGBG a.F. enthielt verschiedene Voraussetzungen. Zum einen die sogenannte Verbandsausstattung. Diese erforderte die satzungsgemäße Aufgabe, Interessen der Verbraucher durch Aufklärung und Beratung wahrzunehmen, die tatsächliche Wahrnehmung dieser Aufgaben und das Bestehen des Verbandes aus mindestens zwei Verbraucherverbänden oder 75 natürlichen Personen. Zum anderen enthielt § 13 II AGBG a.F. die indirekt aus der Norm zu entnehmende Voraussetzung, dass dem Verband nur in seinem sachlichen und räumlichen Tätigkeitsbereich (im Rahmen seiner „satzungsgemäßen Aufgaben") Ansprüche zustanden.

Die beiden Elemente unterscheiden sich dadurch, dass die Verbandsausstattung einer allgemeinen Überprüfung unterzogen werden kann, während die Verlet-

---

[11] Teplitzky, Kap. 13 Rn. 14; Ahrens, WRP 1994, 653; Wolf/Horn/Lindacher-Lindacher, § 13 Rn. 4, 21; BGH, Urt. v. 11.04.1991 – I ZR 82/89, NJW-RR 1991, 1138 zum UWG; zum AGBG / UKlG gibt es keine ausdrückliche Stellungnahme des BGH, er bezieht sich aber Parallele zum UWG, hierzu auch Fritzsche, S. 600, Fn. 409.

zung des Verbandes in seinem Interessenbereich nur in Bezug auf eine konkrete Klage bestehen kann[12]. Dieser Unterschied verleitet zu einer unterschiedlichen Behandlung beider Voraussetzungen.

Die Aussage der herrschende Meinung, § 13 II AGBG habe eine Doppelnatur und regele sowohl die Prozessführungsbefugnis als auch die Aktivlegitimation, ist wie folgt zu verstehen. Die Frage, ob sich der Verband mit der konkreten Klage im Rahmen seiner satzungsgemäßen Aufgaben bewegt, ist dieser Auffassung nach der Aktivlegitimation zuzurechnen[13]. Die Verbandsausstattung dagegen wird vom BGH sowohl der Prozessführungsbefugnis zugeordnet als auch der Aktivlegitimation[14].

Anders dagegen das KG[15], das eine materielle Einwendung im Sinne von § 767 ZPO bei Verringerung der Mitglieder unter die Mindestzahl ablehnte und demnach eine Aufspaltung in prozessuale und materielle Normteile vornahm, jedes einzelne aber nicht doppelt einordnete. Gegen eine ausschließliche Einordnung als Prozessführungsbefugnis spricht aber, dass alle Voraussetzungen des § 13 II AGBG a.F. auch bei einer außerprozessualen Geltendmachung vom Verband erfüllt werden müssen und sie daher zwingend auch Anspruchsvoraussetzung sind[16].

Ziel der Auffassung von der Doppelnatur ist die Verhinderung missbräuchlicher Klagen[17]. Weil es dem Verband an einer „echten *eigenen* Betroffenheit"[18] fehle, müsse der Beklagte besonders geschützt werden. Die Verbandsausstattung sollte erstens von Amts wegen geprüft und zweitens der revisionsrechtlichen Überprüfung zugänglich gemacht werden. Denn das Revisionsgericht darf und muss zwar über die Prozessführungsbefugnis des Klägers eigenständig entscheiden, kann jedoch nicht ohne weiteres an den durch die Vorinstanzen festgestellten Tatsachen rütteln.

---

[12] Deutlich hervorgehoben in OLG Köln, Urt. v. 12.05.1995 – 6 U 25/94, VuR 1995, 289 – II. Instanz zu Direct Shopping, Rn. 28.
[13] BGH, Urt. v. 26.11.1997 – I ZR 148/95, NJW 1998, 1227 – Direct Shopping; Pastor/Ahrens-Jestaedt, Kap. 24 Rn. 43; Franke, S. 50; anders noch als Rechtsschutzbedürfnis BGH, Urt. v. 10.03.1971 – I ZR 109/69, GRUR 1971, 585 – Spezialklinik.
[14] BGH, Urt. v. 26.09.1996 – I ZR 265/95, BGHZ 133, 319, wo die Reduzierung der Mitgliederzahl unter die Mindestzahl zur Ablehnung nicht nur der Prozessführungs-, sondern auch der Sachbefugnis herangezogen wurde.
[15] KG, Beschl. v. 22.11.1994 – 5 W 7545/94, NJW 1995, 1035.
[16] Balzer, NJW 1992, 2726 f.
[17] Greger, ZZP 113 (2000), 402.
[18] Ahrens, WRP 1994, 653.

Mit der Umsetzung der Fernabsatzrichtlinie und der UKl-RL hat der Gesetzgeber sowohl durch den Gesetzeswortlaut als auch die Gesetzesmaterialien[19] Stellung bezogen und sich zugunsten einer ausschließlichen Regelung der Aktivlegitimation durch § 3 UKlG ausgesprochen.

Dennoch wird vielfältig an der Doppelnatur der Verbandsklage festgehalten. Zunächst in der Literatur zur wettbewerbsrechtlichen Verbandsklage des § 13 UWG a.F. / § 8 III Nr. 3 UWG[20], obwohl der Gesetzgeber auch dort in den Gesetzesmaterialien von Aktivlegitimation spricht[21].

Zum Teil wird auf die vermeintlich herrschende Meinung zum UKlG verwiesen und die Gesetzesbegründung lediglich als Ablehnung der prozessualen Deutung der Verbandsklage gedeutet, nicht aber als Abkehr von der Doppelnatur[22]. Die Einleitung zu § 8 III UWG erfasse auch die Klageberechtigung der Mitbewerber in § 8 III Nr. 1 UWG, bei dem es sich tatsächlich um eine bloße Regelung der Aktivlegitimation handele, und lasse keinen Rückschluss bezüglich der Doppelnatur zu[23]. Zum Teil wird argumentiert, dass es einer ausdrücklichen Stellungnahme und Begründung des Gesetzgebers bedurft hätte, um der herrschenden Rechtsprechung und Literatur entgegenzutreten[24]. Darüber hinaus wird auf § 8 V UWG verwiesen, in dem weiterhin die Formulierung „zur Geltendmachung [...] Berechtigter" verwendet wird[25].

Auch in der Kommentarliteratur zur Verbandsklage des UKlG wird weiterhin die Doppelnatur vertreten[26]. Dort wird zum einen – entsprechend dem Argument zu § 8 V UWG – auf den Wortlaut von § 3 II UKlG verwiesen. Zum anderen wird aus § 3 I 1 Nr. 2 UKlG und § 4 UKlG der Wille des Gesetzgebers bezüglich einer amtlichen Überprüfung hinsichtlich aller nach § 3 UKlG Klagebefugten abgeleitet; dies jedoch, ohne auf die entgegenstehende Meinungsäußerung desselben einzugehen. Der Gesetzgeber wolle Verbände im Sinne von § 3 I 1

---

[19] BT-Drucks. 14/2658 S. 52.
[20] Teplitzky, Kap. 13 Rn. 14, 16, 25; Emmerich, S. 473; Fezer-Büscher, § 8 Rn. 195, 216, 226, anders jedoch Fezer-Braunmühl, § 10 Rn. 11; Harte/Henning-Bergmann, § 8 Rn. 261; Pastor/Ahrens-Jestaedt, Kap. 24 Rn. 1; auch R. Koch/Artz, WM 2001, 1017 jedoch im Sinne einer Trennung in prozessuale und materielle Voraussetzungen.
[21] BT-Drucks. 14/2658, S. 52, 55; 15/1487 S. 22.
[22] Fezer-Büscher, § 8 Rn. 195 mit Verweis auf Palandt-Bassenge und Erman-Roloff für das UKlG. Dagegen Halfmeier, S. 252 f., der in der Gesetzesbegründung gerade keine Stellungnahme hinsichtlich der dogmatischen Einordnung als Anspruch sieht, sondern lediglich die Ablehnung der Doppelnatur.
[23] Fezer-Büscher, § 8 Rn. 195.
[24] Teplitzky, Kap. 13 Rn. 25.
[25] Harte/Henning-Bergmann, § 8 Rn. 261.
[26] Erman-Roloff, § 3 UKlG Rn. 1; Palandt-Bassenge, § 3 UKlG Rn. 2.

Nr. 2 UKlG nicht besser behandeln als die des § 3 I 1 Nr. 1 UKlG. Dies sei aber der Fall, wenn man ausschließlich von der Aktivlegitimation ausginge. Dann könnten die Voraussetzungen von § 3 I 1 Nr. 2 UKlG durch Parteivereinbarung oder einheitlichen Parteivortrag unterstellt werden, während nach dem Wortlaut von § 3 I 1 Nr. 1 UKlG die Verbraucherverbände unabhängig vom Parteivortrag ihre Eintragung nachweisen müssten[27].

Nachdem der BGH zunächst nicht ausdrücklich Notiz von den Gesetzesänderungen genommen – was in der Literatur als Festhalten an der Doppelnatur gewertet wurde[28] – und Formulierungen verwendet hatte, die in der einen oder anderen Richtung interpretierbar sind[29], hat sich der erste Senat in einem wettbewerbsrechtlichen Urteil für gewerbliche Verbände nunmehr für die Doppelnatur ausgesprochen[30]. Zur Begründung wird lediglich auf die bereits zitierte Literatur und die frühere ständige Rechtssprechung verwiesen. Wesentliche Motivation des Senats scheint zu sein, dass grundsätzlich nur bei Festhalten an der Doppelqualifikation die Verbandsausstattung noch zum Ende des Revisionsverfahrens gegeben sein muss.

In der oberlandesgerichtlichen Judikatur gab es vereinzelt Stellungnahmen gegen die Doppelnatur[31]. Auf diese ist der BGH in seinem Urteil nicht eingegangen. Die neuere sprachliche Handhabung der Oberlandesgerichte ist unterschiedlich. Teils werden §§ 3, 4 UKlG mit der Prozessführungsbefugnis[32], teils mit der Aktivlegitimation[33] des Verbandes verknüpft.

b) Regelung der Aktivlegitimation

Einige Autoren haben sich schon vor der Einführung des Registrierungsverfahrens für eine Zugehörigkeit von § 13 II AGBG a.F. ausschließlich zur Aktivlegitimation ausgesprochen[34]. Namentlich *Schlosser* hat vertreten, dass eine gesonderte Prüfung der Prozessführungsbefugnis mit der Einordnung als materieller

---

[27] Palandt-Bassenge, § 3 UKlG Rn. 2.

[28] Teplitzky, Kap. 13 Rn. 25.

[29] BGH, Urt. v. 15.01.2004 – I ZR 160/01, BGHReport 2004, 676 eher für die Doppelnatur sprechend, BGH, Urt. v. 20.11.2002 – VIII ZR 146/01, NJW 2003, 1241 sowie Urt. v. 01.02.2005 – X ZR 10/04, NJW 2005, 1774 eher dagegen sprechend.

[30] BGH, Urt. v. 27.01.2005 – I ZR 146/02, NJW-RR 2005, 1128 – Sammelmitgliedschaft III.

[31] Stuttgart, Urt. v. 31.03.1995 – 2 U 236/94, WRP 1995, 527, 530; wohl auch München, Urt. v. 15.06.1993 – 29 U 3712/92, IPRspr. 1993 Nr. 117b.

[32] KG, Urt. v. 15.02.2003 – 23 U 98/03, NJW-RR 2004, 1239.

[33] OLG Celle, Urt. v. 01.12.2004 – 3 U 160/04, OLGR Celle 2005, 77; OLG München, Urt. v. 26.07.2001 – 29 U 3256/02, NJW-RR 2002, 348.

[34] Pfeiffer, S. 256 f., 724; Balzer, NJW 1992, 2726 f.; Fritzsche, S. 600 f.; MüKo-Micklitz, § 13 AGBG Rn. 94 „Rückfall in die Zeit des materiellen Parteibegriffs", aber von der praktischen Seite her mit Verständnis für die h.M.

Anspruch nicht vereinbar sei. Werde ein eigener Anspruch angenommen, folge daraus die Grundregel des Zivilprozesses, dass die Prozessführungsbefugnis dem eigenen Anspruch folge. Das Schutzbedürfnis des Beklagten vor nicht klageberechtigten Verbänden sei nicht größer als bei anderen Tatsachenbehauptungen in einem Prozess[35].

Aus der wettbewerbsrechtlichen Literatur hat auch *Melullis* Zweifel an der Notwendigkeit der Doppelnatur geäußert. Die Zuordnung der Verbandsausstattung zur Prozessführungsbefugnis eröffne für das Gericht keine erweiterte Prüfungs- und Aufklärungsmöglichkeit. Denn die Aktivlegitimation beurteile es aufgrund des vorgebrachten Tatsachenmaterials unabhängig von der Rechtsauffassung der Parteien. Gleiches gelte aber aufgrund des Beibringungsgrundsatzes für die Prozessführungsbefugnis, auch wenn sie „von Amts wegen" geprüft würde[36].

Seit der Gesetzesänderung haben sich eine Reihe weiterer Autoren gegen die Doppelnatur und für die Einordnung von § 13 II AGBG bzw. § 3 UKlG als Regelung nur über die Aktivlegitimation ausgesprochen[37].

c) Diskussion

Jedenfalls seit der Gesetzesänderung musste § 13 II AGBG und muss nun § 3 UKlG als Reglung über die Aktivlegitimation eingeordnet werden. Die Verweise der anderen Ansicht auf den verbliebenen Wortlaut von § 3 II UKlG / § 8 V UWG sind zwar in sich zutreffend, aber alleine nicht ausreichend, um an der Doppelnatur festzuhalten, bringen doch die vorgenommenen Änderungen den Willen des Gesetzgebers zugunsten der Aktivlegitimation zum Ausdruck. Über den Wortlaut hinaus sprechen jedoch auch weitere Gründe für ein Aufgeben der Doppelnatur.

Die These von der Doppelnatur ist schon aufgrund ihrer Unterscheidung zwischen Dauervoraussetzungen und akuten Voraussetzungen und deren Zuordnung zum Prozessrecht einerseits und zum materiellen Recht andererseits ungewöhnlich[38]. Es ist nicht ersichtlich, weshalb nach der Auffassung über die Doppelnatur die geforderte Übereinstimmung zwischen Tätigkeitsbereich des Verbandes und Klageziel nicht ebenfalls der Prozessführungsbefugnis zugerechnet werden

---

[35] Staudinger-Schlosser, § 1 UKlG Rn. 9, auch schon in der Vorauflage § 13 AGBG Rn. 10.
[36] Melullis, Rn. 402.
[37] Greger, ZZP 113 (2000), 403 f.; Ulmer/Brandner/Hensen-Hensen, § 3 UKlG Rn. 1; Dauner-Lieb-Walker, § 1 UKlG Rn. 2, § 3 Rn. 1; MüKo-Micklitz, § 13 AGBG Rn. 84, 94; Franke, S. 156; Palandt-Heldrich, Art. 40 EGBGB Rn. 11 a.E.; Micklitz/Stadler, in Das Verbandsklagerecht, S. 1196; für das UWG MüKo-UWG-Ottofülling, § 8 Rn. 322 ff. und in Abweichung von der Vorauflage Hefermehl/Köhler/Bornkamm-Köhler, § 8 Rn. 3.9 ff.
[38] Balzer, NJW 1992, 2726 f.; Fritzsche, S. 601.

sollte, zumal so eine Parallele zur öffentlich-rechtlichen Verbandsklage geschaffen werden könnte. Beide Kriterien umschreiben gleichermaßen den Anspruch des Verbandes, sollen aber rechtlich verschieden behandelt werden.

Wie von den Vertretern der prozessualen Deutung der Verbandsklage kritisiert, wird von den Vertretern der Doppelnatur aus der Annahme eines eigenen Anspruchs nicht die Konsequenz gezogen. Soll eine Prüfung der Prozessführungsbefugnis erfolgen, müsste die herrschende Meinung von einem fremden Anspruch ausgehen. Bei einem eigenen Anspruch jedoch gilt die schon von *Schlosser* angeführten Grundregel des Zivilprozesses, dass derjenige, der einen eigenen Anspruch behauptet, auch prozessführungsbefugt ist. Soll hiervon abgewichen werden, bedarf es besonderer Gründe. Hier wird die Sorge vor Klagemissbrauch und der Schutz des Beklagten angegeben. Ziel sind die Prüfung von Amts wegen und die Revisibilität[39].

aa) § 3 I 1 Nr. 1 UKlG

Betrachtet man § 3 I 1 Nr. 1 UKlG, entfällt seit der Einführung der Registrierung die Funktion der Doppelnatur. Die Verbandsausstattung unterliegt nicht mehr der Entscheidungshoheit des Gerichts. Sie wird durch das Bundesamt für Justiz für die Registrierung geprüft. Die Eintragung ist konstitutiv und das Gericht bei ihrem Nachweis in den Grenzen von § 4 IV UKlG daran gebunden.

Zudem wurde als zusätzliche Anforderung für die Registrierung eingeführt, dass nur solche Verbände eingetragen werden können, die seit mindestens einem Jahr bestehen und aufgrund ihrer bisherigen Tätigkeit Gewähr für eine sachgerechte Aufgabenerfüllung bieten. Klagen durch kürzlich gegründete Verbände, deren Tätigkeitsbereich noch nicht erfassbar ist, oder Verbänden mit reinen Abmahninteressen ist dadurch vorgebeugt. Unabhängig von der Beurteilung des Nachweiserfordernisses unterliegt die Registrierung auch als rein materielle Voraussetzung nicht der Parteidisposition[40]. Sowohl der Überprüfung von Amts wegen als auch möglichem Missbrauch ist damit Rechnung getragen.

Auch das zweite Ziel, die revisionsrechtliche Überprüfung der vorinstanzlichen Entscheidungen, ist mit Einführung der Registrierung ohne Rückgriff auf die Doppelnatur möglich. Betrachtet man den Nachweis der Registrierung als prozessuale Anforderung ist schon technisch dasselbe Vorgehen möglich wie bei der Beurteilung der Verbandsausstattung als Prozessvoraussetzung. Bis zum Abschluss des Revisionsverfahrens muss die Registrierung gegeben sein und kann vom Revisionsgericht von Amts wegen überprüft werden.

---

[39] Greger, ZZP 113 (2000), 405; Hefermehl/Köhler/Bornkamm-Köhler, § 8 Rn. 3.9.
[40] Hierzu Kapitel 2. II.

Misst man wie *Greger* dem Nachweiserfordernis über die reguläre Beweislastverteilung hinaus keine gesonderte Bedeutung bei, kann ein Wegfall der Registrierung bzw. der hierfür erforderlichen Voraussetzungen ebenfalls berücksichtigt werden. Entfallen die Voraussetzungen für die Registrierung kann das Revisionsgericht wie jedes andere Gericht, bei dem eine Verbandsklage anhängig ist, nach § 4 IV UKlG die Überprüfung der Registrierung durch das Bundesamt für Justiz verlangen; diesbezüglich ergeben sich aus der Norm keine Einschränkungen zum Stand des Verfahrens. Wird die Registrierung daraufhin aufgehoben, kann dies vom Revisionsgericht berücksichtig werden, und zwar sowohl unter dem materiellen Gesichtspunkt, dass die Registrierung bis zum Abschluss des Revisionsverfahrens zeitlich noch vorliegen muss als auch unter dem prozessualen Gesichtspunkt, dass das Entfallen der Registrierung als neue Tatsache im Revisionsverfahren noch berücksichtigt werden darf.

Die Registrierung bzw. die für sie erforderlichen Voraussetzungen müssen bis zum Abschluss der letzten mündlichen Verhandlung in der Tatsacheninstanz erfüllt sein[41], weil der Unterlassungsanspruch auf die Zukunft gerichtet ist. Entfällt sie, liegt ein erledigendes Ereignis vor[42]. Entsprechend hat der BGH ein Kündigungsrecht aus wichtigem Grund für eine Unterlassungserklärung anerkannt, nachdem der Verband die erforderliche Verbandsausstattung nicht mehr aufwies[43]. Der Beklagte könnte daher direkt nach Urteilserlass eine Vollstreckungsabwehrklage nach § 767 ZPO erheben, weil der Verband zukünftig aus dem Urteil nicht mehr vollstrecken dürfte. Das Revisionsgericht ist durch § 559 ZPO in seiner gängigen Auslegung[44] nicht an der Berücksichtigung dieser neuen Tatsache gehindert. Die Registrierung oder Nichtregistrierung dürfte entweder unstreitig sein oder kann unproblematisch über die Auskunft einer öffentlichen Stelle eingeholt werden.

Was die Betroffenheit des Verbandes in seinem Interessenbereich angeht, wurde diese Voraussetzung bereits bisher von der herrschenden Meinung als materielle Voraussetzung gewertet, so dass sich beim Aufgeben der Doppelnatur keine Änderungen ergeben. Die Registrierung ermöglicht unter Umständen sogar eine bessere Überprüfungsmöglichkeit für die Revisionsgerichte. Denn der Tätig-

---

[41] Dies gilt für alle Voraussetzungen der Anspruchsberechtigung, Hefermehl/Köhler/ Bornkamm-Köhler, § 8 Rn. 3.7.

[42] Schaumburg, DB 2002, 726; Greger, ZZP 113 (2000), 407; Hefermehl/Köhler/Bornkamm-Köhler, § 8 Rn. 1.11, § 12 Rn. 2.33.

[43] BGH, Urt. v. 26.09.1996 – I ZR 265/95, BGHZ 133, 316.

[44] Zur Berücksichtigung neuer Tatsachen aus prozessökonomischen Gründen siehe nur Thomas/Putzo-Reichold, § 559 ZPO Rn. 12 ff. und exemplarisch BGH, Urt. v. 15.07.2004 – I ZR 142/01, GRUR 2004, 941 zur Löschung eines Geschmacksmusters nach Verkündung des Berufungsurteils; BGH, Urt. v. 10.05.1990 – IX ZR 246/89, WM 1990, 1642 und BGH, Urt. v. 09.07.1998 – IX ZR 272/96, NJW 1998, 2972 zur Verjährung im Revisionsverfahren.

keitsbereich der Verbände in räumlicher und sachlicher Hinsicht, soll er den Anspruch beschränken, muss sich aus der Eintragung ergeben, sei es durch den Namen oder den Satzungszweck, die beide gemäß § 4 II 3 UKlG in der Liste aufgeführt werden müssen. Die Eintragung wird aufgrund eines Verwaltungsaktes vorgenommen[45]. Über Inhalt und Auslegung von Verwaltungsakten kann das Revisionsgericht eigenständig und unabhängig von den Tatsachenfeststellungen der Vorgerichte entscheiden[46].

bb) § 3 I 1 Nr. 2 UKlG

Auch für § 3 I 1 Nr. 2 UKlG ist die Einstufung als Prozessführungsbefugnis und Aktivlegitimation nicht geboten. Auf die fehlende Grundlage, um zwischen akuten und dauerhaften Voraussetzungen zu unterscheiden, wurde bereits hingewiesen.

An Verbänden, die zwar wegen legitimer Interessen registriert werden können, aber in einem konkreten Fall andere Interessen verfolgen, wird deutlich, dass es nicht die Funktion der Prozessführungsbefugnis ist, Missbrauchsmöglichkeiten auszuschließen. Vielmehr muss ihre Funktion gegen ihre gesonderte Prüfung angeführt werden[47]. Die Prozessführungsbefugnis dient der Abgrenzung von Fremd- und Eigenprozessführung. Folgt man der herrschenden Meinung darin, dass die Verbände einen eigenen Anspruch geltend machen, dann behaupten sie, ein eigenes Recht einzuklagen, nicht ein fremdes. Jede Diskussion darüber, ob dem Verband das behauptete Recht tatsächlich zusteht, muss sich in die Begründetheitsprüfung verlagern.

Fragen der Missbräuchlichkeit können allenfalls unter anderer Überschrift erörtert werden. Hier bietet sich das Rechtsschutzbedürfnis an. Die Verbandsausstattung ist aber auch dort nicht richtig verortet. Dagegen spricht, dass das Rechtsschutzbedürfnis dazu gedacht ist, die Geltendmachung behaupteter bestehender Ansprüche ausnahmsweise zu untersagen, wenn der Kläger keinen schutzwürdigen Vorteil erlangen kann, weil beispielsweise das Klageziel auf einfacherem Wege erreichbar ist oder bei Unterlassungsklagen sich der Schuldner unter Versprechen einer Vertragsstrafe zur Unterlassung verpflichtet hat[48]. Nur solche Beispiele, nämlich zu missbilligende Ziele oder das zumutbare Erreichen des Klageziels auf anderem Wege führt auch der BGH in einem Verbraucherverbandsurteil auf, nicht aber die Verletzung in den Verbandsinteressen[49]. Diese

---

[45] Greger, NJW 2000, 2460.
[46] Thomas/Putzo-Reichold, § 546 ZPO Rn. 4, 5; BGH, Urt. v. 09.12.1982 – III ZR 106/81, NJW 1983, 1794.
[47] Hefermehl/Köhler/Bornkamm-Köhler, § 8 Rn. 3.10.
[48] Thomas/Putzo-Reichold, Vorbem § 253 ZPO Rn. 26 f.
[49] BGH, Urt. v. 21.02.1990 – VIII ZR 216/89, NJW-RR 1990, 886.

Handhabung ist zutreffend. Die Verbandsausstattung ist Anspruchsvoraussetzung. Fehlt es an ihr, fehlt es an einem Anspruch und die Klage ist unbegründet, nicht missbräuchlich.

Das Ziel der Überprüfung von Amts wegen, die Verbandsausstattung der Parteidisposition zu entziehen und den Beklagten zu schützen, trägt die Einstufung als Doppelnatur ebenfalls nicht. Bestreitet der Beklagte die ausreichende Verbandsausstattung, ist der Kläger beweisbelastet. Wie *Melullis* zutreffend anmerkt, obliegt die rechtliche Beurteilung der Tatsachen ohnehin dem Gericht und kann auch durch das Revisionsgericht vorgenommen werden[50]. Ansonsten steht es dem Beklagten offen, einen Anspruch anzuerkennen oder Tatsachen, die zur Bejahung des Anspruchs vorausgesetzt werden, zu unterstellen, weil er es für müßig erachtet, darüber zu streiten.

Außerhalb eines Prozesses ist dies dem Beklagten durch eine Unterwerfungserklärung ohnehin möglich. Innerhalb eines Prozesses ergibt sich bei der Verbandsklage der Unterschied, dass sich nunmehr auch Dritte über § 11 UKlG das Urteil zunutze machen können. Auch § 11 UKlG wirkt aber nur im Verhältnis zum betroffenen Unternehmer. Es ergeben sich keine Auswirkungen auf die allgemeine Rechtslage. Mit der Ausgestaltung als privatrechtliches Verfahren und der Durchsetzung durch private juristische Personen ist der Gesetzgeber das Risiko, dass der Beklagte vom Bestreiten einzelner Anspruchsvoraussetzungen absieht, eingegangen.

Primär scheint es den Vertretern der Doppelnatur darum zu gehen, das Vorliegen der Voraussetzungen bis zum Verfahrensabschluss und die Berücksichtigung der entsprechenden Tatsachen noch im Revisionsverfahren zu erreichen. Wie schon bei § 3 I 1 Nr. 1 UKlG ist auf die Zukunftsgerichtetheit der Unterlassungsklage zu verweisen, aus der folgt, dass alle materiellen Voraussetzungen des Anspruchs bis zum Abschluss des Verfahrens vorliegen müssen. Entscheidend ist hier zunächst die letzte mündliche Verhandlung, in der noch neue Tatsachen vorgetragen werden können.

Anders als bei der leicht feststellbaren Registrierung ist die Berücksichtigung einer nicht mehr vorhandenen Verbandsausstattung im Revisionsverfahren schwieriger zu begründen, weil unter Umständen eine Beweisaufnahme erforderlich wäre. Grundsätzlich können neue Tatsachen aus prozessökonomischen Gründen nur im Revisionsverfahren eingeführt werden, wenn sie unstreitig sind und schützenswerte Belange der Gegenpartei nicht entgegenstehen[51]. Die Revisionsinstanz ist Rechtsinstanz. „Dass als Folge [...] ein der materiellen Rechtsla-

---

[50] Melullis, Rn. 402.
[51] Siehe statt vieler BGH, Urt. v. 29.06.2004 – IX ZR 201/98, WM 2004, 1648.

ge nicht entsprechendes Urteil ergehen und ein neuer Rechtsstreit notwendig werden kann, nimmt das Gesetz in Kauf"[52]. Entsteht aber keine nennenswerte Mehrarbeit und kann der Rechtsstreit endgültig entschieden werden, ohne dass der Beklagte zu einer Vollstreckungsabwehrklage genötigt wird, ist eine Berücksichtigung möglich. Je nach den Umständen ist daher ein Verfahrensabschluss im Revisionsverfahren möglich. Es kann auch daran gedacht werden, eine revisionsrechtliche Sondernorm zu schaffen, um eine Überprüfungsmöglichkeit zu schaffen.

§ 3 UKlG kann daher als Regelung ausschließlich der Aktivlegitimation verstanden werden. Die mit der Doppelnatur verfolgten Ziele der Überprüfung von Amts wegen und der Beachtung veränderter Tatsachen im Revisionsverfahren sind auch bei diesem Verständnis erreichbar.

4. Prüfung der Klageberechtigung

Unabhängig von der Beurteilung von § 3 UKlG als Prozessführungsbefugnis und / oder Aktivlegitimation stellt sich mit Einführung der Registrierung bereits im erstinstanzlichen Verfahren die Frage, wie die Prüfungskompetenzen über die Klageberechtigung der Verbände nach § 3 I 1 Nr. 1 UKlG zwischen Bundesamt für Justiz und Gerichten verteilt sind.

a) Bundesamt für Justiz

Das Bundesamt für Justiz führt die Liste qualifizierter Einrichtungen. Die Voraussetzungen für die Eintragung und das zu beachtende Verfahren sind in § 4 UKlG geregelt[53]. Eine Rechtsverordnung gemäß § 4 V UKlG über „die Einzelheiten des Eintragungsverfahrens, insbesondere die zur Prüfung der Eintragungsvoraussetzungen erforderlichen Ermittlungen, sowie die Einzelheiten der Führung der Liste" ist bisher nicht erlassen worden.

Die von den Verbänden einzuhaltenden Voraussetzungen sind in § 4 II 1 UKlG geregelt. Es sind die bisherigen Voraussetzungen der Verbandsausstattung enthalten. Das heißt, es muss zu den satzungsgemäßen Aufgaben des Verbandes gehören, die Interessen der Verbraucher durch Aufklärung und Beratung nicht gewerbsmäßig und nicht nur vorübergehend wahrzunehmen, und der Verband muss in diesem Bereich tätige Verbände oder 75 natürliche Personen als Mitglieder haben. Zudem muss der Verband seit mindestens einem Jahr bestehen und auf Grund seiner bisherigen Tätigkeit die Gewähr für eine sachgerechte

---

[52] BGH, Urt. v. 09.07.1998 – IX ZR 272/96, NJW 1998, 2972.

[53] Zum weiteren (Verwaltungs-)Verfahren siehe Schaumburg, DB 2002, 723 und Schmidt-Ränsch, DB 2002, 1595.

Aufgabenerfüllung bieten. Allerdings wird gemäß § 4 II 2 UKlG bei allen mit öffentlichen Mitteln geförderten Verbraucherverbänden die Erfüllung der Voraussetzungen unwiderleglich vermutet.

§ 4 II 3 UKlG legt fest, dass die Eintragung Namen, Anschrift, Registergericht, Registernummer und satzungsmäßigen Zweck enthalten muss. Die Registrierung hat konstitutive Wirkung[54]. Ohne Eintragung kann ein Verband, auch wenn er die Voraussetzungen des § 4 II 1 UKlG erfüllt, keine Klage nach §§ 1, 2 UKlG erheben. Mit der Einschränkung von § 4 IV UKlG, muss das mit einer Verbandsklage befasste Gericht die Registrierung akzeptieren.

Genauere Betrachtung erfordert der Prüfungs- und Entscheidungsumfang des Bundesamts für Justiz, insbesondere bezüglich des Satzungszwecks und seiner Eintragung. Die Eintragung des Satzungszwecks soll der Prüfung der Frage dienen, ob die Einrichtung nach ihrer Satzung zur Verfolgung des konkreten Verstoßes befugt ist[55]. Denn jedenfalls vor Einführung des Registrierungsverfahrens wurde allgemein angenommen, dass in der Satzung enthaltene Beschränkungen des Aufgabenbereichs auch den Umfang der Klageberechtigung beschränken[56].

Stellungnahmen, die für das Wettbewerbsrecht von einer umfassenden Berechtigung zur Klageerhebung unabhängig vom räumlichen Tätigkeitsbereich der Verbände ausgingen[57], zitieren zur Unterstützung ihrer Auffassung ausschließlich Urteile, bei denen zwar der Sitz des Beklagten außerhalb des räumlichen Betätigungsfeldes des Klägers lag, konkret aber durch Handlungen innerhalb dieses Gebietes die Interessen des Verbandes betroffen waren[58] und kommen dann zu einer Einschränkung über das Rechtsschutzbedürfnis. Sie vermischen die Aktivlegitimation des Verbandes mit der in den zitierten Urteilen besprochenen räumlichen Wirkung des Urteils.

Jedenfalls soweit sich die Begrenzung aus der Satzung ergibt, kann ein Mieterschutzbund nicht die AGB von Telekommunikationsunternehmen und der Verbraucherverband Baden-Württemberg nicht die lokale Verwendung von

---

54 Palandt-Bassenge, § 4 UKlG Rn. 3.
55 Melullis, Rn. 450d.
56 BGH, Urt. v. 26.01.1983 – VIII ZR 342/81, NJW 1983, 1320; BGH, Urt. v. 10.03.1971 – I ZR 109/69, GRUR 1971, 585 – Spezialklinik; OLG Oldenburg, Urt. v. 06.11.1997 – 1 U 117/97, VuR 1998, 214; Lakkis, S. 175 f.; Franke, S. 50; MüKo-Micklitz, § 13 AGBG Rn. 100, 102; Wolf/Horn/Lindacher-Lindacher, § 13 Rn. 13, 15, allerdings offen hinsichtlich einer räumlichen Beschränkung; Teplitzky, Kap. 13 Rn. 31a; Melullis, Rn. 454, 460.
57 Schricker, GRUR 1973, 453; Bartholatus, Anm. zu BGH, Urt. v. 13.03.1964 – Ib ZR 120/62, GRUR 1964, 400.
58 So BGH, Urt. v. 13.03.1964 – Ib ZR 120/62, GRUR 1964, 397 - Damenmäntel; OLG Nürnberg, Urt. v. 21.12.1961 – 3 U 94/61, BB 1962, 1101.

AGB in Schleswig-Holstein überprüfen. Es gibt keinerlei Hinweise darauf, dass sich durch Einführung des Registrierungsverfahrens hieran etwas ändern und nun jeder gelistete Verband jede Verbraucherbeeinträchtigung geltend machen können sollte[59].

Wesentlich ist daher, inwieweit der Satzungszweck durch das Bundesamt für Justiz vor Übernahme in die Liste überprüft wird. Die Auflistung der Satzungszwecke bietet ein unterschiedliches Bild[60]. Häufig werden eine konkrete Verbrauchergruppe und der sachliche und räumliche Tätigkeitsbereich benannt (z.B. in Nrn. 3, 4, 40 Mieter in Berlin, Energieverbraucher, Angelegenheiten öffentliche Verkehrsmittel betreffend), zum Teil aber wird als Zweck pauschal die „Wahrnehmung der Interessen der Verbraucher durch Aufklärung und Beratung" genannt, obwohl sich aus dem Namen des Verbandes eine Einschränkung ergibt (z.B. in Nrn. 5, 7, 66 Versicherte, private Kapitalanleger, Bauherren).

Nach dem Wortlaut von § 4 II 1 UKlG „in diesem Aufgabenbereich tätige Verbände oder [...] natürliche Personen [...] und aufgrund ihrer bisherigen Tätigkeit Gewähr für eine sachgerechte Aufgabenerfüllung bieten", muss der Verband den satzungsgemäßen Zweck tatsächlich ausüben[61] und eine entsprechende finanzielle, personelle und sachliche Ausstattung aufweisen. Dies wurde schon zu § 13 AGBG verlangt[62]. Die konkretisierte Formulierung im Zuge der Umstellung vom AGBG in das UKlG sollte verdeutlichen, dass nur solche Verbände eingetragen werden dürfen, die den Verbraucherschutz aktiv wahrnehmen, so dass die sachgerechte Ausübung ihrer Aufgaben durch die eingetragenen Verbände sichergestellt ist[63]. Grund für die Klageberechtigung der Verbände ist deren Erfahrung und Sachkunde[64]. Diese kann nur durch die konkrete Tätigkeit, nicht aber durch eine Satzungsbestimmung erworben werden.

Daher muss es zur Überprüfung durch das Bundesamt für Justiz auch gehören, dass die tatsächliche Tätigkeit des Verbandes mit dem Umfang des satzungsgemäßen Zwecks übereinstimmt[65]. Die Voraussetzung des Gewährbietens darf allerdings nicht zu eng ausgelegt werden. Ein Verband muss nicht in jedem Spezialgebiet schon einmal tätig gewesen sein, um erst dann Klage erheben zu können. Auch ist es ausreichend, wenn jeder Mitgliedsverband einen Teilbereich

---

59 Daher Staudinger-Schlosser, § 3 UKlG Rn. 2 ebenso wie zur alten Rechtslage.
60 Alle Verweise beziehen sich auf die Liste von Oktober 2006, www.bundesjustizamt.de.
61 a.A. Halfmeier, S. 95, nach dem die Forderung einer tatsächlichen Ausübung über den Gesetzeswortlaut hinaus geht.
62 OVG Münster, Beschl. v. 13.10.2003 – 4 B 970/03, NJW 2004, 1123.
63 BT-Drucks. 14/7052, S. 208 (Beschlussempfehlung und Bericht des Rechtsausschusses).
64 Wolf/Horn/Lindacher-Lindacher, § 13 Rn. 13.
65 Säcker, Rn. 82; Staudinger-Schlosser, § 4 UKlG Rn. 4.

übernimmt[66]. Andererseits ist eine umfassende Sachkunde nicht gewährleistet, wenn ein Verband zwar als Satzungszweck den allgemeinen Verbraucherschutz benennt, konkret aber ausschließlich in einem distinkten Teilbereich tätig ist. Denkbar ist hier eine einschränkende Auslegung des Satzungszwecks über den sich ebenfalls aus der Eintragung ergebenden Namen des Verbandes, um Deckungsgleichheit von Satzungszweck und Tätigkeit zu erreichen.

Da die Gerichte sich bei der Verbandsbetroffenheit auf die Eintragung stützen müssen und die Eintragungsvoraussetzungen nicht selbst überprüfen können, sollte bei einem Auseinanderfallen von Tätigkeit und Satzungszweck in Verbindung mit dem Satzungsnamen eine Eintragung nicht möglich sein. Anderenfalls würde die Voraussetzung aufgehoben, dass der Satzungszweck tatsächlich ausgeübt werden muss, und das Registrierungsverfahren zu einer Formsache marginalisiert.

Dies zeigt die Problematik des Registrierungsverfahrens. Es ist eine detaillierte Prüfung der Verbandstätigkeit und gegebenenfalls ein Hinwirken auf eine konkretisierte Satzungsformulierung durch das Bundesamt für Justiz während des Registrierungsverfahrens erforderlich[67]. Insoweit ergibt sich durch die Registrierung eine Veränderung. Möchte man an der tatsächlichen Ausübung des Verbraucherschutzes durch die Verbände als Voraussetzung festhalten, ist nun, da nicht in jedem einzelnen Verfahren aus einer Hand die Satzung und ihre Betroffenheit geprüft wird, eine klarere Definition der jeweiligen Verbandsinteressen notwendig.

In der Praxis wird das Problem insoweit abgeschwächt als eine solche Prüfung ohnehin nicht erfolgen kann, wenn aufgrund einer Förderung mit öffentlichen Mitteln gemäß § 4 II 3 UKlG die Übereinstimmung von satzungsgemäßen Aufgaben und tatsächlicher Tätigkeit unwiderleglich vermutet wird und daher von den Gerichten in diesem Umfang akzeptiert werden muss. *Micklitz* und *Stadler* begrüßen den damit verbundenen faktischen Wegfall des Nachweises der tatsächlichen Aufklärung und Beratung, weil es sich hierbei um eine gemeinschaftsrechtlich an der Funktion der Verbandsklage gemessen ohnehin fragwürdige Beschränkung handele[68].

Es wäre wünschenswert, wenn das Bundesministerium der Justiz von seiner Ermächtigung zum Erlass einer Rechtsverordnung nach § 4 V UKlG Gebrauch machen würde, um die Prüfung der konkreten Verbandstätigkeit im Bezug zum

---

[66] BGH, Urt. v. 20.03.1986 – VII ZR 191/85, NJW 1986, 1613.
[67] MüKo-Micklitz, § 13 AGBG Rn. 100.
[68] Micklitz/Stadler, in Das Verbandsklagerecht, S. 1193; vgl. auch MüKo-Micklitz, § 13 AGBG Rn. 90 ff.

Satzungsumfang sowie das Verhältnis von Verbandsnamen zu Satzungszweck und konkreter Tätigkeit zu erläutern.

b) Gerichte

Dem Gericht verbleibt demnach die Überprüfung der Voraussetzung, die von der Registrierung nicht erfasst ist, weil sie sich auf das konkrete Verfahren bezieht. Das ist die von Art. 4 I 2 UKl-RL angesprochene Frage, ob der Zweck der qualifizierten Einrichtung mit der Klageerhebung übereinstimmt. Abgesehen von rein gebührenmotivierten Klagen, über die tatsächlich schon im Rechtsschutzbedürfnis entschieden werden kann, handelt es sich hierbei um die Betroffenheit des Verbandes in seinem Interessengebiet, d.h. das Bewegen der Klage im räumlichen oder sachlichen Tätigkeitsbereich des Verbandes.

Für diese Prüfung benötigt das Gericht jedoch einen Bezugspunkt über den Richtlinientext, der keine Direktwirkung entfaltet, hinaus[69]. Vor Umsetzung der UKl-RL hatte das Gericht in § 13 II AGBG den Anknüpfungspunkt der „satzungsmäßigen Aufgaben“[70]. Wie unter dem vorigen Gliederungspunkt ausgeführt war nur der Verband zur Klage berechtigt, der eine entsprechende Aufgabe nicht nur in der Satzung verankert hatte, sondern sie auch tatsächlich wahrnahm. War die Tätigkeit des Verbandes räumlich oder sachlich beschränkt, konnte das Gericht die Klage abweisen. Nun fehlt dieser Anknüpfungspunkt für die Gerichte, denn die „satzungsmäßigen Aufgaben“ in § 4 II UKlG werden vom Bundesamt für Justiz geprüft.

Dementsprechend nimmt *Heß* an, dass Beschränkungen in den satzungsgemäßen Aufgaben des Verbandes nicht mehr überprüft werden können, beispielsweise die Klage eines ausländischen Verbandes gegen einen reinen Inlandsverstoß nach § 3 I 1 Nr. 1 UKlG zugelassen werden müsste[71]. Er schlägt vor, durch gesetzgeberische Maßnahme den Einwand der missbräuchlichen Prozessführung einzuführen, um die durch Art. 4 I 2 UKl-RL europarechtlich eröffnete Möglichkeit zu nutzen. Es ist jedoch nicht zwingend, einen Ausschluss der gerichtlichen Überprüfung der Satzungsbetroffenheit anzunehmen.

Vielmehr kann die Überprüfung der Betroffenheit des Verbandes in seinem Satzungszweck durch das Gericht im Rahmen der Aktivlegitimation erfolgen[72]. Der

---

[69] von Moltke, S. 94.
[70] Für die Klagen gewerblicher Verbände gemäß § 3 I 1 Nr. 2 UKlG besteht dieser Bezugspunkt weiterhin. Siehe hierzu auch Dauner-Lieb-Walker, § 3 UKlG Rn. 10, der die Betroffenheit des Verbandes in seinem satzungsgemäßen Aufgabenbereich ebenfalls dem Umfang der Aktivlegitimation zuordnet.
[71] Heß, S. 537.
[72] So auch Melullis, Rn. 450d allerdings mit Verweis auf Art. 4 I 2 UKl-RL.

Verband ist gerade nicht Träger des Unterlassungsanspruchs, wenn die geltend gemachten Verbraucherinteressen räumlich oder sachlich nicht berührt sind. Der Verbandsanspruch gründet sich ausschließlich auf die gesetzgeberische Gewährung. Anspruchsinhaber sind nur nach § 3 I 1 Nr. 1 UKlG Eingetragene. Der Anspruch wird nur im Umfang der Eintragung, die auch den Satzungszweck erfasst, gewährt. Ob das zu unterlassende Verhalten ein Gegenstand ist, der den Eintragungsumfang betrifft, ist damit Teil der Aktivlegitimation und kann vom Gericht überprüft werden.

An die Verbandsbetroffenheit sind keine übermäßigen Anforderungen zu stellen[73]. Enthält die Eintragung eine sachliche oder räumliche Beschränkung, die sich in der Regel aus Namen oder Satzung des Verbandes ergeben dürfte, kann das Gericht daran die Übereinstimmung von Klage- und Verbandszweck überprüfen[74]. Da das Bundesamt für Justiz bei seiner Liste der eingetragenen Verbände auf die Satzungsvorschrift des jeweiligen Verbandes verweist, ist zu überlegen, ob das mit der Sache befasste Gericht die Satzung selbst als Auslegungshilfe heranziehen kann. Ist aus der Eintragung eine Beschränkung nicht ersichtlich, muss das Gericht sich an den Eintragungsumfang halten. Es kann diesen nicht einschränken oder erweitern[75].

Hat das Gericht jedoch „begründete" Zweifel am Vorliegen der Voraussetzungen nach § 4 II UKlG, zu denen die Übereinstimmung zwischen satzungsmäßigen Aufgaben und der tatsächlichen Aufgabenausübung gehört, kann das Gericht auf § 4 IV UKlG zurückgreifen. Es kann die Verhandlung aussetzen und das Bundesamt für Justiz zur Überprüfung der Eintragung auffordern. Bestätigt das Bundesamt für Justiz diese jedoch, muss auch in diesem sich aus der Eintragung ergebenden Umfang von der Aktivlegitimation ausgegangen werden.

Einschränkungen ergeben sich unter zwei Gesichtspunkten. § 4 IV UKlG greift zum einen nur bei Verbänden, bei denen das Vorliegen der Voraussetzungen nicht nach § 4 II 3 UKlG unwiderleglich vermutet wird – es sei denn das Gericht hat Zweifel an der Förderung durch öffentliche Mittel. Zum anderen kann die Norm nur auf beim Bundesamt für Justiz registrierte Verbände angewendet werden, nicht aber auf ausländische Verbände. In der Richtlinie ist eine Ausnahme von der Bindungswirkung der Liste nicht vorgesehen[76]; die Voraussetzungen und das Verfahren der Eintragung werden durch jeden Mitgliedstaat autonom festgelegt.

---

[73] Melullis, Rn. 460; Pastor/Ahrens-Jestaedt, Kap. 24 Rn. 36, 43; OLG Köln, Urt. v. 12.05.1995 – 6 U 25/94, VuR 1995, 289 – II. Instanz zu Direct Shopping, Rn. 142.
[74] Staudinger-Schlosser, § 3 UKlG Rn. 2.
[75] MüKo-Micklitz, § 15 AGBG Rn. 10.
[76] von Moltke, S. 95.

Ist § 4 IV UKlG einschlägig, kann das Gericht eine erneute Überprüfung dessen verlangen, was das Bundesamt für Justiz schon vor Eintragung geprüft hat. Insoweit ist § 4 IV UKlG wie *Greger* zutreffend feststellt „in gewisser Weise systemwidrig, weil er die Bindungswirkung der Listeneintragung abschwächt“ [77]. Je nach Auslegung des Begriffs „begründete Zweifel“ kann der durch die Registrierung herbeigeführte Vereinfachungseffekt in Frage gestellt[78] und ein anhängiges Verfahren verzögert werden.

Für ausländische Verbände gilt grundsätzlich dasselbe. Sie werden vom Gesetz gleich behandelt. Hier kann das Gericht hinsichtlich des Umfangs der Verbandstätigkeit auf die Kommissionsliste und Namen und Satzungszweck des jeweiligen Verbandes zurückgreifen. Hingenommen werden muss dagegen, wenn ein ausländischer Verband in einem geringeren Umfang tätig ist als seine Satzung bzw. die Eintragung es vorsieht. Denn die Voraussetzung, tatsächlich in dem satzungsgemäßen Aufgabengebiet tätig zu sein, ist ein rein nationales Kriterium. Es darf nicht auf ausländische Verbände übertragen werden, da sonst das diesbezüglich in der UKl-RL festgelegte Herkunftslandprinzip unterlaufen würde.

V*on Moltke* fordert zudem für ausländische Verbände eine „Klarstellung“ im UKlG, dass diese nur bei grenzüberschreitenden Sachverhalten klagen können[79]. Zwar ist der grenzüberschreitende Fall der von der Richtlinie vorgesehene, es ist dem deutschen Gesetzgeber aber gemäß Art. 7 UKl-RL unbenommen, über die Richtlinie hinausgehende Rechte zu verleihen. In § 3 I 1 Nr. 1 UKlG werden in die Kommissionsliste eingetragene Verbände den inländischen gleichgestellt. Damit ist der Umfang ihrer Aktivlegitimation vom eingetragenen Satzungszweck abhängig.

5. Umfang der Klageberechtigung

Ist geklärt, dass das Bundesamt für Justiz den räumlichen und sachlichen Geltungs- bzw. Interessenbereich des Verbandes festsetzt und die Gerichte im Rahmen der Aktivlegitimation überprüfen, ob der Verband darin betroffen ist, bleibt offen, wie weit der Interessenbereich reicht. Sachlich-personelle Spezifizierungen des Verbandsinteresses wie Mieter oder Versicherte sind relativ unproblematisch und sollen hier nicht weiter erörtert werden.

Unklarer ist jedoch die internationale Reichweite des Interessenbereichs. Vertritt ein deutscher Verbraucherverband die Interessen von in Deutschland ansässigen Verbrauchern, soll er in Deutschland vorgenommene verbraucherrechtsrelevante

---

[77] Greger, NJW 2002, 2457, 2460 f.
[78] Franke, S. 53.
[79] von Moltke, S. 95.

Handlungen verhindern oder sind beide oder nur einer der beiden Bezugspunkte notwendig bzw. ausreichend für eine Betroffenheit des Verbandes? Die Frage, ob ein deutscher Verbraucherverband gegen eine Handlung klagen kann, wenn nur im (EU-)Ausland ansässige Verbraucher betroffen sind, wurde vom BGH in Bezug auf § 13 I Nr. 3 UWG a.F. offen gelassen[80].

a) Grundsätze

Nach den oben gemachten Ausführungen wird der Interessenbereich eines Verbandes durch die Satzung bestimmt. Jeder Verband kann entscheiden, zum Schutz von wem und in welchem Umfang er tätig werden will. Dabei muss nach deutschem Recht der Verband die selbst gesetzten Aufgaben tatsächlich ausfüllen. Vorrangig handelt es sich daher um eine Frage der Auslegung im Einzelfall[81]. Allerdings können für die Auslegung einige Grundannahmen hinsichtlich der Reichweite der Verbandsinteressen entwickelt werden.

aa) Verbraucher im Inland

Unstreitig dürfte sein, dass bei einem bundesweit tätigen Verband die Interessen aller in Deutschland ansässigen Verbraucher, die in Deutschland – sei es durch einen deutschen oder einen ausländischen Unternehmer – verbraucherrechtsrelevantem Verhalten ausgesetzt sind, geschützt werden sollen. Hierfür sprechen der Sitz eines Verbandes in Deutschland, häufig in Verbindung mit der Förderung durch öffentliche Mittel. Die Verbände leben von einer aktiven Ansprache vor Ort mit den Verbrauchern. Gerade in der deutschen Lebenswirklichkeit und dem deutschen Recht wird der Verband seine wesentliche Kompetenz besitzen.

Ebenfalls erfasst wird das Verhalten in Deutschland gegenüber Verbrauchern mit gewöhnlichem Aufenthalt im Ausland. Diese Situation entspricht einer Verlegung der *Gran-Canaria* - Fälle nach Deutschland, d.h. eine Firma wendete sich in Deutschland spezifisch an im Ausland ansässige Verbraucher. Touristen, die sich nur vorrübergehend in Deutschland aufhalten, können sich vor Ort bei deutschen Verbraucherzentralen über die hier herrschende Lage informieren. Während ihres Aufenthalts in Deutschland sind sie Teil des hiesigen Rechtsverkehres.

Die Verbandsklage soll den Rechtsverkehr in Deutschland von unangemessenen Klauseln und verbraucherrechtswidrigem Verhalten freihalten[82]. Das öffentliche

---

[80] BGH, Urt. v. 26.11.1997 – I ZR 148/95 – Direct Shopping, NJW 1998, 1227.
[81] Anschaulich bei OLG Köln, Urt. v. 12.05.1995 – 6 U 25/94, VuR 1995, 289 – II. Instanz zu Direct Shopping, Rn. 142 ff.
[82] Erman-Roloff, Vor §§ 1-16 UKlG Rn. 2; BGH, Urt. v. 12.10.1989 – VII ZR 339/88, BGHZ 109, 29, 33.

Interesse an der Beachtung verbraucherschützender Gesetze ist grundsätzlich räumlich am Staatsgebiet und nicht personell an der Verbraucherherkunft orientiert. Es geht um den Schutz von Verbrauchern in Deutschland, nicht nur um den Schutz von deutschen Verbrauchern. *Reich* spricht im wettbewerbsrechtlichen Kontext von einer indirekten Interessenvertretung, da sich die Verbandstätigkeit nicht aus dem Schutz der ausländischen Personen, sondern der Aufgabe herleitet, den inländischen Rechtsverkehr vor unlauterer Werbung zu schützen[83].

Die Bezeichnung „Verbraucher“ in Satzungen erfasst daher alle Verbraucher unabhängig von ihrer Staatsangehörigkeit oder ihrem gewöhnlichen Aufenthalt. Eine Einschränkung müsste sich aus der Satzung ergeben, wobei es sich ebenso wie eine Beschränkung auf Mieter oder Energieverbraucher um eine sachliche Einschränkung handeln würde. Verlangt ein Verband in seiner Satzung, dass seine Mitglieder in Deutschland tätig sein müssen, so beispielsweise der Bundesverbands der Verbraucherzentralen und Verbraucherverbände[84], führt dies nicht zu einem anderen Auslegungsergebnis. Zum einen unterstützt es den räumlichen vor dem personellen Bezugspunkt, vor allem aber ist es nicht Voraussetzung einer Verbandsklage, dass Mitgliederinteressen konkret betroffen sind[85].

Bei nicht spezifizierten Satzungen sollte demnach davon ausgegangen werden, dass deutsche Verbände in räumlicher Hinsicht bei jedem in Deutschland zu lokalisierenden verbraucherrechtsrelevantem Verhalten aktivlegitimiert sind.

bb) Verbraucher im Ausland

Umgekehrt folgt aus dieser territorialen Argumentation, dass der räumliche Interessenbereich eines Verbandes bei Fehlen jeglicher Anhaltspunkte hierfür nicht verbraucherrechtsrelevantes Verhalten im Ausland erfasst[86], sei es gegenüber in Deutschland ansässigen Verbrauchern während eines Auslandsaufenthaltes oder ausländischen Verbrauchern im Ausland.

Ein Verbraucherverbund kann es sich explizit zur satzungsgemäßen Aufgabe machen, in Deutschland ansässige Verbraucher im Ausland oder im Ausland ansässige Verbraucher zu schützen. Grenzüberschreitende Beratungsstellen gibt es

---

[83] Reich, RabelsZ 56 (1992), 471.

[84] www.vzbv.de, § 4 I der Satzung.

[85] BGH, Urt. v. 10.03.1971 – I ZR 109/69, GRUR 1971, 585 – Spezialklinik.

[86] Lindacher, in FS-Lüke, S. 386 Verbraucherverbände hier zutreffend von gewerblichen Verbänden unterscheidend, deren Aufgabenbereich nach Märkten ausgerichtet ist, die durchaus Grenzen überschreiten können. Mit anderer Tendenz für das belgische Recht zunächst von einem weiten Aktionsradius ausgehend, es sei denn, die Satzung sei begrenzt, Carlier, in Les actions collectives transfrontières, S. 58.

in Europa seit Anfang der 90er Jahre[87]. In der Regel operieren sie in Kooperation mehrerer nationaler Verbraucherverbände jeweils zum Schutz der heimischen Verbraucher gegenüber international operierenden Unternehmen[88] oder es wird wie beim Europäischen Verbraucherzentrum[89] ausschließlich beraten und aufgeklärt.

Soweit in Satzungen auf eine grenzüberschreitende oder internationale gerichtliche Tätigkeit Bezug genommen wird, muss bei der Auslegung der Bestimmung zwischen zwei Fällen unterschieden werden. Es kann damit zum einen lediglich ausgedrückt werden, dass der Verband die Interessen deutscher Verbraucher bei einer Verletzung in Deutschland durch einen ausländischen Unternehmer auch vor ausländischen Gerichten verfolgen können möchte. Eine Formulierung in dieser engen Bedeutung könnte durch die missverständliche Aussage des Gesetzgebers hervorgerufen werden, dass „die in den Satzungen der Verbände enthaltenen Zweckbestimmungen auch die Führung derartiger Verfahren im europäischen Ausland abdecken“ muss[90]. Jedoch folgt die Befugnis, ausländische Gerichte anzurufen, für die Verbände schon aus den Regelungen über die internationale Zuständigkeit und aus der Verpflichtung der UKl-RL bzw. ihren Umsetzungen, die Klageberechtigung der Verbände anzuerkennen[91].

Selbst wenn daher die Satzung eines Verbands eine solche Klausel nicht enthält, kann der Verband unter prozessualen Gesichtspunkten vor ausländischen Gerichten klagen. Der Tätigkeits- und Interessenbereich des Verbandes ändert sich durch die Verfolgung dieser Interessen vor einem ausländischen Gericht nicht. Je nach Sachverhalt muss die Satzung jedoch ihren materiellen Interessenbereich räumlich auf das Ausland bzw. sachlich auf deutsche und oder ausländische Verbraucher im Ausland erstrecken.

In diesem materiellen Verständnis liegt die zweite Auslegungsmöglichkeit. Internationale Bezüge in einer Verbandssatzung können sich nach Auslegung auch darauf beziehen, dass deutsche Verbraucher im Ausland oder ausländische Verbraucher im Ausland geschützt werden sollen. Zum Zwecke der Auslegung einer solchen Klausel kann das Gericht die tatsächliche Tätigkeit des Verbandes heranziehen. Ist die Auslegung jedoch eindeutig, muss das Gericht den Satzungsumfang hinnehmen und kann allenfalls nach § 4 IV UKlG vorgehen.

---

[87] Hierzu Johnen, VuR 1995, 77.

[88] Ein aktuelles Beispiel ist die Vereinbarung gemeinsamer Forderungen gegenüber iTunes von skandinavischen, französischen und deutschen Verbraucherverbänden, www.vzbv.de/go/presse/830/index.html (Stand: 05.02.2007).

[89] Informationen unter www.evz.de.

[90] BT-Drucks. 14/2658, 54, 55.

[91] MüKo-Micklitz, § 22a AGBG Rn. 24.

Wird die Ausweitung des Satzungszwecks auf den gesamten Binnenmarkt bzw. auf EU-ausländische Verbraucher diskutiert, muss daher unterschieden werden, ob nur Klagen zum Schutz der nationalen Verbraucher auch im Ausland gemeint sind oder jegliche Klagetätigkeit im gesamten Binnenmarkt bzw. ob ausländische Verbraucher nur im Inland oder aber im In- und Ausland gemeint sind.

In der Literatur besteht eine Tendenz zur Annahme einer Verfolgungsmöglichkeit verbraucherrechtswidrigen Verhaltens im gesamten Binnenmarkt durch Verbraucherverbände bei entsprechender Satzungsformulierung[92]. *Köhler* und *Reich* halten zumindest die satzungsmäßige Einbeziehung deutscher Verbraucher im Ausland für möglich; letzterer mit der Einschränkung, dass der Verstoß seinen Ursprung in Deutschland haben müsse[93]. *Heß* steht einer Satzungserweiterung dagegen insgesamt skeptisch gegenüber und lehnt jedenfalls die Ausweitung auf den gesamten Binnenmarkt ab[94].

Bei der Entscheidung, wie weit ein Verband seinen Interessenbereich stecken darf, muss bedacht werden, dass für die Eintragung nach deutschem Recht auch eine tatsächliche Tätigkeit im Rahmen der satzungsgemäßen Aufgaben erforderlich ist. Hat ein Verband tatsächlich einen derart umfassenden Tätigkeitsbereich, dass als Satzungszweck auch der Schutz von in Deutschland ansässigen Verbrauchern im Ausland oder gar von im Ausland ansässigen Verbrauchern im Ausland festgeschrieben werden kann, dann können bei der Verwobenheit sowohl des europäischen Verbraucherrechts als auch der wirtschaftlichen Betätigung und Reisefreudigkeit der Verbraucher in Europa gegen einen solchen Verbandszweck keine Einwände erhoben werden. Bei aller europäischen Zusammenarbeit der Verbände ist ein solcher Verband noch nicht absehbar und allenfalls in sachlich begrenzten Bereichen vorstellbar.

Nach der hier vertretenen Auffassung hätte daher die Klage im Fall *Direct Shopping* abgewiesen werden müssen. Dort hat sich ein deutscher Unternehmer im Ausland gegenüber ausländischen Verbrauchern verhalten. Die Satzungsauslegung im konkreten Fall musste nach den tatsächlichen Ausführungen des OLG Köln[95] ergeben, dass jedenfalls der Schutz französischer Verbraucher in Frankreich nicht vom Verbandszweck erfasst war.

---

[92] Michailidou, IPRax 2003, 225; Koch, ZZP 113 (2000), 440; für Wettbewerbsverstöße Weber, S. 65 Fn. 17; Maurer, S. 99; Bunte, EWiR 1998, 188; etwas anders Lakkis, S. 176 für eine europaweite Verfolgung, solange die Satzung nicht eindeutig eingeschränkt ist. Ebenso Fezer-Hausmann/Obergfell, Einl I Rn. 472 Fn. 609 im UWG.

[93] Köhler, Anm. zu BGH – Direct Shopping, LM § 13 UWG Nr. 91 Bl. 3; Reich, RabelsZ 56 (1992), 471.

[94] Heß, S. 537.

[95] Siehe Fn. 81.

Hiergegen kann nicht das in der UKl-RL festgeschriebene Herkunftslandprinzip für die Voraussetzungen der Klageberechtigung von Verbänden herangezogen werden. Zwar soll dieses dafür sorgen, dass in dem Mitgliedsstaat, von dem aus ein verbraucherrechtswidriges Verhalten initiiert wird, dieses durch Klage unterbunden werden kann. Dies bedeutet aber nicht, dass es durch einen nationalen Verband geschehen muss. Gerade deshalb wurde es in Verbindung mit dem Anerkennungsgrundsatz gesetzt, damit ausländische Verbände Bereiche übernehmen können, die nicht vom Aufgabenbereich nationaler Verbände erfasst sind.

cc) Handelnder Unternehmer

Sowohl bei verbraucherrechtsrelevantem Verhalten in Deutschland als auch im Ausland spielt es keine Rolle, ob jeweils ein deutsches oder ein ausländisches Unternehmen gehandelt hat[96]. Der Tätigkeitsbereich der Verbände ist nicht überwachend gegen deutsche Unternehmer gerichtet[97], sondern auf Verbraucherinteressen und sie betreffendes Verhalten. Dies ergibt sich zum einen aus den Satzungen aller bisher eingetragenen Verbände, zum anderen aber aus § 4 II 1 UKlG, der auf die Interessenwahrnehmung der Verbraucher verweist.

b) Verwendung von AGB

Ob nach diesen Grundsätzen ein Verband in seinem Interessenbereich durch eine Handlung betroffen ist, lässt sich bei der Verwendungsalternative von § 1 UKlG relativ gut feststellen. Die Verwendung von AGB-Klauseln, deren Unterlassung der Verband verlangt, erfolgt direkt gegenüber dem Verbraucher. Wird durch AGB auf Verbraucher im Interessengebiet des Verbandes Einfluss genommen, sind die Verbandsinteressen betroffen.

c) Empfehlung von AGB

Die Empfehlungsalternative von § 1 UKlG ist von einer mittelbaren Einwirkung auf Verbraucher gekennzeichnet. Durch den Tatbestand soll bereits die Einwirkung des Empfehlers auf den Verwender unterbunden werden. Das Verbandsinteresse wird nach den unter (1) gemachten Ausführungen sachlich durch den geschützten Personenkreis und räumlich durch das Verbandsterritorium bestimmt, aber nicht durch einen zu kontrollierenden Personenkreis.

Wird schon die Empfehlung selbst als die verbraucherrechtswidrige Handlung und als den Verbraucher gefährdend eingestuft, ist der Interessenbereich des Verbandes räumlich betroffen, wenn nur die Empfehlung in ihm erfolgt, selbst wenn ausschließlich zur Verwendung im Ausland empfohlen wird und der Inte-

---

[96] Wolf/Horn/Lindacher-Lindacher, § 13 Rn. 148.
[97] Eine andere Auffassung deutet sich bei MüKo-Micklitz, § 13 AGBG Rn. 105 a.E. an.

ressenbereich des Verbandes sich auf dieses Ausland nicht erstreckt. Durch die Ansprache der Verwender in Deutschland, zumindest wenn sie wie in Formularbüchern in einer Form erfolgt, von der die Öffentlichkeit Kenntnis nehmen kann, ist der hiesige Rechtsverkehr und damit die Verbandsinteressen betroffen.

Andererseits ist der inländische Interessenbereich des Verbandes auch betroffen, wenn die Empfehlung zwar im Ausland, aber für die Verwendung im Inland erfolgt. Hierfür spricht die präventive Funktion des Empfehlungstatbestandes. Der Verband soll nicht gezwungen sein, eine tatsächliche Verwendung und unmittelbare Beeinflussung der Verbraucher abzuwarten, sondern frühzeitig handeln können. Zumal der Empfehler mit der Empfehlung zur Verwendung im Interessenbereich des Verbandes auf den Rechtsverkehr dort Einfluss nehmen will.

d) Verbraucherschutzgesetzwidrige Praktiken

Bei Unterlassungsklagen nach § 2 UKlG sind ähnlich wie auch bei der Verwendung die Verbandsinteressen betroffen, sobald durch das verbraucherrechtsrelevante Verhalten Verbraucher im Interessengebiet des Verbandes beeinträchtigt werden.

6. Auf die Klageberechtigung anwendbares Recht

Bereits an dieser Stelle erfolgen mit Blick auf die unterschiedlichen Auffassungen zu § 3 UKlG als Regelung mit Doppelnatur oder als Regelung ausschließlich der Aktivlegitimation einige international privatrechtliche Überlegungen zur Parteistellung der Verbände.

Die Einordnung von § 3 UKlG als Prozessführungsbefugnis und / oder Aktivlegitimation hat Einfluss auf die rechtliche Vorgehensweise und Argumentation. Um festzustellen, ob ein Verband zur Klageerhebung berechtigt ist, wählen Vertreter der Doppelnatur als Ausgangspunkt eine kumulative Anwendung von Verfahrensrecht und materiellem Recht[98]. Diejenigen, die eine Aufspaltung in prozessuale und materielle Elemente vornehmen, für die Verbandsausstattung das anwendbare Verfahrensrecht und für die Ansprüche das anwendbare materielle Recht[99]. Geht man von einer Regelung der Aktivlegitimation aus, entscheidet allein das anwendbare materielle Recht[100].

---

[98] Siehe Fezer-Hausmann/Obergfell, Einl I Rn. 469, 471; Ahrens, WRP 1994, 656; Lindacher, in FS-Lüke, S. 390; Wolf/Horn/Lindacher-Lindacher, § 13 Rn. 150.

[99] Maurer, S. 73; Koch, in FS-Siehr, S. 352; ebenso offenbar Reich, RabelsZ 56 (1992), 470, 479.

[100] Zusammenfassend hierzu für das UWG Staudinger-Fezer/Koos, Internationales Wirtschaftsrecht, Rn. 770 ff.

Eine Trennung der Anknüpfung wie sie *Koch* und *Maurer* vorschwebt[101] ist bedenklich. Denn jeder Staat wird seine Voraussetzungen für die Verbandsklage auch davon abhängig machen, welche Ansprüche er Verbänden gewährt. Die an die Verbände gestellten Anforderungen korrelieren mit dem Anspruchsumfang. Es überrascht daher nicht, dass gerade Frankreich als ein Land, das Verbänden einen Schadenersatzanspruch zugesteht, im Gegenzug eine förmliche Registrierung verlangt.

Diesen Bedenken ist die Ansicht von der Doppelnatur nicht ausgesetzt. Sie wendet die Regel, dass sich die Prozessführungsbefugnis grundsätzlich nach der lex fori beurteilt[102], konsequent an. Jedoch werden hierzu mögliche Ausnahmen, wie sie bei Parteien kraft Amtes oder bei einer auf materiellem Recht beruhenden Prozessführungsbefugnis gemacht werden[103], nicht besprochen. Daher scheint es unter internationaler Rücksicht das vorrangige Ziel der Ansicht von der Doppelnatur zu sein, dass jedes Land selbst entscheiden können müsse, ob es eine Verbandsklage überhaupt zulasse[104]. Geht es jedoch um die Zulässigkeit von Verbandsklagen im Allgemeinen und nicht um die Einhaltung von bestimmten Voraussetzungen der Verbandsausstattung, könnte nach den geltenden deutschen Kollisionsnormen auch der Weg über eine Anknüpfung an die lex fori gewählt werden gewählt werden.

a) § 3 I 1 Nr. 1 UKlG

Folgt man der hier vertretenen Auffassung, dass §§ 1, 2 UKlG eigene materielle Ansprüche des Verbandes sind und § 3 UKlG die Anspruchsinhaber nennt sowie die Voraussetzungen für die ihnen gewährte Aktivlegitimation festsetzt, braucht die Prozessführungsbefugnis unter international privatrechtlicher Rücksicht nicht gesondert diskutiert werden.

Das Registrierungsverfahren dagegen ist ein Verwaltungsvorgang. Für die Registrierungsvoraussetzungen und das Registrierungsverfahren bestimmt die UKl-RL das Herkunftslandprinzip[105]. Jeder Mitgliedstaat entscheidet selbst über die für die Eintragung in die Liste erforderlichen Voraussetzungen.

Koch sieht darin eine von dem lex fori - Prinzip abweichende implizite Kollisionsnorm zugunsten des Gründungsstaatsrechts[106]. Es geht jedoch nicht um die Anwendung ausländischen (Verfahrens-)rechts durch den inländischen Richter,

---

[101] Siehe Fn. 99.
[102] Nagel/Gottwald, § 4 Rn. 50.
[103] Hierzu Nagel/Gottwald, § 4 Rn. 51 ff.
[104] Vgl. Ahrens, WRP 1994, 656 und die Literaturzusammenfassung von Pfeiffer, S. 721.
[105] Heß, S. 529; Rösler, S. 210.
[106] Koch, ZZP 113 (2000), 437.

wie es *Kochs* Interpretation nahe legen würde, vielmehr geht es um die Wirkung ausländischer Akte im Inland[107]. *Heß* spricht rechtstechnisch von einer Substitution[108].

Für die gerichtliche Entscheidung über die Verbandsklage ist nur das Ergebnis des Registrierungsverfahrens, die Eintragung, relevant. Ist der Verband in der Liste der Europäischen Kommission enthalten, erkennt der inländische Richter die Eintragung an. Alle Diskussionen darüber, ob ausländische Verbände vor deutschen Gerichten klagen dürfen und welche Verbandsausstattung sie hierfür aufweisen müssen, sind für Verbraucherverbände hinfällig.

Dass die §§ 1, 2 UKlG einen registrierten Verband voraussetzen, ist ein Teil des materiellen Rechts. Die Anspruchsvoraussetzungen, einschließlich der Frage, ob und in welchem Umfang einem Verband die Berechtigung zur Klage zukommt, unterliegen dem materiell anwendbaren Recht[109]. Erst auf einer nachgelagerten Ebene ist zu klären, ob nach diesem Recht gewährte Ansprüche von einem deutschen Gericht unter dem Gesichtspunkt des ordre public zugesprochen werden können oder umgekehrt, ob das Fehlen von Ansprüchen unter dem Aspekt des Justizgewährungsanspruchs zu einer Rechtsschutzlücke führt und daher auf eine andere Rechtsordnung zurückgegriffen werden muss.

Lautet nach kollisionsrechtlicher Prüfung das Ergebnis, dass auf den Unterlassungsanspruch ausländisches Recht anwendbar ist[110], entscheidet diese Rechtsordnung darüber, ob der klagende Verband sich im Allgemeinen und in Bezug auf den konkreten Sachverhalt auf den Anspruch berufen kann. § 3 UKlG sagt daher nicht aus, dass deutsche Verbände nur auf Grundlage deutscher Verbandsansprüche klagen können, sondern klärt nur die Voraussetzungen, die ein Kläger erfüllen muss, um einen Anspruch nach §§ 1, 2 UKlG geltend zu machen.

Im Grundsatz dürfte die Auffassung von der Doppelnatur bei § 3 I 1 Nr. 1 UKlG zu denselben Ergebnissen kommen. Wie gezeigt fallen alle von der Doppelnatur als auch prozessual eingeordneten Voraussetzungen unter das Registrierungserfordernis, das alle europäischen Rechtsordnungen gleichermaßen aufweisen. Selbst wenn daher zusätzlich zum anwendbaren Recht für die Prüfung der Klageberechtigung auch auf deutsches Recht zurückgegriffen würde, führte dies nur zu einer doppelten Prüfung der Eintragung in die Liste der Europäischen Kommission. Für alle materiellen Elemente müsste auch die Auffassung von der

[107] Zu dieser Unterscheidung siehe Geimer, Rn. 329 und Jayme/Kohler, IPRax 2001, 502.
[108] Heß, S. 529.
[109] Bröcker/Czychowski/Schäfer-Nordemann-Schiffel, § 3 Rn. 130; wohl auch Nagel/Gottwald, § 5 Rn. 28 a.E.; diese Auffassung für das UWG bevorzugend auch Staudinger-Fezer/Koos, Internationales Wirtschaftsrecht, Rn. 773, deutlicher in der Vorauflage, Rn. 611.
[110] Zu dieser Möglichkeit in Kapitel 6. III.

Doppelnatur das materiell anwendbare Recht anwenden[111]. Dass dies bei entsprechender Argumentation auch die lex fori sein kann, ist hierbei unbenommen.

Unterschiede zur hier vertretenen Auffassung können sich bei Klagen eines außereuropäischen Verbandes ergeben, wenn dieses ausländische Recht anwendbar ist. Nach der hier vertretenen Auffassung ist eine solche Klage grundsätzlich möglich, wenn der Verband die Anforderungen des ausländischen Rechts erfüllt und der ordre public nicht entgegensteht. Die Vertreter der Doppelnatur müssten die Klage mangels Registrierung abweisen. Dies eröffnete eine Möglichkeit für deutsche Unternehmer, im Ausland unbehelligt von Verbraucherverbänden zu agieren.

b) § 3 I 1 Nr. 2 UKlG

Geht es um Klagen von gewerblichen Verbänden, entspricht das Vorgehen bei Annahme einer Aktivlegitimation dem bei Verbraucherverbänden. Es muss das anwendbare Recht bestimmt werden. Ist dieses deutsches Recht, muss der Verband – sei es ein in- oder ausländischer – die Voraussetzungen bezüglich der Verbandsausstattung erfüllen und in seinen Interessen betroffen sein. Darüber hinaus müssen alle weiteren Voraussetzungen der §§ 1 - 3 UKlG vorliegen. Sind deutsche Gerichte zuständig und deutsches Recht anwendbar, gibt es keinen Grund, ausländischen gewerblichen Verbänden grundsätzlich eine Klage nach dem UKlG zu verwehren. Ist ausländisches Recht anwendbar, ist zu prüfen, ob und unter welchen Voraussetzungen und in welchem Umfang es gewerblichen Verbänden eine Klagemöglichkeit einräumt[112]. Diese Handhabung rechtfertigt sich aus dem Umstand, dass die Anknüpfung das deutsche bzw. ausländische Recht als entscheidungskompetent für die jeweilige Verbandsklage erklärt hat.

Vertreter der Doppelnatur kommen hier jedenfalls zu abweichenden Ergebnissen, wenn ein deutscher Verband nach ausländischem Recht klagt und er dessen Voraussetzungen, aber nicht die des deutschen Rechts erfüllt. Bei Klagen ausländischer Verbände herrscht Unklarheit. Ahrens scheint die vollständige Prüfung der Prozessführungsbefugnis nach deutschem wie ausländischem Recht zu fordern[113]. *Lindacher* will demgegenüber eine Äquivalenzprüfung zulassen[114]. Letztere ermöglicht es bei Klagen sowohl nach deutschem als auch nach ausländischem Recht, die Voraussetzungen des deutschen Rechts nicht einzuhalten, wenn das ausländische Recht die Gewähr für eine ausreichende Sachkunde des Verbands bietet.

---

[111] Siehe aber Kapitel 6. II.
[112] So auch MüKo-UWG-Ottofülling, § 8 Rn. 362.
[113] Ahrens, WRP 1994, 656 für die UWG-Verbandsklage.
[114] Lindacher, in FS-Lüke, S. 386 f. für die UWG-Verbandsklage.

II. Beklagter

Anspruchsgegner in § 1 UKlG ist der Verwender oder Empfehler. Verwender ist derjenige, in dessen Namen der AGB-Vertrag geschlossen worden ist oder werden soll[115]. Es muss weder zu einem Vertragsschluss kommen noch müssen die AGB bei einem Vertragsschluss wirksam einbezogen sein, solange sich der Verwender auf die AGB beruft[116].

Nach einer älteren Entscheidung des BGH kann auch der Vertreter Verwender sein, wenn er dem durch ihn abgeschlossenen Vertrag von ihm selbst entworfene AGB im eigenen Interesse zugrunde legt[117]. Jedoch hat der BGH die Verwendereigenschaft und damit die Passivlegitimation des Beklagten in einem Fall verneint, in dem sich der nach erfolgter Anspruchsabtretung deutsche Ausführende eines zwischen deutschen Touristen und einem spanischen Unternehmen geschlossenen Vertrages auf die diesem Vertrag zugrunde liegenden AGB berufen hat[118]. In diesem Urteil beschränkt der BGH die Verwendereigenschaft auf den Vertragspartner. Auch bei einem eigenen wirtschaftlichen Interesse könne der Vertragsausführende diesem nicht gleichgestellt werden. Unter dieser Rücksicht ist fraglich, ob – sofern man das Urteil nicht als Fehlurteil einstuft[119] – die BGH-Entscheidung zum Vertreter in dieser Weise aufrecht erhalten werden kann. Der BGH hat die Entscheidungen allerdings aufgrund tatsächlicher Unterschiede der Sachverhalte für vereinbar gehalten[120].

Empfehler ist derjenige, der die AGB selbst nicht verwendet, sondern ihre Verwendung durch mehrere[121] Dritte fördert[122]. Dies sind insbesondere Verbände sowie Verfasser von AGB-Formularen, nicht aber Personen, die durch vorbereitende Handlungen Hilfe leisten[123]. Inwieweit Angehörige der rechtsberatenden Berufe als Empfehler aufgefasst werden können, ist im Einzelnen streitig[124].

Anspruchsgegner von § 2 UKlG ist derjenige, der Verbraucherschutzgesetzen zuwiderhandelt, auch Störer genannt. Dies ist zunächst derjenige, der die Zuwi-

---

115 Palandt-Bassenge, § 1 UKlG Rn. 9.
116 Erman-Roloff, § 1 UKlG Rn. 3.
117 BGH, Urt. v. 09.07.1981 – VII ZR 139/80, NJW 1981, 2351.
118 BGH, Urt. v. 19.09.1990 – VIII ZR 239/89, ZIP 1990, 1348 – Kauf im Ausland / AGB; a.A. Lüderitz, IPRax 1990, 217 noch zum Urteil der II. Instanz.
119 So Teske, EWiR 1990, 1045; kritisch auch Ulmer/Brander/Hensen-Hensen, § 1 UKlG Rn. 16 und MüKo-Micklitz, § 13 AGBG Rn. 66.
120 BGH, Urt. v. 19.09.1990 – VIII ZR 239/89, ZIP 1990, 1352 – Kauf im Ausland / AGB.
121 Erman-Roloff, § 1 UKlG Rn. 4.
122 Dauner-Lieb-Walker, § 1 UKlG Rn. 8; ausführlich zum Empfehler Staudinger-Schlosser, § 1 UKlG Rn. 30 ff.
123 Erman-Roloff, § 1 UKlG Rn. 5.
124 Hierzu MüKo-Micklitz, § 13 AGBG Rn. 77 f.

derhandlung gegen ein Verbraucherschutzgesetz unmittelbar vorgenommen hat. Mittelbar ist der Betriebsinhaber gemäß § 2 I 2 UKlG immer Störer, und zwar unabhängig von seinem Wissen, Wollen oder Verschulden[125]. Eine Exkulpation wie in § 831 BGB ist nicht möglich[126]. Der Begriff der Angestellten und Beauftragten wird weit ausgelegt und kann sogar Franchisenehmer erfassen[127]. Die Einschränkung des Anspruchs erfolgt über die Zuordnung der Zuwiderhandlung zum geschäftlichen Betrieb.

[125] Palandt-Bassenge, § 2 UKlG Rn. 9 f.
[126] Dauner-Lieb-Walker, § 2 UKlG Rn. 8.
[127] BGH, Urt. v. 05.04.1995 – I ZR 133/93, NJW 1995, 2355 zu § 13 IV UWG a.F.

Kapitel 4: Umfang der Verbraucherverbandsverfahren

Die Verbandsansprüche nach §§ 1, 2 UKlG werden im Weg der Leistungsklage geltend gemacht. Obwohl im Verbandsklageprozess auch eine abstrakt-generelle Regelung bzw. ein allgemeines Verhalten losgelöst vom Einzelfall auf die Vereinbarkeit mit einer oder mehreren Normen überprüft wird, ist die Klage nicht auf Feststellung der Unwirksamkeit der AGB bzw. Unzulässigkeit des Verhaltens gerichtet, sondern auf die Leistung des Unterlassens[1].

Für die Ansprüche aus §§ 1, 2 UKlG gelten daher die für Leistungsklagen üblichen Regeln. Dennoch bedürfen sie besonderer Aufmerksamkeit. Im Allgemeinen, weil es sich bei ihnen um Unterlassungsklagen handelt. Sie sind auf die Zukunft ausgerichtet und können ein Bündel von Verhaltensweisen erfassen, was die Bestimmung von Streitgegenstand, Rechtskraft und Vollstreckungsmöglichkeiten erschwert[2]. Und im Speziellen, weil es sich um Verbandsklagen handelt. Das Urteil soll Breitenwirkung entfalten, wozu § 11 UKlG geschaffen wurde. Zudem kann dasselbe Verhalten von mehreren Betroffenen aufgegriffen werden. Es kann zu Parallelprozessen kommen, was Fragen der anderweitigen Rechtshängigkeit aufwirft.

Bei Sachverhalten mit Auslandsbezug entsteht eine zusätzliche Ebene bezüglich der Reichweite der Unterlassungsurteile. Zum einen in räumlicher Hinsicht, d.h. es muss festgelegt werden, an welchen Orten dem Beklagten die Verwendung, Empfehlung oder Zuwiderhandlung untersagt ist. Zum anderen kann fraglich sein, ob das auf die AGB oder das verbraucherrechtsrelevante Verhalten anwendbare Recht die Urteilsreichweite beeinflusst.

I. Streitgegenstand

1. Begriff

Dieser Arbeit liegt der herrschende zweigliedrige prozessuale Streitgegenstandsbegriff zugrunde. Sowohl der Klageantrag als auch der zur Begründung des Antrags vorgetragene Lebenssachverhalt bestimmen den Streitgegenstand[3].

Dieser Streitgegenstandsbegriff gilt auch für Unterlassungsansprüche[4]. Wegen ihrer Zukunftsgerichtetheit war es allgemeine Auffassung, dass der Lebenssach-

---

[1] Gilles, ZZP 98 (1985), 15.
[2] Rüßmann, in FS-Lüke, S. 675, 680.
[3] BGH, Urt. v. 10.03.1993 – VIII ZR 85/92, NJW 1993, 2052; Urt. v. 26.09.2000 – VI ZR 279/99, NJW 2001, 158.
[4] Urteile aus Fn. 3; Fritzsche, S. 579.

verhalt, der die Grundlage für den Streitgegenstand bildet, eine abstrahierte Verhaltensweise ist, deren Begehung in der Zukunft droht, und nicht der konkrete Sachverhalt, der Anlass für den Rechtsstreit ist und der die Begehungsgefahr begründet[5]. Für diese Abstraktion wurde der Tatbestand der angeblich verletzten Norm sowie die aus dem Vollstreckungsrecht bekannte Kerntheorie herangezogen, nach der bestimmt werden konnte, für welche Verhaltensweisen der konkrete Vorfall eine Wiederholungsgefahr begründen kann[6].

Bisher hat auch der BGH den Streitgegenstand von Unterlassungsklagen dementsprechend bestimmt[7]. In einem jüngeren markenrechtlichen Urteil ist der BGH nunmehr von dieser Vorgehensweise abgewichen und hat hinsichtlich des relevanten Lebenssachverhalts den Streitgegenstand eng gefasst und auf die konkrete Verletzungshandlung beschränkt[8]. Die Kerntheorie beziehe sich nur auf die mit dem Klageantrag begehrte Rechtsfolge und nicht auf den Klagegrund, der den Streitgegenstand bestimme[9]. Der Unterlassungsanspruch könne aber auf im Kern gleichartige Handlungen verallgemeinert werden[10].

Der BGH verneinte den Einwand der Rechtskraft durch ein anderes, vom OLG Bremen entschiedenes, Verfahren. Da die später erhobene Unterlassungsklage sich auf eine neue Verletzungshandlung stütze, lägen verschiedene Streitgegenstände vor. Im konkreten Fall fehle es der Klägerin auch nicht am Rechtsschutzbedürfnis. Zwar könne dies entfallen, wenn der Kläger bereits einen vollstreckbaren Titel besitze. Das Verfahren vor dem OLG Bremen sei jedoch erst während der Revision rechtskräftig geworden und das Rechtsschutzbedürfnis solle nur verhindern, dass ein Verfahren in das Stadium der Begründetheitsprüfung gelange[11].

Das Vorgehen des BGH ist problematisch. Nach diesem Urteil fallen Streitgegenstand und Verbotswirkung auseinander[12]. Die Bestimmung des Umfangs der Unterlassungspflicht wird in das Vollstreckungsverfahren[13] und das Rechts-

---

[5] Kamlah/Ulmar, WRP 2006, 970; Völp, GRUR 1984, 487 f.; Rüßmann, in FS-Lüke, S. 683 f.
[6] MüKo-Micklitz, § 15 AGBG Rn. 6, 25 ff.; Fritzsche, S. 222, 562 ff., 575 ff.; Kamlah/Ulmar, WRP 2006, 968; Zöller-Vollkommer, ZPO, Einl. Rn. 76a; Halfmeier, S. 308.
[7] BGH, Urt. v. 16.06.1972 – I ZR 154/70, BGHZ 59, 72 – Kaffeewerbung; Urt. v. 23.09.1992 – I ZR 224/90, NJW 1993, 334 – Dauernd billig.
[8] BGH, Urt. v. 23.02.2006 – I ZR 272/02, NJW-RR 2006, 1118 – Markenparfümverkäufe; hierzu ausführlich Hölk, WRP 2006, 647.
[9] a.a.O. Rn. 27.
[10] a.a.O. Rn. 39 und Ls. 2.
[11] a.a.O. Rn. 30 - 32.
[12] Kamlah/Ulmar, WRP 2006, 971; gegen eine Trennung von Streitgegenstand und Vollstreckungsumfang durch das OLG Düsseldorf schon deutlich Rüßmann, in FS-Lüke, S. 684.
[13] Vollkommer, BGH Report, 2006, 744.

schutzbedürfnis von Folgeverfahren[14] verlagert. Die Fassung des Klageantrags verliert an Bedeutung. *Vollkommer* sieht hierin eine Rückkehr zum materiellrechtlichen Streitgegenstandsbegriff[15]. Die bekannten Grundsätze gelten zwar weiterhin für die Bestimmung des Umfangs der Wiederholungsgefahr und der Zwangsvollstreckung aus dem Urteil, Parallelverfahren hindert eine solche Streitgegenstandsbestimmung jedoch nicht. Und bei Folgeverfahren steht – obwohl eine Vollstreckung möglich wäre – nicht mehr die Rechtskraft entgegen, sondern das für Ausnahmefälle konzipierte Rechtsschutzbedürfnis.

Zwar wird für die Bestimmung einer Klageänderung nach §§ 263, 264 ZPO ein engerer Streitgegenstandsbegriff angenommen[16], ob hieraus jedoch die vom BGH gezogenen Konsequenzen folgen müssen oder nicht vielmehr an dieser Stelle für Unterlassungsansprüche Korrekturen im Verständnis erforderlich sind, ist fraglich. Der BGH verkennt in der Markenparfüm-Entscheidung, dass sich der Unterlassungsanspruch nicht gegen die Verletzungshandlung richtet[17] und lädt das Rechtsschutzbedürfnis mit neuen Inhalten auf.

Aus diesen Gründen sind die Ausführungen desselben BGH-Senats in einer anderen Entscheidung im Hinblick auf die Streitgegenstandsbestimmung begrüßenswert, da dort wieder auf die „Verletzungsform"[18] Bezug genommen wird[19].

In dem Verfahren ging es um die Rechtmäßigkeit anwaltlicher Werbemaßnahmen. Das Landgericht hatte der Klage mit Blick auf § 43b BRAO i.V.m. § 6 BORA stattgegeben, während das Berufungsgericht das Urteil dahingehend abänderte, dass nur diejenigen Werbemaßnahmen rechtswidrig seien, bei denen die Adressaten nicht der Adressenverwendung für diesen Zweck zugestimmt hätten. Hierin läge ein Wettbewerbsverstoß gegen das BDSG.

In dieser Entscheidung sah der BGH einen Verstoß gegen § 308 ZPO. Das Berufungsgericht habe über einen Streitgegenstand entschieden, den die Kläger nicht beantragt hätten. Der BGH lehnte die Annahme eines „prozessualen Minus" ab, weil die Urteilsbegründung von tatsächlichen Voraussetzungen abhinge, die zuvor nicht Inhalt des Antrags waren[20].

---

[14] Kamlah/Ulmar, WRP 2006, 972.
[15] Vollkommer, BGH Report, 2006, 744.
[16] BGH, a.a.O., Rn. 26.
[17] Völp, GRUR 1984, 487; ebenso der BGH in Urt. v. 16.06.1972 – I ZR 154/70, BGHZ 59, 75 – Kaffeewerbung.
[18] Der Begriff geht auf Borck, WRP 1979, 181 f. in Abgrenzung zur Verletzungshandlung zurück.
[19] BGH, Urt. v. 29.06.2006 – I ZR 235/03, GRUR 2006, 960 – Anschriftenliste.
[20] BGH, a.a.O., Rn. 16.

Das Urteil kann zwar nicht als Abkehr von der *Markenparfüm*-Entscheidung verstanden werden, weil es hier nicht um das Verhältnis mehrerer inhaltlich vergleichbarer Verletzungshandlungen zueinander geht, sondern um die sachlichrechtliche Reichweite des Streitgegenstandes bei denselben Verletzungshandlungen. Jedoch richtet die *Anschriftenliste*-Entscheidung ihren Fokus wieder stärker auf die abstrakte Beschreibung der Verbotsnorm und die dafür erforderlichen tatsächlichen Voraussetzungen, die den Lebenssachverhalt bilden.

2. § 1 UKlG

Streitgegenstand der Klage nach § 1 UKlG ist die Verwendung oder Empfehlung einzelner AGB-Klauseln[21]. Er wird konkretisiert durch die Anforderungen von § 8 I UKlG, der den erforderlichen Klageantrag über § 253 II Nr. 2 ZPO hinaus festlegt. Danach muss der Klageantrag den Wortlaut der beanstandeten AGB sowie die Art der Rechtsgeschäfte enthalten, so dass eine Reihe von Streitgegenstandselementen, die üblicherweise dem Lebenssachverhalt zuzurechnen wären, bereits im Antrag enthalten sind. Es können für den Antrag auch Fallgruppen wie „Kabelanschlussvertrag als Haustürgeschäft" gebildet werden[22]. Ziel von § 8 UKlG ist eine für die Zwangsvollstreckung ausreichende Bestimmtheit. Zudem kann in einigen Fällen, z.B. dem Verkauf neu hergestellter oder gebrauchter Sachen, nur bei Nennung der Art des Rechtsgeschäfts festgestellt werden, ob eine Klausel unwirksam ist[23].

Entsprechend zu § 8 UKlG enthält § 9 UKlG Vorschriften über die Tenorierung des Urteils. Zu den schon in § 8 UKlG genannten Erfordernissen kommt das Gebot, die Verwendung inhaltsgleicher Bestimmungen zu unterlassen[24]. Nach der Auffassung des BGH in der *Markenparfüm*-Entscheidung dürfte § 9 UKlG für den Streitgegenstand keine Rolle mehr spielen, sondern nur den Anspruchsumfang in der Vollstreckung bestimmen.

Jede für rechtswidrig gehaltene Klausel muss gesondert beanstandet werden. Wird eine Klausel aus mehreren Gründen beanstandet, liegt nur ein Streitgegenstand vor[25]; bei Beanstandung mehrerer Klauseln eine Klagehäufung. Daher erfolgt auch eine Teilabweisung, wenn das Gericht nur eine von mehreren ge-

---

[21] Staudinger-Schlosser, § 8 UKlG Rn. 3; Dauner-Lieb-Walker, § 1 UKlG Rn. 5.
[22] BGH, Urt. v. 10.02.1993 – XII ZR 74/91, NJW 1993, 1133.
[23] MüKo-Micklitz, § 15 AGBG Rn. 8.
[24] Zur Formulierung „folgende oder inhaltsgleiche Klauseln" siehe OLG Köln, Urt. v. 28.02.2001 – 13 U 95/00, BB 2001, 2078.
[25] BGH, Urt. v. 10.03.1993 – VIII ZR 85/92, NJW 1993, 2053; für die Literatur Fritzsche, S. 578 m.w.N.

rügten Klauseln für rechtswidrig hält[26]. Das Gericht kann nicht von sich aus bei Beanstandung nur einer Klausel das gesamte Klauselwerk einer Prüfung unterziehen[27]. Es ist gemäß § 308 ZPO an den Parteiantrag gebunden[28].

Obwohl Streitgegenstand die Unterlassung der Verwendung oder Empfehlung einer spezifischen Klausel ist, wendet die herrschende Literatur § 264 Nr. 2 ZPO an, wenn im Verlauf des Verfahrens aus demselben Klauselwerk eine weitere Klausel beanstandet wird, nicht jedoch wenn eine Klausel aus anderen AGB in das Verfahren einbezogen werden soll[29]. Selbst wenn man auch im ersten Fall eine Klageänderung annähme, dürfte die Einbeziehung einer Klausel aus demselben Klauselwerk in aller Regel sachdienlich im Sinne von § 263 ZPO sein.

3. § 2 UKlG

Sachlicher Streitgegenstand einer Klage nach § 2 UKlG ist die Zuwiderhandlung gegen ein Verbraucherschutzgesetz in der einleitend beschriebenen abstrahierten Form. Es muss wie bei der Unterlassungsklage des UWG eine einerseits typisierende und andererseits ausreichend konkrete Umschreibung für die gesetzeswidrige Geschäftspraktik gefunden werden.

II. Anspruchsreichweite

1. Fragestellung

Unabhängig davon, ob man dem neuen Streitgegenstandsbegriff des BGH folgt, muss die Reichweite des Unterlassungsanspruchs geklärt werden. Sowohl nach dem BGH als auch nach der hier vertretenen Auffassung spielt die Urteilsreichweite zum einen bei Klagen eines Verbandes nach Erlass eines Unterlassungsurteils zugunsten eines anderen Verbandes unter dem Gesichtspunkt des Wegfalls der Wiederholungsgefahr eine Rolle. Zum anderen wird sie im Rahmen der Zwangsvollstreckung relevant. Will der Verband ein Ordnungsgeld nach § 890 ZPO beantragen, muss die beanstandete Handlung vom Verbotsumfang erfasst sein. Nach der hier vertretenen Auffassung kann darüber hinaus bei einer Klage desselben Verbandes wegen einer weiteren Verletzungshandlung der Einwand der anderweitigen Rechtshängigkeit greifen.

---

[26] MüKo-Micklitz, § 15 AGBG Rn. 3.
[27] Erman-Roloff, § 5 UKlG Rn. 2; Gilles, ZZP 98 (1985), 16.
[28] Ulmer/Brandner/Hensen-Hensen, § 5 UKlG Rn. 15; Halfmeier, S. 147.
[29] Siehe Wolf/Horn/Lindacher-Lindacher, § 15 Rn. 18, der trotz der Annahme von § 264 Nr. 2 die Änderung des Streitgegenstands betont; a.A. Gilles, ZZP 98 (1985), 17, der wegen des anderen Streitgegenstandes in beiden Fällen eine Klageänderung nach § 263 ZPO annimmt.

Fraglich ist insbesondere, ob und inwieweit das Unterlassungsurteil räumlich beschränkt ist. Ein Zahlungsurteil beispielsweise hat keine räumliche Dimension. Es ist allenfalls eine Frage der Anerkennung durch einen ausländischen Staat, wenn das Urteil in dessen Hoheitsgebiet mit Hilfe von Zwangsvollstreckungsmaßnahmen durchgesetzt werden soll. Gerichte können – ist ihre Zuständigkeit einmal geklärt – auch über im Ausland stattfindende Geschehnisse urteilen und den Beklagten zu Handlungen oder Unterlassungen im Ausland verpflichten[30].

Die Idee eines räumlich eingeschränkten Urteils bei Verbands- und Unterlassungsklagen kann anders als bei Zahlungsklagen zum einen wegen des abstrahierten Streitgegenstandes von Unterlassungsklagen entstehen, was eine nicht nur sachliche, sondern auch räumliche Abgrenzung des einzubeziehenden Lebenssachverhaltes erforderlich macht, und zum anderen wegen der möglichen räumlichen Beschränkung der Anspruchsberechtigung.

Die Anspruchsreichweite ist verbunden, aber nicht deckungsgleich mit der Frage nach der Betroffenheit des Verbandes in seinem Interessenbereich[31]. Vielmehr kann die potentielle Inkongruenz die Frage der Urteilsreichweite gerade erst aufwerfen. Diese Unterscheidung trifft der BGH in seiner *Vorratslücken* - Entscheidung zu § 13 II Nr. 1 UWG. Er schreibt: „Das Erfordernis, dass der Anspruchsteller als Gewerbetreibender Waren oder gewerbliche Leistungen gleicher oder verwandter Art auf demselben Markt vertreibt, betrifft nicht den Inhalt des Anspruchs, sondern nur die Voraussetzungen dafür, dass gerade auch der Anspruchsteller diesen Anspruch geltend machen kann“[32]. Das Tätigwerden auf demselben Markt und die Betroffenheit im satzungsgemäßen Aufgabenbereich sind parallele Voraussetzungen der Verbandsklagen, so dass die Unterscheidung des BGH auf die Satzungsbetroffenheit gegenüber dem Geltungs- und Durchsetzungsbereich der erstrittenen Urteile übertragen werden kann.

2. Räumliche Reichweite

Die räumliche Reichweite eines Unterlassungsurteils in Bezug auf die Verwendung und Empfehlung von AGB bzw. den Verstoß gegen Verbraucherschutzgesetze kann sowohl im nationalen wie im internationalen Kontext bedeutsam werden. Im nationalen, wenn die Anspruchsberechtigung eines Verbandes regional beschränkt ist. Die internationale Relevanz ergibt sich bei der Bestimmung des relevanten Lebenssachverhaltes.

---

[30] BGH, Urt. v. 02.10.1956 – I ZR 9/54, BGHZ 22, 13; Geimer, Rn. 396, 867.
[31] Fezer-Büscher, § 8 Rn. 121.
[32] BGH, Urt. v. 10.12.1998 – I ZR 141/96, GRUR 1999, 509, 510 – Vorratslücken.

a) Nationale Situationen

Für den nationalen Bereich hat sich der BGH in zwei jüngeren wettbewerbsrechtlichen Entscheidungen zu Mitbewerbern entgegen der Rechtsprechung einiger Oberlandesgerichte gegen eine Einschränkung der Titelreichweite unter räumlicher Rücksicht ausgesprochen. In seinem *Filialleiterfehler* - Urteil[33] und dem Urteil zur *missbräuchlichen Mehrfachverfolgung*[34] hat er entschieden, dass sich der Unterlassungsanspruch selbst bei bloß regionaler Betroffenheit des Gläubigers auf das gesamte Bundesgebiet erstreckt und darin durchgesetzt werden kann[35]. Der Anspruch werde dem Wettbewerber nicht nur zum Schutz seiner Individualinteressen zuerkannt, sondern auch im Interesse der anderen Marktbeteiligten und der Allgemeinheit.

Entsprechende ältere Urteile gab es bereits für gewerbliche Verbände[36], die ebenfalls auf das öffentliche Interesse an der Klage verweisen.

Diese Rechtsprechung kann auf verbraucherrechtliche Verbandsklagen übertragen werden. Auch Verbraucherverbände dienen einer Gruppe im Interesse der Allgemeinheit. Dieses Element ist bei ihnen sogar stärker ausgeprägt, da sie ein allgemeines Anliegen zu ihrem eigenen machen und es nicht wie bei Mitbewerbern und gewerblichen Verbänden neben anderen Interessen steht. Die räumlichen Beschränkungen der Berechtigung zur Verfolgung eines Verhaltens ist ebenfalls vergleichbar. Denn nicht nur der Wettbewerb hat deutschlandweite Auswirkungen, sondern es besteht auch ein Interesse an einem einheitlichen Verbraucherschutz.

Darüber hinaus führt die Annahme eines bundesweiten Unterlassungsanspruchs zu praktikablen Ergebnissen. Ist von einem Verband, selbst wenn er nur räumlich beschränkt klagen kann, ein Urteil zu einer bestimmten Klausel eines Unternehmers erlangt worden, können Klagen anderer Verbände gegen denselben Unternehmer wegen derselben Klausel, auch wenn sie einen anderen räumlichen Bereich betreffen, in der Regel mangels materieller Wiederholungsgefahr abgelehnt werden[37]. Dies dient der Rechtsklarheit und -einheit innerhalb Deutsch-

---

[33] BGH, Urt. v. 29.06.2000 – I ZR 29/98, GRUR 2000, 907 – Filialleiterfehler.

[34] BGH, Urt. v. 06.04.2000 – I ZR 76/98, GRUR 2000, 1089 – Missbräuchliche Mehrfachverfolgung.

[35] Bereits angekündigt in BGH, Urt. v. 10.12.1998 – I ZR 141/96, GRUR 1999, 510 – Vorratslücken.

[36] BGH, Urt. v. 13.03.1964 – Ib ZR 120/62, GRUR 1964, 397 – Damenmäntel; OLG Nürnberg, Urt. v. 21.12.1961 – 3 U 94/61, BB 1962, 1101.

[37] Ähnlich der BGH in seinem Vorratslückenurteil zur Klage von regional tätigen Mitbewerbern. Skeptisch dagegen Hefermehl/Köhler/Bornkamm-Bornkamm, § 8 Rn. 1.57, weil dem

lands und verringert die Anzahl an Prozessen. Eine umfassende Geltung ist insbesondere auch geboten, damit sich ein Verbraucher nach § 11 UKlG auf jedes Verbandsurteil aus Deutschland berufen kann und es nicht zu einem uneinheitlichen Verbraucherschutz in Deutschland kommt.

b) Internationale Situationen

Bei internationalen Sachverhalten stellt sich schon unabhängig von der Reichweite der Anspruchsberechtigung die Frage, wie weit der Unterlassungsausspruch eines Gerichts räumlich reicht. Jedenfalls kann der Kläger von sich aus den Unterlassungsanspruch nur für einen räumlich begrenzten Bereich einfordern[38]. Kann aber ein deutscher Verband, der in Deutschland aufgrund von §§ 1 oder 2 UKlG ein „unbeschränktes" Unterlassungsurteil erwirkt hat, sich auf dieses auch berufen und ein Ordnungsgeld nach § 890 I ZPO beantragen, wenn der Beklagte die zu unterlassende Handlung im Ausland vornimmt?

Grundsätzlich ist eine Zwangsvollstreckung nach § 890 ZPO nur möglich, wenn die Zuwiderhandlung im räumlichen Geltungsbereich des Verbots begangen wurde[39]. Selbst wenn diese Handlung im Ausland stattfindet, braucht sich die Frage der Urteilsanerkennung nicht notwendig zu stellen, denn das Ordnungsgeld kann überall beantragt werden, wo der Unterlassungsschuldner Vermögen hat. Der Ort der Zuwiderhandlung und der Ort der Zwangsvollstreckung können auseinander fallen[40]. Aus diesem Grunde wird hier die komplizierte Frage um die Anerkennung von Rechtskraftwirkungen nicht relevant[41], sondern es geht zunächst allein um die Bestimmung der räumlichen Urteilsreichweite aus deutscher Sicht.

Entsprechend muss gefragt werden, ob z.B. ein ausländischer Verband gegen einen deutschen Unternehmer wegen der Verwendung einer spezifischen Vertragsklausel im Ausland die für die Klage gegebenenfalls erforderliche Wiederholungsgefahr darlegen kann, obwohl bereits ein anderer Verband wegen Verwendung dieser Klausel in Deutschland gegen den Unternehmer ein Urteil erwirkt hat.

Die Abstraktion des Anlasssachverhalts, die bei Unterlassungsklagen den Streitgegenstand bestimmt, muss sich auch bei internationalen Sachverhalten an einer

---

Kläger die Verletzung u.U. nicht bekannt würde und er keine Veranlassung habe, das Verbot außerhalb seines Interessengebietes durchzusetzen.

[38] Hefermehl/Köhler/Bornkamm-Bornkamm, § 8 Rn. 1.57.

[39] Melullis, Rn. 945.

[40] Fricke, S. 152.

[41] Hierzu näher und m.w.N. Geimer, Rn. 2799 ff.; Wie schon in der Einleitung festgehalten, ist die internationale Anerkennung und Vollstreckung von Urteilen nicht Teil der Arbeit.

natürlichen Betrachtungsweise von vergleichbaren Lebenssachverhalten orientieren. Ist Ausgangspunkt die Verwendung einer bestimmten Klausel, umfasst die Abstrahierung in aller Regel auch nur solche Fälle, in denen die Verwendung in demselben Staat erfolgt[42]. Gleiches gilt für die Empfehlung und den Verstoß gegen Verbraucherschutzgesetze.

Dies gilt ohnehin, folgt man – wie es in der vorliegenden Arbeit in Kapitel 6. III. 1 b) cc) (5) geschieht – einer Anknüpfung des Unterlassungsanspruchs an den Verwendungs-, Empfehlungs- oder Zuwiderhandlungsort in einer erfolgsortbezogenen Interpretation.

Anders als Schadenersatzklagen, die auf ein konkretes bereits vergangenes Geschehen gerichtet sind, beziehen sich Unterlassungsklagen auf ein Bündel zukünftiger Verhaltensweisen. Obwohl auch mit dem Unterlassungsurteil Ursachen, und nicht nur Auswirkungen verboten werden, können nur solche Handlungen von der Urteilswirkung erfasst sein, die rechtswidrig sind. Nur sie können von einer Vollstreckung erfasst werden. Daher greift das Unterlassungsurteil nur so weit wie sein Verbotsgrund. Wird dieser durch den Auswirkungsort der Handlung mitbestimmt, wird der Ort Teil des Lebenssachverhaltes. Dadurch erhält das anwendbare Recht Einfluss. Stehen mehrere Orte zur Debatte – für die jeweils eine eigenständige Wiederholungsgefahr begründet werden müsste – liegen getrennte Streitgegenstände vor, die gesondert nach unterschiedlichem Recht geprüft und unter Umständen verschieden tenoriert werden[43]. Im Ergebnis heißt dies, dass der Verbandsklageanspruch territorial begrenzt ist[44].

Ein ähnliches Verständnis herrscht im Wettbewerbsrecht. Es gilt das Territorialitätsprinzip, das den räumlichen Geltungsbereich des Wettbewerbsrechts auf das jeweilige Staatsgebiet beschränkt[45]. Die Handlung wird daher auch nur für das Gebiet untersagt, in dem sie gegen das Wettbewerbsrecht verstößt[46]. Es ist lediglich die faktische Folge einer eventuell bestehenden Unteilbarkeit der Werbemaßnahme und kein rechtliches Verlangen, wenn diese insgesamt unterbleiben

---

[42] Siehe auch öBMSG, Praktische Umsetzungen, S. 60, 113.
[43] Im Ergebnis so auch Staudinger-Schlosser, § 1 UKlG Rn. 4.
[44] Die hier im Rahmen des Streitgegenstands angestellten Überlegungen zur Reichweite des Unterlassungsanspruchs der Verbände ähneln denen, die die herrschende Meinung für den internationalen Anwendungsbereich der Verbandsklage anstellt (vgl. Kapitel 6 II. 2. und 3.). Die unterschiedliche Lokalisierung des Problems liegt darin begründet, dass die herrschende Meinung keine klassische kollisionsrechtliche Anknüpfung der Verbandsansprüche vornimmt.
[45] Hefermehl/Köhler/Bornkamm, Einl UWG, Rn. 5.1.
[46] BGH, Urt. v. 23.10.1970 – I ZR 86/69, GRUR 1971, 153 – Tampax; Urt. v. 30.03.2006 – I ZR 24/03, NJW 2006, 2630 – Arzneimittelwerbung im Internet.

muss[47]. Hat ein deutsches Gericht aufgrund deutschen Wettbewerbsrechts ein Unterlassungsurteil verhängt, kann ein Ordnungsgeld gegen den Unterlassungsschuldner nur verhängt werden, wenn sich die weitere Handlung an inländische Verkehrskreise richtet[48].

Die Eingrenzung der Urteilsreichweite nach dem Umfang der anwendbaren Verbotsnorm ist nicht zu verwechseln mit der gegen § 293 ZPO verstoßenden Vorgehensweise des BGH, einen Verstoß gegen eine ausländische Rechtsordnung nur zu prüfen, wenn sich der Kläger ausdrücklich hierauf berufen hat[49]. Zwar kann insbesondere im Wettbewerbsrecht der Verbotsgrund den Streitgegenstand bestimmen, weil je nach Norm ein anderes Rechtsgut geschützt werden kann und unterschiedliche Tatsachen vorgetragen werden müssen[50]. Und da der Lebenssachverhalt durch unterschiedliche Akzentuierungen variiert werden kann und je nach Verbotsnorm unterschiedliche Konsequenzen für den Schuldner folgen, muss der Kläger mit Rücksicht auf § 308 I ZPO den Streitgegenstand eindeutig bestimmen[51]. Ist jedoch der Lebenssachverhalt ein einheitlicher, liegt auch derselbe Streitgegenstand vor[52].

Soweit daher deutlich ist, welchen Sachverhalt der Kläger angreifen möchte und unter welchem Gesichtspunkt, was insbesondere bei Vorliegen eines abgeschlossenen Anlasssachverhaltes der Fall ist, muss das Gericht das einschlägige Recht bestimmen[53]. Der Kläger ist noch nicht einmal verpflichtet, eine Anspruchsgrundlage zu nennen[54]. Nur von diesem Sachverhalt abweichende Lebenssachverhalte oder denkbare zusätzliche Angriffsmöglichkeiten braucht das Gericht nicht in die Prüfung einbeziehen.

Begrenzt man den internationalen Anwendungsbereich von §§ 1, 2 UKlG nicht schon auf einen nationalen Erfolgsort, sondern folgt einer Anknüpfung an den Handlungs- oder Ursprungsort, was eine Beurteilung von Handlungen in verschiedenen Staaten nach derselben Rechtsordnung zur Folge hätte, dürfte der

---

[47] Sack, WRP 2000, 274.
[48] OLG Frankfurt, Beschl. v. 03.12.1998 – 6 W 122/98, CR 1999, 450; Melullis, Rn. 945; Mankowski, EWiR 1999, 471.
[49] Vgl. nur die Entscheidung Direct Shopping; Deutlich in der Vorgehensweise und Begründung auch OLG Koblenz, Urt. v. 25.02.1993 – 6 U 1783/92, GRUR 1993, 764 unter c).
[50] BGH, Urt. v. 29.06.2006 – I ZR 235/03, GRUR 2006, 960 – Anschriftenliste; s. Kamlah/Ulmar, WRP 2006, 968 Sie führen einen Angriff wegen einer Markenverletzung und wegen Irreführung, die jeweils einen anderen Lebens-sachverhalt zur Grundlage haben, auch wenn der Klageantrag bei beiden auf Unterlassung der Werbung lautet.
[51] BGH, Urt. v. 02.04.1992 – I ZR 146/90, WRP 1992, 559 f. – Stundung ohne Aufpreis.
[52] BGH, Urt. v. 10.03.1993 – VIII ZR 85/92, NJW 1993, 2053.
[53] So auch Staudinger-Fezer/Koos, Internationales Wirtschaftsrecht, Rn. 787.
[54] Fritzsche, S. 579.

Streitgegenstand in der Regel dennoch auf Handlungen im jeweiligen Staat beschränkt sein. Das Verhalten gegenüber Verbrauchern – anders als möglicherweise gegenüber gewerblichen Geschäftspartnern – orientiert sich aufgrund der noch sehr unterschiedlichen nationalen Rechtsbestimmungen am Staatsgebiet. Im Unterschied zum Tätigwerden im Inland kann daher ein eigenständiger Handlungsentschluss für die Übernahme derselben Handlungen in einen ausländischen Rechts- und Verkehrskreis angenommen werden. Auch bei Anknüpfung an den Handlungsort verändert sich daher durch eine neue und inhaltlich andere Geschehensursache der Lebenssachverhalt derart, dass er von der Kerntheorie nicht mehr erfasst ist.

Dieses Ergebnis ist anders als im presserechtlichen Persönlichkeitsschutz. Dort unterscheidet die herrschende Meinung für den Entscheidungsumfang danach, ob das Gericht das Handlungs- oder das Erfolgsortrecht angewendet hat. Nach dem Recht des Handlungsortes kann das Gesamtgeschehen beurteilt und untersagt werden; nach den Erfolgsortrechten nur der Vertrieb des Presseerzeugnisses in den jeweiligen Staaten der Erfolgsorte[55].

Jedoch geht es im Presserecht immer um den Schutz des grundsätzlich einheitlichen Persönlichkeitsrechts einer Person, während die Handlungen, die Gegenstand der Verbandsklagen sind, eine Gruppe von Verbrauchern betreffen, die auch durch ihren Aufenthaltsort charakterisiert wird. Im Unterschied sowohl zum Presserecht als auch zum Wettbewerbsrecht, wo die einmalige Auswahl des Mediums in der Regel automatisch die Verbreitung in verschiedenen Ländern zur Folge hat, handelt es sich zumindest bei den vertragsbezogenen Handlungsformen der §§ 1, 2 UKlG immer um teilbare Handlungen, da jeder einzelne Vertragsschluss unterlassen werden kann.

Ist der Streitgegenstand jeweils auf ein Staatsgebiet beschränkt, entfällt im internationalen Rahmen das in der Filialleiter-Entscheidung besprochene Problem einer räumlich beschränkten Aktivlegitimation. Da diese für jeden Streitgegenstand gesondert vorliegen muss, ist die Klage unbegründet, wenn das satzungsgemäße Interessengebiet des Klägers das Ausland nicht erfasst. Möchte der Kläger durch ein Gericht ein umfassenderes, gegebenenfalls europaweites Verbot erreichen, muss er am Handlungsort klagen und mehrere Streitgegenstände anhängig machen.

Soweit in der Satzung eine Beschränkung auf Verbraucher mit einem bestimmten gewöhnlichen Aufenthalt vorgenommen wurde, kann diese den Anspruch beschränken, da es sich um eine sachliche und nicht eine räumliche Einschränkung ähnlich der Einschränkung auf z.B. mietrechtliche Probleme handelt. Sie

---

[55] Fricke, S. 255, 265 m.w.N.

kann als tatsächliche Voraussetzung in Antrag und Tenor aufgenommen und auch vom Vollstreckungsgericht überprüft werden.

3. Rechtliche Reichweite

Grundsätzlich wird der Streitgegenstand nicht durch seine kollisionsrechtliche Einordnung, d.h. die angewendete Rechtsordnung, begrenzt[56]. Es liegt derselbe Streitgegenstand vor und verhindert eine erneute Klage, auch wenn ein anderes Gericht auf denselben Sachverhalt eine andere Rechtsordnung angewendet hätte.

Für die Verbandsklageansprüche nach §§ 1, 2 UKlG könnte sich aufgrund der Normstruktur dennoch eine rechtliche Einschränkung der Urteilsreichweite ergeben. Die Beurteilung der Rechtswidrigkeit der AGB bzw. des verbraucherrechtsrelevanten Verhaltens erfolgt auf Grundlage einer Rechtsordnung, die – wie in Kapitel 6. III. 2. ausgeführt wird – nicht notwendig die deutsche sein muss. Daher kann überlegt werden, dass entsprechend zu den obigen Ausführungen über die Reichweite des Verbotsgrundes ein Unterlassungsurteil nur auf der Basis ausgesprochen wird, dass die Vertragsklausel bzw. das Verhalten einer spezifischen Rechtsordnung unterliegt und daher auch nur solche zukünftigen Handlungen von dem Unterlassungsverbot erfasst sind, die ebenfalls dieser Rechtsordnung unterliegen.

Dies wäre insoweit vorteilhaft, als das Unterlassungsverbot ansonsten auf Verhalten erstreckt werden könnte, das nach dem anwendbaren Recht rechtmäßig ist. Andererseits wäre es nicht angemessen, wenn das über das Ordnungsgeld entscheidende Gericht in einer dem Ersturteil identischen Situation zu dem Ergebnis kommen könnte, eine andere Rechtsordnung sei anwendbar und daher kein Ordnungsgeld zu verhängen.

Anders als bei den Klagen nach dem UKlG entsteht diese Frage im Wettbewerbsrecht nicht, weil sowohl der Unterlassungsanspruch als auch die zu beurteilende Wettbewerbshandlung nach demselben Grundsatz angeknüpft werden.

Der BGH hat in einer Entscheidung einen Klageantrag, der auf die Anwendbarkeit deutschen Rechts beschränkt war, für zu unbestimmt im Sinne des § 253 II Nr. 2 ZPO erklärt[57]. Zur Bestimmung des anwendbaren Rechts sei häufig eine nicht einfache rechtliche Prüfung erforderlich. Dann werde die Entscheidung über die Rechtswidrigkeit des Verhaltens des Beklagten in das Vollstreckungsverfahren verlagert, was eine nicht erträgliche Unsicherheit über die Reichweite

---

[56] Geimer, Rn. 2644.
[57] BGH, Urt. v. 09.04.1992 – I ZR 171/90, GRUR 1992, 561 – Unbestimmter Unterlassungsantrag.

des Unterlassungsgebots zur Folge habe. Diese Auffassung wird von der Literatur geteilt[58] und ist zutreffend. Anders als bei der Verwendung, Empfehlung oder Zuwiderhandlung, deren Ort nach den obigen Ausführungen vom Vollstreckungsgericht bestimmt werden muss, handelt es sich nicht um eine Tatfrage, sondern um eine Rechtsfrage.

Nach der Auffassung von *Maidl*[59], kann der Beklagte auch nicht im Vollstreckungsverfahren einwenden, dass in dem konkreten Fall, für den ein Ordnungsgeld beantragt wurde, die Klausel einer Rechtsordnung unterliegt, nach der keine Rechtswidrigkeit vorliegt. Hier greife ebenfalls das Argument der Unbestimmtheit, nach dem eine schwierige rechtliche Prüfung nicht in das Vollstreckungsverfahren verlagert werden darf.

Die Möglichkeit, die der BGH in Verfahren zu Klauseln mit Leerräumen obiter dicta festgehalten hat, dass der Beklagten im Zwangsvollstreckungsverfahren einwenden könne, die konkrete Ausfüllung sei rechtmäßig[60], hält *Maidl* für nicht übertragbar. Bei den Fällen von Klauseln mit Leerräumen ginge es darum, dass nicht alle konkreten Fallgestaltungen im Verbandsklageverfahren berücksichtig werden könnten, bei der anwendbaren Rechtsordnung jedoch um den Unbestimmtheitsgrundsatz[61]. In der Tat wäre die dem Vollstreckungsgericht gestellte Aufgabe und die Verlagerung wesentlicher rechtlicher Prüfungen in das Vollstreckungsverfahren sowohl bei der Fassung von Klageantrag und Tenor als auch bei einem konkreten Vollstreckungsverfahren identisch. Daher gilt das Urteil unabhängig von der anwendbaren Vertragsrechtsordnung.

Dadurch dass der Streitgegenstand auf Verhalten in Deutschland begrenzt wurde, ist allerdings in den Fällen, in denen das Vertragsrecht überhaupt unterschiedlich ausfallen kann, wegen Art. 29 EGBGB und zukünftig Art. 6 der geplanten Rom I - VO, immer der gewöhnliche Aufenthalt der Verbraucher für die anwendbare Rechtsordnung ausschlaggebend. Da es sich bei dem gewöhnlichen Aufenthalt aber um ein tatsächliches Merkmal handelt, kann es gegebenenfalls notwendig sein, für einen nach § 253 II ZPO hinreichend bestimmten Antrag sowie in den Tenor eine Einschränkung hinsichtlich des gewöhnlichen Aufenthalts der Verbraucher aufzunehmen[62].

---

[58] Maidl, S. 271; Fritzsche, S. 727.
[59] Maidl, S. 273.
[60] BGH, Urt. v. 15.10.1991 - XI ZR 192/90, NJW 1992, 179; Urt. v. 17.03.1993 - VIII ZR 180/92, NJW 1993, 1651.
[61] Maidl, a.a.O.
[62] So auf Antrag des Klägers das LG Frankfurt, Urt. v. 09.02.1988 - 2/13 O 319/87, VuR 1989, 164 - I. Instanz zu Kauf im Ausland / AGB, jedoch um den Anwendungsbereich des AGBG zu begründen.

Dieser Aspekt verändert den Lebenssachverhalt und damit den Streitgegenstand. Verhält sich der Beklagte sowohl gegenüber Verbrauchern mit gewöhnlichem Aufenthalt im Inland als auch gegenüber Verbrauchern mit gewöhnlichem Aufenthalt im Ausland, liegen zwei Streitgegenstände vor. Das Gericht muss zwei Rechtsordnungen prüfen[63].

III. Anderweitige Rechtshängigkeit

1. § 261 III Nr. 1 ZPO

In dem oben geschilderten Anspruchsumfang wird die Klage rechtshängig, mit der Folge, dass gemäß § 261 III Nr. 1 ZPO der Streitgegenstand von keiner der Prozessparteien anderweitig rechtshängig gemacht werden kann. Jedoch können dadurch, dass §§ 1, 2 UKlG als materielle Ansprüche eingestuft werden, mehrere Verbände wegen desselben Verhaltens parallel klagen[64]. § 261 III Nr. 1 ZPO greift nicht ein[65], weil weder Partei- noch Anspruchsidentität vorliegt. Auch eine Verfahrensaussetzung nach § 148 ZPO ist mangels Vorgreiflichkeit nicht möglich[66]. Eine Prozessverbindung kann dagegen unter den Voraussetzungen von § 147 ZPO erfolgen.

Nach herrschender Meinung wird die Konkurrenz von Verbandsprozessen erst auf materieller Ebene aufgelöst, indem mit einem rechtskräftigen Urteil die von den Unterlassungsansprüchen geforderte Wiederholungsgefahr grundsätzlich für alle weiteren Prozesse über vom Streitgegenstand erfasste Handlungen entfällt[67]. Dadurch kann eine für den Beklagten gegebenenfalls kostenträchtige Situation entstehen[68]. Sie wird nur insoweit abgemildert, als zumindest die gezielte mehrfache Klageerhebung, um den Beklagten unter Druck zu setzen und seine Kosten in die Höhe zu treiben, missbräuchlich und damit unzulässig ist[69].

Eine Verfahrensablehnung wegen anderweitiger Rechtshängigkeit auch bei Klagen anderer Verbände ist hingegen möglich, wenn man die Verbandsklage nicht als materiellen Anspruch der Verbände einordnet, sondern von einer Fremdpro-

---

[63] Wann hier Abweichungen entstehen können und dass dies nur bei einer vom Verwendungsort abweichenden Rechtswahl geschieht, kann Kapitel 7. entnommen werden.
[64] So schon der Gesetzgeber zur Einführung der UWG-Verbandsklage, vgl. Marotzke, ZZP 98 (1985), 162.
[65] BGH, Urt. v. 05.01.1960 – I ZR 100/58, GRUR 1960, 379 zum UWG.
[66] Staudinger-Schlosser, § 5 UKlG Rn. 5; Wolf/Horn/Lindacher-Lindacher, § 15 Rn. 15.
[67] Heß, S. 535; Greger, ZZP 113 (2000), 408.
[68] Für Beispiele siehe Marotzke, ZZP 98 (1985), 171; Fritzsche, S. 594.
[69] BGH, Urt. v. 06.04.2000 – I ZR 76/98, NJW 2000, 3566 – Missbräuchliche Mehrfachverfolgung; siehe auch MüKo-Micklitz, § 13 AGBG Rn. 95 f.

zessführung ausgeht. Dies vertreten beispielsweise *Gilles* und *Marotzke*[70]. Anders *Lindacher*, der zwar ebenfalls von der Verfolgung desselben objektiven Schutzinteresses ausgeht, jedoch aus der Übertragung dessen auf private Einrichtungen – auf deren Engagement kein Einfluss möglich sei – als systemimmanentes Korrektiv eine Mehrfachverfolgung und konkurrierende Zuständigkeit für erforderlich hält[71].

Entsprechend argumentiert *Lakkis*. Ihre Auffassung von der Verbandsklage als einem rein prozessualen Recht und Instrument des Institutionenschutzes führte zwar grundsätzlich dazu, dass der Streitgegenstand mehrerer Verbände wegen desselben Beklagtenverhaltens identisch ist. Jedoch plädiert sie zum Ziel des größtmöglichen Schutzeffektes für eine parallele Zulassung von Klagen. Erst nach rechtskräftigem Abschluss des ersten Verfahrens überwiegt aus ihrer Sicht das Schutzinteresse des Beklagten mit der Folge des Wegfalls des Rechtsschutzbedürfnisses[72].

Halfmeier dagegen nimmt konsequent zu seiner Auffassung der Verbandsklage als prozessuales Institut einen entpersonalisierten Streitgegenstand an, so dass die Klage eines Verbandes die Klage eines anderen Verbandes zu demselben sachlichen Streitgegenstand nach § 261 III Nr. 1 ZPO entgegensteht[73].

2. Art. 27 EuGVVO

Wie die doppelte Rechtshängigkeit von Verbandsprozessen auf europäischer Ebene zu behandeln ist, ist noch ungeklärt. Art. 27 EuGVVO sieht vor, dass bei Anhängigkeit desselben Anspruchs in einem anderen Mitgliedstaat das später angerufene Gericht sein Verfahren zunächst aussetzt und sich nach Feststehen der Zuständigkeit des zuerst angerufenen Gerichts für unzuständig erklärt. Mit der Norm sollen miteinander unvereinbare und damit nach Art. 34 Nr. 3 EuGVVO nicht anerkennungsfähige Entscheidungen verhindert werden. Wann Anhängigkeit vorliegt, wird nunmehr autonom nach Art. 30 EuGVVO bestimmt.

Die Auslegung des Anspruchsbegriffs erfolgt ebenfalls autonom und ist tendenziell weiter als der deutsche Streitgegenstandsbegriff[74]. Maßgebend ist nach dem EuGH der „Kernpunkt der Streitigkeit“[75]. Für die sachliche Reichweite des Un-

---

[70] Gilles, ZZP 98 (1985), 11; Marotzke, ZZP 98 (1985), 198.
[71] Lindacher, ZZP 103 (1990), 408.
[72] Lakkis, S. 192 f.; gegen eine solche Argumentation Marotzke, ZZP 98 (1985), 181 und Halfmeier, S. 102.
[73] Halfmeier, S. 321.
[74] Heß, JZ 1998, 1027.
[75] EuGH, Urt. v. 08.12.1987 – Rs. 144/86, EuGHE 1987, 4861 – Gubisch/Palumbo, Rn. 16; Urt. v. 06.12.1994 – Rs. C-406/92, EuGHE 1994, I 5439 – The Tatry.

terlassungsanspruchs selbst, d.h. das Bündel an verbotenen Verhaltensweisen und auch ihre räumliche Beschränkung, dürften sich hier keine Unterschiede zu den oben für Deutschland dargelegten Grundsätzen ergeben.

Jedoch können sich sowohl bei der negativen Feststellungsklage eines Beklagten – die gerichtet auf das Nichtbestehen eines Unterlassungsanspruchs auch gegenüber Verbänden möglich ist, wenn die Wirksamkeit der AGB oder des verbraucherrechtsrelevanten Verhaltens z.B. durch eine Abmahnung ernstlich in Frage gestellt ist[76] – als auch bei der Mehrfachverfolgung durch verschiedene Verbände Divergenzen zum deutschen autonomen Recht ergeben.

Negative Feststellungsklagen haben nach der Rechtsprechung des EuGH einen gemeinsamen Kernpunkt mit der korrespondierenden Leistungsklage, so dass aufgrund „desselben Anspruchs" die Anhängigkeit der einen die der anderen nach Art. 27 EuGVVO verhindert[77].

Die Frage nach der anderweitigen Anhängigkeit bei Klagen verschiedener Verbände wird vor allem dann relevant, wenn entgegen der hier vertretenen Auffassung der Streitgegenstand der Verbandsklage nicht auf ein Staatsgebiet beschränkt wird. Andernfalls ist die Problematik angesichts der derzeit in der Regel auf die jeweiligen Nationen beschränkten Verbandsinteressen und der Fokussierung auf die effektive Kooperation zwischen Verbraucherverbänden verschiedener Staaten im Unterschied zur Ausweitung des eigenen Tätigkeitsbereichs[78] noch gering. Daher spielt bei Annahme eines national beschränkten Streitgegenstandes die anderweitige europäische Rechtshängigkeit nur eine Rolle, wenn zwei Verbände desselben Herkunftslands in zwei verschiedenen Mitgliedstaaten klagen. Dieser Fall ist vorrangig für Deutschland und Griechenland virulent, die mit Abstand die meisten Verbände für die Kommissionsliste gemeldet haben. Damit Art. 27 EuGVVO einschlägig ist, müsste ein Verband am Handlungs- und der andere am Erfolgsort nach Art. 5 Nr. 3 EuGVVO klagen[79]. Klagen ein in- und ein ausländischer Verband in demselben Staat, ist das nationale Verfahrensrecht auf die Verfahrenskonkurrenz anwendbar.

Der EuGH hat nicht mehr an seiner ursprünglichen in *The Tatry* gemachten Aussage festgehalten, dass Art. 21 EuGVÜ (jetzt Art. 27 EuGVVO) Parteiiden-

[76] MüKo-Micklitz, § 15 AGBG Rn. 13.
[77] EuGH, in Gubisch/Palumbo und The Tatry.
[78] Ein Beispiel hierfür bietet die Vereinbarung gemeinsamer Forderungen gegenüber iTunes von skandinavischen, französischen und deutschen Verbraucherverbänden, www.vzbv.de/go/presse/830/index.html (Stand: 05.02.2007).
[79] Nur von dieser Situation geht auch Lakkis, S. 197 ff. aus.

tität voraussetze. Vielmehr komme es auf die Interessenidentität an[80]. Es spricht jedoch auch angesichts des Wortlauts „denselben Parteien" von Art. 27 I EuGVVO viel dafür, an die Interessenidentität strenge Anforderungen zu stellen[81]. Der Sachverhalt in *Drouot Assurances* entstammt dem versicherungsrechtlichen Bereich und der EuGH nennt als Beispiel Klagen aus übergegangenem Recht, wo ein Kläger quasi Stellvertreter des anderen sei und womöglich eine Rechtskrafterstreckung folge.

Ob eine solche Interessenidentität bei konkurrierenden Klagen zweier Verbraucherverbände angenommen werden kann, ist sehr zweifelhaft[82]. Jedenfalls soweit die Verbände andere Rechtsschutzziele verfolgen, z.B. Unterlassung auf der einen und Schadenersatz auf der anderen Seite, liegt nicht derselbe Anspruch vor. Für eine Übereinstimmung bei gleichgerichteten Klagen kann angeführt werden, dass letztendlich übereinstimmendes Schutzobjekt dieselbe Verbrauchergruppe ist. Zumal bei Ergehen zweier Entscheidungen zukünftiges Verhalten des Beklagten gegebenenfalls vom Umfang beider Entscheidungen erfasst wäre und der Beklagte sich bei einem Verstoß der doppelten Vollstreckung ausgesetzt sehen könnte.

Gegen eine anderweitige Anhängigkeit im Sinne von Art. 27 EuGVVO spricht jedoch die privatrechtliche Ausgestaltung der Verbandsklage in einigen der Mitgliedstaaten mit der Folge, dass weder die betroffene Verbrauchergruppe noch andere Anspruchsinhaber Einfluss auf die Durchführung des Verfahrens und eventuelle Einigungen haben. Die Verbände sind handlungsautonom, eine Rechtskrafterstreckung erfolgt nicht. Würde sich das später angerufene Gericht nach Art. 27 II EuGVVO für unzuständig erklären, folgte unter Umständen nach Abschluss des ersten Prozesses ein weiteres Verfahren. Dies ist insbesondere denkbar, wenn das erste Verfahren mit einem Vergleich abschließt.

Die Hintereinanderschaltung von Verfahren würde den Verbraucherschutz verzögern, könnte ihn sogar aufgrund der notwendigen erneuten Zustellung oder eventuellen Verjährung verhindern. Im Interesse des Verbraucherschutzes ist es erforderlich, bei Klagen durch verschiedene Verbände von verschiedenen Streitgegenständen im Sinne von Art. 27 EuGVVO auszugehen. Ein entsprechender Fall müsste dem EuGH vorgelegt werden[83].

---

80 EuGH, Urt. v. 19.05.1998 – Rs. C-351/96, EuGHE 1998, I 3075 – Drouot Assurances, Rn. 19 f.

81 Zu Recht kritisch zum Urteil Jayme/Ch. Kohler, IPRax 1998, 421 und Geimer/Schütze, Art. 27 EuGVVO Rn. 13.

82 Mit dieser Tendenz auch Heß, S. 535.

83 Ebenso Heß, S. 535.

3. Art. 28 EuGVVO

Die EuGVVO enthält in Art. 28 EuGVVO weitere Regelungsinstrumente zur Vermeidung widersprüchlicher Entscheidungen. Absatz 1 eröffnet die Möglichkeit der Verfahrensaussetzung und Absatz 2 der Verfahrenskonzentration. Voraussetzung für beide sind in verschiedenen Mitgliedstaaten anhängige, in einem Zusammenhang im Sinne von Absatz 3 stehende Klagen. Die Verfahrensverbindung nach Absatz 2 setzt zudem die Zuständigkeit des zuerst angerufenen Gerichts für beide Klage voraus sowie die Zulässigkeit der Verbindung nach dem Recht des jeweiligen Mitgliedstaates, was die Anwendung in Deutschland ausschließt[84].

Jedenfalls bei Klagen verschiedener Verbände wegen desselben Streitgegenstandes liegt ein Zusammenhang nach Art. 28 III EuGVVO vor[85]. Die Urteile beurteilen dasselbe Verhalten des Beklagten und können über den Wegfall der materiellen Wiederholungsgefahr gegenüber anderen Verbänden und über § 11 UKlG gegenüber individuellen Verbrauchern Drittwirkung erzielen. Damit auch in einer solchen Situation alle klagenden Verbände Einfluss auf das Verfahren nehmen können, wäre es wünschenswert, eine Verfahrensverbindung über § 147 ZPO hinaus für an verschiedenen Gerichten anhängigen Klagen zu ermöglichen[86].

Klagen über übereinstimmende Handlungen in verschiedenen Ländern weisen keinen Zusammenhang im Sinne von Art. 28 III EuGVVO auf. Der Verbotsumfang ist auf das jeweilige Staatsgebiet beschränkt, so dass die Entscheidungen nicht kollidieren können. Darüber hinaus können sowohl für den geltend gemachten Anspruch wie auch die Verhaltensbeurteilung unterschiedliche Rechtsordnungen einschlägig sein. Auch die Anlasssachverhalte für die beiden Klagen sind verschieden. Eine übereinstimmende Sachverhaltsaufklärung ist allenfalls hinsichtlich der Entwicklung der AGB bzw. der beklagteninternen Entstehung des verbraucherrechtsrelevanten Verhaltens gegeben. Dies ist für einen Zusammenhang nach Art. 28 III EuGVVO nicht ausreichend.

IV. Urteilswirkungen

Das Verbandsklageurteil hat Auswirkungen in dreifacher Hinsicht. Zunächst entstehen die üblichen Rechtskraftwirkungen. Darüber hinaus kann das Urteil über die Spezialnorm § 11 UKlG eine Dritt- bzw. Breitenwirkung für individuel-

---

84 Thomas/Putzo-Hüßtege, Art. 28 EuGVVO, Rn. 3.
85 Nach Lakkis, S. 201 „handelt es sich geradezu um ein Paradebeispiel im Zusammenhang stehender Verfahren".
86 Ebenso Heß, S. 536.

le Verbraucherverfahren entfalten. Schließlich kann ein rechtskräftiges Urteil die Wiederholungsgefahr für die Klagen anderer Verbände entfallen lassen, was bereits besprochen wurde.

1. Rechtskraft

Nach § 322 ZPO erwächst der als prozessualer Streitgegenstand verstandene „Anspruch“[87] in Rechtskraft. Die materielle Rechtskraft bestimmt den Umfang, in dem die formelle Rechtskraft verhindert, dass in einem weiteren Verfahren erneut über den Anspruch entschieden werden kann. So können keine sich widersprechenden Entscheidungen ergehen und eine endgültige Streitbeilegung wird ermöglicht.

Nach der hier vertretenen Auffassung zum Streitgegenstand von Unterlassungsklagen bedeutet dies, dass der Urteilsausspruch über die konkrete Verletzungsform sowie alle unwesentlich davon abweichenden Verhaltensweisen in Rechtskraft erwächst[88]. Dagegen ist nach dem engen Streitgegenstandsverständnis des BGH aus der *Markenparfüm* - Entscheidung nur die konkrete Verletzungshandlung von der Rechtskraft erfasst und weiteren Klagen über vergleichbare Verletzungshandlungen fehlt gegebenenfalls nur das Rechtsschutzbedürfnis.

Nach herrschender Auffassung werden Klagen anderer Verbände durch die Rechtskraft nicht behindert. Sie gilt ausschließlich zwischen den Parteien des ersten Prozesses. Demgegenüber greift bei einer Interpretation der Verbandsklage als Prozessstandschaft die Rechtskraftwirkung entsprechend der Annahme zur anderweitigen Rechtshängigkeit bei Klagen eines anderen Verbandes wegen des ansonsten selben Streitgegenstandes ein[89].

Die Rechtskraft eines ausländischen Urteils kann einem Verfahren in Deutschland entgegenstehen, wenn es in Deutschland anerkannt werden kann[90]. Der Umfang der Wirkungen richtet sich grundsätzlich nach dem Recht des Urteilsstaats[91]. Daher kann ein ausländisches Urteil in Deutschland nicht weitergehende Wirkungen als im Urteilsstaat haben. Im Anwendungsbereich der EuGVVO ist auch eine Beschränkung der Wirkungen nicht möglich, selbst wenn sie dem deutschen Recht unbekannt sind[92].

---

[87] BGH, Urt. v. 23.09.1992 – I ZR 224/90, NJW 1993, 334; Urt. v. 11.11.1994 – V ZR 46/93, NJW 1995, 967.
[88] So auch Rüßmann, in FS-Lüke, S. 686.
[89] Gilles, ZZP 98 (1985), 23.
[90] Mittenzwei, S. 79 f.
[91] Geimer, Rn. 2777, 2779.
[92] Geimer/Schütze, Art. 33 EuGVVO Rn. 36; umfassend Mittenzwei, S. 100 f.

In einigen Mitgliedstaaten ist die Reichweite und Bindungswirkung von Verbandsklageurteilen, zum Teil trotz gesetzlicher Regelung, noch sehr streitig[93]. Die weitere Entwicklung muss hier abgewartet werden.

Mit Rücksicht auf das rechtliche Gehör sind insbesondere die in Griechenland angesichts von Art. 10 XII VerbrSchG angestellten Überlegungen problematisch, wenn schon nicht den Unterlassungsbefehl, so doch wenigstens die Feststellung über die Verhaltensbeurteilung auch auf andere Beklagte zu erstrecken[94]. In Großbritannien kann das Gericht das Unterlassungsurteil gegebenenfalls auf verbundene Unternehmen erstrecken[95].

Langfristig werden hier zur Verfahrenskoordination die internationalen Interventions- und Streitverkündungswirkungen eine größere Rolle spielen. Soweit dem ausländischen Urteil Rechtskraftwirkung im Hinblick auf Individualverfahren zukommt[96], sind auch diese zu berücksichtigen. Hierbei ist unabhängig von dem durch das ausländische Gericht angewendeten Recht nicht auf § 11 UKlG zurückzugreifen, der lediglich die Wirkungen deutscher Urteile regelt.

2. §§ 11, 10 UKlG

Besondere Regeln zur Erstreckung der Rechtskraft bzw. ihrer Durchbrechung im Kontext von Verbandsklageurteilen enthalten §§ 11 und 10 UKlG.

Nach § 11 UKlG kann sich ein individuell betroffener Verbraucher auf ein nach § 1 UKlG erlassenes rechtskräftiges[97] Urteil berufen, wenn der Verwender gegen das Unterlassungsverbot verstößt. Dadurch soll der Schutz des Verbrauchers gestärkt und eine Breitenwirkung erzielt werden[98]. Urteile nach § 2 UKlG sind von § 11 UKlG nicht erfasst. Entsprechend dem Vorschlag von *Micklitz* und *Stadler*[99] sollte die Wirkung von § 11 UKlG de lege ferenda auf Urteile nach § 2 UKlG erstreckt werden[100].

---

[93] Beuchler/Mom, in Das Verbandsklagerecht, S. 1154 f.

[94] Nach Art. 10 XII VerbrSchG entfaltet das Verbandsklageurteil allseitige Rechtskraft, siehe Beuchler, in Das Verbandsklagerecht, S. 200. Die Bedeutung der Norm ist streitig. Gemeint ist wohl eine Präjudizwirkung, öBMSG, Praktische Umsetzungen, S. 49;
Für Deutschland diskutieren Micklitz/Stadler, in Das Verbandsklagrecht, S. 1234 f. de lege ferenda entsprechende Regelungen; zu dieser Frage auch Halfmeier, S. 323 f., 389.

[95] öBMSG, Praktische Umsetzungen, S. 56.

[96] Zu den Diskussionen hierüber in Italien siehe Müller, in Das Verbandsklagerecht, S. 309.

[97] Für die ganz h.M. siehe Dauner-Lieb-Walker, § 11 UKlG Rn. 3; Wolf/Horn/Lindacher-Lindacher, § 21 Rn. 8; a.A. Bernreuther, WRP 1998, 286 f.

[98] MüKo-Micklitz, § 21 AGBG Rn. 1, 4.

[99] Micklitz/Stadler, in Das Verbandsklagerecht, S. 1302, 1304 zu ihrem GVMuG-E.

[100] In diesem Sinne auch Halfmeier, S. 181.

Nach den allgemeinen Prozessgrundsätzen wirkt ein zugunsten eines Verbandes ergangenes Urteil nicht zugleich für den Verbraucher. Es fehlt nicht nur an der Personenidentität, sondern es werden auch verschiedene Streitgegenstände verhandelt[101]. Dem Verbraucher kommt es auf die aus der Unwirksamkeit bestimmter Klauseln resultierenden vertragliche Folgen und Ansprüche an, nicht auf das Unterlassen der Verwendung oder Empfehlung im Allgemeinen. Dennoch kann sich der Verbraucher in einem Verfahren gegen den Verwender oder Empfehler gemäß § 11 UKlG auf die Unwirksamkeit der Vertragsklauseln berufen.

Entsprechend der Auslegung des Verwendungsbegriffs ist auch das Berufen auf Klauseln in Verträgen, die vor Rechtskraft des Urteils abgeschlossen wurden, eine Zuwiderhandlung im Sinne von § 11 UKlG[102]. Die Norm hat zudem zur Folge, dass sich die im Verbandsverfahren geltende kundenungünstigste Auslegung im Individualverfahren auswirkt. Der Verbraucher kann sich auch dann auf das Verbandsurteil berufen, wenn die Vertragsklausel bei der im Individualverfahren eigentlich geltenden kundengünstigsten Auslegung wirksam wäre[103].

§ 11 UKlG wird gemeinhin als besonders ausgestalteter Fall der Rechtskrafterstreckung verstanden[104]. Besonderheiten bestehen in verschiedener Hinsicht. Zunächst ist § 11 UKlG als Einrede ausgestaltet. Zudem wird bei Unterlassungsansprüchen üblicherweise davon ausgegangen, dass die Unzulässigkeit eines Verhaltens nur inzidenter festgestellt wird[105]. Grundsätzlich erwächst daher nur die Unterlassungsverpflichtung in Rechtskraft. Für Verbandsklagen nach § 1 UKlG wird jedoch aus § 11 UKlG geschlossen, dass ausnahmsweise die Feststellung über die Unzulässigkeit der AGB von der Rechtskraftwirkung erfasst ist[106]. Diese wird durch § 11 UKlG auch auf Dritte erstreckt.

§ 11 UKlG greift nur bei stattgebenden Urteilen ein. Umgekehrt hat der Unternehmer durch ein gegenüber dem Verband klageabweisendes Urteil diese Möglichkeit jedoch nicht. Grund hierfür ist der Grundsatz des rechtlichen Gehörs; der Verbraucher hatte in dem Verfahren nicht die Möglichkeit der Stellungnahme[107].

---

[101] Ebenso Halfmeier, S. 321.
[102] MüKo-Micklitz, § 21 AGBG Rn. 9.
[103] MüKo-Micklitz, § 21 AGBG Rn. 10; zur Anwendung des Grundsatzes BGH, Urt. v. 23.01.2003 - III ZR 54/02, NJW 2003, 1237.
[104] Palandt-Bassenge, § 11 UKlG Rn. 2 m.w.N.; anders Pfarr/Kocher, S. 112 als begrenzte Präzedenzwirkung; zur Normgeschichte und den ursprünglich um §§ 19, 21 AGBG geführten Streitigkeiten, Gaul, in FS-Beitzke, S. 997 ff.
[105] Wohl h.M., hierzu MüKo-Micklitz, § 21 AGBG Rn. 6; anders Mittenzwei, S. 59.
[106] Staudinger-Schlosser, § 11 UKlG Rn. 4; MüKo-Micklitz, § 21 AGBG Rn. 6; Halfmeier, S. 150, 322.
[107] Pfarr/Kocher, S. 111.

Da § 11 UKlG ausdrücklich an § 1 UKlG anknüpft, ist es einem Verbraucher nicht möglich, sich auf ein deutsches Urteil zu berufen, dessen Verbandsanspruch auf ausländischem Recht beruht. Die Beschränkung von § 11 UKlG auf auf § 1 UKlG beruhende Urteile ist zulässig. Die UKl-RL verlangt nicht, dass das Verbandsurteil auch im Individualprozess des Verbrauchers wirken muss. Jedoch wäre eine Ausweitung der Norm auf alle deutschen Verbandsklageurteile rechtspolitisch durchaus zu überlegen, um Verbraucher, die durch einen deutschen Unternehmer im Ausland geschädigt wurden, nicht zu benachteiligen.

Die praktische Bedeutung von § 11 UKlG scheint jedoch gegen Null zu gehen. Zum einen weil sie als Einrede ausgestaltet ist und zum anderen weil sie Prozessvergleiche nicht erfasst[108]. § 11 UKlG wird zudem kritisiert, weil er einen wohlinformierten Verbraucher voraussetzt, der jedoch nur ein Idealbild sei[109].

Eine besondere Form der Rechtskraftdurchbrechung ermöglicht § 10 UKlG, nach dem der Verwender sich gegen ein gegen ihn ergangenes Urteil im Wege der Vollstreckungsabwehrklage auf eine abweichende Entscheidung des BGH oder des Gemeinsamen Senats der Obersten Gerichtshöfe des Bundes berufen kann, in dem die von ihm verwendeten Klauseln nicht untersagt werden[110]. Eine besondere praktische Bedeutung hat die Norm jedoch ebenfalls nicht erlangt[111].

---

108 MüKo-Micklitz, § 21 AGBG Rn. 4, 7; Bernreuther, WRP 1998, 287 leitet aus § 21 AGBG, dem § 11 UKlG entspricht, einen Anspruch der Verbände darauf ab, dass Vertragspartner des Beklagten sich auf die Unterlassungserklärung berufen dürften.
109 Gilles, ZZP 98 (1985), 26 f.
110 Hierzu Halfmeier, S. 152 ff.; Gaul, in FS-Beitzke, S. 997 ff.
111 MüKo-Micklitz, § 19 AGBG Rn. 3, 5.

Kapitel 5: Gerichtliche Zuständigkeit für Verbraucherverbandsverfahren

Im Prozess prüft das Gericht von Amts wegen seine Entscheidungskompetenz in internationaler, örtlicher und sachlicher Hinsicht. Die Normen über die Zuständigkeit sollen die Parteiinteressen angemessen zueinander gewichten. Während der Kläger an einer möglichst umfassenden Justizgewährung interessiert ist, will der Beklagte nicht unversehens einer allzu weiten Gerichtspflichtigkeit ausgesetzt sein. Die Vorhersehbarkeit der möglichen Gerichtsstände sowie die sachliche Kompetenz und Nähe der Gerichte zum Streitgegenstand sind im Interesse beider Parteien.

Sowohl national als auch international gilt unter Rücksicht des Beklagtenschutzes zunächst die gerichtliche Allzuständigkeit am (Wohn-)Sitz des Beklagten. Dieser Grundsatz wird ergänzt oder durchbrochen, wenn für bestimmte Sachverhalte oder Ansprüche der Kläger in der schwächeren Position gesehen wird oder ein besonders enger Sachbezug zu einem anderen Gericht oder einer anderen Klageangelegenheit besteht[1].

I. Internationale Zuständigkeit

Die internationale Zuständigkeit hat ein ungleich höheres Gewicht als die örtliche, sachliche oder funktionelle Zuständigkeit[2]. Zum einen stellt ein ausländisches Verfahren für die nicht heimische Partei nicht nur aus logistisch-finanziellen, sondern vor allem aus sprachlich-kulturellen Gründen eine besondere Belastung dar. Zum anderen aber bestimmt das Forum sowohl die anwendbaren Verfahrensregeln als auch das anwendbare Recht und hat dadurch anders als die nationalen Zuständigkeitsabgrenzungen Einfluss auf die sachliche Entscheidung.

Aus diesen Gründen besteht die vielbeschworene Gefahr des sogenannten forum shoppings. Grundsätzlich aber geht die Wahl zwischen verschiedenen zuständigen Gerichten nicht nur mit der Eröffnung konkurrierender Zuständigkeiten notwendig einher, sondern ist – abgesehen von der zurückhaltend anzunehmenden arglistigen Gerichtsstandserschleichung – ein legitimes Klägerverhalten[3].

---

[1] Geimer, Rn. 856, 1126 - 1132.
[2] BGH, Urt. v. 16.12.2003 – XI ZR 474/02, NJW 2004, 1456 zur Revisibilität der internationalen Zuständigkeit.
[3] Geimer, Rn. 1095; Huber, ZEuP 1996, 307.

Die Entscheidung über die internationale Zuständigkeit ist unabhängig von der über das auf den Anspruch anwendbare Recht. Ein Gleichlauf von Zuständigkeit und Recht mag praktikabel sein, ist aber nicht notwendig und vernachlässigt, dass unterschiedliche Interessen bei der jeweiligen Bewertung ausschlaggebend sein können[4]. Es folgt weder aus der Anwendbarkeit deutschen Rechts die Zuständigkeit deutscher Gerichte, noch aus der Zuständigkeit deutscher Gerichte die Anwendbarkeit deutschen Rechts[5].

Die UKl-RL enthält keine Regelung über die internationale Zuständigkeit. Art. 2 I UKl-RL, nach dem die Mitgliedstaaten die zuständigen Gerichte festlegen, bezieht sich nur auf die örtliche und sachliche Zuständigkeit, so dass hinsichtlich der internationalen Zuständigkeit die allgemeinen Vorschriften anwendbar sind.

Bei europäischen Sachverhalten ist dies die EuGVVO[6]. Da diese das EuGVÜ[7] zur Vorlage hat und ihm in der Geltung im innereuropäischen Bereich nachfolgt[8], kann die Rechtsprechung hierzu übernommen werden, soweit der Normtext nicht geändert wurde. Bei nationalen Sachverhalten sowie Sachverhalten mit Beklagten im außereuropäischen Ausland sind entweder die doppelfunktional wirkenden Zuständigkeitsregeln der ZPO bzw. des UKlG oder internationale Abkommen anwendbar. Soweit das LugÜ[9] Anwendung findet – insbesondere im Verhältnis zur Schweiz – haben die Vertragsparteien in ihrer dritten Erklärung zum LugÜ ihre Absicht versichert, dass die Gerichte bei der Auslegung des Übereinkommens, soweit es sich mit dem EuGVÜ deckt, die Rechtsprechung des EuGH zum EuGVÜ berücksichtigen sollen[10].

---

[4] Fricke, S. 284; für einen Gleichlauf von Zuständigkeit und anwendbarem Recht G. Wagner, IPRax 2006, 375.
[5] Geimer, Rn. 1041, 1527.
[6] Verordnung (EG) Nr. 44/2001 vom 29.05.2000 über die gerichtliche Zuständigkeit und die Anerkennung und Vollstreckung von Entscheidungen in Zivil- und Handelssachen, ABl EG L 12 vom 16.01.2001, S. 1.
[7] Brüsseler EWG-Übereinkommen vom 27.09.1968 über die gerichtliche Zuständigkeit und die Vollstreckung gerichtlicher Entscheidungen in Zivil- und Handelssachen, BGBl 1972 II, S. 774 i.d.F. v. 26.05.1989, BGBl 1994 II, S. 519.
[8] Nur im Verhältnis zu Dänemark findet das EuGVÜ noch Anwendung, Art. 1 III, 68 II EuGVVO, Art. 299 EG.
[9] Luganer Übereinkommen 88/592/EWG der EWG mit den EFTA-Ländern über die gerichtliche Zuständigkeit und die Vollstreckung gerichtlicher Entscheidungen in Zivil- und Handelssachen, ABl EG L 319 vom 25.11.1988, S. 9; BGBl 1994 II 2658, ber. 3772.
[10] Hierzu auch Kegel/Schurig, S. 238, 1076 f.

Für die internationale Zuständigkeit von Verbandsklagen hat das Urteil des EuGH in der Rechtssache *Henkel*[11] relative Klarheit gebracht. Hinsichtlich der Ergebnisse hat das Urteil im deutschen Schrifttum Zustimmung erhalten[12].

In dem Verfahren klagte der österreichische Verein für Konsumenteninformation nach dem österreichischen Konsumentenschutzgesetz gegen einen deutschen Unternehmer, der gegenüber Verbrauchern in Österreich AGB verwendete. Da der Beklagte weder einen allgemeinen Gerichtsstand noch eine Niederlassung in Österreich hatte, rügte er die Zuständigkeit der österreichischen Gerichte. Österreichs Oberster Gerichtshof (OGH) setzte schließlich das Verfahren aus und legte dem EuGH verschiedene Fragen zur Auslegung des EuGVÜ vor.

Der EuGH klärte zwei für die internationale Zuständigkeit der Verbandsklage wesentliche Fragen. Zum einen, dass Verbandsklagen eine Zivil- und Handelssache im Sinne von Art. 1 I EuGVÜ darstellen, und zum anderen, dass es sich bei Klagen auf Unterlassung der Verwendung von rechtswidrigen AGB um eine deliktische Angelegenheit im Sinne von Art. 5 Nr. 3 EuGVÜ und nicht um eine vertragliche im Sinne von Art. 5 Nr. 1 EuGVÜ handelt. Darüber hinaus hielt der EuGH fest, dass die Art. 15 - 17 EuGVÜ nicht einschlägig seien, weil der klagende Verein nicht selbst die dafür erforderliche Verbrauchereigenschaft aufweise. Diese Ergebnisse entsprechen der in Deutschland schon vor dem *Henkel*-Urteil herrschenden Auffassung[13].

1. Art. 1 I EuGVVO

Der Anwendungsbereich der EuGVVO ist eröffnet, wenn eine Zivil- und Handelssache gemäß Art. 1 I EuGVVO vorliegt. Der Begriff wird autonom bestimmt und soll die eigenmächtige Einschränkung oder Ausweitung des Anwendungsbereichs durch die Mitgliedstaaten verhindern. Er schließt solche Rechtsstreitigkeiten aus, an denen eine in Ausübung hoheitlicher Befugnisse handelnde Behörde beteiligt ist[14].

In der Rechtssache *Henkel* klagte schon keine Behörde, so dass die Annahme einer Zivil- und Handelssache im konkreten Fall verhältnismäßig unproblematisch war, wenn auch die Mitglieder des Vereins für Konsumenteninformation

---

[11] EuGH, Urt. v. 01.10.2002 – Rs. C-167/00, EuGHE 2002 I 8111 – Henkel.

[12] Vgl. nur Mankowski, EWiR 2002, 1047; Michailidou, IPRax, 2003, 223; Stadler, ZZPInt 7 (2002), 286.

[13] Koch, in FS-Siehr, S. 347; Palandt-Heinrichs, 59. Aufl., § 14 AGBG Rn. 4; Wolf/Horn/Lindacher-Lindacher, § 14 Rn. 14; Staudinger-Schlosser, § 14 AGBG Rn. 3; Reich/Micklitz, S. 1203; Micklitz/Stadler, in Das Verbandsklagerecht, S. 1256.

[14] EuGH, Urt. v. 14.10.1976 – Rs. 29/76, NJW 1977, 489 – Eurocontrol.

ausschließlich öffentlich-rechtliche Körperschaften sind und so die Annahme einer öffentlichen Einrichtung nicht prima facie ausgeschlossen wäre[15].

Die UKl-RL lässt jedoch in Art. 3 lit. a) UKl-RL die Option, die Organisation und Zuständigkeit für die Unterlassungsklagen einer unabhängigen öffentlichen Stelle zu übertragen. Diese Variante haben insbesondere Großbritannien mit seinem Office of Fair Trading sowie Schweden und Dänemark mit ihren Ombudsmannensystemen gewählt. Dementsprechend machte die Regierung des Vereinigten Königreichs im Verfahren *Henkel* die fehlende Eröffnung des Anwendungsbereichs der EuGVVO geltend, weil die von der Verbraucherschutzorganisation ausgeübte Aufgabe nicht aus einer privatrechtlichen Beziehung folge, sondern dem Allgemeininteresse diene[16]. Dennoch hat der EuGH eine Zivil- und Handelssache gemäß Art. 1 I EuGVÜ angenommen. Zwar werde mit der Verbandsklage objektives Recht kontrolliert, Gegenstand der Kontrolle sei jedoch ein privates Rechtsverhältnis[17].

In der deutschen Literatur wird für die Anwendbarkeit der EuGVVO in der Regel darauf verwiesen, dass es sich bei den Unterlassungsklagen der Verbände um zivilrechtliche Ansprüche handele und der Gesetzgeber den Zivilrechtsweg gewählt habe[18]. Auch das für das öffentliche Recht typische Über- und Unterordnungsverhältnis liege nicht vor[19]. Andere Autoren lehnen jedoch die Anwendbarkeit des EuGVÜ bzw. der EuGVVO in Bezug auf die Staaten ab, in denen das Klagerecht behördlich wahrgenommen wird[20].

Zunächst ist das Argument *Maurers*, die EuGVVO sei auf das in Schweden von den Ombudsmannen durchgeführte Zivilverfahren nicht anwendbar, weil die erzielten Strafen dort an den Staat gezahlt würden[21], nicht tragfähig. Denn obwohl auch in Deutschland das Ordnungsgeld nach § 890 ZPO an den Staat fließt, nimmt die Autorin hier eine Zivil- und Handelssache an.

Den je nach System differenzierenden Ansichten ist aber zuzugeben, dass allein die Geltung zivilprozessualer Grundsätze und die Zuordnung zur Zivilgerichtsbarkeit in Deutschland, wie es in den zuerst genannten Auffassungen anklingt, nicht ausreichend ist.

---

[15] So Stadler, ZZPInt 7 (2002), 286.
[16] EuGH, Urt. v. 01.10.2002 – Rs. C-167/00, EuGHE 2002 I 8111 – Henkel, Rn. 25.
[17] EuGH, Urt. v. 01.10.2002 – Rs. C-167/00, EuGHE 2002 I 8111 – Henkel, Rn. 30; dieses Argument zu Recht ablehnend Rauscher-Mankowski, Art. 1 Brüssel I - VO, Rn. 4.
[18] Lakkis, S. 131.
[19] Stadler, ZZPInt 7 (2002), 286.
[20] Michailidou, IPRax 2003, 224; Maurer, S. 9; Reich, RabelsZ 56 (1992), 457 f.
[21] Maurer, S. 10.

So war es im Fall *Sonntag* für den EuGH gerade nicht ausschlaggebend, dass in Deutschland Schadenersatzansprüche gegen Beamte als Staatshaftung eingeordnet werden[22]. Vielmehr kam es darauf an, dass sich die Aufsichtspflichten eines Lehrers nicht von denen Privater bei vergleichbaren Veranstaltungen unterschieden. Nur solche Handlungen, die Private nicht vornehmen könnten, seien keine Zivilsachen[23]. Der EuGH betonte, dass es auf die Gesamtheit der sich aus den nationalen Rechtssystemen ergebenden allgemeinen Grundsätze ankomme.

Nach diesen Grundsätzen kann einer differenzierenden Beurteilung nicht gefolgt werden. Zwar weist die Mehrzahl der europäischen Mitgliedstaaten ein primär auf staatliche Organe gestütztes System auf, aber fast alle lassen daneben die Klagetätigkeit privater Einrichtungen zu[24]. In Großbritannien sind z.B. seit 1999 neben dem Office of Fair Trading sogenannte „designated enforcer" zugelassen[25]. Darüber hinaus sind die Mitgliedstaaten verpflichtet, die durch die UKl-RL vorgesehenen Verbandsklagen ausländischen und damit auch privaten Einrichtungen zu gewähren. Dies ist in Schweden beispielsweise durch das Gesetz 2000/1175 über das Klagerecht für bestimmte ausländische Verbraucherbehörden und Verbraucherorganisationen geschehen[26]. Es ist also in allen Mitgliedstaaten auch eine private Rechtsverfolgung möglich.

Dass die Behörden über andere Kompetenznormen zum Teil hoheitliche Tätigkeiten im Bereich des Verbraucherschutzes wahrnehmen, ändert nicht, dass sie bei den auf der UKl-RL beruhenden Unterlassungsklagen neben privaten Einrichtungen stehen. Sie beschreiten ebenso wie die privaten Einrichtungen das reguläre kontradiktorische Verfahren der Mitgliedstaaten[27].

Hinzu kommt, dass die UKl-RL in Art. 3 lit. a) ausdrücklich eine unabhängige öffentliche Einrichtung vorschreibt, die Stelle also aus dem üblichen Behördengefüge herausgenommen sein muss. Nach der UKl-RL sind private und öffentliche Verfolgung funktionsäquivalent. Die Mitgliedstaaten weisen beide Wege auf. Ihnen kann nicht durch die Wahl des Klägers die Option gegeben werden, die Anwendbarkeit der EuGVVO herbeizuführen oder zu vermeiden.

---

[22] EuGH, Urt. v. 21.04.1993 - Rs. C-172/91, EuGHE 1993 I, 1963 – Sonntag, Rn. 18.
[23] Heß, IPRax 1994, 12.
[24] Nur in Lettland und Litauen agieren derzeit ausschließlich Behörden, öBMSG, Praktische Umsetzung, S. 141 f.
[25] Sobich, RIW 2000, 675; Die nun einschlägige Norm ist Chapter 40 Section 213 (4) Enterprise Act 2002.
[26] öBMSG, Praktische Umsetzung, S. 108; Die deutsche Übersetzung steht in ABl EG C 321 vom 31.12.2003, S. 26.
[27] öBMSG, Praktische Umsetzung, S. 159 f., mit der Ausnahme Estland.

Entgegen der von der Regierung des Vereinigten Königreichs in der Rechtssache *Henkel* geäußerten Auffassung kommt es für die Beurteilung einer Zivil- und Handelssache nicht darauf an, ob ein Anspruch dem Allgemeininteresse dient, was als Nebenzweck für alle privatrechtlichen Ansprüche zutrifft, sondern auf die Wahrnehmung hoheitlicher Sonderrechte[28]. Die Unterlassungsklage beruht nicht auf einem vorausgehenden hoheitlichen Akt und ist auch selbst keiner[29]. Die Befugnisse weichen nicht von den im Verhältnis zwischen Privatpersonen geltenden Rechtsvorschriften ab[30] und werden von einer unabhängigen, wenn auch gegebenenfalls öffentlichen Einrichtung geltend gemacht. Die EuGVVO ist in Bezug auf Einrichtungen aus allen Mitgliedstaaten für auf der UKL-RL beruhende Klagen anwendbar.

2. Art. 22 EuGVVO

Es herrscht Einigkeit darüber, dass Art. 22 EuGVVO im Unterschied zu Individualklagen bei Verbandsklagen – sei es gemäß § 1 UKlG oder gemäß § 2 II Nr. 1 UKlG im Rahmen von Haustürgeschäften oder Teilzeit-Wohnrechteverträgen – keine vorrangige ausschließliche Zuständigkeit für die Beurteilung miet- oder pachtrechtlicher AGB begründet[31].

Der BGH hat die Anwendbarkeit von Art. 16 EuGVÜ, dem Art. 22 EuGVVO für die hier relevanten Punkte entspricht, aus zwei Gründen verneint. Erstens, weil nach § 13 AGBG die beanstandeten Klauseln ausschließlich nach deutschem Recht beurteilt würden, es also um den Schutz des inländischen Rechtsverkehrs ginge, und dieser Schutzzweck nur bei der Zuständigkeit deutscher Gerichte effektiv erreicht würde[32]. Und zweitens, weil Grund für den ausschließlichen Gerichtsstand zwingende Sondervorschriften des Belegenheitsstaates seien[33]. Diese würden aber in einem Verbandsklageverfahren nicht relevant.

Mag man auch den ersten Grund bezweifeln, da es durchaus nicht ausgeschlossen ist, in einem Verfahren nach § 13 AGBG ausländisches Recht auf einen Vertrag anzuwenden[34], ist die Entscheidung des BGH im Ergebnis zutreffend.

---

[28] So auch Rauscher-Mankowski, Art. 1 Brüssel I - VO, Rn. 3, 4.
[29] So auch Rott/von der Ropp, ZZPInt 9 (2004), 8.
[30] EuGH, Urt. v. 01.10.2002 – Rs. C-167/00, EuGHE 2002 I 8111 – Henkel, Rn. 30.
[31] Nagel, EuZW 1990, 38; Maidl, S. 261 f.; Koch, ZZP 113 (2000), 437; Fritzsche, S. 716; Lindacher, IPRax 1993, 228; Kartzke, NJW 1994, 824; Koch, ZZP 113 (2000), 437; Lorenz, IPRax 1990, 294.
[32] BGH, Urt. v. 12.10.1989 – VII ZR 339/88, BGHZ 109, 33.
[33] A.a.O. unter Bezug auf EuGH, Urt. v. 15.01.1985 – Rs. 241/83, EuGHE 1985, 99 – Rösler/Rottwinkel, Rn. 19.
[34] Lindacher, BB 1990, 661; Siehe auch Kapitel 6. III. 2. c).

Art. 22 EuGVVO ist nicht weiter auszulegen als für sein Ziel erforderlich. Der Gerichtsstand am Belegenheitsort der unbeweglichen Sache wird eröffnet, weil das dortige Gericht wegen der räumlichen Nähe am besten in der Lage ist, sich durch Nachprüfungen genaue Kenntnis des Sachverhalts zu verschaffen und die geltenden Regeln und Gebräuche des Belegenheitsstaates anzuwenden[35]. Diese Zielsetzung greift nicht bei einem Verbandsklageverfahren, in dem die Klauseln abstrakt am objektiven Recht überprüft werden, ohne dass die konkrete Sachlage in einem Mietobjekt beurteilt werden müsste. Art. 22 EuGVVO ist nicht anwendbar.

3. Art. 2 EuGVVO

Art. 2 EuGVVO legt den nach Art. 59 bzw. 60 EuGVVO zu bestimmenden (Wohn-)Sitz des Beklagten wie im deutschen Zivilprozess als allgemeinen Gerichtsstand fest. Für diese Norm gelten im Verbandsklageprozess keine Besonderheiten. Dabei ist die EuGVVO auch anwendbar, wenn nur der Beklagte seinen (Wohn-)Sitz in einem Mitgliedstaat hat, der Kläger aber in einem Drittland ansässig ist und so ein Bezug zu einem zweiten Mitgliedstaat nicht gegeben ist[36].

4. Art. 5 Nr. 1 EuGVVO

Als besonderer Gerichtsstand kommt bei AGB-Verbandsklagen Art. 5 Nr. 1 EuGVVO in Betracht. Im *Henkel* - Urteil hat der EuGH die Anwendbarkeit der Norm verneint. Der vertragliche Gerichtsstand scheidet aus, weil zwischen Kläger und Beklagtem weder eine eigene vertragliche Beziehung besteht noch vertragliche Ansprüche der Verbandsmitglieder im Wege der Abtretung oder Prozessstandschaft geltend gemacht werden. Vielmehr klagt der Verband aus gesetzlichem Recht[37].

Die vertragliche Natur des geltend gemachten Anspruchs kann nicht daraus abgeleitet werden, dass es für die Begründetheit des Anspruchs inzident erforderlich ist, vertragsrechtliche Normen zu prüfen[38]. Ist die internationale Zuständigkeit eines Gerichts gegeben, kann es über alle in den durch die Zuständigkeit abgedeckten Ansprüchen auftauchende Vorfragen urteilen, auch wenn bei isolierter Betrachtung keine Zuständigkeit für die Vorfrage gegeben wäre[39].

---

[35] EuGH, Urt. v. 27.01.2000 – Rs. C-8/98, IPRax 2001, 41 – Dansommer zu Art. 16 EuGVÜ.
[36] EuGH, Urt. v. 13.07.2000 – Rs. C-412/98, IPRax 2000, 520 – Group Josi Reinsurance.
[37] EuGH, Urt. v. 01.10.2002 – Rs. C-167/00, EuGHE 2002 I 8111 – Henkel, Rn. 38 - 40.
[38] Mankowski, EWiR 2002, 1048.
[39] Mansel, IPRax 1989, 86.

In der Ablehnung von Art. 5 Nr. 1 EuGVVO zeigt sich die Verschiedenheit der Verbandsklagen zu individuellen Verfahren trotz übereinstimmender Sachverhaltskonstellationen. Macht der einzelne Verbraucher die Unwirksamkeit einer Klausel in AGB geltend, um Schadenersatz zu erhalten oder eine Zahlungsklage abzuwehren, oder verlangt er die Erfüllung eines Gewinnversprechens, kann die Klage auf Art. 5 Nr. 1 EuGVVO gestützt werden[40]. Bei Verbandsklagen nach §§ 1, 2 UKlG und § 8 III Nr. 3 UWG aufgrund derselben Sachverhalte dagegen fehlt es an dem für Art. 5 Nr. 1 EuGVVO entscheidenden Element der freiwilligen Verpflichtung zwischen den Parteien und schließt den Vertragsgerichtsstand aus.

Art. 5 Nr. 1 EuGVVO kommt allenfalls bei den hier nicht besprochenen Klagen auf Grundlage einer vertraglichen Unterlassungsverpflichtung in Betracht. Wie diese allerdings formuliert sein müsste, damit der EuGH einen Erfüllungsort nach Art. 5 Nr. 1 EuGVVO bestimmen würde, ist angesichts seiner Entscheidung in der Sache *Besix*[41] offen.

5. Art. 5 Nr. 3 EuGVVO

Ist Art. 5 Nr. 1 EuGVVO ausgeschlossen, kann die Anwendbarkeit des zu dem vertraglichen Gerichtsstand in einem Exklusivitätsverhältnis stehenden[42] Art. 5 Nr. 3 EuGVVO überlegt werden. Der besondere Gerichtsstand für unerlaubte Handlungen wird vom EuGH dahingehend definiert, dass er jede Schadenshaftung ohne vertragliche Grundlage erfasse[43]. Grundlage für seine Eröffnung sei die Sach- und Beweisnähe des Gerichts zum Streitstand[44].

In der Sache *Henkel* entschied der EuGH, dass Klagen von Verbänden zur Unterlassung der Verwendung von rechtswidrigen AGB dem deliktischen Gerichtsstand unterfallen. Der Begriff des schädigenden Ereignisses in Art. 5 Nr. 3 EuGVVO sei weit auszulegen und erfasse auch Angriffe auf die Rechtsordnung[45]. Zudem sei die Wirksamkeit der Verbandsklage beeinträchtigt, wenn sie nur nach Art. 2 EuGVVO am Sitz des Unternehmers erhoben werden könnte[46].

---

[40] EuGH, Urt. v. 20.01.2005 – Rs. C-27/02, EuGHE 2005 I 481 – Engler.
[41] EuGH, Urt. v. 19.02.2002 – Rs. C-256/00, EuGHE 2002 I 1699 – Besix; zu Recht kritisch Heß, IPRax 2002, 376.
[42] EuGH, Urt. v. 27.09.1988 – Rs. 189/87, EuGHE 1988, 5565 – Kalfelis.
[43] EuGH, Urt. v. 01.10.2002 – Rs. C-167/00, EuGHE 2002 I 8111 – Henkel, Rn. 36.
[44] EuGH, Urt. v. 11.01.1990 – Rs. 220/88, EuGHE 1990 I 49 – Dumez, Rn. 17.
[45] EuGH, Urt. v. 01.10.2002 – Rs. C-167/00, EuGHE 2002 I 8111 – Henkel, Rn. 42.
[46] EuGH, Urt. v. 01.10.2002 – Rs. C-167/00, EuGHE 2002 I 8111 – Henkel, Rn. 43.

In der Entscheidung wurde auch die Thematik vorbeugender Unterlassungsklagen[47] angesprochen. Diese ist seit der Präzisierung des Wortlauts von Art. 5 Nr. 3 EuGVVO gegenüber Art. 5 Nr. 3 EuGVÜ geklärt und braucht daher hier nicht weiter erörtert zu werden. Ein Schaden selbst muss noch nicht eingetreten sein oder die beanstandete Handlung noch nicht ausgeführt, um einen deliktischen Gerichtsstand zu begründen. Dieser kann auch an dem Ort sein, an dem der Schaden „einzutreten droht".

Der Zuordnung von auf der UKl-RL beruhenden Klagen zu Art. 5 Nr. 3 EuGVVO durch den EuGH ist zuzustimmen. Eine vertragliche Beziehung zwischen den Prozessparteien liegt weder bei § 1 noch bei § 2 UKlG vor. Auch wenn beide Normen Situationen in einem vertraglichen Kontext betreffen können, handelt es sich um gesetzliche Unterlassungsansprüche und -verpflichtungen. Die vom EuGH verlangte fehlende vertragliche Grundlage ist gegeben.

Zudem muss es sich um eine „Schadenshaftung" handeln. Zwar macht der Verbraucherverband keinen Schadenersatz im Wege einer Zahlungsklage geltend, Art. 5 Nr. 3 EuGVVO erfasst jedoch auch (vorbeugende) Unterlassungsklagen, wenn die Durchführung der zu unterlassenden Handlung eine unerlaubte Handlung darstellen würde.

Die Verbandsklagen nach der UKl-RL sollen die objektive Rechtsordnung bewähren, den Unternehmer zu rechtmäßigem Verhalten bewegen und ein Marktgleichgewicht herstellen. Sie schützen das verobjektivierte Interesse der Verbraucher, das die Verbände zu ihrem Interessenkreis gemacht haben. Das Verhalten des Beklagten stellt einen mit der Verbandsklage behaupteten widerrechtlichen Eingriff in diesen gesetzlich geschützten Rechtskreis dar. Daher liegt eine unerlaubte Handlung bzw. eine ihr gleichgestellte Handlung vor, zumal der Vergleich mit Art. 5 Nr. 4 EuGVVO für eine weite Auslegung von Art. 5 Nr. 3 EuGVVO spricht [48].

Da Art. 5 Nr. 3 EuGVVO auch die örtliche Zuständigkeit regelt, hat seine Anwendbarkeit zur Folge, dass ein Teil des Regelungsbereiches von § 6 UKlG entfällt. Das gilt auch, wenn der Beklagte zwar eine Niederlassung im Inland, seinen Sitz aber im Ausland hat[49]. In § 5 III ihres Gesetzesentwurfs eines GVMuG, der § 6 UKlG entspricht, empfehlen *Micklitz* und *Stadler* einen klarstellenden Hinweis, dass die Regelungen der EuGVVO unberührt bleiben[50].

---

[47] Zum Streitstand vor der Henkel-Entscheidung und der Wortlautänderung im Rahmen der Umstellung vom EuGVÜ zur EuGVVO siehe Maurer, S. 12 ff. sowie Fritzsche, S. 714 f.
[48] Stadler, ZZPInt 7 (2002), 290 f.
[49] Schlosser/Coester-Waltjen/Graba-Schlosser, § 14 Rn. 3.
[50] Micklitz/Stadler, in Das Verbandsklagerecht, S. 1261.

a) Ort des schädigenden Ereignisses

Liegt eine unerlaubte Handlung oder ihr gleichgestellte Handlung vor, eröffnet Art. 5 Nr. 3 EuGVVO einen Gerichtsstand an dem Ort, an dem das schädigende Ereignis eingetreten ist oder einzutreten droht.

Die Lokalisierung dieses Ortes ist nach dem Grundsatz der *Mines de Potasse*-Entscheidung des EuGH vorzunehmen[51]. Danach bezeichnet der Ort des schädigenden Ereignisses sowohl den Ort, an dem der Schaden eingetreten ist bzw. einzutreten droht (Erfolgsort) als auch den Ort, an dem das ursächliche Geschehen stattgefunden hat (Handlungsort)[52]. Nicht erfasst sind einerseits Vorbereitungshandlungen[53] und andererseits indirekte Schäden oder Folgewirkungen des an einem anderen Ort entstandenen Schadens[54]. Daher wird der „Schaden" als Rechtsgutsverletzung verstanden, wenn man sich der deutschen Rechtsterminologie bedient[55].

An dieser Zweiteilung des deliktischen Gerichtsstandes, d.h. der gesonderten Bestimmung von Handlungs- und Erfolgsort ist auch für die Verbandsklage festzuhalten[56]. Eine Fokussierung auf einen einzigen Ort, z.B. den Verwendungsort, ist abzulehnen. Dagegen wird im Wettbewerbsrecht von einer Ansicht gefordert, einen einheitlichen Marktort nicht nur für das anwendbare Recht, sondern auch für die internationale Zuständigkeit anzuwenden[57].

Jedoch geht Art. 2 II UKl-RL von der grundsätzlichen Verschiedenheit des Ursprungs- und des Auswirkungsorts aus. Es greifen weder die von den Befürwortern einer wettbewerbsrechtlichen Zuständigkeit angeführten Argumente durch, noch sollten sie auf die verbraucherrechtliche Verbandsklage übertragen werden.

Es wird auf die Vorteile eines Gleichklangs zwischen Zuständigkeit und anwendbarem Recht verwiesen und die ausschließliche Sach- und Beweisnähe am Marktort behauptet[58]. Was den Gleichlauf betrifft, so mag dieser zwar praktisch

---

[51] So für Verbandsklagen auch Maidl, S. 260 und Lakkis, S. 137.
[52] EuGH, Urt. v. 30.11.1976 – Rs. 21/76, EuGHE 1976, 1735 – Mines de Potasse.
[53] Geimer/Schütze, Art. 5 EuGVVO Rn. 250.
[54] EuGH, Urt. v. 10.06.2004 – Rs. C-168/02, EuGHE 2004 I 6009 – Kronhofer, Rn. 19; Fricke, S. 228 m.w.N.
[55] Vgl. nur Huber ZEuP 1996, 301 m.w.N. sowie Geimer, Rn. 1501 m.w.N.
[56] Lakkis, S. 137; Reich/Micklitz, S. 1203; Fezer-Hausmann/Obergfell, Einl I Rn. 464.
[57] Harte/Henning-Glöckner, Einl. D Rn. 16; anders die wohl herrschende Meinung, vgl. Behr, GRUR Int 1992, 608 und ihre (kritische) Darstellung bei Staudinger-Fezer/Koos, Internationales Wirtschaftsrecht, Rn. 761 m.w.N.
[58] Harte/Henning-Glöckner, Einl. D Rn. 16, 30.

sein, ein notwendiger wechselseitiger Bezug zwischen Zuständigkeit und anwendbarem Recht besteht jedoch nicht, weil wie einleitend hervorgehoben verschiedene Interessenlagen relevant werden können. Zudem ist ein Gleichlauf durch den allgemeinen Gerichtsstand ohnehin nicht durchgehend gewährleistet.

Auch die Sach- und Beweisnähe ist nicht nur am Marktort gegeben. Gerade in größeren Unternehmensstrukturen können wesentliche Entscheidungen für das wettbewerbswidrige Verhalten an anderen Orten getroffen worden sein, ohne dass bloße Vorbereitungshandlungen vorliegen müssen[59]. Deutlicher noch wird dies im Kontext der Verbandsklage, da § 1 UKlG sowohl die Erarbeitung der AGB erfordert als auch die beabsichtigte Verwendung in einer Vielzahl von Fällen und § 2 UKlG ebenfalls eine Relevanz über den individuellen Fall hinaus voraussetzt. Hinzu kommt, dass bei § 2 I 2 UKlG die interne Betriebsstruktur relevant ist, um festzustellen, ob es sich bei dem Handelnden um einen Angestellten handelt. Die Sach- und Beweisnähe anderer Orte als dem Verwendungsort kann daher nicht ausgeschlossen werden.

Darüber hinaus kann die für die materiell-rechtliche Konzentration auf den Marktort angeführte drittschützende Funktion des Wettbewerbsrechts nicht auf die Zuständigkeit übertragen werden, weil „die Dritten" keine prozessualen Interessen an dem Verfahren haben. Ihr Schutz wird unabhängig vom Prozessort durch Anwendung des Marktortrechts gewahrt.

Klagen nach §§ 1, 2 UKlG können daher sowohl am Verursachungs- als auch am Erfolgseintrittsort erhoben werden. Hierfür muss das schädigende Ereignis bestimmt werden.

aa) Autonome Bestimmung des schädigenden Ereignisses

Das schädigende Ereignis wird unabhängig von den nationalen Rechtsordnungen bestimmt. Zur Abgrenzung zwischen zuständigkeitsbegründendem Erfolgsort und unbeachtlichem Schadensort hatte der BGH einen Rückgriff auf das anwendbare Deliktsrecht vertreten[60]. Ebenso meint *Geimer*, dass bei einem Verstoß gegen Verhaltenspflichten zumindest für den Erfolgsort das nationale Recht herangezogen werden müsse, weil dieses den Umfang der Handlungs- und Unterlassungspflichten festlege[61].

Einen entsprechenden Vortrag der deutschen Regierung hat der EuGH in der Rechtssache *Marinari* zurückgewiesen. In den jeweiligen mitgliedstaatlichen

---

[59] Behr, GRUR Int 1992, 608.
[60] BGH, Urt. v. 24.09.1986 – VIII ZR 320/85, NJW 1987, 594.
[61] Geimer, Rn. 1505 ff., 1512.

Regelungen hinge die örtliche Zuständigkeit ebenfalls nicht von den Voraussetzungen für die außervertragliche Haftung ab. Ein solches Vorgehen widerspräche dem Ziel der Vorhersehbarkeit von Gerichtsständen. Zudem könne die Berücksichtigung von Folgeschäden und der Vermögensbelegenheit zu Gerichtsständen ohne Sach- und Beweisnähe zum Sachverhalt führen[62].

Insbesondere bei auf Richtlinien beruhenden Ansprüchen erscheint *Geimers* Auffassung unzutreffend, der Erfolgsort könne nicht ohne Rückgriff auf die nationalen Handlungspflichten bestimmt werden. Denn es ist der zu verhindernde Erfolg, der in den Richtlinien festgelegt wird, während der Weg, auf dem die Mitgliedstaaten diesen erreichen sollen, offengelassen oder mit verschiedenen Optionen versehen wird. Aber auch im Kontext ursprünglich nationaler Gesetze muss die Zuständigkeit nach der EuGVVO ohne Rückgriff auf Spezifika des nationalen Rechts bestimmt werden[63]. Die Normen müssen in allen Mitgliedstaaten gleichermaßen angewandt werden, um ihre Funktion der Vereinheitlichung und Vorhersehbarkeit zu erfüllen[64]. Sonst könnte es zum Beispiel notwendig sein, bei einem beliebigen Schadensort in Frankreich auch dort eine Zuständigkeit anzuerkennen, da im französischen Recht auch die Schadensfolgen zum Tatbestand gehören[65].

Gerade in dem von *Geimer* zur Unterstützung seiner Auffassung angeführten Fall wäre es nicht notwendig gewesen, deutsches Recht heranzuziehen[66] und letztendlich war die Argumentation des BGH trotz ihres formalen Stützens auf deutsches Recht auch ohne einen solchen Rückgriff schlüssig und erfolgte unter Bezugnahme auf die autonom begründete Rechtsprechung des EuGH und die Zielsetzungen der europarechtlichen Vorschriften[67].

Die Entscheidung des EuGH in der Sache *Marinari* steht nicht im Widerspruch zu dem nur sechs Monate früher gefällten *Shevill*-Urteil[68]. Darin hatte der EuGH jedem Mitgliedstaat die Aufgabe zugewiesen, selbst zu bestimmen, „unter welchen Voraussetzungen das ursächliche Ereignis gegenüber dem Betroffenen als schädigend angesehen werden kann“[69].

---

[62] EuGH, Urt. v. 19.09.1995 – Rs. C-364/93, EuGHE 1995 I 2719 – Marinari, Rn. 18 - 20.
[63] Weller, IPRax 2000, 209.
[64] Kubis, S. 104 f., 125, 130; Schack, ZZP 100 (1987), 450.
[65] Stoll, IPRax 1989, 90.
[66] Schack, ZZP 100 (1987), 450.
[67] BGH, Urt. v. 24.09.1986 – VIII ZR 320/85, NJW 1987, 594.
[68] So aber Ch. Kohler, ZEuP 1996, 467 Fn. 68.
[69] EuGH, Urt. v. 07.03.1995 – Rs. C-68/93, EuGHE 1995 I 415 – Shevill, Rn. 38.

Das Urteil leidet an sprachlicher Unklarheit, insbesondere an einer in den jeweiligen Übersetzungen und im Sprachgebrauch des EuGH nicht durchgehaltenen Unterscheidung zwischen dem „schädigenden Ereignis“ und dem „Schaden“[70]. Die Aussage des EuGH darf nicht vorrangig an ihrem Wortlaut gemessen werden, sondern an ihrem Anlass und ihrem Kontext.

Ausgangspunkt für den Verweis auf das nationale Recht in *Shevill* war eine beweisrechtliche Vermutung zur Schadensbestimmung im englischen Recht, während es in *Marinari* um die Bestimmung des verletzten Rechtsguts ging. In *Shevill* heißt es weiter, dass das EuGVÜ zum Gegenstand habe, „das Gericht oder die Gerichte, die für die Entscheidung des Rechtsstreits zuständig sind, nach Maßgabe des Ortes oder der Orte zu bestimmen, an denen ein als schädigend geltendes Ereignis eingetreten ist“[71].

Auch nach *Shevill* soll also die Zuständigkeitsprüfung autonom und unabhängig von einem nationalen Recht[72] erfolgen, während der Umfang des Schadens selbst und das dazugehörige Beweisrecht nach den Rechtsordnungen der Mitgliedstaaten beurteilt werden[73]. Dieses Verständnis der Entscheidung wird durch Generalanwalt *Darmon* bestätigt, der in seinen Ausführungen zu *Shevill* für Art. 5 Nr. 3 EuGVÜ noch einmal ausdrücklich einen Rückgriff auf die konkret anwendbare Rechtsordnung im Unterschied zu Art. 5 Nr. 1 EuGVÜ ablehnt[74].

bb) Geschütztes Rechtsgut

Weiterhin ist es zur Bestimmung von Verursachungs- und Verletzungsort erforderlich, das geschützte Rechtsgut zu nennen, dessen Beeinträchtigung das schädigende Ereignis darstellt. Der EuGH benennt es in seinem *Henkel*-Urteil nicht ausdrücklich.

Aus der Formulierung, der Begriff des schädigenden Ereignisses erfasse „auch Angriffe auf die Rechtsordnung durch die Verwendung missbräuchlicher Klauseln“[75], könnte geschlossen werden, dass die Verletzung der anwendbaren Rechtsordnung das den Tatort bestimmende Ereignis sei[76]. Da auch Art. 1 II UKL-RL in seiner Definition eines Verstoßes im Sinne der Richtlinie das Zuwi-

---

[70] Rauscher, ZZPInt 1 (1996), 160, 164.
[71] EuGH, Urt. v. 07.03.1995 – Rs. C-68/93, EuGHE 1995 I 415 – Shevill, Rn. 37.
[72] Kubis, S. 128.
[73] Rauscher, ZZPInt 1 (1996), 166; Huber, ZEuP 1996, 312.
[74] Generalanwalt Darmon, EuGHE 1995 I 421 f.
[75] EuGH, Urt. v. 01.10.2002 – Rs. C-167/00, EuGHE 2002 I 8111 – Henkel, Rn. 42.
[76] Die unklare Formulierung des EuGH bemängelt auch Kobina Gaba, Le Dalloz 2002, 3202, und betont dort ebenfalls die Bedeutung des kollektiven Interesses.

derlaufen gegen eine der Richtlinienumsetzungen enthält, kann die jeweilige Rechtsordnung als primär geschütztes Rechtsgut erscheinen. Deren Verletzung und damit deren nationaler Geltungsraum könnte dann den Ort des schädigenden Ereignisses bestimmen. Ein solches Forum wäre durch den erzielten Gleichlauf zwischen Zuständigkeit und anwendbarem Vertragsrecht zudem am besten in der Lage zu beurteilen, ob das Verhalten des Beklagten seinen eigenen Verbraucherschutzgesetzen zuwiderläuft, so dass eine Sachnähe bestünde.

Dennoch ist von einer solchen Interpretation Abstand zu nehmen. Die Struktur des Urteils weist darauf hin, dass der EuGH trotz seiner Wortwahl an dieser Stelle lediglich begründet, weshalb eine unerlaubte Handlung vorliegt. Dagegen legt er nicht die Rechtsgutsverletzung fest.

Diese ergibt sich aus der UKL-RL. Neben der Verletzung der Rechtsordnung enthält Art. 1 II UKl-RL einen zweiten Bestandteil, die Beeinträchtigung der Kollektivinteressen der Verbraucher. Ihrem Schutz dient nicht nur die UKl-RL, sondern auch alle in ihrem Anhang aufgeführten Richtlinien. Zwar bewährt die Verbandsklage auch das objektive Recht, das verletzte Rechtsgut ist jedoch das verobjektivierte Verbraucherinteresse. Auf dieses wird durch das zu unterbindende Verhalten eingewirkt wird. Das Rechtsgut deckt sich mit der Zielrichtung der Beklagtenhandlung, die weniger auf eine Rechtsordnung, denn auf die Interaktion mit dem Verbraucher gerichtet ist.

Die mitgliedstaatlichen Rechtsordnungen stützen diese Überlegungen. Die Überschrift des ersten Kapitels im vierten Titel des französischen Code de la Consommation lautet übersetzt „Klagen, die im kollektiven Verbraucherinteresse ausgeübt werden“. Ebenso ist die Verletzung von kollektiven Verbraucherinteressen Voraussetzung für ein Vorgehen des Officer of Trade nach Chapter 40 Section 211 Enterprise Act 2002. Die Verletzung einer Rechtsordnung durch den Beklagten ist daher nicht zuständigkeitsrelevant, sondern „nur“ mittelbare Schadensfolge.

Hinzu kommt, dass die zuständigkeitsrechtliche Prüfung durch eine vorgezogene materielle Frage zum anwendbaren Vertragsrecht unnötig kompliziert würde, wie an den Diskussionen um Art. 5 Nr. 1 EuGVÜ deutlich wird und die trotz des veränderten Wortlauts in Art. 5 Nr. 1 EuGVVO nicht abgeklungen sind[77]. Eine Orientierung an der Vertragsordnung zur Bestimmung des Ortes des schädigenden Ereignisses führte häufiger als die Anwendung eines tatsächlichen Merkmals zu verschiedenen Auslegungen durch die nationalen Gerichte und darüber

---

[77] Vgl. Geimer/Schütze-Geimer, A.1. Art. 5 Rn. 13 ff; Thorn, IPRax 2004, 356; Leible, IPRax 2006, 365.

hinaus zu Zuständigkeitsspaltungen, wenn aufgrund desselben Sachverhalts auch wettbewerbsrechtliche Verbandsklagen erhoben werden.

cc) Handlungsort

Der Handlungsort ist der Ort, an dem das ursächliche Geschehen stattgefunden hat, bei Unterlassungsklagen der Ort, an dem es unterbleiben soll. Da geschütztes Rechtsgut die kollektiven Verbraucherinteressen sind, muss bestimmt werden, von wo aus ihre Verletzung in Gang gesetzt wurde bzw. ihre Verletzung droht.

Aus dem *Henkel*-Urteil des EuGH ergeben sich hierfür keine Anhaltspunkte. Der OGH ging in seiner Entscheidung davon aus, dass der Ort der AGB-Verwendung die Zuständigkeit begründet[78]. Da er sich für die örtliche Zuständigkeit jedoch entgegen Art. 5 Nr. 3 EuGVVO auf den nationalen § 83c JN stützt, kann hieraus für Art. 5 Nr. 3 EuGVVO nichts hergeleitet werden.

Als Handlungsort für Klagen nach §§ 1, 2 UKlG kommen zwei Orte in Betracht. Der Ort, an dem die AGB nicht mehr verwendet oder empfohlen werden sollen bzw. den Verbraucherschutzgesetzen zuwidergehandelt werden soll, jeweils im Sinne eines dem Verbraucher Gegenübertretens verstanden. Oder der Ort, an dem die Entscheidung für diese Handlungen unterbleiben soll – im Regelfall, aber nicht immer, der (Wohn-)Sitz des Beklagten.

Der erste Ort folgt aus dem Wortlaut nicht nur des UKlG, das bei autonomer Auslegung nicht ausschlaggebend ist, sondern auch aus dem von Art. 7 Klauselrichtlinie und Art. 1 II UKl-RL. Dort sind als zu unterlassende Handlungen das Verwenden bzw. Empfehlen von AGB sowie das Zuwiderhandeln gegen Verbraucherschutzgesetze benannt. Die (unmittelbar drohende) Ausführung dieser Tatbestandshandlungen könnte daher den Handlungsort bestimmen[79].

Hiergegen spricht jedoch ein anderes Merkmal der zu unterlassenden Ausführungshandlungen; das der Kollektivität. Sowohl der AGB-Begriff als auch die Zuwiderhandlung gegen Verbraucherschutzgesetze setzen die potentielle Betroffenheit von mehr als einem Individuum voraus, d.h. die Betroffenheit der Verbrauchergemeinschaft. Deren Ursprung liegt jedoch nicht an dem Ort einer Einzelnen der Handlungen. Diese haben jeweils nur Indizcharakter zum Beispiel für die Begehungs- oder Wiederholungsgefahr, stehen aber für eine Vielzahl von

[78] OGH, Urt. v. 07.11.2002 – 6 Ob 264/02w, http://www.ris.bka.gv.at/jus.

[79] So nimmt z.B. Schack, IZVR, Rn. 303 für presserechtliche Persönlichkeitsverletzungen den Handlungsort am Verbreitungsort an, was zu einer Einheit von Handlungs- und Erfolgsort führt.

zu unterlassenden Handlungen. Der Handlungsort als ursächlicher Ort ist vielmehr der Ort des Entschlusses, diese Handlungen als Gesamtheit in Gang zu setzen.

Daher ist die zweite Möglichkeit, die Entscheidungszentrale, als Handlungsort zu bevorzugen[80]. Hier trifft der Beklagte die Entscheidung, die per definitionem auf eine Vielzahl von Verträgen ausgelegten AGB zu verwenden oder zu empfehlen. Ein bedeutender Teil der Handlung ist nicht auf die Verwendung und Empfehlung im Einzelfall, sondern auf die Erstellung und Bereithaltung gerichtet. Ebenso geht bei § 2 UKlG der für mehr als eine individuelle Situation erheblichen (drohenden) Zuwiderhandlung ein Entschluss für ein entsprechendes regelmäßiges Vorgehen voraus. Daher ist an diesem Planungs- und Organisations ort des Beklagten die originäre ursächliche Komponente des Tatbestandes zu sehen, zu der auch die den deliktischen Gerichtsstand begründende besondere Sach- und Beweisnähe besteht.

Überwiegend dürfte der Ort der Entscheidungszentrale mit dem (Wohn-)Sitz des Beklagten zusammentreffen. Dennoch muss bei Verbandsklagen der Handlungsort nicht notwendig immer mit dem allgemeinen Gerichtsstand übereinstimmen[81], so dass eine Reduzierung von Art. 5 Nr. 3 auf den Erfolgsortsgerichtsstand nicht die zutreffendere Darstellung wäre.

Die Übereinstimmung von Handlungsort und allgemeinem Gerichtsstand gibt es vor allem bei Gesellschaften und juristischen Personen im Sinne von Art. 60 EuGVVO. Dies mag auch der Grund sein, weshalb der EuGH in *Shevill*[82] kurzerhand behauptete, der Handlungsort bei der Verletzung von Persönlichkeitsrechten durch die Presse wäre immer der Beklagtensitz, denn in aller Regel dürfte es sich bei gerichtlich verhandelten internationalen Pressedelikten um solche Beklagte handeln. Aber auch bei juristischen Personen ist eine Abweichung des Handlungsortes vom allgemeinen Gerichtsstand denkbar, wenn alle für die jeweils zu unterbindende Handlung bedeutsamen Entscheidungskompetenzen an einem vom Sitz nach Art. 60 EuGVVO verschiedenen Ort angesiedelt sind oder nur ein Teilbereich des Unternehmens betroffen ist, dessen Entscheidungszentrale an einem vom Sitz verschiedenen Ort liegt.

---

80 So versteht auch der Cour d'Appel de Bruxelles, Urt. v. 08.12.2005 – D. Duchesne S.A. v. The Office of Fair Trading (unveröffentlicht), für die Bestimmung des anwendbaren Rechts den Handlungsort, siehe Kapitel 6. II. 1. c).

81 Verursachungsort und Sitz setzen ohne Begründung gleich Reich, RabelsZ 56 (1992), 453 und Maurer, S. 52.

82 EuGH, Urt. v. 07.03.1995 – Rs. C-68/93, EuGHE 1995 I 415 – Shevill; Diese Einseitigkeit zurecht kritisierend Kreuzer/Klötgen, IPRax 1997, 93.

Bei natürlichen Personen, die ebenfalls für §§ 1, 2 UKlG relevantes Verhalten an den Tag legen können, wenn sie auch nicht so sehr im Aufmerksamkeitskreis der Verbände stehen, ist ein Abweichen schon häufiger zu erwarten.

Auch bei ihnen ist Handlungsort aus den oben genannten Gründen die Entscheidungszentrale. Denn selbst wenn bei einer natürlichen Person im Einzelfall ein Abweichen von der eigentlich beabsichtigten Handlung eher möglich ist als bei von Anweisungen gelenkten Mitarbeitern eines Unternehmens, geht es auch hier um die Merkmale der Vielzahl bzw. Massenrelevanz und nicht um die einzelne Ausführungshandlung. Die hiefür relevanten Tätigkeiten werden aber auch bei Einzelpersonen an ihrer Entscheidungszentrale festgelegt und ausgeübt. Diese kann jedoch an einem vom Wohnsitz und damit dem allgemeinen Gerichtsstand abweichenden Ort liegen.

Darüber hinaus hat der Handlungsort selbst bei einer Auslegung, bei der er mit dem allgemeinen Gerichtsstand zusammenfällt, die nicht zu vernachlässigende Folge, dass er für die Erhebung einer negativen Feststellungsklage einen Klägergerichtsstand eröffnet[83].

dd) Erfolgsort

Der Erfolgsort ist der Ort, an dem der als Rechtsgutsverletzung verstandene Schaden eingetreten ist bzw. einzutreten droht unter Ausschluss mittelbarer Folgeschäden. Für §§ 1, 2 UKlG ist das der Ort, an dem das Verhalten des Beklagten unmittelbare Außenwirkung auf die kollektiven Verbraucherinteressen zeigt bzw. zeigen würde.

(1) Verbandssitz

Nicht Erfolgsort ist der Sitz des Verbandes. Für eine solche Lokalisierung könnte angeführt werden, dass das Verbandsinteresse nicht mit dem Interesse der individuellen Verbraucher identisch ist und deren Beeinträchtigung nur den ersten Schritt der Verletzung darstellt, aus dem dann die Beeinträchtigung des nicht lokalisierbaren abstrakten Verbraucherschutzes folgt. Eine solche Argumentation ist jedoch abzulehnen.

Zwar wurde unter dem Gesichtspunkt des geschützten Rechtsguts der kollektive Verbraucherschutz als das primär mit der Verbandsklage verfolgte Ziel herausgearbeitet. Der Verband fordert jedoch mit seiner Klage die Unterlassung konkreten Verhaltens gegenüber einer Gruppe von Verbrauchern. Nur über die Beeinträchtigung der Verbraucher ist auch das Verbandsinteresse verletzt. Wollte

[83] Kubis, S. 132.

man am Verbandssitz einen Schaden annehmen, handelte es sich hierbei um einen bloßen Folgeschaden, ähnlich der Beurteilung bei Vermögensschäden.

Ein Gerichtsstand am Verbandssitz wäre zudem eine einseitige Bevorzugung der Verbände, insbesondere, da bei ihnen die Opferschutzfunktion des Erfolgsorts[84] nicht greift. Eine persönliche Betroffenheit, wie sie z.B. bei Persönlichkeitsrechtsverletzungen anzunehmen ist, und die einige Autoren, sei es originär oder über eine Schwerpunktbestimmung, veranlasst, den gewöhnlichen Aufenthalt des Geschädigten als Erfolgsort anzunehmen[85], fehlt bei Verbänden. Anders als die Ehre oder das Persönlichkeitsrecht erscheint der Verbraucherschutz nicht als unteilbares Rechtsgut. Es lassen sich verschiedene Verbrauchergruppen, Märkte und Nationalitäten ausmachen. Darüber hinaus wäre ein Gerichtsstand am Verbandssitz für den Beklagten nicht vorhersehbar, da ihm in der Regel mehrere potentielle Kläger gegenüber stehen.

(2) Ort der Verbraucherinteressenbeeinträchtigung

Vielmehr ist der Erfolgsort der Ort, an dem die Einwirkung auf die Verbraucherinteressen unterbleiben soll. Das ist der Ort, an dem die AGB nicht mehr verwendet bzw. empfohlen werden sollen oder nicht mehr einem Verbraucherschutzgesetz zuwidergehandelt werden soll.

Für die Verwendung von AGB ist der Ort relevant, an dem der Kontakt mit dem Verbraucher stattfindet und auf seine Entscheidungs- und Handlungshoheit eingewirkt wird, unabhängig davon, ob es zu einem Vertragsschluss kommt oder nicht. Bei der Empfehlung ist die in Kapitel 2 III. 2. geschilderte präventive Intention zu berücksichtigen. Schon die mittelbare Verbraucherbeeinträchtigung durch Einwirkung auf den potentiellen Verwender soll verhindert werden. Daher ist der die Zuständigkeit begründende Empfehlungsort der Ort, an dem der potentielle Verwender gezieltermaßen mit den empfohlenen AGB konfrontiert wird[86].

Die Lokalisierung der Verbraucherinteressenbeeinträchtigung bei der Zuwiderhandlung gegen Verbraucherschutzgesetze ist für § 2 UKlG insgesamt nicht in der konkreten Form wie bei dem Verwendungs- und Empfehlungstatbestand möglich, weil die Norm eine unbegrenzte Vielzahl von Verhaltensweisen des Beklagten umfasst.

---

[84] Hierzu Geimer, Rn. 1497; Fricke, S. 289.
[85] Z.B. Erman-Hohloch, Art. 40 EGBGB, Rn. 53; Ehmann/Thorn AfP 1996, 20.
[86] So auch Maidl, S. 261; siehe hierzu auch unten Kapitel 6 II. 2. c).

In einer groben Einteilung können vertragliche und wettbewerbliche Normen ausgemacht werden. Bei letzteren ist das Verhalten des Beklagten auf die Verbraucher an einem bestimmten Markt ausgerichtet, so dass Erfolgsort hier wie auch sonst im Wettbewerbsrecht der Marktort ist. Bei ersteren kommt es wie beim Verwendungsort auf den Kontakt mit dem Verbraucher und seine (versuchte) Beeinflussung an. Dies gilt nicht nur für Normen, die den Vertragsabschluss betreffen, sondern auch für Normen, die sich auf die Vertragsabwicklung beziehen. Die hier denkbare Alternative, z.B. bei § 497 BGB auf den Erfüllungsort der Verhaltenspflicht abzustellen, nötigte zu einer äußerst komplizierten Inzidentprüfung. Sie würde vernachlässigen, dass die Gefährdung der Verbraucher bereits mit dem Vertragsabschluss konkretisiert ist.

An diesen Orten ist die von Art. 5 Nr. 3 EuGVVO beabsichtigte Sach- und Beweisnähe des Gerichts gegeben. Hier kann festgestellt werden, ob und in welcher Form der Beklagte seiner Umwelt gegenüber getreten ist und welche Auswirkungen dies gezeitigt hat.

Das für den Erfolgsort häufig genannte Argument der besonderen Schutzbedürftigkeit des Klägers kann bei Verbandsklagen nicht herangezogen werden. Allerdings wurde die Wahlmöglichkeit zwischen Handlungs- und Erfolgsort vom EuGH in *Mines de Potasse* ohne den Rückgriff auf eine besondere Schutzbedürftigkeit des Klägers gewährt[87]. Hinzu kommt das in *Henkel* zur Begründung einer unerlaubten Handlung herangezogene Zweckmäßigkeitsargument der Effektivität. Im Interesse der mittelbar geschützten Verbraucher wollte der EuGH über den (Wohn-)Sitz hinaus einen Gerichtsstand schaffen, damit sich der Verwender, Empfehler oder Zuwiderhandelnde auch an dem Ort verantworten muss, an dem er gehandelt hat oder seine Handlungen unmittelbare Auswirkungen gezeigt haben. Für den Erfolgsort ist daher neben der Schutzbedürftigkeit des Klägers auch die Verantwortlichkeit des Beklagten relevant.

(3) Eingrenzungen

Diese Bestimmung des Erfolgsorts scheint eine ausgesprochen weite, für den Beklagten wenig vorhersehbare Zuständigkeitsbegründung zu ermöglichen. Denn sie kann nicht nur Situationen erfassen, in denen der Beklagte zum Beispiel AGB tatsächlich an einem Ort verwendet hat oder dies ausdrücklich für die nahe Zukunft in Erwägung zieht, sondern auch Sachverhalte, in denen der Kläger nur befürchtet, der Beklagte wolle in einem bestimmten Land AGB verwenden.

---

[87] EuGH, Urt. v. 30.11.1976 – Rs. 21/76, EuGHE 1976, 1735 – Mines de Potasse, Rn. 8/12; siehe auch Huber, ZeuP 1996, 305.

Einen Gerichtsstand an dem Ort anzunehmen, an dem als Klageanlass bereits eine konkrete Verbraucherbeeinträchtigung erfolgt ist, ist jedenfalls hinnehmbar. Dieser Ort ist für den Beklagten vorhersehbar. Hier hat er auf die Gruppe der Verbraucher eingewirkt.

Gleiches gilt aber auch für den Ort der drohenden Verbraucherbeeinträchtigung. Hier kommt das schon mehrfach angesprochene Charakteristikum der Verbandsklage als Unterlassungsklage zum Tragen, dass nicht nur zukünftig zu bereits geschehenen vergleichbare, sondern auch vorbeugend noch nicht eingetretene Verletzungen verhindert werden sollen. Ein wirksamer vorbeugender Rechtsschutz erfordert eine Zuständigkeit am drohenden Handlungs- und Erfolgsort, wie sich nunmehr aus Art. 5 Nr. 3 EuGVVO ausdrücklich ergibt.

Eine überbordende Gerichtspflichtigkeit des Beklagten kann daher nicht durch Einschränkung des Anknüpfungskriteriums erzielt werden. Vielmehr ist die Kernfrage, ob das schädigende Ereignis wie behauptet droht. Die Sachverhaltsaufklärung ist Aufgabe des Beweisverfahrens.

Nach den allgemeinen Grundsätzen ist der Kläger hinsichtlich aller zuständigkeitsbegründenden Tatsachen zum Beweis verpflichtet. Der Kläger müsste bei Bestreiten des Beklagten nachweisen, dass am Gerichtsort Tatsachen drohen, die eine unerlaubte Handlung darstellen. Problematisch wird die Situation erst dadurch, dass bei sogenannten doppelrelevanten Tatsachen hiervon Ausnahmen gemacht werden.

Doppelrelevante Tatsachen sind sowohl für die Zulässigkeit als auch die Begründetheit einer Klage erheblich[88]. Bei ihnen wird ganz herrschend angenommen, dass schon ihr schlüssiger Klagevortrag die Zulässigkeit begründen kann. Wird das Vorliegen der Tatsachen verneint, kann die Klage – für den Beklagten günstiger – als unbegründet abgewiesen werden und es muss nicht ein zweites Verfahren an einem anderen Ort begonnen werden[89]. Stellen sich die Tatsachen in der Begründetheit als gegeben heraus, liegt auch die Zuständigkeit vor und der Beklagte unterliegt der Entscheidungsgewalt des Gerichts ohnehin. Der Kläger sollte daher von der Abkehr der Beweispflicht und der Schlüssigkeitstheorie keinen besonderen Vorteil haben[90].

---

[88] BGH, Urt. v. 25.11.1993 – IX ZR 32/93, BGHZ 124, 240.
[89] Thomas/Putzo-Putzo, § 32 Rn. 8.
[90] Stein/Jonas-Roth, § 1 Rn. 32.

Nach herrschender Meinung wird in Prozessen mit Auslandsberührung ebenso verfahren[91]. Bestreitet der Beklagte erfolgreich das Vorliegen einer unerlaubten Handlung, erhält er ein für ihn vorteilhaftes abweisendes Sachurteil. Nach Art. 33 EuGVVO muss das Gericht eines anderen Mitgliedstaates das Urteil grundsätzlich anerkennen, selbst wenn es der Auffassung sein sollte, dass das urteilende Gericht nicht zuständig war. Durch diese Anerkennung wird der Anwendung der Schlüssigkeitstheorie in internationalen Verfahren erst die Grundlage bereitet, weil sich der Beklagte mit einem klageabweisenden Sachurteil trotz fehlender Zuständigkeit auch in anderen Mitgliedstaaten vor der erneuten Klage schützen kann[92]. Ergibt die Beweisaufnahme eine unerlaubte Handlung im Gerichtsbezirk, ergeht ein Urteil durch ein zuständiges Gericht.

Entscheidend ist allerdings die Formulierung „im Gerichtsbezirk". Der Ort der unerlaubten Handlung steht mit doppelrelevanten Tatsachen in Zusammenhang, ist aber selbst keine, weil es für das anwendbare Sachrecht nur eine Rolle spielt, ob und wie sich das Geschehen abgespielt hat, nicht aber wo[93]. Obwohl sich das „wo" einer Handlung nicht ohne Weiteres bei einem offenen „ob und wie" der Handlung bestimmen lässt[94], muss es bei Bestreiten des behaupteten Handlungs- bzw. Erfolgsorts richtigerweise bei der Beweispflichtigkeit des Klägers bleiben[95].

Eine andere Ansicht lehnt die Schlüssigkeitstheorie bei doppelrelevanten Tatsachen in Verfahren mit Auslandsbezug ab und fordert eine vollständige Prüfung aller zuständigkeitsrelevanten Tatsachen im Rahmen der Zulässigkeit, damit die Gerichtspflichtigkeit des Beklagten nicht unzumutbar ausgedehnt wird[96]. Sie wendet zutreffend ein, dass nur bei Kenntnis des anwendbaren Rechts bestimmt

---

[91] BGH, Urt. v. 28.02.1996 - XII ZR 181/93, BGHZ 132, 105; Pfeiffer, S. 604 ff.; Schack, IZVR, Rn. 387; Kropholler, Handbuch, Bd. I Kap. 3 Rn. 375; Stein/Jonas-Roth, § 1 Rn. 28 m.w.N.; Ebenso für das österreichische Recht OGH, Urt. v. 07.11.2002 - 6 Ob 264/02w - Henkel.

[92] Dies ist bei § 328 ZPO anders, siehe BGH, Urt. v. 25.11.1993 - IX ZR 32/93, BGHZ 124, 242. Danach wird bei doppelrelevanten Tatsachen die Zuständigkeit durch das anerkennende Gericht voll überprüft. Dies hat zur Folge, dass deutsche Gerichte nach ihren eigenen Grundsätzen ein im nichteuropäischen Ausland gegebenenfalls nicht anerkennungsfähiges Urteil schaffen würden.

[93] Ost, S. 36 f.; Dies kann je nach Klage beim Gerichtsstand des Erfüllungsorts nach Art. 5 Nr. 1 EuGVVO und § 29 ZPO anders sein, siehe Stein/Jonas-Roth, § 1 Rn. 26.

[94] Ost, S. 39.

[95] Stein/Jonas-Roth, § 1 Rn. 29; Pfeiffer, S. 606; Kubis, S. 96, 106; Mankowski, IPRax 2006, 455; Balzer, NJW 1992, 2723; Ost, S. 37 entnimmt BGH, Urt. v. 28.02.1996 - XII ZR 181/93, BGHZ 132, 114 eine andere Auffassung des BGH.

[96] Geimer, Rn. 1494, 1526, 1826; Mankowski, IPRax 2006, 454 ff.

werden kann, ob eine Tatsache tatsächlich doppelrelevant ist[97]. Vor allem aber sei das Führen eines Prozesses im Ausland für den Beklagten besonders belastend[98]. Wolle der Kläger ein Sachurteil, könne er sich rügelos auf das Verfahren einlassen.

Die Nachteile eines Auslandsverfahrens muss der Beklagte allerdings schon für die Zuständigkeitsprüfung erdulden – bis der Ort des behaupteten schädigenden Ereignisses festgestellt ist. Die eigentliche Besorgnis dieser Auffassung ist daher zu Recht der Fall der Beklagtensäumnis. Hier kann sich der beschriebene Mechanismus ins Gegenteil verkehren, weil der Klägervortrag gegebenenfalls auch im Rahmen der Begründetheit nicht überprüft, sondern als zutreffend unterstellt wird[99]. Damit der Beklagte nicht gezwungen wird, sich vor einem zu ihm in keinem Zusammenhang stehenden Gericht einzulassen, wird hier die Überprüfung des äußeren Tatbestandes[100] oder eine Glaubhaftmachung nach § 294 ZPO[101] verlangt.

Schon für den nationalen Raum ist anzumerken, dass bloße Vermutungen des Klägers nicht ausreichen. Zwar hat der BGH zu strenge Anforderungen der Oberlandesgerichte an die Schlüssigkeit des Klagevortrags zurückgewiesen: Es komme nicht auf seine Wahrscheinlichkeit an[102]; der Substantiierungspflicht sei nur dann nicht genügt, wenn das Gericht aufgrund der klägerischen Darstellung nicht beurteilen könne, ob die gesetzlichen Voraussetzungen der an eine Behauptung geknüpften Rechtsfolge erfüllt sind[103]. Andererseits ist auch nach dem BGH eine erkennbar ins Blaue hinein gestellt Behauptung für das Gericht nicht nachprüfungspflichtig[104]. Daher ist die bloße Behauptung des Klägers, er befürchte die Verwendung bzw. Empfehlung von AGB oder den Verstoß gegen Verbraucherschutzgesetze durch den Beklagten, unschlüssig, wenn sie nicht durch weitere Anhaltspunkte hierfür gestützt wird. Der Befürchtung, der Beklagte könne durch bloße Vermutungen in einem beliebigen Staat gerichtspflichtig werden[105], ist zumindest eine gewisse Schranke gesetzt.

---

[97] Weller, IPRax 2000, 204; So hält Kubis, S. 105 die „unerlaubte Handlung" im Rahmen der EuGVVO für nicht doppelrelevant, weil sie autonom bestimmt wird.

[98] Mankowski, IPRax 2006, 456.

[99] Daher verneint Ost, S. 226, sonst ein Vertreter der Schlüssigkeitstheorie, ihre Anwendbarkeit in diesem Fall.

[100] Geimer, Rn. 1826 f.

[101] Trunk, IPRax 1998, 450.

[102] BGH, Urt. v. 12.07.1984 – VII ZR 123/83, NJW 1984, 2888.

[103] BGH, Urt. v. 29.09.1992 – X ZR 84/90, NJW-RR 1993, 189.

[104] BGH, Urt. v. 12.06.1996 – VIII ZR 251/95, NJW-RR 1996, 1212.

[105] So Geimer, Rn. 1526.

Angesichts der besonderen Belastung der Prozessführung vor einem ausländischen Gericht wäre die Anwendung der Schlüssigkeitstheorie bei der internationalen Zuständigkeit im Säumnisfall in der Tat sehr bedenklich. Dieser Fall ist daher in Art. 26 I EuGVVO besonders geregelt. Das Gericht muss vom Kläger einen Nachweis der die Zuständigkeit begründenden Tatsachen verlangen[106], damit ein Sachurteil durch ein unzuständiges Gericht verhindert wird. Die Norm begrenzt den Anwendungsbereich der Lehre von den doppelrelevanten Tatsachen[107].

Die Schlüssigkeitstheorie für doppelrelevante Tatsachen, soweit es sich denn um solche handelt, kann grundsätzlich auch im europäischen Raum angewendet werden unter besonderer Beachtung der Vorschriften für die Beklagtensäumnis. Die Festlegung des Erfolgsorts von §§ 1, 2 UKlG auf den Ort der Beeinträchtigung von Verbraucherinteressen muss nicht einschränkend erfolgen, weil sie keine weitere Gerichtspflichtigkeit des Beklagten als in anderen Verfahren (vorbeugender) Unterlassungsklagen ermöglicht.

b) Kognitionsbefugnis der Gerichte

Schließlich muss im Rahmen von Art. 5 Nr. 3 EuGVVO auf die Beschränkung der Kognitionsbefugnis durch die Entscheidung des EuGH in der Rechtssache *Shevill*[108] eingegangen werden. Darin entschied der EuGH, dass nur am allgemeinen Gerichtsstand und am Gerichtsstand des Handlungsortes der gesamte Schaden einer Persönlichkeitsverletzung geltend gemacht werden kann. Wird dagegen am Erfolgsort geklagt, sei das Gericht nur für den in diesem Land entstandenen Schaden zuständig.

Das Urteil gilt für Unterlassungsansprüche gleichermaßen[109]. Übertragen auf die Verbandsklage hat *Shevill* die Konsequenz, dass das Erfolgsortsgericht nur über die Verwendung, Empfehlung oder Zuwiderhandlung im Gerichtsstaat entscheiden kann. Das Gericht am in der Regel mit dem Sitz der Beklagten übereinstimmenden Handlungsort kann über alle (drohenden) Verwendungen, Empfehlungen oder Zuwiderhandlungen urteilen.

Das *Shevill*-Urteil wurde in der deutschen Literatur unter verschiedenen Gesichtspunkten kritisiert[110]. Zum einen wird dem EuGH vorgeworfen, den Gerichtsstand der unerlaubten Handlung funktionsuntauglich zu machen. Da er den

---

[106] Schlosser, Art. 26 Rn. 1.
[107] Rauscher-Mankowski, Art. 26 Rn. 5.
[108] Siehe Fn. 69.
[109] Ehmann/Thorn, AfP 1996, 26; Stauder, IPRax 1998, 321; Fricke, S. 254 m.w.N.
[110] Umfassend siehe Fricke, S. 315 - 327 m.w.N.

Handlungsort mit dem allgemeinen Gerichtsstand in Eins setze, nötige er mit der Aufspaltung der Entscheidungsbefugnis beim Erfolgsortsgericht den Beklagten, verschiedene Verfahren anzustrengen. Letztlich bliebe als sinnvolle Alternative nur noch eine Klage am allgemeinen Gerichtsstand[111]. Zum anderen wird die vom EuGH angeführte Sach- und Beweisnähe als vom Gericht gegenüber dem Klägerinteresse und seiner Schutzbedürftigkeit überbewertet angesehen[112].

Es finden sich auch positive Beurteilungen. Zunächst verringere die Entscheidung die Gefahr des forum shoppings[113]. Vor allem aber entstünde ohne eine beschränkte Kognitionsbefugnis eine Verschärfung der Haftungsregeln nur für Distanzdelikte, weil das Mosaikprinzip auf praktischer Ebene scheitere; es werde für den gesamten Schaden das strengste Recht angewendet[114]. Zudem sei nur für den jeweiligen Staat die erforderliche Sachnähe gegeben[115].

Betrachtet man die Argumentation des Gerichts oder vielmehr der Generalanwälte[116], auf deren Ausführungen sich der EuGH stützt, wird die Begrenzung der Kognitionsbefugnis einleuchtend. Die Generalanwälte ziehen zur Begründung sowohl die Kausalität zwischen Ort und Schaden als auch die Sach- und Beweisnähe des jeweiligen Gerichts heran. Während der Handlungsort für den gesamten Schaden der Ursprung sei, sei es der Erfolgsort nur für den in seinem Wirkungsbereich erfolgten Schaden. Auch die Sach- und Beweisnähe des Erfolgsortsgerichts sei nur für den in seinem Staat liegenden Schaden gegeben.

Meines Erachtens trifft dieses Argument entgegen der Kritik von *Kreuzer* und *Klötgen*[117] nicht nur für die begrenzte Entscheidungskompetenz am Erfolgsort zu, sondern auch für die weite Entscheidungskompetenz am Handlungsort. Am Handlungsort ist die Sachnähe des Gerichts wegen der auf die Handlung bezogenen Beweise gegeben. Dies sind bei Pressedelikten zum Beispiel Recherchemethoden, die für Rechtfertigungsgründe relevant werden können. Bei der Verbandsklage sind dies alle Tatbestandsmerkmale, die dazu dienen, überhaupt das Vorliegen von AGB zu bestimmen. Genau diese Beispiele beziehen sich aber auch auf die unerlaubte Handlung insgesamt und nicht nur auf den in einem Land erzielten Erfolg.

---

[111] Kreuzer/Klötgen, IPRax 1997, 94; Rauscher, ZZPInt 1 (1996), 159.
[112] Fricke, S. 318.
[113] G. Wagner, RabelsZ 62 (1998), 284; kritisch zur Verurteilung eines forum shoppings Huber, ZEuP 1996, 307.
[114] G. Wagner, RablesZ 62 (1998), 284.
[115] Huber, ZEuP 1996, 308.
[116] Generalanwalt Darmon, EuGHE 1995 I 417, Generalanwalt Léger, EuGHE 1995 I 440.
[117] Kreuzer/Klötgen, IPRax 1997, 94.

Nimmt man mehrere Erfolgsorte an – wie es die Mehrzahl der *Shevill*-Kritiker tut – ist die Beschränkung der Kognitionsbefugnis am Erfolgsort angemessen. Ansonsten würde die Anzahl der Gerichtsstände zugunsten des Klägers mit der Folge konkurrierender Zuständigkeiten und der Gefahr widersprüchlicher Entscheidungen erweitert. Dies kann durch die Beschränkung der Kognitionsbefugnis vermieden werden.

Letztendlich folgt die Einschränkung der Kognitionsbefugnis aus der Definition des Erfolgsorts und seiner Aufspaltung. Wird er einheitlich verstanden, kann auch umfassend geklagt werden. Demgegenüber würde die Begrenzung auch für den Handlungsort gelten, wenn man diesen – wie bei Persönlichkeitsdelikten zum Teil gefordert[118] – an dem Ort annimmt, an dem die unmittelbare Einwirkung auf das Rechtsgut erfolgt. Bei der in dieser Arbeit in Kapitel 4. II. 2. b) vertretenen Auffassung, dass der Streitgegenstand der Unterlassungsverbandsklage auf die Verwendung, Empfehlung oder Zuwiderhandlung in einem Staat begrenzt ist, entsteht das Problem multipler Erfolgsorte und einer beschränkten Kognitionsbefugnis nicht.

6. Art. 5 Nr. 5 EuGVVO

Eine Klage ist darüber hinaus am Gerichtsstand der Niederlassung gemäß Art. 5 Nr. 5 EuGVVO möglich[119]. Hier gelten für die Verbandsklage keine Besonderheiten. Es muss wie bei anderen Verfahren nach Art. 5 Nr. 5 EuGVVO besonders geprüft werden, ob eine aus dem Betrieb herrührende Streitigkeit gegeben ist. In dieser Kausalitätsbetrachtung kann im Übrigen eine Parallele zur Beschränkung der Kognitionsbefugnis nach *Shevill* gesehen werden.

7. Zusammenfassung

Der Anwendungsbereich der EuGVVO ist für §§ 1, 2 UKlG eröffnet. Eine Zivil- und Handelssache liegt vor. Klagen können auf die Zuständigkeitsgründe Art. 2, 5 Nr. 3 und 5 Nr. 5 EuGVVO gestützt werden, nicht aber auf Art. 5 Nr. 1, 15 ff. und 22 EuGVVO.

Handlungsort ist der Ort, an dem über das Ob und Wie des beanstandeten Verhaltens bestimmt wird, d.h. die Entscheidungszentrale. Erfolgsort ist der Ort, an dem die kollektiven Verbraucherinteressen beeinträchtigt werden. Dies ist je nach Tatbestand der Ort, an dem die Verbraucher mit den AGB oder der Zuwi-

---

118 Siehe Schack, Fn. 79, der den Verbreitungsort als Handlungsort annimmt.
119 So die herrschende Meinung, vgl. nur Staudinger-Schlosser, § 6 UKlG Rn. 3.

derhandlung konfrontiert werden bzw. der Ort, an dem dem potentiellen Verwender bestimmungsgemäß die empfohlenen AGB nahe gelegt werden.

II. Örtliche und sachliche Zuständigkeit

Wird die internationale Zuständigkeit auf Art. 5 Nr. 3 EuGVVO gestützt, entscheidet diese Norm auch über die örtliche Zuständigkeit. Danach sind entweder das Gericht an der Entscheidungszentrale des Beklagten örtlich zuständig oder die Gerichte, in deren Bezirken Verbraucherbeeinträchtigungen drohen. In letzterem Fall kann sich eine Vielzahl von örtlich zuständigen Gerichten in einem Staat ergeben. Stützt sich die internationale Zuständigkeit nicht Art. 5 Nr. 3 EuGVVO bestimmen die nationalen Normen die örtliche Zuständigkeit.

Entsprechend Art. 2 I UKl-RL hat Deutschland in § 6 UKlG eine Regelung zur sachlichen und örtlichen Zuständigkeit für die Verbandsklage getroffen. Gemäß § 6 I UKlG ist das Gericht am Sitz der Niederlassung bzw. am Wohnsitz des Beklagten ausschließlich zuständig. Nur wenn kein inländischer Sitz gegeben ist, kann auf den inländischen Aufenthaltsort, in Ermangelung eines solchen auf den Ort der Verwendung oder den Ort des Verstoßes gegen ein Verbraucherschutzgesetz zurückgegriffen werden. Es wird allgemein davon ausgegangen, dass die Nichterwähnung des Empfehlungsorts ein Versehen des Gesetzgebers war und dass der Empfehlungsort ebenso zuständigkeitsbegründend sein kann[120]. § 6 UKlG entspricht § 14 UWG für die wettbewerbsrechtlichen Verbandsklagen.

Für die Konzentration der örtlichen Zuständigkeit am Beklagtensitz spricht die bessere Kontrolle über Mehrfachklagen[121]. In der Gesetzesbegründung zu § 6 UKlG wird jedoch lediglich darauf verwiesen, dass das Gericht des Bezirks zuständig sein solle, in dem die AGB aufgestellt worden sind *oder verwendet* wurden[122]. Dennoch wurde der Verwendungsort nur hilfsweise für internationale Konstellationen eingeführt.

Diese Regelung, die spezieller zu § 32 ZPO ist, stellt eine Privilegierung des Beklagten dar. Es wäre vorzugswürdig, gleichrangig den Gerichtsstand des Verwendungs-, Empfehlungs- oder Zuwiderhandlungsorts zu gewähren. Wie im Rahmen der internationalen Zuständigkeit erörtert, ist auch dort die Sach- und Beweisnähe gegeben und der Zugang zu den betroffenen Verbrauchern am größten. Durch die jetzige Regelung können auch Divergenzen zur internationalen

---

[120] Palandt-Bassenge, § 6 UKlG Rn. 6; Erman-Roloff, § 6 UKlG Rn. 6.
[121] Säcker, Rn. 102.
[122] BT-Drucks. 7/5422, S. 11 (Hervorhebung durch die Verfasserin).

deliktischen Zuständigkeit nach der EuGVVO entstehen[123]. Dies ist insbesondere der Fall, wenn bei Anwendbarkeit von Art. 5 Nr. 3 EuGVVO die Konzentrationsnormen nach § 6 II UKlG überschrieben werden und Gerichte innerhalb Deutschlands die Entscheidungskompetenz erhalten, die bei nationalen Sachverhalten nicht zuständig wären.

Der Verwendungs- und Empfehlungsort des § 6 UKlG wird in der Literatur übereinstimmend parallel zu § 32 ZPO definiert[124]. Nach dieser Lesart ist Verwendungsort nicht nur der Ort, an dem ein Geschäft angebahnt oder dies zumindest versucht wurde, und Empfehlungsort nicht nur der Ort, an dem die Empfehlung den Kunden erreicht, sondern bei Distanzgeschäften auch der Absendeort der AGB bzw. der Empfehlung[125].

Wie in Kapitel 2. II. ausgeführt liegt die sachliche Zuständigkeit bei den Landgerichten.

III. Gerichtsstandsvereinbarungen

Da § 6 I 1 UKlG ein ausschließlicher Gerichtsstand ist, sind Gerichtsstandsvereinbarungen bei seiner Anwendbarkeit wegen § 40 II 2 ZPO ausgeschlossen[126]. Gerade dies war die Intention des Gesetzgebers bei der Schaffung von § 6 UKlG[127]. Dagegen können – wenn dies auch in der Praxis eher selten geschehen dürfte – im Rahmen der EuGVVO unter den Voraussetzungen von Art. 23 I EuGVVO Gerichtsstandsvereinbarungen zwischen Verband und Beklagtem getroffen werden.

---

[123] Heß, S. 534.
[124] Staudinger-Schlosser, § 6 UKlG Rn. 10; MüKo-Micklitz, § 14 Rn. 5.
[125] Maidl, S. 259; Palandt-Bassenge, § 6 UKlG Rn. 6.
[126] Schlosser/Coester-Waltjen/Graba-Schlosser, § 14 Rn. 5; MüKo-Micklitz, § 14 AGBG Rn. 1.
[127] BT-Drucks. 7/5422, S. 11.

Kapitel 6: Auf Verbraucherverbandsansprüche anwendbares Recht

I. Einführung

Die ersten Überlegungen in der Begründetheitsprüfung einer Klage gelten der Bestimmung des Rechts, dass auf den zu beurteilenden Sachverhalt oder seine Teilstücke angewendet werden soll. Hierzu dient das Kollisionsrecht. Es bestimmt die zur Entscheidung heranzuziehenden Normen[1].

Das moderne internationale Privatrecht ist autonom und fremdrechtsbezogen. Das bedeutet, Kollisionsnormen werden von jedem Staat unabhängig als eigenes Recht gesetzt und sie sind nicht nur auf das eigene Sachrecht, sondern auf alle Rechtserscheinungen bezogen[2]. Inländisches und ausländisches Recht sind bei der Feststellung des anwendbaren Rechts gleichrangig[3]. Oberstes Ziel von Kollisionsnormen ist es, dasjenige Recht zu bestimmen, das mit dem Sachverhalt am engsten verbunden ist[4]. Sie sollen das Recht berufen, das dem privaten Rechtsanwendungsinteresse der Beteiligten am nächsten steht[5]. Nur im besonderen Fall der Eingriffsnorm werden öffentliche Interessen berücksichtigt[6].

Es gibt jedoch Auffassungen, die zusammengefasst als „politische Schule" bezeichnet werden, durch die diese Grundsätze in Frage gestellt werden. Sie plädieren dafür, statt objektiver Kollisionsnormen vorrangig den Anwendungsbereich inländischer Privatrechtsgesetze, die immer auch politische Ordnungsfunktion hätten, festzulegen und im Interesse der Einzelfallgerechtigkeit eine Gesamtabwägung unter Rücksicht des ordre public vorzunehmen[7].

Jedoch haben sich solche Systemwechselabsichten, zu denen eine vermehrte Annahme von Eingriffsrechten und unilateralistischen Zusatzanknüpfungen[8] gehört, bei allen auch durch die europäische Einbindung bedingten Veränderungen im gegenwärtigen internationalen Privatrecht nicht durchgesetzt[9]. Sowohl das EGBGB als auch die von der Europäischen Kommission geplanten Verordnun-

---

[1] Kegel/Schurig, S. 46.
[2] Kegel/Schurig, S. 185 - 188.
[3] MüKo-Sonnenberger, Einl. IPR Rn. 9.
[4] Palandt-Heldrich, Einl. vor Art. 3 EGBGB Rn. 1.
[5] MüKo-Sonnenberger, Einl. IPR Rn. 9.
[6] Kegel/Schurig, S. 134 ff., 148 ff.; MüKo-Sonnenberger, Einl. IPR Rn. 105, 108.
[7] Kritisch hierzu mit Hinweis auf die amerikanischen Vorbilder MüKo-Sonnenberger, Einl. IPR Rn. 14 ff.
[8] Kegel/Schurig, S. 323; Pfeiffer, IPRax 2006, 240 f.; Leible, IPRax 2006, 366.
[9] MüKo-Sonnenberger, Einl. IPR Rn. 30, 42, 51.

gen Rom I und II[10] gehen grundsätzlich von objektiven allseitigen Kollisionsnormen im Zusammenspiel mit spezifischen Ausweichklauseln aus.

Methodisch wird im internationalen Privatrecht der Weg der Qualifikation und Anknüpfung beschritten. Die Qualifikation wird teils als Einordnung von Sachnormen im Hinblick auf rechtliche Systembegriffe[11] und teils als Subsumtion des zu beurteilenden Sachverhalts unter den im Tatbestand der Kollisionsnorm enthaltenen Systembegriff[12] definiert. Je nach Definition wird zwar ein anderer Ausgangspunkt gewählt – einmal die Norm und einmal der Sachverhalt – im Ergebnis sind aber beide Schritte zur Falllösung erforderlich. Daher wird auch in primäre und sekundäre Qualifikation unterschieden[13] und von der Qualifikation als Gesamtprozess gesprochen[14]. Eine Streitfrage anzunehmen ist müßig.

Auch die sogenannten „Qualifikationstheorien" sollen hier nicht problematisiert werden. Ausgangspunkt einer Qualifikation ist die Rechtsvorstellung der lex fori. Insbesondere bei Systemunterschieden zwischen internationalem Privatrecht und materiellem Recht oder zwischen inländischem und ausländischem Recht müssen aber die lex causae sowie rechtsvergleichende, teleologische und autonome Aspekte berücksichtigt werden[15]. Der Qualifikationsprozess soll zur Veranschaulichung nachgezeichnet werden.

In der praktischen Falllösung steht der Sachverhalt am Ausgangspunkt. Er wird einem oder mehreren im deutschen internationalen Privatrecht enthalten Systembegriffen (z.B. Vertrag, Rechtsnachfolge von Todes wegen oder Rechtsfähigkeit) zugeordnet. Dieser Prozess wird von der zweitgenannten Ansicht als Qualifikation bezeichnet. Der Systembegriff ist Teil einer Kollisionsnorm und führt zu einem oder mehreren Anknüpfungsmomenten (z.B. gewöhnlicher Aufenthalt, Belegenheitsort oder Tatort), die nach möglicher Rück- oder Weiterverweisung auf eine Rechtsordnung verweisen. Allerdings wird nur für den Ausschnitt des Systembegriffs auf diese Rechtsordnung verwiesen; nur für dieses Gebiet ist eine Verbindung zwischen Sachverhalt und Rechtsordnung hergestellt worden. Die Verweisung von Art. 40 ff. EGBGB für unerlaubte Handlungen gilt nur für deliktisch einzustufende Normen. Die dadurch notwendige Zuordnung der einzelnen Normen einer Rechtsordnung zu den entsprechenden Systembegriffen wird von der zuerst genannten Ansicht als Qualifikation bezeichnet.

---

[10] Hierzu unten III. 4.
[11] Kegel/Schurig, S. 327.
[12] von Hoffmann/Thorn, § 6 Rn. 1.
[13] von Bar/Mankowski, IPR I, § 7 Rn. 138.
[14] MüKo-Sonnenberger, Einl. IPR Rn. 493, 498.
[15] Zu allem Kegel/Schurig, S. 336 ff. im Sinne einer Gesamtwürdigung S. 355.

Man kann auch den umgekehrten Weg beschreiten und von der Norm ausgehend fragen, auf welche Sachverhalte sie anwendbar ist. Grundsätzlich sind dieselben Schritte zu vollziehen. Zuerst wird die von der ersten Ansicht als Qualifikation bezeichnete rechtliche Einordnung der Norm vorgenommen, d.h. die Zuordnung zu einem Systembegriff. Dieser führt wiederum zu einer oder mehreren Kollisionsnormen, die ein oder mehrere Anknüpfungsmomente enthalten. Sodann lässt sich die Aussage treffen, dass alle dem Systembegriff entsprechenden Elemente der Sachverhalte, in denen das entsprechende Anknüpfungsmoment auf die Rechtsordnung verweist, der die Norm entstammt, von der Norm geregelt werden. Bei dieser Sachverhaltsbeschreibung erfolgt der von der zweitgenannten Ansicht als Qualifikation bezeichnete Vorgang.

Beide Vorgehensweisen sind nicht äquivalent, sondern erfüllen verschiedene Aufgaben. Während die erste das auf einen konkreten Sachverhalt anwendbare Recht bestimmt, kann mit der zweiten der internationale Anwendungsbereich von Normen allgemein umschrieben werden. Aufgrund der daraus resultierenden Abstraktheit ist diese zweite Variante in ihrer Aussagekraft eingeschränkt. Denn sie trifft zum einen nur Aussagen darüber, wann deutsche Kollisionsnormen die deutsche Norm für anwendbar halten. Sie sagt also nichts darüber aus, ob und unter welchen Umständen ausländische Gerichte nach ihrem eigenen Kollisionsrecht die deutsche Norm anwenden wollen. Zum anderen wird nur eine Aussage über die Anwendbarkeit der deutschen Norm auf einen Sachverhalt getroffen, nicht aber über die mögliche Anwendbarkeit ausländischer Normen vor deutschen Gerichten bei vergleichbaren Sachverhalten.

Die beschriebenen schrittweisen Vorgänge mögen schulmäßig oder gar selbstverständlich erscheinen, sollen aber als Richtschnur für dieses Kapitel dienen, um Fehlschlüsse und Sprünge, wie sie sich in Literatur und Rechtsprechung zur internationalen Verbandsklage finden, zu vermeiden und aufzuzeigen. Ein Teil dieser noch im Einzelnen zu erörternden Undeutlichkeiten hat mit der bereits besprochenen streitigen Zuordnung von prozessualen und materiellen Anteilen in den Verbandsklagenormen zu tun. Ein weiterer Teil resultiert aus der Beschäftigung mit der Verbandsklage aus vorrangig wettbewerbsrechtlicher Sicht. Für dieses haben sich besondere Kollisionsregeln entwickelt, die zum Teil unbesehen für die verbrauchervertragliche Verbandsklage übernommen werden.

Nachfolgend wird zunächst die Rechtsprechung und Literatur mit ihren möglichen kollisionsrechtlichen Interpretationen dargestellt und analysiert. Darauf wird eine eigene Vorgehensweise entwickelt.

II. Stand der Diskussion

Während die Beurteilung der internationalen Zuständigkeit relativ konfliktfrei verläuft, herrscht bei der Frage des anwendbaren Rechts keine Einigkeit oder Klarheit in ebensolchem Ausmaß[16]. Daher soll im Folgenden die Rechtsprechung und Literatur zu kollisionsrechtlichen Aspekten der Verbandsklage dargestellt und analysiert werden.

Ein großer Teil der besprochenen Urteile und Texte wurde vor 2001 und damit vor Umsetzung der UKl-RL veröffentlicht. Dementsprechend beziehen sich diese nicht nur ausschließlich auf das AGBG und das UWG a.F., sondern auch nur auf § 13 AGBG, dem § 1 UKlG entspricht. Nur *Micklitz* verweist für den später hinzugefügten § 22 AGBG, dem § 2 UKlG entspricht, umfassend auf das zu § 13 AGBG Gesagte[17]. Daher ist auch der folgende Abschnitt grundsätzlich auf § 13 AGBG und § 13 UWG beschränkt.

1. Rechtsprechung

a) AGB-Verbandsklage

Aus der höchstrichterlichen Rechtsprechung gibt es je ein AGB-Verbandsklageurteil mit internationalen Bezügen vom siebten und achten Senat des BGH. Ersterer bestätigte in seinem Urteil die Anwendung der Art. 27 ff. EGBGB durch das Berufungsgericht mit dem Ergebnis, dass die angegriffenen AGB nach deutschem Recht beurteilt wurden[18]. Da sowohl Kläger, Beklagter als auch betroffene Verbraucher ihren (Wohn-)Sitz in Deutschland hatten, wurde die Anwendbarkeit von § 13 AGBG, obwohl sich die zu vermietenden Ferienunterkünfte im Ausland befanden, nicht besprochen. Die beanstandeten Klauseln wurden für unwirksam erklärt.

In dem schon in der Einleitung vorgestellten Urteil *Kauf im Ausland / AGB* des achten Senats, in dem es um den Verkauf von Wolldecken an deutsche Touristen in Spanien ging, scheiterte die Klage vor dem BGH. Das Landgericht hatte den Anwendungsbereich von § 13 AGBG für eröffnet erachtet. In Parallele zum UWG käme es auf den Verwendungsort an, der durch das Berufen auf die Klauseln in Deutschland zu lokalisieren sei[19]. Das Oberlandesgericht war über Art. 27 III EGBGB ebenfalls zu einer AGB-Überprüfung nach deutschem Recht

---

[16] Pfeiffer, NJW 1999, 3680.
[17] MüKo-Micklitz, § 22 AGBG Rn. 47.
[18] BGH, Urt. v. 09.07.1992 – VII ZR 7/92, NJW 1992, 3158.
[19] LG Frankfurt, Urt. v. 09.02.1988 – 2/13 O 319/87, VuR 1989, 163 f.

gekommen[20]. Demgegenüber unterstellte der BGH die Anwendbarkeit des AGBG, verneinte aber die Passivlegitimation des Beklagten[21]. Nur ein Vertragspartner könne Verwender nach § 13 AGBG sein, selbst wenn die Verwendung im Sinne der Norm auch das Berufen auf Klauseln erfasse.

Seiner Begründung lässt sich entnehmen, dass der BGH an der durch das Berufungsgericht vorgenommen Anknüpfung nach den Art. 27 ff. EGBGB zur Ermittlung des Rechts, nach dem die AGB-Klauseln beurteilt werden sollten, nichts auszusetzen hatte. Wegen dieses Verweises auf Art. 27 ff. EGBGB wird das Urteil teilweise als vertragliche Qualifikation gedeutet[22]. Andere sehen darin eine Bestätigung der Marktortregel[23] oder eine prozessuale Qualifikation[24].

Allein aus der Anwendung der lex fori auf eine prozessuale Qualifikation zu schließen, ist problematisch. Die lex fori kann auch Ergebnis einer materiellen Anknüpfung sein. Vor allem aber unterstellt der BGH die Anwendbarkeit des AGBG nur. Aus diesem Grunde kann auch eine vertragliche Qualifikation in Zweifel gezogen werden. Denn der BGH bezieht sich in der Anwendung vertraglicher Kollisionsnormen ausschließlich auf das auf die Klauseln anwendbare Recht, nicht aber auf den Unterlassungsanspruch. Er scheint zudem zwischen beidem zu trennen, wenn er zunächst die Anwendbarkeit des AGBG unterstellt und darauf die kollisionsrechtliche Frage nach dem anwendbaren Vertragsrecht im konkreten Fall für irrelevant erklärt.

Die Urteilsdeutung im Sinne der Marktortregel stützt sich darauf, dass Vertragsschluss und Vertragspartner in Spanien lokalisiert wurden. Auch diese Interpretation scheint zu weitgehend. Der BGH hat sich gerade nicht auf spanisches Recht gestützt, sondern deutsches Recht unterstellt. Für dieses hat er die Vertragspartnerschaft im Unterschied zur Geltendmachung eines abgetretenen Anspruches zur Bedingung der Verwendereigenschaft gemacht und sie im konkreten Fall verneint.

Zur internationalen AGB-Verbandsklage in der Rechtsprechung des BGH lässt sich daher nur festhalten, dass das auf die angegriffenen Klauseln anwendbare Recht vertraglichen Kollisionsnormen entnommen werden soll. Darüber hinaus wurde keine Aussage über den Anwendungsbereich von § 13 AGBG getroffen. Ob die Betonung durch den BGH, dass der Kläger sich ausdrücklich und allein

---

[20] OLG Frankfurt, Urt. v. 01.06.1989 – 6 U 76/88, NJW-RR 1989, 1018 - 1020 m. Anm. Lüderitz, IPRax 1990, 217.
[21] BGH, Urt. v. 29.09.1990 – VIII ZR 239/89, ZIP 1990, 1348 – Kauf im Ausland / AGB.
[22] Koch, ZZP 113 (2000), 438; Maurer, S. 87; Pfeiffer, S. 726 Fn. 103.
[23] MüKo-Micklitz, § 13 AGBG Rn. 150.
[24] Mankowski, IPRax 1991, 306 zumindest für die „Passivlegitimation“.

auf § 13 AGBG gestützt habe, eine Abgrenzung zur UWG-Verbandsklage oder zum ausländischen Recht ist, kann dem Urteil nicht entnommen werden.

b) UWG-Verbandsklage

Aus dem Wettbewerbsrecht gibt es Verbandsklageurteile mit internationalen Bezügen des ersten BGH-Senats. Dies sind zunächst die *Domgarten-Brand*-Entscheidung[25] und das aus der Einleitung bekannte Urteil *Kauf im Ausland / UWG*[26]. In beiden wurde das im Wettbewerbsrecht geltende Marktortprinzip als Kollisionsnorm bestätigt und die Klage für diejenigen Handlungen, auf die danach deutsches Recht nicht anwendbar war, abgewiesen.

In der *Direct Shopping* - Entscheidung wurde die Aktivlegitimation des Verbandes verneint. Das Berufungsgericht hatte diese aufgrund einer sich aus der Verbandssatzung ergebenden Begrenzung des Klägers auf Deutschland abgelehnt[27], was in Einklang mit den in Kapitel 3. I. 4. und 5. gemachten Ausführungen wäre. Der BGH ging auf diesen Begründungsansatz nicht ein, sondern verneinte die Anwendbarkeit deutschen Rechts nach dem Marktortprinzip. Er ließ dann wie schon im *Kauf im Ausland / UWG* - Urteil offen, ob über den Wortlaut des UWG hinaus, auch ausländische Vorschriften herangezogen werden könnten. Dies allerdings mit dem wegen § 293 ZPO unzulässigen Argument[28], der Kläger habe sich auf das anwendbare französische Recht nicht berufen. Das OLG Köln hatte die Möglichkeit, einen Anspruch nach § 13 UWG auf die Verletzung ausländischen Wettbewerbsrechts zu stützen noch ausdrücklich verneint[29].

Ebenso wie bei den AGB-Verbandsklageurteilen bewegt sich der BGH auch hier innerhalb des deutschen Unterlassungsanspruchs. Die kollisionsrechtlichen Erwägungen beziehen sich ausschließlich auf das auf die Verhaltensbeurteilung anwendbare Recht[30]. Im Rahmen der UWG-Verbandsklage tritt dies nicht so deutlich hervor wie bei der AGB-Verbandsklage, weil auch wettbewerbsrechtliche Ansprüche grundsätzlich nach der Marktortregel angeknüpft werden.

---

[25] BGH, Urt. v. 11.03.1982 – I ZR 39/78, GRUR 1982, 495 – Domgarten-Brand.
[26] BGH, Urt. v. 15.11.1990 – I ZR 22/89, BGHZ 113, 11 – Kauf im Ausland / UWG.
[27] OLG Köln, Urt. v. 12.05.1995 – 6 U 25/94, VuR 1995, 289 – II. Instanz zu Direct Shopping.
[28] Staudinger-Fezer/Koos, Internationales Wettbewerbsprivatrecht, Rn. 785.
[29] OLG Köln, Urt. v. 12.05.1995 – 6 U 25/94, VuR 1995, 289, Rn. 122 – II. Instanz zu Direct Shopping.
[30] Domgarten-Brand, GRUR 1982, 497 unter II. 3.; Direct Shopping, NJW 1998, 1228 unter II. 2. d); Kauf im Ausland / UWG, BGHZ 113, 14 unter II. und S. 16 unter II. 2. a.E.; anders Ahrens, WRP 1994, 655, der die Anwendung der lex causae in der Domgarten-Brand-Entscheidung auch auf die Aktivlegitimation bezieht.

Dass erst innerhalb von § 13 UWG auf den Einfluss der internationalen Dimension eingegangen und überlegt wird, ob der Verweis auf die jeweiligen deutschen Verhaltensvorschriften ein Berufen auf ausländisches Recht ausschließt[31], bedeutet für das Unterlassungsbegehren von § 13 UWG faktisch die Anwendung der lex fori. Dies ist insoweit auffällig, als auch nach der Auffassung des BGH die Verbandsklagenormen materiell-rechtliche Elemente enthalten[32]. Solche werden kollisionsrechtlich aber üblicherweise nach der lex causae beurteilt. Dass Teile der Norm durch den BGH als prozessual gewertet werden und diese der lex fori[33] unterliegen, steht dem nicht entgegen. Die Verwendung der lex fori bedürfte – auch und gerade bei Annahme der Doppelnatur – im Rahmen einer materiell-rechtlichen Auslegung der Verbandsklage einer Begründung. Der BGH scheint davon auszugehen, dass er die lex causae heranzieht.

Dies zeigt, dass auf kollisionsrechtlicher Ebene in der höchstrichterlichen Rechtsprechung die Unterscheidung zwischen Prozessführungsbefugnis und Aktivlegitimation und dem jeweils auf diese Elemente anwendbaren Recht nicht durchgeführt wird. Letztendlich wird das mit der Verbandsklage gewährte Unterlassungsbegehren wie eine Verfahrensform behandelt. Eine denkbare Anwendung ausländischer Unterlassungsansprüche wird nicht erwähnt, sondern nur der Anwendungsbereich nationaler Normen abgesteckt.

In der nichthöchstrichterlichen Rechtsprechung findet sich eine Entscheidung mit abweichendem Ansatz. Das OLG München knüpfte in einem Urteil zu § 13 UWG den Unterlassungsanspruch selbst wettbewerbsrechtlich an[34]. Dort hatte ein deutscher gewerblicher Verband gegen eine deutsche GmbH wegen eines in Frankreich durchgeführten Gewinnspiels geklagt. Das LG München I hatte die Prozessführungsbefugnis verneint, weil sie ausländischem Recht unterliegende Ansprüche nicht erfasse[35]. Im Berufungsverfahren, in dem es bezüglich des in Frankreich zu lokalisierenden Verhaltens nur noch um eine Kostenentscheidung nach § 91a ZPO ging, stimmte das OLG München dem erstinstanzlichen Gericht zwar darin zu, dass dieser Verhaltensteil französischem Recht unterliege, jedoch führe dies nicht zur Ablehnung der Prozessführungsbefugnis. Vielmehr sei die

---

[31] Diese Urteilsstruktur wird deutlich bei Köhler, Anm. zu BGH – Direct Shopping, LM § 13 UWG Nr. 91 Bl. 3.

[32] BGH, Urt. v. 21.02.1990 – VIII ZR 216/89, NJW-RR 1990, 886.

[33] Der Grundsatz der Anwendung der lex fori auf prozessuale Fragen gilt nicht durchgängig und ist nicht unumstritten, hierzu Geimer, Rn. 20 f., 319 ff.

[34] OLG München, Urt. v. 15.06.1993 – 29 U 3712/92, IPRspr. 1993, Nr. 117b, S. 267; Diese Entscheidung gegenüber anderen als zutreffend hervorhebend auch Kessedjian, riv dir int priv proc, 1997, 284.

[35] LG München I, Urt. v. 02.04.1992 – 4 HKO 21509/91, IPRspr. 1993, Nr. 117a, S. 266; zu diesem Urteil siehe auch Reich, in Les actions collectives transfrontières, S. 165.

Klage zulässig und möglicherweise auch begründet. Da zur Beurteilung ein Gutachten über das französische Recht hätte eingeholt werden müssen, wurden angesichts des offenen Ausgangs die Kosten hinsichtlich dieses Verfahrensteils geteilt.

c) Ausländische Gerichte

Als erste internationale Entscheidung, die dem Regime der UKl-RL unterliegt, muss ein Blick auf das Urteil des Berufungsgerichts Brüssel vom 08.12.2005 geworfen werden[36]. Damit erstritt das englische Office of Fair Trading (OFT) ein Unterlassungsurteil gegen ein belgisches Unternehmen, das an Verbraucher in Großbritannien mit Gewinnversprechen gekoppelte Bestellaufforderungen versandt hatte.

Interessanterweise wird in dem Urteil die Tatsache, dass es sich um einen ausländischen, dazu noch öffentlichen Kläger handelt, im Rahmen der Sachverhaltszusammenfassung mit einem kurzen Verweis auf die Eintragung des OFT in die Kommissionsliste abgehandelt. Auch eine Grundlage für das Unterlassungsbegehren wird nicht genannt, weder der englische Enterprise Act von 2002 noch die Artikel 95 ff. des belgischen Loi sur les pratiques du commerce et sur l'information et la protection du consommateur (LPCC), in denen die Verbandsklagebefugnisse jeweils festgelegt sind.

Vielmehr wird nur auf die Art. 23, 94 LPCC Bezug genommen, die durch das in dem Verfahren beanstandete Verhalten verletzt wurden. Diesbezüglich verwirft das Berufungsgericht die Anwendung englischen Rechts durch die erste Instanz. Zur Bestimmung des anwendbaren Rechts wendete das Berufungsgericht die intertemporal noch anwendbare lex loci delicti commissi an[37]. Diese wird in Belgien im Sinne des Ortes verstanden, an dem die den Schaden verursachende Handlung stattgefunden hat. Nach Auffassung des Berufungsgerichts war dies Belgien. Es konnte nicht festgestellt werden, dass die Entscheidung der Verantwortlichen, die Werbung zu versenden, in Großbritannien getroffen wurde. Da das Beklagte Unternehmen seinen Sitz in Belgien habe, wo es grundsätzlich seine Aktivitäten organisiere und über sie entscheide, sei auch der Handlungsort dort. Bei Anwendung des belgischen Rechts gelangte das Berufungsgericht zu demselben Ergebnis der Rechtswidrigkeit wie das erstinstanzliche Gericht.

---

[36] Cour d'Appel de Bruxelles, Urt. v. 08.12.2005 – Duchesne v. The Office of Fair Trading, unveröffentlicht.

[37] Seit dem 01.10.2004 gilt in Belgien ein neues IPR-Gesetz.

2. Literatur

Die Literatur spricht auf unterschiedliche Weise einzelne Aspekte der AGB-Verbandsklage im internationalen Kontext an oder lässt sie bezeichnenderweise aus. Anders als in der Rechtsprechung wird die Differenz von Unterlassungsbegehren und beanstandetem Verhalten deutlicher, wenn auch nicht in letzter Konsequenz berücksichtigt. Im Folgenden werden die Stellungnahmen – zum Teil abweichend vom Vorgehen der zitierten Autoren – unter die in der Einführung genannten üblichen kollisionsrechtlichen Oberbegriffe gefasst.

a) Qualifikation

Zur Begründung des aus ihrer Sicht auf „die Verbandsklage" anwendbaren Rechts berufen sich die meisten Autoren auf die Zuordnung zu einem Systembegriff. Man kann drei Auffassungsstränge unterscheiden.

aa) Prozessual

Der erste ist die prozessuale Qualifikation. Sie folgt aus der in Kapitel 2 III. 1. besprochenen Deutung der Verbandsklage als rein prozessuales Rechtsinstitut. Ihre Vertreter schlagen verschiedene Wege zur Handhabung grenzüberschreitender Verbandsklagen vor.

Aufgrund der prozessualen Einordnung ist *Lakkis* Bezugspunkt für die Bestimmung des anwendbaren Rechts die Prozessführungsbefugnis. Sie vertritt, dass diese kumulativ nach der lex fori und der lex causae vorliegen müsse. Der Institutionenschutz sei letztlich im materiellen Recht angesiedelt, so dass das materielle Recht nicht ohne Bedeutung sein könne[38].

Anders als bei dem auf das beanstandete Verhalten anwendbare Recht, das auch bei prozessualer Qualifikation der Klageberechtigung nicht notwendig der lex fori entnommen werden muss, ist es ein Widerspruch zur Annahme eines rein prozessualen Rechts, nun für die Zulässigkeit einer Verbandsklage zusätzlich zur lex fori auch die lex causae heranzuziehen.

Wäre die Verbandsklage rein prozessual, bliebe offen, wonach die lex causae für die Klageberechtigung bestimmt werden soll. *Lakkis* erläutert dies auch nicht. Denkbar wären zum einen die vertraglichen Rechte der betroffenen Verbraucher als Anhaltspunkt zu nehmen. Zum anderen und wahrscheinlicher, weil *Lakkis* bei der internationalen Zuständigkeit die deliktischen Gerichtsstände nach Art. 5

---

[38] Lakkis, S. 143 ff., 145.

Nr. 3 EuGVVO zulässt[39], könnte der als Institution geschützte betroffene lautere Geschäftsverkehr eines jeweiligen Staatsgebiets herangezogen werden. Beide Vorgehensweisen indizieren aber, dass es ein zumindest abstraktes Recht eines anderen – und sei es des Staates oder der kollektiven Verbrauchergruppe – gibt, auf das sich die Verbandsklage stützt. Dann aber müsste *Lakkis* eine Fremdprozessführung annehmen.

Auch *Halfmeier* als weiterer Vertreter einer prozessualen Auffassung kritisiert die kumulative Anknüpfung von *Lakkis*. Über die Zuständigkeitsnormen hinaus gebe es hinsichtlich der Zulässigkeit der Verbandsklage keine Beschränkung der Entscheidungsbefugnis deutscher Gerichte[40].

Seiner Auffassung nach richten sich sowohl die an den Verband gestellten Anforderungen als auch die Frage nach der Rechtsschutzform, d.h. der Gewährung von Unterlassung, Gewinnabschöpfung oder Schadenersatz, ausschließlich nach der lex fori[41]. Dies ist konsequent zur prozessualen Betrachtung der Verbandsklage. Lediglich für die Beurteilung des mit der Klage beanstandeten Verhaltens greift *Halfmeier* auf die lex causae zurück[42].

Weder bei *Lakkis* noch bei *Halfmeier* wird ganz deutlich, ob für die weiteren Voraussetzungen der Ansprüche (Verwendereigenschaft / Empfehlen für den rechtsgeschäftlichen Verkehr / Wiederholungsgefahr) ebenfalls die lex fori gelten soll. Das Ablehnen eines materiellen Rechts des Verbands befreit aber nicht von der kollisionsrechtlichen Fragestellung bezüglich der nicht verbandsbezogenen Voraussetzungen des Unterlassungsbegehrens.

Sollte *Halfmeier* dahingehend zu verstehen sein, dass für diese Tatbestandsmerkmale die Tatortregel gelten sollte[43], wäre dies problematisch, weil Anspruchsvoraussetzungen und Rechtsschutzformen in jeder Rechtsordnung aufeinander abgestimmt sind. Wird Schadenersatz gewährt, kann Vorsatz oder Fahrlässigkeit verlangt werden, während für die Unterlassung der objektive Verstoß genügen kann. Würde die Tatortregel für die nichtverbandsbezogenen Tatbestandsmerkmale von §§ 1, 2 UKlG herangezogen, bedeutete dies meines Erachtens eine implizite Unterscheidung zwischen Rechtsschutz- bzw. Klageform und Rechtsbegehren und damit die Anerkennung eines materiellen Rechts. Daher müsste eine prozessuale Deutung der Verbandsklage konsequenterweise grundsätzlich die Anwendung der lex fori auf alle ihre Voraussetzungen zur

---

39 Lakkis, S. 139.
40 Halfmeier, S. 287.
41 Halfmeier, S. 288.
42 Halfmeier, S. 285, 288.
43 So könnten seine Ausführungen auf S. 285 zu verstehen sein.

Folge haben. Die Beurteilung der Rechtswidrigkeit des angegriffenen Verhaltens als Vorfrage und damit eigenständig anzuknüpfendes Rechtsverhältnis ist dagegen auch mit einer prozessualen Einordnung im Einklang.

Gerade in der Behandlung grenzüberschreitender Fälle wird die unterschiedliche Betrachtung der Verbandsklage zwischen der prozessualen und der materiellen Einordnung der Verbandsklage deutlich. Zwar entspricht es der allgemeinen Auffassung, dass die „Art und Weise der Rechtsschutzgewährung" der lex fori unterstellt wird[44], was jedoch der „Art und Weise der Rechtsschutzgewährung" zuzurechnen ist, bedarf der genaueren Betrachtung.

Auch in Individualverfahren gilt der Grundsatz der lex fori für die Rechtsschutzgewährung, nichtsdestotrotz wird dort das Unterlassungsbegehren selbst und die Voraussetzungen, die hierfür erfüllt werden müssen, der lex causae entnommen[45]. Zum Beispiel wird die Frage, ob ein vertraglicher Erfüllungsanspruch geltend gemacht werden kann, unabhängig von der Position der lex fori nach der lex causae beurteilt[46]. Daraus folgt, dass die prozessuale Auffassung der Verbandsklage nicht nur die Frage nach dem Begehren als Bestandteil der „Art und Weise der Rechtsschutzgewährung" betrachtet, sondern auch die Person, die zur Klage berechtigt ist.

Auch *Micklitz* befürwortet de lege ferenda eine abstrakte, von einem materiellen Anspruch losgelöste Klagebefugnis[47]. Seine gleichzeitige deliktische Qualifikation erklärt sich durch sein europäisches Anspruchsverständnis, nach dem er zwar die Aktivlegitimation mit dem Begriff Rechtsschutzinteresse bezeichnen, aber materiell-rechtlich anknüpfen möchte[48]. Auch der EuGH, der nicht dem deutschen subjektiven Anspruchsbegriff anhängt, hat die Verbandsklage mit der Anwendung von Art. 5 Nr. 3 EuGVVO als deliktisches Mittel anerkannt.

bb) Vertraglich

Eine zweite Ansicht zur Qualifikation der Verbandsklage ist die von *Maurer* unter Berufung auf den BGH vertretene Heranziehung des Vertragsstatuts[49]. Um die unterschiedliche Lösung inhaltsgleicher Fälle zu vermeiden, müsse im AGB-

---

44 Siehe Geimer, Rn. 2635.
45 Böhm, in FS-Fasching, S. 121 f.
46 Siehe Geimer, Rn. 349.
47 Micklitz/Stadler, in Das Verbandsklagerecht, S. 1192, 1284.
48 Micklitz/Stadler, in Das Verbandsklagerecht, S. 1257 zur Zuständigkeit; Reich/Micklitz, S. 1204 f. zum IPR.
49 Maurer, S. 89 ff.

Verbandsklageverfahren dieselbe Rechtsordnung angewendet werden wie in einem Individualprozess über dasselbe Geschehen.

Maurer bezieht sich nur auf „das anwendbare Sachrecht“. Daher bleibt unklar, ob das von ihr befürwortete Vertragsrecht für den Unterlassungsanspruch gelten soll oder für das beanstandete Verhalten, was nicht notwendig eine vertragsrechtliche Qualifikation des Anspruches bedeutete. Ersteres ließe sich daraus schließen, dass sie es von der lex causae abhängig macht, welche Ansprüche ein Verband geltend machen kann[50]. Auf letzteres könnte ihre Aussage hinweisen, dass einzig denkbare Anspruchsgrundlage für AGB-Klagen von Verbänden in Deutschland § 13 AGBG sei, und dass sie es für möglich hält, die Verhaltensüberprüfung im Rahmen von § 13 AGBG nach ausländischem Recht vorzunehmen[51], was eine vom Vertragsrecht abweichende Qualifikation für das Unterlassungsbegehren voraussetzt. Eine vertragliche Qualifikation durch *Maurer* steht allerdings im Widerspruch zur von ihr befürworteten Anwendung von Art. 5 Nr. 3 EuGVÜ bei der internationalen Zuständigkeit[52].

Erwähnenswert ist eine weitere Aussage *Maurers*. Sie schreibt, dass bei Annahme einer eigenen materiell-rechtlichen Berechtigung des Verbands eine Gleichstellung mit § 13 UWG, jetzt § 8 UWG, erfolgen müsse, so dass das Wettbewerbskollisionsrecht heranzuziehen sei. Demgegenüber müsse man bei der Beurteilung der Norm als besondere Prozessführungsbefugnis aus fremden Recht zur Anwendbarkeit des Vertragsrechts gelangen[53].

Diese Verknüpfung ist – ganz abgesehen von dem Widerspruch zwischen ihrem Bekenntnis zum Anspruch[54] und ihrer vertragsrechtlichen Anknüpfung – fragwürdig. Aus der Annahme eines eigenen materiellen Rechts muss nicht notwendig eine Gleichstellung mit dem Wettbewerbsrecht erfolgen. Es ist möglich, für eine deliktische Qualifikation ohne die spezielle Annahme des Wettbewerbsrechts oder für eine vertragliche Qualifikation zu plädieren. Auch das Konzept Vertrag ist ein materiell-rechtliches. Eine Verknüpfung zwischen eigenem und fremdem Recht gegenüber Vertrags- und Wettbewerbsrecht kann daher nicht getroffen werden, sondern allenfalls eine Verknüpfung von eigen und fremd zu materiell und prozessual.

---

[50] Maurer, S. 62.
[51] Maurer, S. 104, 105.
[52] Maurer, S. 12, 54.
[53] Maurer, S. 89 f.
[54] Maurer, S. 61.

Pfeiffer nimmt ebenfalls eine Anknüpfung an das Vertragsstatut vor[55]. Er begründet sie jedoch mit dem Wortlaut von § 13 AGBG, der die Unwirksamkeit nach §§ 9 - 11 AGBG voraussetze. Da er von einer unselbständigen Anknüpfung des Unterlassungsanspruchs spricht, würde dies bei der jetzigen Rechtslage wohl eine akzessorische Anknüpfung über Art. 41 EGBGB[56] und damit eine originär deliktische Qualifikation bedeuteten.

cc) Deliktisch

Die Mehrheit der Autoren qualifiziert die Verbandsklagenormen deliktisch oder wettbewerbsrechtlich[57]. Die Einordnung wird mit einer Parallele zur UWG-Verbandsklage begründet. Eine Entscheidung zwischen Delikts- oder Wettbewerbsrecht meint man offen lassen zu können, weil einheitlich der Verwendungs- und Empfehlungsort der AGB als Anknüpfungsmoment gewählt würde[58]. Einige Autoren benennen als Qualifikationsgegenstand ausdrücklich den Unterlassungsanspruch, während andere sich teils auch auf das zu beurteilende Verhalten beziehen[59].

Worin die deliktische Natur der AGB-Verbandsklage liegt, wird nicht ausgeführt, was angesichts des Begründungsaufwands um die Anspruchsqualität und die Anwendbarkeit von Art. 5 Nr. 3 EuGVVO überrascht. Insbesondere bei einer wettbewerbsrechtlichen Qualifikation hätte die verbraucherschützende Funktion des Wettbewerbsrechts und die marktordnende Funktion der Verbandsklage angeführt werden können.

Die Vorgehensweise der Literatur bei der grenzüberschreitenden UWG-Verbandsklage weckt Zweifel daran, ob die Behandlung der grenzüberschreitenden AGB-Verbandsklage mit der angeführten Parallele begründet werden kann. Die Anmerkung von *Köhler* zur *Direct Shopping* - Entscheidung[60] ist charakteristisch für die wettbewerbsrechtliche Literatur. *Köhler* bestimmt dort sowohl unter der Überschrift „Unterlassungsanspruch nach deutschem Recht" als

---

[55] Pfeiffer, S. 726.
[56] So interpretiert auch Heß, S. 539 Fn. 71 Pfeiffers Auffassung.
[57] Fritzsche, S. 725; Maidl, S. 263; Kartzke, NJW 1994, 826; Koch, ZZP 113 (2000), 439; Rott/von der Ropp, ZZPInt 9 (2004), 9; Staudinger-Schlosser, § 1 UKlG Rn. 4; MüKo-Micklitz, § 13 AGBG Rn. 148, 151, 153; Palandt-Heldrich, 40 EGBGB Rn. 11; Wolf/Horn/Lindacher-Lindacher, § 13 Rn. 150; vorsichtig auch Heß, S. 538 f.
[58] Maidl, S. 263; Fritzsche, S. 726; Koch, ZZP 113 (2000), 438; hierzu noch unter c) Anknüpfungsmoment.
[59] Erstere sind Fritzsche, Micklitz, Maidl und Kartzke, letztere Schlosser und Heß, für alle siehe Fn. 57.
[60] Köhler, Anm. zu BGH – Direct Shopping, LM § 13 UWG Nr. 91 Bl. 3.

auch unter der Überschrift „Unterlassungsanspruch nach ausländischem Recht" ausschließlich das auf die Verhaltensbeurteilung anwendbare Recht nach dem Kollisionsrecht. Das Unterlassungsbegehren entnimmt er – wohl als Teil einer prozessual verstandenen Klagebefugnis – in beiden Fällen § 13 UWG, d.h. der lex fori.

Die behauptete Parallele zum Wettbewerbsrecht müsste daher bei der AGB-Verbandsklage zur Anwendung der lex fori auf den Unterlassungsanspruch führen. Ist Anknüpfungsgegenstand aber der Unterlassungsanspruch, widerspräche bei deliktischer Qualifikation die kommentarlose Anwendung der lex fori sowohl der Behauptung eines eigenen Anspruchs als auch der angeblichen Anwendung der Tatort- bzw. Marktwirkungsregel. Für die Klauselbeurteilung bestimmen die Autoren überwiegend das Vertragsstatut[61], hierin wird die Parallele zum UWG also nicht gesehen.

Eine Antwort kann darin gesucht werden, dass einige der Autoren ihre Fragestellung nur auf den „internationalen Anwendungsbereich von § 13 AGBG" richten, sie also gar nicht fragen, welches Recht allgemein auf die Anwendung oder Empfehlung rechtswidriger AGB anwendbar sein soll. Damit implizieren sie jedoch, dass vor deutschen Gerichten eine Verbandsklage ausschließlich auf der Grundlage von § 13 AGBG stattfinden könne und nicht aufgrund entsprechender ausländischer Normen[62]. Bei gleichzeitiger Bestimmung des Anwendungsbereichs nach einer Verwendung oder Empfehlung im Inland bedeutet dies aber auch den Ausschluss der Kontrolle von Verhalten (in Deutschland ansässiger) Unternehmer im Ausland vor deutschen Gerichten[63]. Da im UWG der Marktortgrundsatz nur auf das auf die Verhaltensüberprüfung anwendbare Recht angewendet wird, findet eine solche Verengung dort nicht notwendig statt[64].

Wird aber auf diese Weise nur der internationale Geltungsanspruch einer Norm bestimmt, kann von einer „Anknüpfung" mit Rückgriff auf eine allgemeine Kollisionsnorm nicht gesprochen werden[65]. Vielmehr würde in § 13 AGBG eine selbstbegrenzte Sachnorm gesehen, deren Anwendungsbereich entsprechend ih-

[61] Hierzu unter d).

[62] In MüKo-Micklitz, § 13 Rn. 143 wird letzteres allerdings seit der UKl-RL zumindest für möglich gehalten.

[63] Siehe Fritzsche, S. 727 / 728; ursprünglich auch Staudinger-Schlosser, § 13 AGBG Rn. 5, anders jedoch in der Neubearbeitung, § 1 UKlG Rn. 4, wo er einerseits die AGB-Kontrolle ausschließlich in das jeweilige Verwendungsland verweist, andererseits ausländischen Verbänden eine Klage in Deutschland nach ihrem Recht ermöglichen will.

[64] Vgl. die Ausführungen von Fezer-Hausmann/Obergfell, Einl I Rn. 469 ff.

[65] So aber ausdrücklich Kartzke, NJW 1994, 826 und Fritzsche, S. 725.

rer Funktion bei hinreichendem Inlandsbezug eröffnet ist[66]. Die Tatort- oder Marktortregel hätte keinen Platz mehr[67].

Für eine derart eingeschränkte Anwendung der Verbandsklage ist jedenfalls seit Inkrafttreten der UKl-RL kein Raum mehr. Denn diese schreibt den europäischen Mitgliedstaaten die Einführung einer grenzüberschreitenden Verbandsklage zumindest für den Fall vor, dass ausländische Verbände das Verhalten eines inländischen Unternehmers im Ausland vor inländischen Gerichten überprüfen lassen möchten. Autoren, die eine eingeschränkte „Auslandklage" für möglich halten oder die Situation seit der UKl-RL besprechen[68], können diese Perspektive daher nicht mehr einnehmen.

Die internationale AGB-Verbandsklage wird von der herrschenden Literatur daher entweder unter der zweifelhaften Benennung einer Anknüpfung an die Tatort- bzw. Marktwirkungsregel nur zum Inlandsschutz wie Eingriffsrecht behandelt, was spätestens seit Geltung der UKl-RL zu europarechtswidrigen Rechtsschutzlücken führt. Alternativ wird ein falscher Bezugspunkt für die Anknüpfung gewählt, da die lex fori und nicht die lex causae für das Unterlassungsbegehren und die weiteren materiellen Anspruchsvoraussetzungen herangezogen wird. Es wird also nicht – was bei der prozessualen Auffassung folgerichtig wäre – zwischen dem Unterlassungsanspruch einerseits und der Geltendmachung im Wege der Unterlassungsklage als Form der Leistungsklage andererseits unterschieden. Dieser zweite Aspekt betrifft aber lediglich die Klage- und Urteilsvoraussetzungen der Unterlassungsklage, beispielsweise §§ 8, 9 UKlG, die durchaus der lex fori zu entnehmen sind.

b) Rechtsgrundlage

Grundsätzlich führt die Qualifikation einer Sachnorm zu einer Kollisionsnorm, deren Anknüpfungsmoment ihren Anwendungsbereich bestimmt. Hier ist zu bedenken, dass die Art. 40 ff. EGBGB erst mit der IPR-Reform von 1999[69] entstanden sind und viele der zitierten Autoren vor oder um diesen Zeitraum veröf-

---

66 So interpretieren auch Staudinger-Fezer/Koos, Internationales Wirtschaftsrecht, Rn. 771 das entsprechende Vorgehen im UWG. Gegen eine solche selbstbegrenzte Sachnorm, Lindacher, in FS-Lüke, S. 390 und Fezer-Hausmann/Obergfell, Einl I Rn. 472.

67 Eine ähnlich fehlerhafte Verknüpfung zwischen Kollisionsnormen und Ermittlung des Anwendungsbereichs hat die Rechtsprechung beim RBerG versucht, siehe Budzikiewicz, IPRax 2001, 220 unter 2.

68 Wolf/Horn/Lindacher-Lindacher, § 13 Rn. 150; MüKo-Micklitz, § 13 Rn. 149 ff.; Staudinger-Schlosser, § 1 UKlG Rn. 4; Heß, S. 528 ff.

69 Gesetz zum Internationalen Privatrecht für außervertragliche Schuldverhältnisse und für Sachen vom 21.05.1999, BGBl I 1026.

fentlicht haben, so dass ein Auseinandersetzung mit diesen spezifischen Normen von ihnen nicht erwartet werden kann.

aa) Deliktische Kollisionsnormen

Infolge der deliktischen und wettbewerbsrechtlichen Qualifikation wird auf die Tatortregel und die Marktwirkungsregel verwiesen[70]. Beide sind gewohnheits- bzw. richterrechtlich anerkannte Rechtsgrundlagen. Soweit die Marktwirkungsregel als Kollisionsnorm genannt wird, fehlt jedoch eine Erläuterung zum einen über die Herkunft der Marktwirkungsregel und zum anderen, weshalb die Gründe für ihre Schaffung ihre Anwendung auf die AGB-Verbandsklage tragen.

Es wäre anzuführen, dass die Marktwirkungsregel ein Spezialfall der deliktischen Tatortregel[71], seine Bestimmung im Detail aber streitig ist[72]. Grund für die Sonderanknüpfung ist der Einfluss von Drittinteressen der Mitbewerber und der Allgemeinheit[73]. Auch der Ausschluss von Vorbereitungshandlungen wird angeführt[74]. Werden jedoch Drittinteressen nicht berührt, greift auch im Wettbewerbsrecht wieder die Tatortregel und das Ubiquitätsprinzip[75].

Gerade unter der Rücksicht, dass die Marktwirkungsregel für den Konkurrentenschutz entwickelt wurde – entsprechend ist der Marktort der Ort, an dem die wettbewerblichen Interessen der Mitbewerber aufeinander stoßen[76] – muss ihre Anwendung auf die AGB-Verbandsklage zwischen Verband und Unternehmer begründet werden. Die Gemeinsamkeit desselben Anspruchinhabers bei § 8 UWG und bei §§ 1, 2 UKlG genügt nicht für die Begründung derselben anwendbaren Kollisionsnorm.

Letztendlich wenden die Vertreter der wettbewerblichen Qualifikation die Marktortregel auch nicht an, sondern nehmen mit dem Verwendungs- und Empfehlungsort eine spezifische Auslegung des Marktortes für die AGB-Verbandsklage vor[77]. Soweit dies nicht nur betont, dass die Autoren einen begrenzten Inlandsanwendungsbereich von § 13 AGBG bestimmen, schaffen sie eine zweite wettbewerbsrechtliche Kollisionsnorm für AGB-Verbandsklagen.

---

[70] Siehe Fn. 57.

[71] So die ganz herrschende Meinung. Zu dieser und mit Begründung seiner anderen Auffassung in Abkehr einer individualrechtlichen Begründung des Wettbewerbsrechts, Koos, WRP 2006, 499 ff.

[72] Kegel/Schurig, S. 727 f.; MüKo-Drexl, IntUnlWettbR, Rn. 2 - 4, 112 ff.

[73] von Hoffmann/Thorn, § 11 Rn. 51.

[74] Emmerich, S. 59; Reich, RabelsZ 56 (1992), 480.

[75] von Hoffmann/Thorn, § 11 Rn. 52.

[76] BGH, Urt. v. 30.06.1961 – I ZR 39/60, BGHZ 35, 334 – Kindersaugflaschen.

[77] Hierzu näher unter c) Anknüpfungsmoment.

Dies wäre eine Sonderqualifikation, die sich im jetzigen Normengefüge auf Art. 41 EGBGB stützen ließe.

bb) Zuständigkeitsnormen

Lüderitz benennt die Zuständigkeitsnorm § 14 AGBG als Rechtsgrundlage, um den Anwendungsbereich von § 13 AGBG zu bestimmten. Nach § 14 I 2 AGBG könne eine Verbandsklage auch gegen einen im Ausland ansässigen Beklagten gerichtet werden, womit ein weiter territorialer Herrschaftsanspruch von § 13 AGBG dokumentiert werde. Dem stünde eine Anwendung des Begehungsorts als Anknüpfungsmoment entgegen[78]. Diese Betrachtungsweise führt zu einem praktikablen Gleichlauf zwischen Zuständigkeit und anwendbarem Recht und der durchgängigen Anwendung der lex fori auf alle Voraussetzungen der Verbandsklage.

Zwar formuliert § 14 I 1 AGBG seine Zuständigkeit ausdrücklich für „Klagen nach § 13 dieses Gesetzes" und anders als in den Gerichtsständen der ZPO nicht abstrakt „Verbandsklagen wegen der Empfehlung und Verwendung von AGB". Ob allein hierdurch aber die Zuständigkeitsnorm gleichzeitig zu einer Kollisionsnorm wird, ist fraglich. § 14 I 1 AGBG bezieht sich nur auf Fälle, in denen sich der allgemeine Gerichtsstand des Beklagten in Deutschland befindet. Er kann auch voraussetzen, dass § 13 AGBG anwendbar ist, anstatt dies zur Folge zu haben. Zudem verweist der von *Lüderitz* für die weite territoriale Anwendbarkeit von § 13 AGBG angeführte § 14 I 2 AGBG für den internationalen Fall gerade auf den Begehungsort.

Berücksichtigt man die zeitlich frühe Einführung von § 13 AGBG im Jahre 1976, hatte ein Gleichlauf von § 13 AGBG zur Zuständigkeit den Vorteil, dass auch dann eine Verbandsklage versucht werden konnte, wenn ein ausländisches Recht sie noch nicht vorsah. Jedoch wäre dann auch eine entsprechend weite Auslegung hinsichtlich des anwendbaren Vertragsrechts notwendig gewesen, um nicht an späterer Stelle die Klage abweisen zu müssen.

Bei der jetzigen Rechtslage in Europa ist die Anwendung deutscher Verbandsklagenormen bei Eröffnung der Zuständigkeit zum Rechtsschutz nicht mehr erforderlich. Darüber hinaus können aus den Normen der EuGVVO keine Kollisionsnormen hergeleitet werden, so dass hier eine Anwendung der lex fori anders begründet werden müsste[79].

---

[78] Lüderitz, IPRax 1990, 217 und Fn. 4.

[79] Eine zuständigkeitsrechtliche Begründung der Verbandsklage aus diesem Grunde ablehnend Pfeiffer, S. 726. Zu anderen möglichen Begründungen für die lex fori, im Ergebnis aber ablehnend siehe unten III. 1. b) cc) (2).

cc) Gemeinschaftsrechtlich modifizierte Marktwirkungsregel

Einen Gleichlauf zwischen Zuständigkeit und anwendbarem Recht hat auch die Auffassung von *Micklitz* und *Reich* zur Folge, die für die Anknüpfung des Unterlassungsanspruchs auf eine gemeinschaftsrechtlich modifizierte Marktwirkungsregel verweisen[80]. In Übereinstimmung mit der UKl-RL ist es insbesondere ihr Ziel, eine Lösung zu finden, mit der das Verhalten deutscher Unternehmer im Ausland vor deutschen Gerichten überprüft werden kann.

Reich leitet seine Darstellung zur internationalen Verbandsklage wegen irreführender Werbung damit ein, dass eine Verbandsklage nur erfolgreich sein könne, wenn das anwendbare Sachrecht einen Unterlassungsanspruch vorsehe[81]. Er bekennt sich zur materiellen Qualifikation und nimmt eine abstrakte Anknüpfung der Verbandsklage vor, anstatt den Anwendungsbereich der deutschen Normen zu erörtern.

Das Problem sieht *Reich* in einer möglichen Rechtsschutzlücke. Die herrschende Meinung bestimme das anwendbare Sachrecht mit der Marktortregel, die einen ausschließlichen Verweis auf das Recht des Verletzungsorts darstelle. Läge der Verletzungsort im Ausland müsste das Gericht danach ausländische Unterlassungsansprüche anwenden. Dies wäre jedoch wegen des Territorialitätsprinzips nicht möglich, wenn die Ansprüche dem Straf- bzw. Verwaltungsrecht angehörten, wie es in Frankreich und Großbritannien der Fall sei[82].

Die Rechtsschutzlücke müsse über das Recht des Verursachungsorts geschlossen werden. Diesen Rückgriff gebiete das Herkunftslandsprinzip, wonach jeder Verursachungsstaat eine „Quellverantwortung" für aus seinem Gebiet rechtswidrig in den Verkehr gebrachte Waren oder Dienstleistungen habe. Er müsse eine Verfolgungsmöglichkeit vor seinen Gerichten vorsehen. Zwar bestimme das Herkunftslandprinzip grundsätzlich nicht das anwendbare Recht. Aus der „mittelbaren Direktwirkung" des sekundären Gemeinschaftsrechts folge jedoch, dass Schutzlücken unter Berufung auf tradierte Prinzipien des internationalen Privatrechts nicht hingenommen werden dürften[83].

Ein Rückgriff auf diese europarechtlichen Grundsätze war vor Erlass der UKl-RL für die Begründung der Prozessführungsbefugnis ausländischer Verbände

---

[80] Reich/Micklitz, S. 1205 f.; MüKo-Micklitz, § 13 AGBG Rn. 149 - 151; Reich, RabelsZ 56 (1992), 479 - 482, 513 zum UWG; ders. VuR 1998, 174 f. zur Direkt Shopping - Entscheidung des BGH.
[81] Reich, RabelsZ 56 (1992), 479.
[82] Reich, RabelsZ 56 (1992), 506.
[83] Reich, RabelsZ 56 (1992), 496, 498, 513.

vor deutschen Gerichten erwägenswert und wird von Reich hierfür ebenfalls verwendet. Bezüglich des Unterlassungsanspruchs muss jedoch zumindest seit Inkrafttreten der UKL-RL in Frage gestellt werden, ob die von Reich zitierten „tradierten Prinzipien des internationalen Privatrechts" tatsächlich eine Anwendung ausländischer Verbandsklageregelungen verbieten[84].

Reichs Vorschlag wirft noch eine weitere Fragen auf. Er befürwortet eine alternative Anwendung von Verursachungs- und Verletzungsortsrecht. Dennoch spricht er die Frage des auf den Unterlassungsanspruch anwendbaren Rechts bei einem Verletzungsort in Deutschland überhaupt nicht an[85]. Daher muss seine „alternative Anknüpfung" so verstanden werden, dass bei Klagen vor deutschen Gerichten das Verletzungsortsrecht anwendbar ist, wenn das rechtswidrige Verhalten in Deutschland Auswirkungen gezeigt hat, aber das Verursachungsrecht, wenn das rechtswidrige Verhalten in Deutschland seinen Ausgang genommen hat. Dies ist im Ergebnis eine Anwendung der lex fori, die viel eher die von Reich beschworene Gefahr der „Renationalisierung"[86] birgt als die Anwendung des herkömmlichen internationalen Privatrechts.

Die Argumentation von *Micklitz* verläuft entsprechend[87]. Allerdings versteht er die Modifikation der Marktwirkungsregel nach dem Herkunftsland in dem Sinne, dass ausschließlich das Recht des Verursachungsorts angewendet werden soll. Gerade da er die AGB-Verbandsklage bespricht, würde als einfacherer Weg in den Sinn kommen, sich statt für die Marktwirkungsregel für die einfache deliktische Qualifikation auszusprechen. Dies hätte über die Regelanknüpfung des Art. 40 I EGBGB eine Anknüpfung an den Handlungsort zur Folge.

c) Anknüpfungsmoment

Von den Vertretern einer deliktischen oder wettbewerbsrechtlichen Qualifikation wird für Verbandsklagen nach § 13 AGBG durchgängig der Verwendungs- bzw. Empfehlungsort als das den Anwendungsbereich bestimmende Kriterium genannt[88]. Die einen setzen den deliktischen Handlungs- und Erfolgsort mit dem

---

[84] Zum Grundsatz der Unanwendbarkeit ausländischen öffentlichen Rechts, Kegel/Schurig, S. 1092 ff.; Siehe auch MüKo-Sonnenberger, Einl. IPR, Rn. 447, nach dem eine generelle Antwort auf die Frage, ob ausländische Normen, die ein behördliches Tätigwerden erfordern, vor deutschen Gerichten Anwendung finden können, nicht möglich ist.
[85] Reich, RabelsZ 56 (1992), 461/462, wo er von der Zuständigkeit direkt zur Vollstreckung übergeht.
[86] Reich, RabelsZ 56 (1992), 491.
[87] MüKo-Micklitz, § 13 AGBG Rn. 152; Reich/Micklitz, S. 1205 ff.
[88] Maidl, S. 263 f.; Kartzke, NJW 1994, 826; MüKo-Micklitz, § 13 AGBG Rn. 105, 148, 151; Staudinger-Schlosser, § 1 UKlG Rn. 4.

Verwendungs- und Empfehlungsort gleich[89]. Die anderen erklären, dass dem Ort der wettbewerblichen Interessenkollision bei der AGB-Verbandsklage der Ort der Beeinträchtigung der Verbraucherinteressen entspreche. Dies sei der Ort der Verwendung oder Empfehlung[90]. Die vermeintliche Übereinstimmung täuscht.

Verwendungs- und Empfehlungsort können sowohl in einem weiten, Handlungs- und Erfolgsort erfassenden, als auch in einem engen, nur erfolgsortsorientierten Sinn ausgelegt werden. Während bei der örtlichen Zuständigkeit nach § 6 UKlG die Bestimmung in einem weiten Sinne vorgenommen wird, die auch den Absendungsort bzw. allgemeiner den Ursachesetzungsort erfasst, wird für das anwendbare Recht überwiegend eine engere Definition vorgenommen, nach der Verwendungs- bzw. Empfehlungsort nur der Ort ist, an dem die Verbraucherinteressen beeinträchtigt werden, d.h. wo sie mit dem Klauselwerk in Berührung kommen[91].

Eine unterschiedliche Bestimmung ist wegen der anderen Interessenlage bei der internationalen Zuständigkeit und dem anwendbarem Recht durchaus möglich. Die hier überwiegend vorgenommene engere Auslegung entspricht einem wettbewerbsrechtlichen Verständnis, geht aber nicht notwendig mit einer ausdrücklichen wettbewerbsrechtlichen Qualifikation einher[92].

Maidl erörtert die engere Auslegung im Unterschied zur örtlichen Zuständigkeit und begründet sie mit dem Schutzzweck von § 13 AGBG, nur den inländischen Rechtsverkehr zu schützen[93]. Er geht von einem begrenzten Anwendungsbereich von § 13 AGBG aus, der keine Verbandsklage bei Auslandsverhalten ermöglicht. Können ausländische Verbandsansprüche nicht herangezogen werden, entsteht zumindest nach Inkrafttreten der UKl-RL eine Rechtsschutzlücke. Es ist genau diese Lücke, die *Micklitz* und *Reich* veranlasst, das Recht des Verursachungsorts heranzuziehen.

Umgekehrt kann das weite, den Absendungs- bzw. Ursachesetzungsort umfassende Verständnis von Verwendungs- und Empfehlungsort, wie *Fritzsche* es

---

[89] So Fritzsche, S. 726.

[90] Siehe nur Kartzke, NJW 1994, 826; Für den Ort des Kundenkontakts auch Rott/von der Ropp, ZZPInt 9 (2004), 10, wobei sie erst den gewöhnlichen Aufenthalt ausdrücklich für irrelevant erklären, dann aber zusammenfassen, dass in aller Regel das Recht des gewöhnlichen Aufenthalts der angesprochenen Verbraucher anwendbar sei.

[91] Kartzke, NJW 1994, 826; Wolf/Horn/Lindacher-Lindacher, § 13 Rn. 149 f.; Staudinger-Schlosser, § 1 UKlG Rn. 4, § 6 UKlG Rn. 10.

[92] Vgl. Maidl, S. 263, der sich trotz enger Auslegung skeptisch zur wettbewerbsrechtlichen Qualifikation äußert.

[93] Maidl, S. 263 f.

vertritt[94], zu Überschneidungen der Anwendungsbereiche inländischer und ausländischer Verbandsklagenormen führen. Gerade den Fall eines Distanzdelikts, bei dem Erklärungsabgabe und -empfang in verschiedenen Ländern liegt, hält *Fritzsche* nur für ein Problem der wettbewerblichen Interpretation, die auf den Ort der Interessenkollision abstellt. Er übersieht, dass es nach seiner weiten Auslegung, nicht nur „keine Fälle gibt, in denen zwar AGB nicht im Inland verwendet werden, aber dennoch der Handlungs- und Erfolgsort im Inland liegt“, sondern auch Fälle denkbar sind, in denen mehrere Verwendungsorte und damit potentiell mehrere anwendbare Rechtsordnungen in Betracht kommen. Auch Fritzsches Argumentation hat eine ausschließlich inländische Perspektive.

Wiederum anders ist *Micklitz* zu verstehen, der ebenfalls den Verwendungs- und Empfehlungsort für ausschlaggebend formuliert. Er plädiert für die geschilderte gemeinschaftsrechtliche Modifizierung der Marktwirkungsregel im Sinne des Herkunftslandes[95]. Dies ist die konträre Bestimmung des Verwendungsorts zur erstgeschilderten Auffassung, in deliktischer Terminologie die Heranziehung des Handlungs- im Unterschied zum Erfolgsort.

Nach *Heß* würde sowohl bei wettbewerbsrechtlicher Qualifikation als auch bei deliktischer Qualifikation mit vertragsakzessorischer Anknüpfung über Art. 41, 29 EGBGB an den Einwirkungsort angeknüpft. Bei deliktischer Qualifikation dagegen an den Handlungsort als den Sitz oder die Zweigniederlassung des Unternehmens und an den Erfolgsort als den Ort, an dem die Verbraucher zum Vertragsschluss veranlasst werden[96]. Diese Aufteilung entspricht dem beschriebenen Konflikt der verschiedenen Auslegungen und zeigt, dass eine Festlegung sowohl auf eine spezifische Qualifikation wie auch eine Rechtsgrundlage erforderlich ist.

Der zweite und weniger deutliche Unterschied zwischen den einheitlich formulierenden Autoren liegt in der weiteren Auslegung des Empfehlungsorts. Eine Ansicht versteht ihn als den Ort, für den die Verwendung empfohlen wird[97], eine andere als den Ort, an dem die Empfehlung gegenüber ihrem Adressaten Wirkung entfaltet[98]. Dieser Unterschied, der darin begründet ist, worin man die Gefährdung der Verbraucherinteressen sieht, wird nicht besprochen.

---

[94] Fritzsche, S. 726.
[95] MüKo-Micklitz, § 13 AGBG Rn. 152; Reich/Micklitz, S. 1206 ff.
[96] Heß, S. 538 f.
[97] Staudinger-Schlosser, § 1 UKlG Rn. 4; Fritzsche, S. 727; Wolf/Horn/Lindacher-Lindacher, § 13 Rn. 148.
[98] Maidl, S. 261, 264.

d) Verhaltensprüfung

Schließlich muss noch auf die Unterscheidung zwischen dem auf den Unterlassungsanspruch anwendbaren Recht und dem auf die Beurteilung des durch die Verbände beanstandeten Verhaltens anwendbaren Recht eingegangen werden. Während die Literatur hinsichtlich der Unterlassungsansprüche überwiegend nur den Anwendungsbereich deutschen Rechts prüft, ohne die Anwendbarkeit ausländischer Ansprüche zu erwägen, diskutiert sie durchaus, ob innerhalb der deutschen Normen das angegriffene Verhalten nach ausländischen Rechtsmaßstäben überprüft werden kann. Auslöser für die Erörterungen ist auch das Offenlassen der Frage durch den BGH.

Für eine mögliche Geltung ausländischen Rechts sprechen sich *Maidl*, *Lindacher*, *Lakkis* und *Halfmeier* aus[99]. Zwar würden in § 13 AGBG ausschließlich §§ 9 - 11 AGBG genannt und es sei Zweck der Norm, den (deutschen) Rechtsverkehr von unwirksamen AGB freizuhalten. Dies erfordere aber nicht notwendig deutschem Recht unterliegende AGB, solange über die Verwendung oder Empfehlung im Inland ein Bezug zum deutschen Rechtsverkehr hergestellt sei. Da über den Wortlaut der Norm hinaus von der herrschenden Meinung auch andere zwingende Normen als Kontrollmaßstab verwendet würden und § 13 AGBG ersichtlich ohne Rücksicht auf einen Auslandsbezug formuliert sei, könne eine erweiternde Interpretation vorgenommen werden.

Entsprechend halten *Greger*[100] und *Schaumburg*[101] wegen der nicht abschließenden Aufzählung von Normen die Anwendung ausländischen Rechts auf das im Rahmen von § 2 UKlG beanstandeten Verhaltens für möglich.

Von anderen Autoren wird es jedoch abgelehnt, ausländisches Recht als Kontrollmaßstab heranzuziehen. Nach Auffassung von *Fritzsche* und *Kartzke* ist § 13 AGBG in seinem Schutzzweck auf die deutsche Rechtsordnung beschränkt. Daher sei zu prüfen, ob die Verträge deutschem Recht unterliegen[102]. Seit Inkrafttreten der UKl-RL stellte eine Klageabweisung in dieser Situation eine Rechtsschutzverweigerung dar.

Mankowski wiederum hält eine zweite Prüfung für das anwendbare Vertragsrecht nicht für erforderlich. Da Zweck der Verbandsklage als Marktordnungsin-

---

[99] Maidl, S. 267 ff.; Lakkis, S. 143; Halfmeier, S. 284; Wolf/Horn/Lindacher-Lindacher, § 13 Rn. 148; Lindacher, in FS-Lüke, S. 386 unter e) für das Wettbewerbsrecht; ebenso wohl Nagel/Gottwald, § 5 Rn. 27.

[100] Greger, NJW 2000, 2460.

[101] Schaumburg, DB 2002, 723.

[102] Fritzsche, S. 727; Kartzke, NJW 1994, 826.

strument eine abstrakte Vertragsprüfung sei, könnten die AGB-Klauseln nicht in jedem Prozess nach einem anderen Recht beurteilt werden. Vielmehr sei bei Anwendbarkeit von § 13 AGBG auch immer deutsches Recht anwendbar[103]. *Maidl* weist darauf hin, dass die Heranziehung von §§ 9 - 11 AGBG als Kontrollmaßstab ebenfalls nicht die von *Mankowski* angestrebte von einer konkreten Rechtsordnung losgelöste Überprüfung darstellt, sondern lediglich die nächstliegende Rechtsordnung anwendet[104]. Darüber hinaus müssen die AGB nach dem Recht überprüft werden, das auch in einem Individualprozess über die Klauseln angewendet würde[105].

Micklitz zieht ebenfalls durchgängig die lex fori heran. Art. 2 II UKl-RL erwecke nur den Anschein, dass die Mitgliedstaaten zwischen dem Recht des Herkunftslands oder des Bestimmungslands wählen könnten. Die Erwägungsgründe 3 und 4 betonten die Gefahr des Auseinanderfallens von Ursprung und Wirkungsort. Daher müsse die Norm dahingehend interpretiert werden, dass der gemeinschaftsrechtliche Sockel unangetastet bleibe. Diesen gemeinschaftsrechtlich vorgegebenen Mindeststandards sei über die lex fori Wirkung zu geben[106].

Dies wirft jedoch die Frage auf, weshalb gerade die Richtlinien-Umsetzung der lex fori für einen Sachverhalt Berücksichtigung finden soll, wenn der Gemeinschaftsgesetzgeber die Möglichkeit für weitergehende Schutzmaßnahmen eröffnet hat. Wird dieser durch einzelne Mitgliedsstaaten gewährt, muss der aus dem Konzept der Mindestharmonisierung resultierende Unterschied auch im Rahmen der Unterlassungsklage berücksichtigt werden.

Maurer und *Pfeiffer*, die auf verschiedene Weise die AGB-Verbandsklage an das Vertragsrecht anknüpfen, dürfte sich die Anwendung ausländischen Vertragsrechts im Rahmen der deutschen Unterlassungsansprüche nicht stellen, da diese nach ihrer Anknüpfung ohnehin nur bei Geltung deutschen Vertragsrechts anwendbar wären. Dennoch diskutiert *Maurer* diese Problematik und kommt zu dem Ergebnis, dass ausländisches Vertragsrecht bei § 13 AGBG zur Verhaltensüberprüfung herangezogen werden kann[107].

---

[103] Mankowski, IPRax 1991, 306 Fn. 27, 307.
[104] Maidl, S. 265.
[105] Halfmeier, S. 284.
[106] MüKo-Micklitz, § 13 AGBG Rn. 153 - 157.
[107] Maurer, S. 104; Zu den Unklarheiten in ihrer Bestimmung des anwendbaren Recht schon unter a) bb).

3. Zusammenfassung

In der Literatur ist eine Loslösung von der Verbandsklage als Verfahrensform und der Fokussierung auf den Inlandsschutz noch nicht gelungen. Das Recht des Verbandes, Unterlassung zu verlangen, wird als Teil der Eröffnung der Verbandsklage vor deutschen Gerichten wahrgenommen und dem deutschen Recht unterstellt. Eine Unterscheidung zwischen dem Unterlassungsanspruch und der prozessualen Geltendmachung in der Rechtsschutzform Unterlassungsklage findet für die kollisionsrechtliche Behandlung nicht statt. Dies bestätigt das Argument der prozessualen Auffassung, die herrschende Meinung sei in der Annahme der Anspruchsnatur nicht konsequent.

Zwar lässt sich für die Prozessführungsbefugnis und – vertritt man die Doppelnatur – für prozessual eingestufte Voraussetzungen wie die Verbandsausstattung die Anwendung der lex fori begründen. Deren Anwendung auch auf die von dieser Ansicht als materiell-rechtlich eingestuften Komponenten bedürfte jedoch der Herleitung.

Das Vorgehen der Literatur entspricht zunächst grundsätzlich dem in der Einführung zu diesem Kapitel an zweiter Stelle dargelegten Qualifikationsvorgang. Es wird eine rechtliche Einordnung vorgenommen (nach der herrschenden Meinung deliktisch bzw. wettbewerbsrechtlich), die zu einer Kollisionsnorm führt (nach der herrschenden Meinung die Tatort- bzw. die Marktortregel). Auffällig ist bereits, dass weder der Schritt von der allgemeinen deliktischen Kollisionsnorm zur speziellen wettbewerbsrechtlichen Kollisionsnorm vertieft begründet, noch die auf diesem Weg gefundene Kollisionsnorm angewendet, sondern wiederum eine neue Kollisionsnorm ohne Einbettung in die kollisionsrechtlichen Begründungsschemata entwickelt wird.

Problematischer ist aber, dass die Aussage des Vorgangs verkannt wird. In der Einführung zu diesem Kapitel wurde herausgearbeitet, dass die Bestimmung des Anwendungsbereichs einer Norm nicht identisch mit der Qualifikation eines rechtlich definierten Sachverhaltselements ist. Die Literatur versucht beides zugleich. Statt bei der nach ihren Ausführungen zutreffenden Aussage zu bleiben, dass § 13 AGBG anwendbar ist, wenn AGB in Deutschland verwendet oder empfohlen werden – wobei es allerdings noch einer klaren Definition des Verwendungs- und Empfehlungsorts bedürfte – nimmt sie darüber hinaus überwiegend an, dass nur bei einem Verwendungs- oder Empfehlungsort in Deutschland eine Sachverhaltslösung möglich ist. Dies ist allenfalls bis zum Inkrafttreten der UKl-RL möglich und widerspricht der behaupteten Anwendung der Tatort- bzw. Marktwirkungsregel.

Indem die Lösung einerseits ausschließlich auf Grundlage von § 13 AGBG gesucht wird, was einer Anwendung der lex fori gleichkommt, und andererseits gleichzeitig für den Anwendungsbereich der Norm die Erfüllung einer deliktischen Kollisionsnorm verlangt wird, erfolgt eine Beschränkung der Verbandsklage. Dadurch kann die Situation, dass gegen ein deutsches Unternehmen wegen Verhaltens im Ausland geklagt wird, nur noch unter Rückgriff auf die von *Micklitz* und *Reich* europarechtlich begründeten Korrekturmaßnahmen gelöst werden. Die Frage, ob ausländische Ansprüche herangezogen werden können, wird ausgeblendet und die Anwendbarkeit ausländischen Rechts nur im Kontext der Verhaltensüberprüfung diskutiert.

Meines Erachtens entsteht die unausgesprochen kumulative Anknüpfung durch die schon zitierte „Parallele zum Wettbewerbsrecht". Dort wird von der Anwendbarkeit der Marktortregel auf die UWG-Verbandsklage gesprochen. Tatsächlich wird sie aber nicht durchgängig beachtet, sondern der Grundanspruch „die Zuwiderhandlung zu unterlassen" der lex fori entnommen, damit wohl ausschließlich als Klagebefugnis verstanden, und nur die Verhaltensweise nach dem Marktortrecht angeknüpft[108]. Die Differenzierung zwischen Unterlassungsanspruch und Verhaltensüberprüfung bleibt unbeachtet, weil beide dem Wettbewerbsrecht zugeordnet werden bzw. das Unterlassungsbegehren nicht dem anknüpfbaren Anspruch zugeordnet wird. Nun wird die wettbewerbsrechtliche Bestimmung des auf die Verhaltensbeurteilung anwendbaren Rechts im UWG auf den AGB-rechtlichen Unterlassungsanspruch übertragen.

Anstatt der Vorgehensweise der Literatur wären zwei Wege leichter nachvollziehbar. Entweder die Anknüpfung an die lex fori zu vertreten, sei es über eine prozessuale Qualifikation, sei es im Wege der Sonderanknüpfung nach Art. 41 EGBGB. Anschließend wäre zu diskutieren, ob das beanstandete Verhalten auch nach ausländischem (Vertrags-)Recht überprüfbar ist. Dann aber ist ein Rückgriff auf die Tatort- oder die Marktortregel nicht mehr erforderlich und die deutschen Verbandsklagenormen fänden auch auf Handlungen im Ausland Anwendung. Als zweiter Weg kann eine deliktische Anknüpfung vertreten werden. Sie erfordert die anschließende Diskussion darüber, ob und wie ausländische Verbandsansprüche vor deutschen Gerichten zu behandeln sind und inwieweit innerhalb der Verbandsansprüche ausländisches Vertragsrecht auf die Verhaltensüberprüfung angewendet werden kann. Allerdings ist zuzugeben, dass die konsequente Durchführung der materiell-rechtlichen Einordnung der „Verbandskla-

[108] Siehe MüKo-Drexl, IntUnlWettbR, Rn. 136 f.; Köhler, Anm. zu BGH – Direct Shopping, LM § 13 UWG Nr. 91 Bl. 3; Fezer-Hausmann/Obergfell, Einl I Rn. 469 - 472; ebenso für § 4a UKlG Hefermehl/Köhler/Bornkamm-Köhler, 26. Aufl., § 4a UKlG Rn. 6.

ge“ durch die UKl-RL und die damit verbundene Eröffnung von Klagen privater Einrichtungen in allen Mitgliedstaaten deutlich erleichtert wurde.

Zusammenfassend lässt sich festhalten, dass erstens in der Literatur nicht hinreichend zwischen dem Recht unterschieden wird, das auf Rechtsschutzform anwendbar ist, dem Recht, das für den Unterlassungsanspruch heranzuziehen ist und dem Recht, nach dem das angegriffene Verhalten beurteilt wird. Es wird zweitens nicht die kollisionsrechtliche Methodik beachtet, insbesondere nicht zwischen der Bestimmung des Anwendungsbereichs und der Qualifikation getrennt. Dies hat zur Folge, dass unklar bleibt, ob die Verbandsklage trotz angenommener Anspruchsqualität international doch als prozessuales Verfahren betrachtet wird, ob eine Sonderkollisionsnorm gebildet wird oder ob das Ergebnis mit der Anwendung herkömmlicher Kollisionsnormen erzielt werden soll. Schließlich wird drittens angenommen, dass mit der Nennung von Verwendungs- und Empfehlungsort Übereinstimmung über den internationalen Anwendungsbereich von § 13 AGBG besteht.

III. Eigener Ansatz

Angesichts der aufgezeigten Unklarheiten wird im Folgenden eine eigene Lösung für das auf Verbandsklagen nach dem UKlG anwendbare Recht dargelegt. Mit ihr können die in der Einleitung aufgeführten sechzehn Grundkonstellationen auf der derzeitigen gesetzlichen Grundlage bearbeitet werden[109].

1. Unterlassungsanspruch des § 1 UKlG

Wie oben wird zwischen dem Unterlassungsanspruch, dem die Verbände die Rechtsfolge entnehmen, und dem Recht, nach dem das angegriffene Verhalten beurteilt wird, getrennt.

a) Qualifikation

Die Qualifikation eines Anspruchs erfolgt nach seiner Zielsetzung[110]. Ausschlaggebend ist zunächst die Einordnung von § 1 UKlG als materieller Anspruch. Wird er als Regelung einer abstrakten Prozessführungsbefugnis oder einer Fremdprozessführung verstanden, müsste Ausgangspunkt die lex fori oder die Grundsätze der Prozessstandschaft für die Anknüpfung sein. Diese Auffassungen wurden in Kapitel 2 III. 1. abgelehnt; es muss eine materiell-rechtliche Qualifikation erfolgen.

Im Kapitel über die internationale Zuständigkeit wurde der vom EuGH vorgenommenen und von der herrschenden Literatur geteilten deliktischen Einordnung der Unterlassungsansprüche zugestimmt. Dennoch ist hiermit die Prüfung nicht beendet. Zunächst kann eine Divergenz dadurch entstehen, dass derzeit verschiedene Gerichte die oberste Entscheidungskompetenz haben. Während der EuGH die Auslegung der EuGVVO bestimmt, ist höchste Instanz für das EGBGB der BGH. Haben diese Gerichte verschiedene juristische Auffassungen wäre in der Praxis eine unterschiedliche Qualifikation denkbar. Diese Differenz wird mit Inkrafttreten der Rom-Verordnungen fortfallen[111].

Durch dieselbe Instanz darf eine unterschiedliche Qualifikation dagegen nicht vorkommen[112]. Zwar muss kein Gleichlauf zwischen Zuständigkeit und anwendbarem Recht bestehen, die rechtliche Einordnung des Anspruchs muss jedoch übereinstimmen.

---

[109] Hierzu die Situationenbesprechung in Kapitel 7.
[110] Sogenannte funktionale Qualifikation, siehe MüKo-Sonnenberger, Einl. IPR Rn. 514.
[111] Leible, IPRax 2006, 367 zur einheitlichen Auslegung von EuGVVO und der Rom I - VO.
[112] Ebenso Rott/von der Ropp, ZZPInt 9 (2004), 9.

Trotz der Festlegung auf die deliktische Natur des Unterlassungsanspruchs im Rahmen der Zuständigkeit soll das Ergebnis hier noch einmal bestätigt werden, ist doch Auslöser des Streits angeblich vertragswidriges Verhalten. *Maurers* Argument, für das Verbandsverfahren müsse dieselbe Vertragsrechtsordnung herangezogen werden wie in einem Individualprozess über dasselbe Geschehen, scheint in der Tat eine vertragliche Einordnung zu verlangen. Andernfalls wäre die Verbandsklage als Durchsetzungsinstrument für Verbraucherinteressen gerade mit Blick auf § 11 UKlG, nach dem der Verbraucher sich auf die Urteilswirkung berufen kann, nicht geeignet. Ein Verband könnte ansonsten Unterlassung verlangen, ohne dass die entsprechende Klausel in einem Individualverfahren für unwirksam erklärt werden könnte[113].

Beachtet man aber den Unterschied zwischen Unterlassungsanspruch und Verhaltensbeurteilung, greift das Argument nicht ein. Die Rechtswidrigkeit des beanstandeten Verhaltens kann als Vorfrage verstanden und gesondert angeknüpft werden[114]. Dann ist die Beurteilung einer Klausel nach derselben Vertragsrechtsordnung im Verbandsprozess wie im Individualprozess möglich, ohne dass eine vertragliche Qualifikation der Unterlassungsklage erfolgen müsste.

Vielmehr entscheidet über die Qualifikation der Norm der in ihr enthaltende Grundanspruch, d.h. das dem Anspruchsinhaber zugestandene Begehren. Dies ist die Unterlassung der Verwendung oder Empfehlung von bestimmten AGB-Klauseln. Zwischen den Parteien besteht keine eigene vertragliche Beziehungen. Hierin liegt der Unterschied zu den Individualverfahren, bei denen zum Beispiel die Vertragsauflösung, Minderung oder Schadenersatz verlangt wird. Es handelt sich um andere Streitgegenstände.

Das Unterlassungsbegehren des § 1 UKlG ist deliktisch. Funktion der Verbandsklage ist es, in einem Ausgleich zum individuellen vertraglichen Ungleichgewicht den Rechtsverkehr von verbraucherrechtlichen Beeinträchtigungen freizuhalten. Mit den gesetzlichen Ansprüchen aus dem UKlG wird den Verbänden ein Rechtskreis bewilligt, gegen deren objektiv widerrechtliche Verletzung sie vorgehen können.

Diese Einordnung wird sowohl durch Art. 2 II UKl-RL als auch § 6 UKlG gestützt. Art. 2 II UKl-RL nennt als bestimmende Anknüpfungsmöglichkeiten den Ursprungsort und den Auswirkungsort, § 6 UKlG greift zumindest in internationalen Konstellationen auf den Verwendungsort als Auffanggerichtsstand zurück.

---

[113] Die Situation kann auch entstehen, wenn im Individualverfahren die kundenfreundlichsten Auslegung greift, im Verbandsverfahren aber die kundenfeindlichste Auslegung zur Unwirksamkeit führt, siehe Kapitel 2. III. 2. a) bb).

[114] Hierzu unten 2. a).

Dieses sind die typischen deliktischen Anknüpfungsmerkmale des Handlungs- und Erfolgsorts.

b) Anknüpfung

Die Anknüpfung erfolgt nach einer Kollisionsnorm. Bei § 1 UKlG könnte es sich um eine sogenannte selbstbegrenzte Sachnorm handeln, bei der die Kollisionsnorm in der Sachnorm enthalten ist[115]. Die Bezugnahme auf das deutsche AGB-Recht könnte dafür sprechen, dass sich Verbandsklagen vor deutschen Gerichten insgesamt nach deutschem Recht richten sollen. Spätestens mit der Erweiterung des Anwendungsbereichs der Norm auf Klagen ausländischer Verbände, um Klagen in grenzüberschreitenden Situationen zu bewältigen, kann jedoch eine Kollisionsnorm nicht mehr in § 1 UKlG hineingelesen werden.

Schon naheliegender wäre die Annahme einer selbstbegrenzten Sachnorm im Sinne einer Anwendung der lex fori bei dem neuen § 4a UKlG[116], weil er mit der Voraussetzung eines innergemeinschaftlichen Verstoßes ein ortsbezogenes Element enthält. Selbst wenn man eine solche annehmen wollte, würde sie mit Inkrafttreten der Rom II - VO von den europäischen Kollisionsnormen überschrieben.

Auf § 1 UKlG sind daher die regulären deliktischen Kollisionsnormen Art. 40 ff. EGBGB anwendbar. Bereits vorweg soll festgehalten werden, dass nach dem Gesetzeswortlaut zwar die Grundregel Art. 4 I EGBGB einschlägig ist, nach der eine Rück- und Weiterverweisung durch das ausländische Kollisionsrecht zu prüfen ist. Auf Grundlage von Art. 4 I 1 Hs. 2 EGBGB wird jedoch von der überwiegenden Meinung für die deliktischen Anknüpfungen Art. 40 I 2, II, 41 I und II Nr. 1 EGBGB jeweils eine Sachnormverweisung angenommen[117].

aa) Art. 40 I EGBGB

Die Grundnorm Art. 40 I 1 EGBGB nennt den Handlungsort als primäres Anknüpfungsmoment. Nur bei Ausübung des Optionsrechts durch den Verletzten wird das Erfolgsortsrecht angewendet, Art. 40 I 2 EGBGB. Die Bestimmung von Handlungs- und Erfolgsort verläuft parallel zu der bei Art. 5 Nr. 3 EuGVVO; auf die dort gemachten Ausführungen kann daher verwiesen werden[118]. Demnach ist bei einer Anwendung von Art. 40 I EGBGB vorrangig das Recht am Ort der Entscheidungszentrale heranzuziehen, bei Ausübung des Options-

---

115 Kegel/Schurig, S. 308 ff., 56 f.
116 Hierzu siehe Kapitel 2 III. 2. d) bb).
117 MüKo-Junker, Art. 40 EGBGB Rn. 236 ff., Art. 41 EGBGB Rn. 25 - 27 m.w.N.
118 Siehe Kapitel 5. I. 5. a) cc) und dd).

rechts das Recht des Ortes, an dem die kollektiven Verbraucherinteressen beeinträchtigt werden.

bb) Art. 40 II EGBGB

Art. 40 II EGBG sieht eine abweichende Anknüpfung für den Fall vor, dass Verletzender und Verletzter zur Zeit des Haftungsereignisses ihren gewöhnlichen Aufenthalt in demselben Staat hatten. Obwohl diese Situation bei Verbandsklagen nicht selten sein wird, ist die Anwendung von Art. 40 II EGBGB auf Verbandsklagen abzulehnen.

Die Anknüpfung an den gemeinsamen gewöhnlichen Aufenthalt der Parteien wurde ursprünglich durch die Rechtsprechung zu Verkehrsunfällen geschaffen. Gewöhnlich bestehe zum Recht diesen Ortes die engste Beziehung, weil es der Schädiger gewohnt sei, sein Verhalten hiernach zu richten und der Geschädigte unter diesem Recht die Schadensfolgen erleide[119]. Mit Art. 40 II EGBGB gilt die Regel nun allgemein. Vor allem für Streu- und Distanzdelikte wird sie für vorteilhaft erachtet, weil sie eine einzige Rechtsordnung anstelle mehrerer möglicher Tatortrechte setzt[120]. Ist in einem Individualstreit die Anknüpfung nach Art. 40 II EGBGB nicht angemessen, ist das wesentlich engere Recht nach Art. 41 EGBGB zu suchen. Hierüber wird auch eine Rückkehr zum Handlungsort ermöglicht[121].

Bei Verbandsklagen liegt der entscheidende Konflikt nicht zwischen Verband und Handelndem. Vielmehr sind mit den Verbrauchern Drittinteressen betroffen, die vernachlässigt würden, stellte man ausschließlich auf den gewöhnlichen Aufenthalt von Kläger und Beklagtem ab. Insbesondere handelt der Verwender oder Empfehler zielgerichtet auf einen bestimmten Markt sowie auf andere Personen als den Verband. Er rechnet nicht mit der Anwendung des Rechts, in dem der klagende Verband seine Hauptverwaltung hat, zumal sein Verhalten von Verbänden aus verschiedenen Ländern angegriffen werden könnte mit der Folge jeweils verschiedener anwendbarer Rechtsordnungen. Auch das Parteiinteresse des Verbandes ist nicht auf die Anwendung seines Heimatrechts gerichtet, da sein Ziel der Schutz der betroffenen Verbraucher ist. Art. 40 II EGBGB kann daher auf Verbandsklagen keine Anwendung finden.

---

[119] Staudinger-von Hoffmann, Art. 40 EGBGB Rn. 393.
[120] Staudinger-von Hoffmann, Art. 40 EGBGB Rn. 394.
[121] MüKo-Junker, Art. 40 EGBGB Rn. 53; Staudinger-von Hoffmann, Art. 40 EGBGB Rn. 394.

cc) Art. 41 EGBGB

Art. 41 EGBGB ermöglicht bei Bestehen einer wesentlich engeren Verbindung zum Recht eines Staates eine von Art. 40 I, II EGBGB abweichende Anknüpfung[122]. Diese „Auflockerungsnorm“ soll es ermöglichen, die „undifferenzierte Allgemeinheit“ von Art. 40 I EGBGB auszugleichen und an das Recht anzuknüpfen, bei dem der Schwerpunkt der zu beurteilenden Rechtsbeziehung liegt[123]. Art. 41 EGBGB enthält in Absatz 2 Nummer 1 für das Deliktsrecht das Regelbeispiel einer akzessorischen Anknüpfung an das Schuldstatut und in Absatz 1 eine Generalklausel.

Art. 41 EGBGB hat zwei Aufgaben: er ermöglicht erstens die Abweichung von der regulären Anknüpfung im Einzelfall, was nicht Gegenstand dieser Arbeit sein kann, und zweitens die Öffnung für Sonderkollisionsnormen bei typischen Sachverhaltsgruppen[124]. Diese zweite Funktion wird zwar zum Teil angezweifelt[125], wurde aber durch den Gesetzgeber als Grund angeführt, um auf Sonderkollisionsnormen für einzelne Delikte zu verzichten[126].

Eine Anknüpfung an Art. 41 I EGBGB kommt unter verschiedenen Gesichtspunkten für die internationale AGB-Verbandsklage nach § 1 UKlG in Betracht.

(1) Vertragsrecht

Eine vertragsakzessorische Anknüpfung kann erwogen werden, weil Anlass des Rechtsstreits vertragliche Situationen sind. Sie würde es jeder Rechtsordnung ermöglichen, selbst darüber zu entscheiden, inwieweit sie ihren vertraglichen Verbraucherschutz zusätzlich durch die Verbandsklage absichert. Ein praktischer Vorteil wäre, dass das auf den Unterlassungsanspruch und das auf die Verhaltensbeurteilung anwendbare Recht identisch wären und so die Frage entfiele, ob innerhalb von § 1 UKlG auch auf ausländisches Vertragsrecht zurückgegriffen werden kann.

Gegen eine vertragsakzessorische Anknüpfung spricht jedoch, dass Art. 41 II Nr. 1 EGBGB eine besondere rechtliche oder tatsächliche Beziehung „zwischen

---

[122] Durch sie wird auch die Ausübung des Optionsrechts nach Art. 40 I 2 EGBGB bzw. seine Nichtausübung überlagert, siehe hierzu unten unter (5).

[123] Staudinger-von Hoffmann, Art. 41 EGBGB Rn. 2, 7.

[124] Mansel, in FS-Heldrich, S. 901 zu Art. 46 EGBGB, aber übertragbar auf Art. 41 EGBGB, siehe S. 900.

[125] Diese Auffassungen zutreffend ablehnend Mansel, in FS-Heldrich, S. 902.

[126] BT-Drucks 14/343, S. 10.

den Beteiligten" erfordert[127]. Die vertraglichen Beziehungen bestehen aber zwischen Beklagtem und Verbraucher und nicht zwischen den Prozessparteien. Schon der Wortlaut spricht daher gegen ihre Anwendung auf die Verbandsklage.

Eine teleologische Auslegung dahingehend, dass die besondere Situation der Verbandsklage es erfordere, ausnahmsweise auf die Beziehung zwischen Dritten abzustellen, ist nicht angezeigt. Denn vorliegend geht es um die Anknüpfung des Unterlassungsanspruchs und dieser besteht ausschließlich zwischen Verwender oder Empfehler und Verband.

Zudem besteht keine Ähnlichkeit zwischen den üblicherweise für die vertragsakzessorische Anknüpfung genannten Fällen und der Verbandsklage. Bei ersteren geht es in aller Regel darum, einen gesamten Lebenssachverhalt einer einheitlichen Rechtsordnung zu unterstellen und Fragen der Anspruchskonkurrenz zu vermeiden[128]. Es bestehen also vertragliche Ansprüche, die dem Lebenssachverhalt eine so dominante Prägung geben, dass auch die möglichen deliktischen Ansprüche dieser Rechtsordnung unterliegen sollen. Beispiele sind die Sonderanknüpfung von Teilfragen und Haftungsprivilegien sowie die culpa in contrahendo[129]. Bei der Verbandsklage gibt es keinen einheitlichen Lebenssachverhalt, der durch eine Vertragsbeziehung dominiert wird, sondern es geht um die originäre Anknüpfung des an sich deliktischen und eine Vielzahl von Lebenssachverhalten umfassenden Unterlassungsanspruchs.

Eine zweite Möglichkeit, um zur Geltung des Vertragstatuts zu kommen, wäre eine Anknüpfung an das Vertragsrecht über die Generalklausel Art. 41 I EGBGB, weil bei dieser der Wortlaut nicht im Wege steht.

Hiergegen kann jedoch eingewendet werden, dass das Vertragsstatut nach den Privatrechtsinteressen der Vertragsparteien bestimmt wird, Verband und Verwender / Empfehler dies aber nicht sind. Wenn auch der Verband im Schutzinteresse der Verbraucher klagt, ist er nicht mit ihnen gleichzusetzen. Für eine Anknüpfung an das Vertragsstatut wegen einer wesentlich engeren Verbindung kann nicht geltend gemacht werden, dass Kern der Klage die Prüfung der AGB-Klauseln sei. Denn die deliktische Verweisung erfasst neben dem Unterlassungsbegehren auch den Verwender- und Empfehlerbegriff, die Wiederholungsgefahr als Anspruchsvoraussetzung und eventuelle Missbräuchlichkeitsklauseln. Diese Voraussetzungen gelten spezifisch für die Rechtsbeziehung zwischen Verband und Verwender / Empfehler und nicht für die Beziehung Verbraucher

---

[127] Für eine unbedingt Einhaltung der Parteiidentität auch Staudinger-von Hoffmann, Art. 41 EGBGB Rn. 13.
[128] Staudinger-von Hoffmann, Art. 41 EGBGB Rn. 9.
[129] Staudinger-von Hoffmann, Art. 41 EGBGB Rn. 9.

und Verwender bzw. im Empfehlungsfalle potentieller Verwender und Verbraucher. Auf sie sollte daher nicht das insoweit fremde Vertragsrecht angewendet werden.

(2) Lex fori

Eine weitere Möglichkeit wäre über Art. 41 I EGBGB eine Sonderanknüpfung an die lex fori vorzunehmen. Dann könnte der Gerichtsstaat darüber entscheiden, welche Ansprüche einem Verband zur Verfügung stehen. Zur Begründung könnte die in den Eingangskapiteln besprochene Eigenart der Verbandsklage dienen, dass sie in einem auf Individualrechtsschutz ausgelegten Zivilrechtssystem kollektive Interessen durchgesetzt. Die Verbandsklage würde in die Nähe international zwingender Normen gerückt; ihre objektive Schutzfunktion betont. Auch entfiele die Frage, welche ausländischen Ansprüche zugelassen werden müssten.

Aufgrund der großen Unterschiede zwischen den mitgliedstaatlichen Rechtssystemen ging auch der Kommissionsvorschlag der UKl-RL davon aus, dass jedes Land seine eigenen Maßnahmen anwenden sollte, sah also eine Anknüpfung an die lex fori vor[130]. Diese Norm ist in der endgültigen Fassung der Richtlinie nicht mehr enthalten und wurde durch den neuen Art. 2 II UKl-RL ersetzt.

Dieser Absatz bezieht sich ebenso wie der gestrichene nicht auf die Verhaltensüberprüfung, sondern auf die mit der Klage verfolgten Rechtsschutzziele. Zum einen würde darin sonst nicht auf deliktische Anknüpfungsmerkmale verwiesen, wenn das Verhalten ein vertragsrechtliches ist. Darüber hinaus ist der Absatz systematisch in Art. 2 UKl-RL den Maßnahmen zugeordnet und nicht etwa Art. 1 UKl-RL in dem der Verstoß definiert und auf die einschlägigen Richtlinien verwiesen wird.

Eine Anknüpfung an die lex fori wäre jedoch trotz der Textänderung in der UKl-RL mit europarechtlichen Vorgaben vereinbar, da die UKl-RL keine zwingenden Vorgaben über das anwendbare Recht macht. Entscheidend ist nur, dass Unterlassungsansprüche von Verbänden aller Mitgliedstaaten grundsätzlich geltend gemacht werden können.

Dennoch begegnet die Heranziehung der lex fori über Art. 41 I EGBGB Bedenken[131]. Grundlage von Art. 41 EGBGB ist die Anwendung der Rechtsordnung mit der engsten Beziehung zum Sachverhalt. Gerichtsort können aber sowohl Verursachungs- als auch Erfolgsort sein. Daher wäre die Wahl der „wesentlich

---

[130] ABl EG C vom 13.04.1996, 107/3; ABl EG C vom 13.03.1997, 80/14 (Art. 2 Abs. 2).
[131] Gegen eine Anwendung der lex fori auch Rott/von der Ropp, ZZPInt 9 (2004), 10.

engsten Rechtsordnung" dem klagenden Verband mit dem Gerichtsstand überlassen. Eine Berufung auf die objektive Schutzfunktion der Verbandsklage führt ebenfalls nicht weiter, weil diese auf das auf die Verhaltensbeurteilung gerichtete Recht gerichtet ist und daher allenfalls für eine Anknüpfung an das Vertragsstatut sprechen könnte.

(3) Herkunftslandprinzip

Das Herkunftslandprinzip ist keine Kollisionsnorm. Da diese Fragestellung schon wiederholt ausführlich besprochen wurde, soll es hier mit der Feststellung sein Bewenden haben, dass das Herkunftslandprinzip „bloße Rechtsfolge der Einwirkung des europäischen Rechts auf Sachnormen ohne kollisionsrechtliche Auswirkungen" ist[132].

Es wird auch durch den Gemeinschaftsgesetzgeber nicht vorgegeben. Vielmehr wird in Art. 2 II UKl-RL sowohl das Recht des Verursachungs- als auch das des Verletzungsorts für möglich gehalten. Selbst *Micklitz* und *Reich*, die sich wie oben erläutert[133] auf eine durch das Herkunftslandprinzip modifizierte Marktortregel berufen, vermeiden in dieser Formulierung eine primäre Heranziehung des Grundsatzes als Kollisionsnorm.

(4) Marktortregel

Es könnte auch eine spezielle wettbewerbsrechtliche Qualifikation mit einer Anknüpfung an den Marktort erfolgen, was seit der IPR-Reform von 1999 ebenfalls im Rahmen von Art. 41 I EGBGB geschieht[134]. Hierfür besteht wie gezeigt in der Literatur eine starke Tendenz und auch die Bundesregierung geht von einer solchen Anknüpfung für die AGB-Verbandsklage aus[135].

Primäre Zielrichtung Verbandsklage nach § 1 UKlG ist der Verbraucherschutz. Diesen müssen die Verbände als Satzungszweck aufweisen. Einerseits geht es um Verhalten im vertraglichen Kontext selbst und nicht – wie sonst vorrangig im Wettbewerbsrecht – um Verhalten gegenüber dem Kunden vor Vertragsabschluss. Andererseits sollen durch die mit der Verbandsklage verbundene Breitenwirkung unlautere Marktpraktiken bekämpft werden. Das vertragliche Element der Gestaltung von AGB wird durch die Massenwirksamkeit zum Marktin-

---

[132] So zutreffend Sack, WRP 2000, 281; siehe auch MüKo-Drexl, IntUnlWettbR, Rn. 19, 39; Koos, WRP 2006, 503; Heß, S. 539 f. jeweils m.w.N.
[133] Siehe II. 2. b) cc) .
[134] von Hoffmann/Thorn, § 11 Rn. 51; a.A. MüKo-Drexl, IntUnlWettbR Rn. 83, 97 über Art. 40 I 1 und 2 EGBGB.
[135] BT-Drucks. 14/6857, S.72.

strument. Zudem ist spätestens seit der UWG-Reform von 2004 der Verbraucherschutz unstreitig gleichberechtigter Schutzzweck des Wettbewerbsrechts[136]. Die Verbandsklage bewegt sich im Grenzbereich zwischen verbraucherschützender Vertragsgestaltung und Wettbewerbsrecht.

Aufgrund dieser Zwischenstellung kann selbst bei wettbewerbsrechtlicher Qualifikation nicht vorschnell auf die üblicherweise für das Wettbewerbsrecht zitierte Marktortregel zurückgegriffen werden. Die Marktortregel wurde für Streitigkeiten zwischen Mitbewerbern, d.h. für horizontale Marktbeziehungen, entwickelt[137]. Schutzrichtung der Verbandsklage ist aber die vertikale Ebene[138]. Auch wenn die gleichrangige Beachtung der Schutzzwecktrias des UWG für alle seine Ansprüche gefordert wird und das heißt auch die Berücksichtigung kollektiver Interessen[139], erfordert die Verbandsklage eine eigenständige Kollisionsnorm. Durch die Funktionsausweitung des Wettbewerbsrecht entsteht eine Ausweitung seiner kollisionsrechtlichen Beurteilung.

Dementsprechend knüpfen die Vertreter der wettbewerbsrechtlichen Qualifikation trotz formaler Nennung der Marktortregel dennoch nicht an den Marktort als Ort der Interessenkollision zu anderen Wettbewerbern an, sondern suchen eine eigene Formulierung speziell für die AGB-Verbandsklage. Gleiches gilt für den von der Europäischen Kommission vorgelegten Entwurf der Rom II - VO. Er sieht nicht nur eine spezielle Kollisionsnorm für unlautere Geschäftspraktiken vor, sondern enthält unter dieser Überschrift eine eigene Formulierung für die Verletzung von kollektiven Verbraucherinteressen[140].

Trotz oder wegen des weitreichenden Schutz- und Aufgabenbereichs des Wettbewerbsrechts muss zwischen seinen jeweiligen Funktionen und der Anspruchsrichtung getrennt werden. Die herkömmliche Marktortregel kann daher selbst bei wettbewerbsrechtlicher Qualifikation auf die Verbandsklage keine Anwendung finden.

(5) Ort der Verbraucherinteressenbeeinträchtigung

Schließlich könnte über Art. 41 I EGBGB auch an den Ort der Beeinträchtigung der kollektiven Verbraucherinteressen angeknüpft werden. Wie schon im Rah-

[136] Hierzu Emmerich, S. 25 der den Verbraucherschutz schon zur als Teil des UWG angesehen hat.
[137] BGH, Urt. v. 30.06.1961 – I ZR 39/60, BGHZ 35, 329 – Kindersaugflaschen.
[138] Oppermann/Müller, GRUR 2005, 281 unterscheiden direkten und indirekten Verbraucherschutz.
[139] MüKo-Drexl, IntUnlWettbR Rn. 4.
[140] Hierzu unten 4. a).

men der internationalen Zuständigkeit erörtert, ist dies der erfolgsortsbezogene Verwendungs- bzw. Empfehlungsort.

Für den Verwendungstatbestand ist der Ort entscheidend, an dem auf die Verbraucher eingewirkt wurde bzw. zukünftig diese Einwirkung unterbleiben soll. Wird nicht nur gezielt eine Gruppe deutscher Urlauber im Ausland angesprochen wird, sondern werden sie ins Ausland „gelockt", erfolgt die Einflussnahme in Deutschland, so dass dort der Verwendungsort zu lokalisieren ist[141].

Das Vorgehen des LG Frankfurt, das in seiner erstinstanzlichen Entscheidung in der Sache *Kauf im Ausland / AGB* den Verwendungsort in Deutschland mit dem Berufen auf die Verwendung begründen wollte[142], ist nicht zulässig. Zwar wird ein Berufen auf die AGB ebenfalls als Verwendung verstanden[143], jedoch liegt die zu verhindernde Gefährdung der Verbraucherinteressen bereits in der (versuchten) Einbeziehung der Normen in den Vertrag.

Beim Empfehlungstatbestand kommt es auf den Ort der Einwirkung auf den potentiellen Verwender an. Dies ist der beabsichtigte Wirkkreis der Veröffentlichung bzw. der Ort, an dem der Empfehler Einzelpersonen, z.B. seine Verbandsmitglieder, anspricht oder ihnen die AGB zugehen. Der Empfehlungsort weist wegen der geschilderten mittelbaren Wirkung der Empfehlung[144] eine größere Distanz zum Verbraucher auf.

Nach diesem Verständnis des Orts der Verbraucherinteressenbeeinträchtigung für die Empfehlung trifft die Annahme von *Heß*, eine akzessorische Anknüpfung an das Vertragsrecht und eine (wettbewerbsrechtliche) erfolgsortbezogene Anknüpfung führten zu demselben Ergebnis des gewöhnlichen Verbraucheraufenthalts[145], lediglich für den Verwendungsort zu.

Voraussetzung für die Anwendung von Art. 41 I EGBGB ist nun, dass zu dem nach ihm angewendeten Recht eine wesentlich engere Beziehung besteht als zu dem nach Art. 38 - 40 II EGBGB anwendbaren Recht. Dieser Wortlaut umfasst jedoch nicht nur die primäre Anknüpfung an das Recht des Handlungsorts und das des gemeinsamen gewöhnlichen Aufenthalts, sondern auch das nur optional vom Verletzten wählbare Erfolgsortsrecht und lässt dadurch den Bezugspunkt der Näherbeziehung fraglich erscheinen.

---

[141] So auch Wolf/Horn/Lindacher-Lindacher, § 13 Rn. 149, 150.
[142] LG Frankfurt, Urt. v. 09.02.1988 – 2/13 O 319/87, VuR 1989, 164.
[143] Siehe Kapitel 2. III. 2. a) aa).
[144] Siehe Kapitel 2. III. 2.
[145] Heß, S. 539.

Neben dem umfassenden Wortlaut könnte der Zweck von Art. 41 EGBGB angeführt werden, nach dem eine Rechtsordnung zur Anwendung gelangen soll, die noch nicht durch die anderen deliktischen Normen Geltung erhält. Zudem könnte bei Ausschluss des Erfolgsortrechts auch die negative Funktion des Optionsrechts ausgehebelt werden. Indem über die wesentlich engere Verbindung an das Erfolgsortrecht – und um nichts anderes handelt es sich bei den meisten Beispielen zu Art. 41 I EGBGB, betrachtet man Wettbewerbsrecht oder Produkthaftungsrecht – angeknüpft wird, hat der Geschädigte nicht mehr die Möglichkeit, es beim Recht des Handlungsorts zu belassen. Es besteht die Gefahr, die Entscheidung des deutschen Gesetzgebers für den Handlungsort als Grundanknüpfung auszuhebeln und über Art. 41 EGBGB das nur bei Ausübung des Optionsrecht vorgesehene Erfolgsortrecht standardmäßig zur Anwendung zu bringen.

Gegen die Einbeziehung des Erfolgsortrechts in die Abwägung zur wesentlich engeren Beziehung spricht das Ziel des Gesetzgebers, das Recht mit der engsten Verbindung zum Sachverhalt zur Anwendung zu bringen, wenn sich die von ihm gewählte primäre Anwendung des Handlungsortsrecht nicht als solches erweist. Zwar hat sich der Gesetzgeber 1999 bei der Einführung der Art. 38 ff. EGBGB anstatt für das zuvor geltende Ubiquitätsprinzip auch aus Gründen der Praktikabilität[146] für das Handlungsortrecht und damit für einen Vorrang der Verhaltenssteuerung entschieden, jedoch würde eine Beschränkung von Art. 41 EGBGB auf Rechtsordnungen, die weder Handlungs- noch Erfolgsort sind, nicht nur Art. 41 EGBGB über die Intention des Gesetzgebers hinaus einschränken, sondern auch die gleichwohl erhebliche Bedeutung des Opferschutzes, der für die Anknüpfung an den Erfolgsort spricht, zu sehr schmälern. Der Gesetzgeber kann sich nicht sicher sein, ob das Optionsrecht ausgeübt wird. Die restriktive Behandlung der Rechtswahl in Art. 42 EGBGB zeigt, dass das Optionsrecht nicht den Grundsatz des näheren Rechts überschreiben soll. Soweit man das Optionsrecht als rein prozessuales Recht einstuft[147], dürfte es schon aus diesem Grunde nachrangig zur materiellen Bestimmung des anwendbaren Rechts sein.

Aus diesen Gründen muss der Bezugspunkt von Art. 41 I EGBGB ausschließlich das Handlungsortsrecht sein. Ist das Erfolgsortsrecht diesem gegenüber näher, kann es über Art. 41 EGBGB als anwendbares Recht bestimmt werden. Die Option des Geschädigten, das Erfolgsortrecht zu wählen, fällt dann mit dem schon gesetzlich anwendbaren Recht zusammen.

Das Recht des Verwendungs- bzw. Empfehlungsorts in einem erfolgsortsbezogenen Sinn müsste daher für die Verbandsklage nach dem UKlG eine engere

---

[146] Siehe BT-Drucks. 14/343, S. 11.

[147] Zur Qualifikation des Optionsrechts vgl. Spickhoff, IPRax 2000, S. 5 f.

Beziehung zum Sachverhalt und dem Unterlassungsbegehren haben als das des Handlungsorts. Dies ist der Fall.

Unabhängig von der speziellen Verbandsklagesituation spricht die relative Ferne des Verursachungsorts bei allen Delikten, die vorrangig nicht von Einzelpersonen, sondern in einem unternehmerischen Zusammenhang mit außerindividuellen Entscheidungsprozessen begangen werden, für die Maßgeblichkeit des Erfolgsortsrechts. Durch die Festlegung des Handlungsorts auf die Entscheidungszentrale und damit häufig den Sitz des Unternehmens verliert der Handlungsort seine Abgrenzung zur Vorbereitungshandlung und damit die Nähe zu dem Ort, an dem die in Gang gesetzte Entscheidung zuerst an die Außenwelt tritt. Anders als bei individuellen Entscheidungsprozessen, wo kurzfristig noch unbemerkt ein Abstandnehmen erfolgen kann, entsteht eine Distanz zwischen Entscheidung über das Verhalten und der nach außen tretenden Durchführung hiervon. Bei dieser Art von Delikt ist daher der Handlungsort unter Umständen grundsätzlich nicht mehr geeignetes Anknüpfungskriterium[148].

In Bezug auf die Verbandsklage ist für eine Anknüpfung an den Ort, an dem die kollektiven Verbraucherinteressen beeinträchtigt werden, anzuführen, dass die Schutzfunktion der Verbandsklage gegenüber Dritten, den Verbrauchern und dem allgemeinen Rechtsverkehr, berücksichtigt werden könnte. Der Handelnde muss sich dem Recht stellen, auf das sein Verhalten gezieltermaßen ausgerichtet war.

dd) Art. 42 EGBGB

Es ist den Parteien möglich, nach Art. 42 EGBGB eine Rechtswahl zu treffen, ebenso wie der Verband freie Dispositionsbefugnis über den Anspruch und seine Geltendmachung hat. Der „Eintritt des Ereignisses, durch das ein außervertragliches Schuldverhältnis entstanden“ ist, ist vorliegend die (drohende) Verwendung oder Empfehlung, durch die eine Begehungs- oder Wiederholungsgefahr entsteht.

c) Verweisungsumfang

Das Deliktsstatut regelt grundsätzlich den gesamten Deliktstatbestand, d.h. alle Voraussetzungen und Folgen inklusive des Kreises der Verpflichteten und Berechtigten[149]. Für die Verbandsklage bedeutet dies insbesondere, dass das De-

---

[148] Allgemein G. Wagner, IPRax 2006, 376 f. zur Rom II - VO, deren Anknüpfung an den Erfolgsort er unter dem Gesichtspunkt der Verhaltenssteuerung und der Wettbewerbsgleichheit begrüßt.

[149] MüKo-Sonnenberger, Einl. IPR, Rn. 568; Kegel/Schurig, S. 744.

liktsstatut über das Vorliegen der Aktivlegitimation und ihren Umfang entscheidet[150]. Dieser Einschluss der klagenden Person in das Deliktsstatut folgt aus der Annahme eines eigenen Verbandsanspruchs.

Ebenso wird dieser Rechtsordnung die Auslegung der Tatbestandsmerkmale entnommen. Ob zum Beispiel der Verwender Vertragspartner sein muss, wie es der BGH in seinem *Kauf im Ausland / AGB* - Urteil entschieden hat, oder Verwender auch derjenige sein kann, der zedierte Ansprüche geltend macht, wird nach dem anwendbaren Deliktsrecht bestimmt. Wer allerdings Vertragspartner ist, muss nach dem anwendbaren, gesondert zu bestimmenden Vertragsrecht entschieden werden.

Die deliktische Verweisung erfasst grundsätzlich keine vertragsrechtlichen Normen. Zwar bestimmt das Deliktsstatut, für welche verbraucherschützenden Normen der Unterlassungsanspruch zur Verfügung steht, jedoch wird die Rechtsordnung, nach der das beanstandete Verhalten überprüft wird, durch selbständige Anknüpfung bestimmt[151].

d) Ausländische Verbandsansprüche

Wird über Art. 41 EGBGB an den Erfolgsort in der oben dargestellten Interpretation angeknüpft, stellt sich für Fälle, in denen der Unternehmer seinen allgemeinen Gerichtsstand in Deutschland, sein Verhalten aber im Ausland Wirkung gezeigt hat, zwangsläufig die Frage, ob deutsche Gerichte ausländische Unterlassungsansprüche anwenden dürfen. Kann also ein deutsches Gericht z.B. aufgrund von Art. L 421-6 Code de la Consommation zur Unterlassung verurteilen?

„Gewöhnliche" deliktische ausländische Normen wenden wir ohne größere Bedenken an[152]. Die Zugrundlegung ausländischen Rechts bei den hier besprochenen Unterlassungsansprüchen wird zudem dadurch erleichtert, dass es sich um die Umsetzung der UKl-RL handelt.

Die meisten Autoren lehnen die Anwendung ausländischer Verbandsansprüche implizit ab oder erwägen diese Möglichkeit nicht einmal[153]. Soweit dies wie bei *Graf von Westphalen* auf einer prozessualen Qualifikation beruht, ist dies folge-

---

[150] Bröcker/Czychowski/Schäfer-Nordemann-Schiffel, § 3 Rn. 130 zur UWG-Verbandsklage.

[151] Hierzu unten bb); anders Carlier, in Les actions collectives transfrontières, S. 61 zum früheren belgischen Recht, wo er das auf die Klauselüberprüfung anwendbare Vertragsrecht dem Deliktsrecht entnehmen will.

[152] Siehe BGH, Urt. v. 23.06.2003 – II ZR 305/01, NJW 2003, 2685 zum thailändischen Recht.

[153] Wolf/Horn/Lindacher-Lindacher § 13 Rn. 150; Reich, RabelsZ 56 (1992), 506; Fritzsche, S. 725 ff.; anders aber Pfeiffer, S. 724 und nun Staudinger-Schlosser, § 1 UKlG Rn. 4.

richtig[154]. Aufgrund der nicht offen ausgesprochenen Anwendung der lex fori findet eine Auseinandersetzung mit der Möglichkeit allerdings nicht wirklich statt. Anders Brunner für das Schweizer IPR[155]. Er erwägt und bejaht die Anwendung der deutschen Normen § 13 AGBG und § 13 UWG durch Schweizer Gerichte, wenn am Handlungsort Schweiz geklagt würde, der Erfolgsort aber in Deutschland läge.

Heß hält die Anwendung ausländischer Verbandsansprüche für nicht ausgeschlossen. Er befürchtet jedoch Schwierigkeiten mit über eine Unterlassung hinausgehenden Ansprüchen und mit Normen aus Staaten, in denen die „Verbandsklage" öffentlich-rechtlich ausgestaltet ist. Daher schlägt er vor, stattdessen den Anwendungsbereich von §§ 1, 2 UKlG dahin zu erweitern, dass er auch im Ausland begangenes Verhalten erfasst, sofern umgesetztes europäisches Verbraucherschutzrecht verletzt wird[156]. Sein Formulierungsvorschlag für einen ergänzenden Absatz in §§ 1, 2 UKlG bezieht sich dann leider nur auf das auf die Verhaltensbeurteilung anwendbare Recht und man müsste auch hier die Anwendung der lex fori implizieren.

Heß Bedenken bezüglich fremder ausländischer Verbandsansprüche kann zunächst durch Differenzierung zwischen Unterlassungs- und Schadenersatzansprüchen begegnet werden. Die Unterlassungsansprüche, die durch Umsetzung der UKl-RL gewährt worden sind, können aus allen Rechtsordnungen übertragen werden. Gegen sie können kaum Bedenken in Form der „Wesensfremdheit"[157] vorgetragen werden; schließlich beruhen sie auf derselben für alle Mitgliedstaaten verpflichtenden Rechtsgrundlage.

Dies gilt auch für die „behördlichen" Systeme. Wie schon zur Anwendbarkeit der EuGVVO erörtert, besteht in fast allen Ländern eine parallele Klagemöglichkeit für nationale, zumindest aber für ausländische private Einrichtungen. In dieser Fassung können die Regelungen von deutschen Gerichten verwendet werden. Es entsteht nicht die von *Halfmeier*[158] befürchtete Rechtsschutzlücke. Dass die durchgängige Anwendung von § 1 UKlG vor deutschen Gerichten die einfachere Möglichkeit wäre, steht dabei außer Zweifel.

Gegen die Anwendung ausländischer Unterlassungsansprüche kann nicht eingewendet werden, dass sie in ihrem Rechtssetzungsstaat prozessual beurteilt

[154] Graf von Westphalen, WM 1978, 1317 umgekehrt für die Anwendung deutscher Verbandsansprüche im Ausland.
[155] Brunner, in Les actions collectives transfrontières, S. 143, 145.
[156] Heß, S. 541.
[157] So Heß, S. 541 für öffentlich-rechtliche Ausgestaltungen.
[158] Halfmeier, S. 289.

werden. Es greift die sogenannte materiellrechtsfreundliche Qualifikation. Danach kann eine ausländische Verfahrensvorschrift, wenn sie nach deutschem Verständnis materiell-rechtlichen Charakter hat, als Bestandteil der lex causae gewertet werden[159]. Da in Deutschland das Unterlassungsbegehren der Verbände materiell-rechtlich ist, muss es auch bei aktionenrechtlich geprägten Rechtssystemen für kollisionsrechtliche Zwecke als materiell verstanden werden.

Sollte der Klagesachverhalt nach den oben vertretenen Anknüpfungskriterien zu dem Recht eines Nicht-EU-Staates führen, das keine Verbandsunterlassungsklage kennt, ist dieses Ergebnis hinzunehmen, auch wenn ein deutsches Unternehmen gehandelt hat und deutsche Verbraucher betroffen sind. In Kapitel 3 wurde ausgeführt, dass die Verbände ihre Klagemöglichkeit nicht erhalten haben, um deutsche Unternehmen auf der ganzen Welt zu kontrollieren, sondern um Verbraucher in Deutschland und gegebenenfalls deutsche Verbraucher im Ausland zu schützen. Es ist eine berechtigte Entscheidung jeden Staates die Verbandsklage nicht zum Teil des Verbraucherschutz- und Marktregelungsgefüges zu machen. Haben sich deutsche Verbraucher von sich aus in ein Staatsgebiet begeben, können sie nicht erwarten, im Ausland mit allen Mitteln des Heimatlandes geschützt zu werden. „Lockt" dagegen der Unternehmer die deutschen Verbraucher gezielt in dieses Ausland, ist der Ort der Beeinträchtigung kollektiver Verbraucherinteressen in Deutschland zu lokalisieren und deutsches Recht einschlägig. Insoweit ist die Bestimmung des Erfolgsorts von erheblicher Bedeutung.

Schwieriger als bei den durch die UKl-RL abgedeckten Ansprüchen ist die Lage bei anderen, aus deutscher Sicht weiterreichenden Rechtsbehelfen. Hier sind zunächst die niederländischen Verbandsansprüche auf Erfüllung und Rücktritt zu nennen[160]. Bei diesen bestehen in der Tat Bedenken vor einer Anwendung durch deutsche Gerichte. Ob diese Ansprüche deliktisch oder vertraglich zu qualifizieren wären, kann offen bleiben. Sie sind deshalb problematisch, weil in individuelle Vertragsverhältnisse eingegriffen wird, ohne dass der einzelne Verbraucher in den Prozess einbezogen wird[161]. Gleichzeitig sollen die Urteile nur Rechtskraft gegenüber den Prozessparteien entfalten[162].

Während in Deutschland zwar eine Prozessstandschaft durch Verbraucherverbände bekannt ist und Musterverfahren an Bedeutung gewinnen, ist ein Anspruch, mit dem Dritte auf für sie fremde Vertragsverhältnisse einwirken, dem

---

[159] MüKo-Sonnenberger, Einl IPR Rn. 445.
[160] Frenk/Boele-Woelki, S. 236.
[161] Frenk/Boele-Woelki, S. 240.
[162] Frenk/Boele-Woelki, S. 233.

deutschen Recht unbekannt. So wie der Anspruch in der Literatur beschrieben ist, wird entweder angesichts der fehlenden Rechtskraftwirkung die Rechtslage widersprüchlich oder das rechtliche Gehör des individuellen Verbrauchers verletzt. Dies legt – unter dem Vorbehalt der konkreten Ergebnisprüfung – einen Rechtsverstoß gegen den ordre public nach Art. 6 EGBGB nahe.

Bei Schadenersatzansprüchen von Verbänden, wie sie in Frankreich und Griechenland gewährt werden, stellt sich die Lage dagegen anders dar.

In Frankreich steht der Anspruch nach seinem Wortlaut und der gesetzlichen Systematik nur französischen Verbänden zu, nicht aber ausländischen qualifizierten Einrichtungen[163]. Ein deutscher Verband könnte sich daher auf diese Normen mangels Aktivlegitimation nicht berufen. Gleiches ist für Griechenland anzunehmen, da der zugesprochene Schadenersatz durch den griechischen Handelsminister verwaltet wird.

Damit sind noch nicht die Situationen geklärt, in denen ein französischer oder griechischer Verband in Deutschland gegen ein deutsches Unternehmen wegen Verhaltens im Ausland klagt oder der Schadenersatzanspruch in Zukunft jeder qualifizierten Einrichtung gewährt würde.

Potentieller Nichtanwendungsgrund für ausländische Schadenersatzansprüche ist der ordre public. Er könnte verletzt sein, weil der Anspruch nicht nur oder weniger Ausgleichs- und Entschädigungs-, denn primär Straffunktion hat. Voraussetzung sowohl von Art. 6 EGBGB als auch von Art. 40 III Nr. 1, 2 EGBGB ist, dass das konkrete Ergebnis der ausländischen Rechtsanwendung dem ordre public widersprechen muss. So hat der BGH sogar für den Fall der Urteilsanerkennung von US-amerikanischen punitive damages erwogen – wenn auch im konkreten Fall verneint – keinen ordre public-Verstoß anzunehmen, „soweit mit der Verhängung von Strafschadenersatz [...] durch die unerlaubte Handlung erzielte Gewinne abgeschöpft werden sollen“ oder „die Abwälzung der Prozesskosten“ beabsichtigt sei[164].

Weiter muss berücksichtigt werden, dass es inzwischen mit § 10 UWG für unlautere Wettbewerbshandlungen eine Gewinnabschöpfungsklage für die Verbände zugunsten der Staatskasse gibt[165]. Aus diesen beiden Gründen können die griechischen und französischen Ansprüche nicht pauschal und vollumfassend von deutschen Gerichten abgelehnt werden.

---

[163] Beuchler, in Das Verbandsklagerecht, S. 80.
[164] BGH, Urt. v. 04.06.1992 – IX ZR 149/91, NJW 1992, 3103.
[165] Hierzu Kapitel 1. II. 4.

Zwar wird im griechischen Art. 10 IX lit. b VerbrSchG zum Teil eine reine Zivilstrafe gesehen, weil gesetzliche Kriterien für die Schadensbemessung unter anderem die Schwere des Verstoßes und die Größe und der Jahresumsatz des Unternehmens sind[166]. Jedoch wird die zugesprochene Summe nicht dem klagenden Verband zur Verfügung gestellt, sondern nach Art. 10 XIII 2 VerbrSchG durch den Handelsminister nach Stellungnahme durch den nationalen Verbraucherrat für gemeinnützige Zwecke zum Schutz der Verbraucher verwaltet, obwohl der Verband als in einem eigenen Recht verletzt gilt und ein Ausgleich für den verursachten moralischen Schaden am kollektiven Verbraucherinteresse gewährt werden soll[167].

Soweit daher ein griechischer Verband in Deutschland eine entsprechende Schadenersatzklage einreicht, kann angesichts von § 10 UWG kein Verstoß gegen den ordre public angenommen werden. Da die Verbände nicht frei über das Geld verfügen können, wird nicht von dem deutschen Grundsatz abgewichen, dass ein nicht finanziell Geschädigter quasi stellvertretend für andere nicht Entschädigung erhalten kann.

Etwas andere Erwägungen tragen die Anwendung des französischen Anspruches. Er ist anders als die französische „astreinte"[168] vom deliktischen Verweisungsumfang umfasst, weil das Schadenersatzbegehren keine rein repressive Funktion im Sinne einer privaten Strafrechtspflege hat, sondern vielmehr eine „caractère mixte" aufweist[169].

Mit dem Anspruch wird ein immaterieller Schaden am kollektiven Interesse der Verbraucher geltend gemacht, der den Verbänden auch selbst zugute kommt. Jedoch spielt entgegen dem Ziel der Verbände der Gewinnabschöpfungsgedanke bei der Bemessung der Schadenshöhe durch die Gerichte keine wesentliche Rolle. Formal wird zwar auf die Bedeutung und Größe des Unternehmens, die Schutzbedürftigkeit des Kundenkreises, die Art der Waren oder Dienstleistungen sowie das Ausmaß des Verstoßes abgestellt. Faktisch aber dient die zugesprochene Summe im Wesentlichen der Deckung der Prozesskosten und Aufwendungen des Verbandes für die konkrete Rechtsverfolgung, weil die üblichen Kostenregelungen des französischen Prozessrechts hierfür nicht ausreichen. Die jeweiligen Bemühungen werden von den Verbänden im Verfahren offen gelegt[170].

---

166 Beuchler, in Das Verbandsklagerecht, S. 205, 208.
167 Beuchler, in Das Verbandsklagerecht, S. 196, 204 209.
168 Hierzu von Hoffmann/Thorn, § 11 Rn. 20.
169 Beuchler, in Das Verbandsklagerecht, S. 70, 81, 84; Puttfarken/Franke, S. 151 f.
170 Beuchler, in Das Verbandsklagerecht, S. 117, 121, 118.

Soweit daher der Schadenersatzanspruch in dieser Funktion geltend gemacht wird und nicht in Kombination mit dem deutschen Prozessrecht eine Überkompensation erfolgt, kann er auch von deutschen Gerichten ausgesprochen werden. Art. 40 III Nr. 2 EGBGB kann allenfalls dazu dienen, den Schadenersatzanspruch der Höhe nach zu begrenzen.

Bedacht werden muss auch, dass die Problematik ausländischer Schadenersatzansprüche praktisch relativ begrenzt ist. Dies liegt sowohl an der geringen Anzahl der Mitgliedstaaten, die bisher solche Ansprüche zulassen und dies nur für die eigenen nationalen Verbände wie auch an dem bisher vorsichtigen Gebrauch der Möglichkeiten durch die ausländischen Gerichte. In Griechenland wurden innerhalb von zehn Jahren insgesamt 350.000 € eingeklagt[171]. In Frankreich bewegen sich die Schadenssummen in 38,4 % der Fälle zwischen 1.001 FF und 5.000 FF und in 43,9 % der Fälle zwischen 5.001 FF und 50.000 FF[172]. Die Ansprüche sollten daher nicht dazu dienen, insgesamt für die Verbandsklage die lex fori zu bevorzugen.

2. Vertragsrecht bei § 1 UKlG

Gelangt man nach Anknüpfung des Unterlassungsanspruchs zur Anwendbarkeit von § 1 UKlG, muss geklärt werden, nach welchem Recht die angegriffenen AGB beurteilt werden sollen.

Der praktikabelsten Vorgehensweise, deutsches Recht anzuwenden, weil ein deutsches Gericht entscheidet, kann nicht gefolgt werden. Zwar wird dies wie oben gesehen zum Teil vertreten, jedoch ist weder die Angleichung unter den Mitgliedstaaten ausreichend fortgeschritten, um ein ähnliches Ergebnis unabhängig von der angewendeten Rechtsordnung anzunehmen[173], noch durch Anwendung der lex fori eine „abstrakte" Überprüfung der AGB erreicht.

Auch das Recht am Ort der Beeinträchtigung der kollektiven Verbraucherinteressen, d.h. immer des Rechts, das auch auf den Unterlassungsanspruch anwendbar ist, ist Einwendungen ausgesetzt. Es würden wirksame Rechtswahlklauseln ignoriert. Vor allem aber wäre der Unternehmer gezwungen, sich für Verbands- und Individualprozess jeweils auf die Geltung unterschiedlicher Rechtsordnung einzustellen. Dies machte eine AGB-Formulierung unmöglich und könnte im Licht der Rechte des Unternehmers aus Art. 12, 14 und 2 GG so-

---

[171] Beuchler, in Das Verbandsklagerecht, S. 210; Siehe auch Oepen, ZZP 113 (2000), 449.

[172] Beuchler, in Das Verbandsklagerecht, S. 93, 98.

[173] Zu den Ansätzen der Vertragsrechtsverheinheitlichung siehe MüKo-Martiny, Vor Art. 27 EGBGB, Rn. 4 - 6.

gar verfassungswidrig sein. Es entspricht nicht der Funktion der Verbandsklage, die Belastung des Rechtsverkehrs mit rechtswidrigen Klauseln zu verhindern, wenn in den Anwendungsfällen der Vertrag nicht zu beanstanden wäre[174].

Daher verlangen viele Autoren eine zweite kollisionsrechtliche Prüfung, um festzustellen welches Vertragsrecht im Rahmen des Unterlassungsanspruchs anwendbar ist[175]. *Fritzsche* bekennt, bei diesem Vorgehen ein „gewisses Unbehagen" zu empfinden und erklärt sich die zweite Anknüpfung mit dem Spezialfall der Verbandsklage[176]. Jedoch ist so ungewöhnlich die gesonderte Bestimmung eines Statuts für eine Teilfrage des Sachverhalts bzw. einen rechtlichen Aspekt innerhalb einer Norm nicht. § 1 UKlG enthält eine sogenannte Vorfrage[177].

a) Vorfrage

Eine Vorfrage ist ein Rechtsverhältnis oder eine Rechtsfrage in einer in- oder ausländischen Sach- oder Kollisionsnorm[178]. Sofern sie eine eigene internationalprivatrechtliche Relevanz aufweist, wird sie nicht allein deswegen, weil sie im Tatbestand einer Norm enthalten ist, nach demselben Recht wie die Hauptfrage beurteilt[179]. Eine solche eigenständige Relevanz ist insbesondere dann gegeben, wenn besondere Kollisionsnormen für diese Rechtsfragen bestehen. Letztendlich geht es um die Verweisungsanordnung der deutschen Kollisionsnormen[180].

In der deutschen Sachnorm § 1 UKlG ist die Unwirksamkeit der angegriffenen Klausel rechtliche Voraussetzung dafür, dass dem Unterlassungsbegehren stattgegeben werden kann. Gewöhnlich werden vertragsrechtliche Fragen nach dem nach Art. 27 ff. EGBGB anwendbaren Vertragsrecht entschieden. Dies sollte auch im Rahmen der Verbandsklage geschehen. Denn nach dieser Rechtsordnung kann Übereinstimmung zu den Individualverfahren hergestellt werden und auf diese Rechtsordnung kann sich auch der Verwender / Empfehler einstellen.

---

[174] So auch Halfmeier, S. 284.
[175] Siehe II. 2. d).
[176] Fritzsche, S. 727.
[177] Ebenso Halfmeier, S. 285.
[178] Kegel/Schurig, S. 376; von Hoffmann/Thorn, § 6 Rn. 47, 56 unterscheidet zwischen Vorfragen im engeren Sinne und Erstfragen, je nachdem ob das präjudizielle Rechtsverhältnis im Tatbestand einer deutschen Kollisionsnorm (dann Erstfrage) oder einer Sach- oder ausländischen Kollisionsnorm (dann Vorfrage) auftaucht. Für nicht weiterführend hält den Streit MüKo-Sonnenberger, Einl. IPR Rn. 550.
[179] Kegel/Schurig, S. 376.
[180] MüKo-Sonnenberger, Einl IPR Rn. 545.

Die Frage der Rechtswidrigkeit der AGB darf nicht mit der allgemeinen Rechtswidrigkeit im Deliktsrecht verwechselt werden, die nicht als Vorfrage behandelt werden darf, sondern vom Deliktsstatut mitbestimmt wird[181].

Bejaht man eine Vorfrage, ist weiter zu überlegen, welches IPR zur Bestimmung des anwendbaren Rechts herangezogen werden muss. Sofern es sich bei der Hauptnorm um eine deutsche Sach- oder Kollisionsnorm handelt, wird unstreitig das deutsche IPR herangezogen. Wird jedoch ein ausländischer Unterlassungsanspruch geltend gemacht, muss Stellung dazu bezogen werden, ob Vorfragen selbstständig nach deutschem oder unselbstständig nach dem ausländischen IPR beurteilt werden[182]. Grundsätzlich sollten Vorfragen des inneren Entscheidungseinklangs wegen selbstständig angeknüpft werden[183]. Da inzwischen alle Länder der europäischen Union auch Mitgliedsstaaten des EVÜ sind[184], sind zumindest die Rechtsnormen, nach denen das anwendbare Vertragsrecht bestimmt wird, demselben Abkommen entnommen. Im Ergebnis dürften dasselbe Vertragsstatut anwendbar sein.

b) Anknüpfung

Das Vertragsstatut muss unabhängig davon bestimmt werden, ob man die Anwendung ausländischen Vertragsrechts innerhalb von § 1 UKlG zulässt oder ablehnt, nämlich um zu bestimmen, ob deutsches Recht einschlägig ist.

Ergibt sich ein ausländisches Vertragsstatut, lehnt man dessen Anwendbarkeit für § 1 UKlG aber ab, entsteht die Frage einer richtlinienwidrigen Rechtsschutzlücke. Das anwendbare deutsche Recht hielte dann keine Lösung für einen Sachverhalt bereit, der nach der UKl-RL vor deutschen Gerichten verhandelt werden können muss. Bisher wurde davon ausgegangen, dass in solchen Fällen den Verbänden keine Klagebefugnis gegeben sei[185]. Diese Argumentation ist seit der UKl-RL versperrt.

Die Anknüpfung erfolgt nach den Art. 27 ff. EGBGB. Zwar wurden diese für einzelne, konkrete Vertragsverhältnisse entwickelt, sie lassen sich aber auf die Verbandsklage anwenden, weil diese eine Vielzahl gleichartiger Situationen, die sich jeweils nach Art. 27 ff. EGBGB richten, regeln soll und weil ein Verbot

[181] MüKo-Sonnenberger, Einl IPR Rn. 568.
[182] Zu diesem Streit siehe Kegel/Schurig, S. 377 f.
[183] Kegel/Schurig, S. 381.
[184] Das Beitrittsübereinkommen ist unterzeichnet, R. Wagner, NJW 2005, 1755, und am 01.05.2006 in Kraft getreten, IPRax 2006, Heft 3, S. II.
[185] Vgl. nur OLG Köln, Urt. v. 12.05.1995 – 6 U 25/94, VuR 1995, 289 – II. Instanz zu Direct Shopping Rn. 122 zu § 13 UWG.

nach dem UKlG nur dann ausgesprochen werden sollte, wenn in die Verträge im Einzelfall ebenfalls rechtswidrig wären. Das anwendbare Vertragsrecht muss sich daher nach denselben Vorschriften bestimmen.

An dieser Stelle erfolgt keine umfassende Diskussion der Art. 27 ff. EGBGB. Hierzu gibt es umfangreiches Schrifttum. Nur soweit die Verbandsklage besondere Fragen aufwirft, findet eine Besprechung statt.

Es ist zwischen der Verwendungs- und der Empfehlungsvariante zu unterscheiden. Bei der Verwendung besteht ein direkter Kontakt zwischen Verwender und Verbraucher, ersterer kennt die Umstände der Situation. Die Art. 27 ff. EGBGB sind auf die Lösung jeder einzelnen dieser Fälle ausgelegt. Der Fall, der die Wiederholungs- oder Begehungsgefahr begründet, beschreibt die Situation, für die das anwendbare Recht bestimmt werden muss.

Bei der Empfehlungsvariante kommt hinzu, dass eine Verwendung nicht Voraussetzung für den Unterlassungsanspruch ist. Da Art. 27 ff. EGBGB konkrete Umstände des Vertragsschlusses in den Blick nehmen, gestaltet sich ihre Anwendung schwieriger. *Maidl* schlägt vor, bei fehlender Verwendung ausnahmsweise auf die Bestimmung des Vertragsstatuts zu verzichten und deutsches Recht anzuwenden[186]. Ein solches Vorgehen entspräche jedoch nicht der Mittelbarkeit des Empfehlungstatbestandes. Ob und wie die AGB konkret verwendet werden, ist unerheblich und zudem außerhalb des Einflussbereichs des Empfehlers.

Eine Möglichkeit wäre, das Vertragsrecht heranzuziehen, auf das die empfohlenen AGB ausgerichtet sind, was sich entweder den AGB selbst oder dem Wortlaut der Empfehlung entnehmen lassen wird. Jedoch muss dem Umstand Rechnung getragen werden, dass der Empfehler rechtsfehlerhaft von der Anwendbarkeit einer bestimmten Rechtsordnung ausgeht. Die Einfügung einer rechtswidrigen Rechtswahlklausel in seine AGB liegt in der Risikosphäre des Empfehlers. Daher kann in der Empfehlungsvariante nicht – unter Ausschluss von Art. 27 ff. EGBGB – für die Beurteilung der Rechtswidrigkeit der AGB immer auf die Rechtsordnung abgestellt werden, die der Empfehler ausweislich angenommen hat.

Vielmehr muss die von ihm objektiv anvisierte tatsächliche Situation, die bei Befolgung seiner Empfehlung entsteht, in den Blick genommen werden. Dies ist die Gefahr, die er geschaffen hat. Hierauf sind die Art. 27 ff. EGBGB ebenso anwendbar wie auf die Verwendungssituation. In der konkreten Fallbearbeitung

---

[186] Maidl, S. 266.

ist die Ermittlung der Verwendungssituation entscheidend, von der der Empfehler ausgegangen ist. Sie muss vorrangig durch eine Auslegung der AGB und des Empfehlungstextes erfolgen. Eine Rechtswahlklausel kann ein Hinweis auf den beabsichtigten Verwendungsort sein, ebenso die Auswahl der angesprochenen möglichen Verwender. Auch kann es nahe liegen, dass der Empfehler nur Verbraucher mit gewöhnlichem Aufenthalt am Verwendungsort im Blick hat.

aa) Art. 29 II EGBGB

Ist der Anwendungsbereich von Art. 29 EGBGB in sachlicher (Art. 29 I, IV EGBGB), räumlicher (Art. 29 I Nr. 1 - 3 EGBGB) und persönlicher Hinsicht eröffnet[187], findet auf die zu prüfenden Klauseln das Recht des Staates Anwendung, in dem der Verbraucher, an den die Klauseln gerichtet sind, seinen gewöhnlichen Aufenthalt hat. Bezüglich der AGB-Verbandsklage sind vier Anmerkungen zu machen.

Erstens, dass – anders als im Prozessrecht der Gerichtsstand nach Art. 15 ff. EuGVVO – Art. 29 EGBGB anwendbar ist, obwohl es sich bei Verbänden nicht um Verbraucher handelt. Überprüft werden nicht Klauseln aus einem Vertrag zwischen Verband und Beklagtem, sondern Klauseln aus Verträgen des Beklagten mit Verbrauchern. Die Behandlung als Vorfrage ermöglicht es, anders als beim Unterlassungsbegehren, den Status des Verbrauchers zu berücksichtigen und die Klauseln nach dem Recht zu beurteilen, das auch in einem Individualverfahren einschlägig wäre.

Zweitens, dass Art. 29 EGBGB sachlich und räumlich einen beschränkten Anwendungsbereich hat. Wegen Art. 29 II EGBGB ist die Annahme von *Heß*, eine Anknüpfung an den Einwirkungsort führe zu demselben Ergebnis wie eine vertragsakzessorischen Anknüpfung[188] so allgemein nicht zutreffend. Eine Unterscheidung kann sich – unabhängig von der Möglichkeit einer wirksamen Rechtswahl – bei den in Art. 29 IV EGBGB genannten Vertragstypen ergeben und auch in den Fällen, in denen der Verbraucher erst auf einer Urlaubsreise im Ausland angesprochen wird. Hier kann Art. 29 EGBGB nicht analog angewendet werden[189].

Drittens muss bei Verbrauchergruppen mit gewöhnlichem Aufenthalt in verschiedenen Ländern eine getrennte Beurteilung erfolgen und gegebenenfalls eine

---

[187] Ausführlich MüKo-Martiny, Art. 29 EGBGB Rn. 7 - 53; Staudinger-Magnus, Art. 29 EGBGB Rn. 28 - 94.

[188] Heß, S. 539.

[189] BGH, Urt. v. 13.12.2005 – XI ZR 82/05, NJW 2006, 762 mit Anm. Pfeiffer, IPRax 2006, 238.

begrenzte Tenorierung. Es liegen zwei Streitgegenstände vor[190]. Die situativen Voraussetzungen bedingen nicht nur ein gezieltes Ansprechen von Verbrauchern in einem spezifischen Staat, sondern haben einen anderen Sachverhalt zur Folge, der Teil der Streitgegenstandsbestimmung ist.

Vor allem aber führen bei der Verwendungsvariante von § 1 UKlG die Voraussetzungen von Art. 29 I Nr. 1 - 3 EGBGB dazu, dass ein anderer Verwendungsort angenommen werden muss. Denn in den drei Fällen muss die Einwirkung auf den Verbraucher schon an seinem Aufenthaltsstaat erfolgt sein; bei Nrn. 1 und 2, weil ein Teil der für den Vertragsschluss erforderlichen Handlungen am gewöhnlichen Aufenthalt vorgenommen sein müssen, bei Nr. 3, weil bei Reiseantritt die Bestimmung zum Vertragsschluss schon beabsichtigt war. Daher würde bei Vorliegen von Nrn. 1 - 3 schon der Unterlassungsanspruch selbst nach einer anderen Rechtsordnung angeknüpft.

Der vierte Punkt betrifft die Empfehlungsvariante von § 1 UKlG. Die Anwendung von Art. 29 II EGBGB ist abhängig von den in Art. 29 I EGBGB bezeichneten Umständen. Während sich diese Umstände bei der Verwendungsvariante aus den für die Wiederholungsgefahr angeführten bereits geschehenen Verletzungsfällen, die den Streitgegenstand mitbestimmen, ableiten lassen, ist die konkrete Verwendung für die Empfehlung gerade unerheblich. Es kommt auf die vom Empfehler objektiv beabsichtigte Verwendungssituation an – und zwar sowohl hinsichtlich der Verwenderidentität als auch hinsichtlich der angesprochenen Verbrauchergruppe – so wie sie sich aus dem gesamten AGB-Text und der Empfehlung entnehmen lässt. Wird der empfohlene Text in einem vollkommen fremden Kontext hiervon verwendet, kann dies dem Empfehler nicht zugerechnet werden.

bb) Art. 28 EGBGB

Ist Art. 29 EGBGB nicht einschlägig, bestimmt sich das anwendbare Recht gemäß Art. 28 EGBGB nach dem Recht des Staates mit der engsten Verbindung zum Sachverhalt. In den meisten Fällen wird Art. 28 II 2 EGBGB einschlägig sein. Danach wird vermutet, dass die engste Verbindung des Vertrages zu dem Staat besteht, in dem der Erbringer der charakteristischen Leistung – dies ist in der Regel der Verwender bzw. in der Empfehlungsvariante der anvisierte Verwender – seine Niederlassung hat, von der aus der Vertrag geschlossen wurde.

[190] Hierzu Kapitel 4. II.

cc) Art. 27, 29 I EGBGB

In AGB finden sich häufig Rechtswahlklauseln. Selbst wenn diese nicht durch den Verband mit der Klage angegriffen werden, haben sie Einfluss auf das Recht, dem die anderen Klauseln unterliegen. Sie müssen daher vom Gericht ebenfalls geprüft werden. Damit werden sie nicht zum Streitgegenstand, da das Gericht nicht ihre Verwendung oder Empfehlung untersagt, solange der Verband sie nicht mit in die Klage einbezieht.

Rechtswahlklauseln sind nach Art. 27 EGBGB zulässig. Dies gilt auch für AGB, wobei hier die besondere Einbeziehung in den Vertrag geprüft werden muss[191]. Über die Zulässigkeit der Rechtswahl entscheidet das Kollisionsrecht der lex fori, vorliegend Art. 27, 29 EGBGB, und erst über ihre Wirksamkeit das gewählte Recht[192]. Da im Rahmen der Verbandsklage abstrakt eine Vielzahl von Situationen beurteilt wird, geht es immer um ausdrückliche Rechtswahlen.

Bei Verbraucherverträgen werden die Folgen einer für den Verbraucher ungünstigen Rechtswahl im Anwendungsbereich des Art. 29 I EGBGB abgemildert. Dabei bleibt die Rechtswahl grundsätzlich uneingeschränkt wirksam[193]. Allerdings kann dem Verbraucher nicht der Schutz durch die zwingenden Normen seines gewöhnlichen Aufenthaltsstaates entzogen werden. Diese Formulierung wird von der ganz herrschenden Meinung als Beurteilung nach dem Günstigkeitsprinzip verstanden; es wird ein konkreter Ergebnisvergleich zwischen beiden Rechtsordnungen vorgenommen[194]. Für die Empfehlungsvariante ist hier wieder die vom Empfehler objektiv anvisierte Verwendungssituation entscheidend.

c) Ausländisches Vertragsrecht

Ist nach den obigen Regeln bestimmt, welches Recht auf die Verhaltensbeurteilung Anwendung findet, bleiben zwei Fragen. Ob innerhalb von § 1 UKlG ausländische Normen herangezogen werden können und wie dieses ausländische Recht im Instanzenzug zu behandeln ist.

---

[191] Zu Rechtswahlklauseln in AGB siehe MüKo-Spellenberg, Art. 31 EGBGB Rn. 116 ff.; Staudinger-Magnus, Art. 27 EGBGB Rn. 144 ff.; Staudinger-Hausmann, Art. 31 EGBGB Rn. 71 ff., 85.

[192] MüKo-Martiny, Art. 29 EGBGB Rn. 54.

[193] Staudinger-Magnus, Art. 29 EGBGB Rn. 97.

[194] Staudinger-Magnus, Art. 29 EGBGB Rn. 100, 106; MüKo-Martiny, Art. 29 EGBGB Rn. 59 ff.

aa) Anwendbarkeit

Wie dargestellt ist in Literatur und Rechtsprechung umstritten, ob ausländisches Recht für die Verhaltensprüfung herangezogen werden kann. Dagegen spricht der Wortlaut von § 1 UKlG, der nur deutsche Normen nennt; dafür spricht, dass auch andere nicht genannte zwingende Normen als Entscheidungsmaßstab verwendet werden.

Das zuletzt genannte Argument ist auf die UWG-Verbandsklage nicht übertragbar, da dort der Anspruch innerhalb der deutschen Normen auf die genannten Verletzungsgründe beschränkt ist. Das ist wiederum unproblematisch, weil bei zutreffender wettbewerbsrechtlicher Anknüpfung von § 8 UWG selbst, der Unterlassungsanspruch und die Verhaltensbeurteilung immer nach derselben Rechtsordnung erfolgt, sich im UWG die Frage also nur dann stellen kann, wenn man den Unterlassungsanspruch unabhängig vom Marktort der lex fori entnimmt.

Zutreffend ist, dass der Wortlaut von § 1 UKlG ausländisches Recht nicht erfasst. Allein der Verweis darauf, dass andere, nicht genannte deutsche Normen ebenfalls zur Klauselkontrolle herangezogen werden, kann die Anwendung ausländischen Rechts aufgrund der anderen Qualität einer solchen Verweisung nicht rechtfertigen. Auch die Anmerkung *Maidls*[195], dass § 13 AGBG ersichtlich ohne Bezug zum ausländischen Recht konzipiert wurde, trägt hinsichtlich § 1 UKlG nicht mehr, da er zur Umsetzung einer europäischen Richtlinie mit Rücksicht auf internationale Konflikte wenn auch nicht neu geschaffen so doch in den Gesetzgebungsprozess für die Umsetzungsnormen §§ 2, 3 UKlG noch einmal einbezogen wurden. Das anwendbare Recht wurde im Gesetzgebungsprozess diskutiert und der Gesetzgeber nahm an, alle international-privatrechtlichen Fälle könnten mit Hilfe der bestehenden allgemeinen Regeln gelöst werden[196].

Da die §§ 1 ff. UKlG Gemeinschaftsrecht umsetzen, gelten die Grundsätze über die richtlinienkonforme Auslegung. Sie entfalten über die übrigen Auslegungskriterien hinaus eine eigenständige Wirkung und beeinflussen insoweit die Zulässigkeit und Gewichtung der anderen Auslegungskriterien[197]. Mittels der richtlinienkonformen Auslegung kann die Heranziehung ausländischen Rechts für die Klauselkontrolle gerechtfertigt werden.

Dies erfordert zunächst, dass die UKl-RL die Anwendung ausländischen Vertragsrechts von den Mitgliedsstaaten verlangt, wobei systematischen und teleo-

---

[195] Maidl, S. 268.
[196] BT-Drucks. 14/6857, S. 72.
[197] Gebauer, S. 111.

logischen Erwägungen bei der Auslegung des Gemeinschaftsrechts eine vorrangige Stellung zukommt[198]. Der Wortlaut der Richtlinie verlangt nicht, ausländisches Recht heranzuziehen. Im Gegenteil gibt er kollisionsrechtliche Erwägungen in Artikel 2 Absatz 2 in die Hände der Mitgliedstaaten.

Andererseits definiert die UKl-RL einen Verstoß im Sinne der Richtlinie als eine Handlung, die einer Umsetzung der im Anhang genannten Richtlinien zuwiderläuft. Insoweit verlangt die UKl-RL über die Gewährung der Klagebefugnis hinaus, dass ausländische Verbände, wenn durch das Verursachungsmoment ein Bezug zu einem Mitgliedstaat besteht, in diesem Staat auch eine Unterlassungsklage durchführen können. Dieses Ziel würde torpediert, gäbe man den Verbänden mit der einen Hand eine Klageberechtigung und entzöge die Erfolgschancen mit der anderen, indem ein Anspruch mangels anwendbaren Rechts verneint würde.

Eine Lösung könnte darin liegen, immer deutsches Recht auf die AGB anzuwenden, was jedoch bereits oben abgelehnt wurde. Daher ist die Umsetzung der UKl-RL nur dann ordnungsgemäß, wenn auch ausländisches Vertragsrecht – zumindest die mitgliedstaatlichen Umsetzungsnormen der genannten Richtlinien – auf die AGB-Beurteilung angewendet werden kann[199].

Die Richtlinienvorgabe kann über die Grundsätze der richtlinienkonformen Auslegung in § 1 UKlG verwirklicht werden. In der Rechtssache *Pfeiffer* hat der EuGH diese zusammengefasst[200]. Das nationale Gericht müsse bei Normen, die zur Umsetzung einer Richtlinie erlassen wurden, davon ausgehen, dass der Mitgliedstaat, wenn er von den Gestaltungsspielräumen bei der Richtlinienumsetzung Gebrauch gemacht habt, die Absicht hatte, den sich aus der Richtlinie ergebenden Verpflichtungen in vollem Umfang nachzukommen. Das Gericht müsse in Erfüllung der mitgliedstaatlichen Pflichten aus Art. 10, 249 III EG die Umsetzungsnormen so weit wie möglich anhand des Wortlauts und des Zwecks der Richtlinie auslegen, um das in der Richtlinie festgelegte Ergebnis zu erreichen[201]. Dabei ist es möglich, dass eine im Wortlaut unveränderte Norm unter dem Einfluss einer Richtlinie nunmehr anders ausgelegt werden muss als dies vor dem Erlass der Richtlinie der Fall war[202].

---

198 Gebauer, S. 98.
199 So auch Kessedjian, riv dir int priv proc 1997, 286 Fn. 12.
200 EuGH, Urt. v. 05.10.2004, Rs. C-397/01, EuGHE 2004 I 8835 – Pfeiffer, Rn. 110 - 116.
201 Ob hierbei nur der nationale Methodenkanon ausgeschöpft werden oder auch hierüber hinausgegangen werden muss, ist streitig, Vogenauer, ZEuP 2005, 259 f., Fn. 117.
202 Gebauer, S. 98, 109.

Mit Rücksicht auf die Richtlinienintention kann eine Anwendung ausländischen Rechts im Rahmen von § 1 UKlG angenommen werden, weil Wortlaut und nunmehriger Zweck der Vorschrift dies auch nicht ausschließen wie die Heranziehung der ebenfalls nicht ausdrücklich genannten anderen zwingenden Vertragsgrundsätze des BGB zeigt. Eine teleologische Extension kann vorgenommen werden[203].

Dem entspricht auch, dass sich der Gesetzgeber für § 4a UKlG entschieden hat, auf das Gemeinschaftsrecht zu verweisen und den Anwendungsbereich für alle mitgliedstaatlichen Umsetzungen unzweifelhaft zu eröffnen[204].

bb) Revisibilität

Die wirksame Überprüfung der beanstandeten Vertragsklauseln ist mit Blick auf §§ 545 I, 546 ZPO in der Revisionsinstanz in Frage gestellt. Der BGH schließt aus diesen Normen, dass nicht nur ausländisches Recht, sondern auch ausländische AGB, weil sie das Gepräge einer ausländischen Rechtsordnung hätten, nicht revisibel seien[205]. Ob ausländische AGB vorliegen, entscheidet sich nach Ansicht des BGH jedoch nicht nach der anwendbaren Rechtsordnung, sondern danach, wer die AGB verwendet hat; er verneint seine Auslegungsmöglichkeit daher auch bei der Überprüfung der AGB am deutschen Recht[206].

Diese Rechtsprechung ist ausgesprochen problematisch und wird in der Literatur vehement kritisiert[207]. Inzwischen besteht eine erhebliche Zahl von Ausnahmen, die der BGH im Wege eines fehlerhaften Ermessens bei der Ermittlung oder Erörtertung des ausländischen Rechts zur Geltung bringt[208]. Daher wäre gerade mit Rücksicht auf die beabsichtigte Breitenwirkung der Verbandsklage eine Abkehr von dem Grundsatz des BGH wünschenswert. Da jedoch grundsätzlich keine Besonderheiten für die Verbandsklage gelten, soll an dieser Stelle keine ausführliche Diskussion erfolgen.

---

[203] Dieses Ergebnis wird in öBMSG, Praktische Umsetzungen, S. 27 als in Deutschland herrschend dargestellt.
[204] BT-Drucks. 16/2930, S. 57.
[205] BGH, Urt. v. 14.01.1986 – X ZR 54/84, WM 1986, 461; Urt. v. 25.01.2005 – XI ZR 78/04, NJW-RR 2005, 1071.
[206] So in BGH, Urt. v. 14.01.1986 – X ZR 54/84, WM 1986, 461; Maidl, S. 175.
[207] Geimer, Rn. 2601 ff. m.w.N.; Stein/Jonas-Grunsky, §§ 549, 550, Rn. 11 ff.; MüKo-Basedow § 5 AGBG Rn. 29; Maidl, S. 177 ff.
[208] Kegel/Schurig, S. 509 f.; Arzt, S. 288 ff.

3. Unterlassungsanspruch des § 2 UKlG

§ 2 UKlG eröffnet eine Unterlassungsklage bei Verstößen gegen Verbraucherschutzgesetze. In ihrer Gesamtheit ist die Norm ebenso wie § 1 UKlG deliktisch zu qualifizieren. Auch sie dient der Verhinderung eines unzulässigen, breitenwirksamen Verhaltens auf dem Markt. Dieses Verhalten kann unabhängig von einer zuvor bestehenden individuellen Rechtsbeziehung durch die Verbände gerügt werden.

Das soeben für § 1 UKlG erarbeitete Anknüpfungsschema kann grundsätzlich auf § 2 UKlG übertragen werden. Der Hinweis auf die Vergleichbarkeit des Orts, an dem die Verwendung oder Empfehlung nach § 1 UKlG unterbleiben soll, mit dem Ort, an dem die Zuwiderhandlung nach § 2 UKlG erfolgen soll, ist jedoch nicht ausreichend. Denn eine Konkretisierung des Orts der Zuwiderhandlung ist ohne Bezug auf ein konkretes Verbraucherschutzgesetz aus § 2 II UKlG nicht möglich.

Die Verwendung und Empfehlung nach § 1 UKlG haben mit der Einwirkung auf den Verbraucher unabhängig vom Inhalt der AGB einen eigenständigen Handlungsgehalt, der für die Bestimmung des Orts genutzt werden kann. Demgegenüber erschöpft sich der Gehalt der Zuwiderhandlung in einem Verweis auf den Inhalt der Vorschrift, die nicht verletzt werden darf. Hinzu kommt, dass diese Vorschrift entweder einen wettbewerbsrechtlichen Charakter aufweisen kann – beispielsweise §§ 7, 8 RStV als Umsetzung der in § 2 II Nr. 4 genannten Richtlinien oder §§ 3 ff. HeilMWerbG – oder einen vertragsrechtlichen – beispielsweise die Vorschriften, auf die in § 2 II Nr. 1 UKlG verwiesen wird, sowie das Fernunterrichtsschutzgesetz oder § 126 Investmentgesetz[209]. Eine abstrakte Beschreibung des Orts der Zuwiderhandlung ist daher nicht möglich. Die Norm muss für das jeweils betroffene Verbraucherschutzgesetz und die darin untersagte bzw. vorgeschriebene Handlung aufgeschlüsselt werden.

Aufgrund des fehlenden eigenen Gehalts der Zuwiderhandlung scheint daher deutlicher als bei § 1 UKlG eine wesentlich engste Verbindung im Sinne von Art. 41 I EGBGB zu der Rechtsordnung zu bestehen, die den Vertrag zwischen Zuwiderhandelndem und Verbraucher bzw. das beanstandete Verhalten des Zuwiderhandelnden regelt. Bei den wettbewerbsrechtlichen Normen bedeutete dies eine akzessorische Anknüpfung an das Wettbewerbsstatut, bei den vertragsrechtlichen an das Vertragsstatut.

---

[209] Ausführlich zu den einzelnen Vorschriften Micklitz, Rechtsbruchklage, S. 110 ff.

Ein Blick auf die in der Rom II - VO geplante Kollisionsnorm legt jedoch ein anderes Vorgehen nahe. Darin wird als Anknüpfungsoption im Rahmen der Regelung über unlautere Geschäftspraktiken der Ort der Beeinträchtigung kollektiver Verbraucherinteressen genannt. Ausweislich der Begründung durch die Europäische Kommission ist diese Formulierung anlässlich der Ansprüche aus der UKl-RL gewählt worden[210].

Dies weist noch einmal darauf hin, dass Ziel der Unterlassungsklagenansprüche der Schutz kollektiver Verbraucherschutzinteressen ist und nicht der Schutz innerhalb individueller Verhältnisse. Die Verbände sollen eine breitenwirksame rechtswidrige Einwirkung auf die Verbraucher verhindern. Deshalb müssen nach § 2 UKlG die Klagen „im Interesse des Verbraucherschutzes“ erfolgen.

Eine eigenständige Anknüpfung über Art. 41 I EGBGB für das Unterlassungsbegehren an den Ort der Einwirkung auf den Verbraucher ist gerechtfertigt. Wie schon zu § 1 UKlG ausgeführt, besteht zu diesem eine wesentliche engere Verbindung als zum Handlungsort, der häufig mit dem Unternehmenssitz übereinstimmt und daher eine relative Distanz zur Außenwirkung des Zuwiderhandelnden hat. Aufgrund der Unterschiedlichkeit der in § 2 II UKlG genannten Gesetze muss der Ort der Einwirkung jeweils gesondert bestimmt werden.

Bei den wettbewerbsrechtlichen, insbesondere die Werbung betreffenden Normen stimmt diese Anknüpfung mit dem Marktort überein, was den Vorteil mit sich bringt, dass Unterlassungsbegehren und Verhaltensüberprüfung nach derselben Rechtsordnung erfolgt. Hier zeigt sich deutlich die Verwandtschaft zwischen § 2 UKlG und § 8 UWG, zwischen denen eine endgültige Abgrenzung noch nicht erfolgt ist[211].

Bei denjenigen vertraglichen Normen, die wie viele der Informations- und Hinweispflichten im Rahmen des Vertragsschlusses relevant werden, ist der Ort der Einwirkung auf den Verbraucher ebenfalls gut als der zu ermitteln, wo sie zum Vertragsschluss veranlasst worden sind. Dieser Ort der Einwirkung auf die Verbraucher gilt aber auch für Pflichten, die die Vertragsabwicklung betreffen, weil die Gefährdung des Verbrauchers mit Vertragsabschluss einsetzt.

Ebenso wie zu § 1 UKlG ausgeführt, kann und muss ein deutsches Gericht unter Umständen auf ausländische, dem § 2 UKlG entsprechende Unterlassungsansprüche zurückgreifen. Nach dem Recht dieses konkretisierten Zuwiderhandlungsorts bestimmt sich auch die Reichweite des Unterlassungsanspruchs, d.h. die verbraucherschützenden Normen, deren Verletzung geltend gemacht werden

---

[210] Hierzu unten 4. a).

[211] Hierzu Kapitel 2. III. 2. d) aa).

kann. In Deutschland ist der Umfang durch die Formulierung „insbesondere" weit auf alle Verbraucherschutzgesetze gefasst. In anderen Ländern wird zum Teil nur auf die in der UKl-RL genannten Vorschriften verwiesen[212].

Dieser unterschiedliche Umfang der Unterlassungsansprüche bestätigt noch einmal die Anknüpfung an das Recht des Orts, an dem die Unternehmer sich betätigt haben, entgegen einer Anwendung der lex fori. Ansonsten wäre es einem Unternehmer bei einem weniger strengen Heimatrecht möglich, sich auf einem Markt zu bewegen, ohne in seinem Herkunftsstaat für rechtwidriges Verhalten zur Rechenschaft gezogen zu werden.

Entsprechend zu § 1 UKlG können die als Vorfrage nach Art. 27 ff. EGBGB gesondert angeknüpften vertraglichen Verbraucherschutzgesetze ausländische sein. § 2 UKlG ermöglicht eine richtlinienkonforme Auslegung. Die Norm ist offen für weitere Verbraucherschutzgesetze formuliert und verweist zum Teil selbst nur allgemein auf die zur Umsetzung einer bestimmten Richtlinie gedachten Normen. Dieser Gedanke kann daher verallgemeinert werden. Wie schon angemerkt, stimmt bei wettbewerbsrechtlichen Normen das auf den Unterlassungsanspruch und die Verhaltensbeurteilung anwendbare Recht überein.

4. Änderungen durch Rom I und II

Die in diesem Kapitel gemachten Ausführungen stützen sich auf deutsches Kollisionsrecht. Zur Zeit sind jedoch sowohl für außervertragliche wie auch vertragliche Schuldverhältnisse das Kollisionsrecht vereinheitlichende Verordnungen auf europäischer Ebene in Vorbereitung. Dies ist zum einen der Vorschlag für eine Verordnung über das auf außervertragliche Schuldverhältnisse anzuwendende Recht (Rom II - VO)[213] und zum anderen der Vorschlag über eine Verordnung über das auf vertragliche Schuldverhältnisse anzuwendende Recht (Rom I - VO)[214]. Im Folgenden wird kurz auf die erwarteten Regelungen eingegangen, um mögliche Abweichungen vom oben gefundenen Ergebnis festzustellen.

a) Rom II - VO

Derzeit befindet sich die Rom II - VO auf dem Weg durch das europäische Gesetzgebungsverfahren. Nach einem geänderten Vorschlag durch die Kommission auf Grundlage einer Entschließung des Parlaments hat nun eine Einigung auf ei-

---

[212] Für einen Überblick siehe öBMSG, Praktische Umsetzungen, S. 149 f.
[213] KOM(2006) 83 endg.
[214] KOM(2005) 650 endg.

nen gemeinsamen Standpunkt stattgefunden[215]. Die Verordnung hat das Ziel, die sich selbst bei gleicher Regelbenennung (z.B. lex loci delicti commissi) in ihrem Verständnis deutlich unterscheidenden mitgliedstaatlichen Kollisionsnormen anzugleichen[216].

Mit seinem Artikel 7 sieht der geänderte Vorschlag der Verordnung wie auch schon der erste Entwurf eine spezielle wettbewerbsrechtliche Kollisionsnorm vor, obwohl das Europäische Parlament die Norm hatte streichen wollen[217].

Interessant an Artikel 7 des Vorschlags ist, dass er eine Anknüpfung an das Recht des Staates zulässt, in dessen Gebiet „die kollektiven Verbraucherinteressen unmittelbar und wesentlich beeinträchtigt worden sind oder beeinträchtigt werden könnten“[218]. Nach der Erläuterung zum ersten Verordnungsvorschlag ist diese Formulierung vor allem, aber nicht ausschließlich für die Verbraucherverbandsklagen nach der UKl-RL eingefügt worden[219].

Das heißt, dass die Europäische Kommission erstens eine wettbewerbsrechtliche Qualifikation der Ansprüche annimmt und zweitens eine spezielle Auslegung des Anknüpfungsmoments für erforderlich hält. Der gewählte Weg – der Ort der Beeinträchtigung der kollektiven Verbraucherinteressen – entspricht der oben zu §§ 1, 2 UKlG befürworteten Lösung.

Dies gilt auch für den Empfehlungsort, denn wie oben ausgeführt, tritt die Verbrauchergefährdung bereits durch die Empfehlung und nicht durch die damit veranlasste Verwendung der empfohlenen AGB ein.

---

[215] Der Stand des Verfahrens kann unter http://ec.europa.eu/prelex/apcnet.cfm abgerufen werden.
Die Verordnung wurde nunmehr vom Rat am 28.06.2007 und vom Europäischen Parlament am 10.07.2007 angenommen. Sie wird am 11.01.2009 in Kraft treten, vgl. hierzu Junker, NJW 2007, 3675 ff. Die Kollisionsnorm zum unlauteren Wettbewerb findet sich nun in Artikel 6 der Verordnung.

[216] KOM(2003) 427, S. 5 f.; Ausführlich zu Rom II: G. Wagner, IPRax 2006, 372.

[217] KOM(2006) 83 endg., S. 6, 16; Zur Diskussion um die Notwendigkeit einer eigenen lauterkeitsrechtlichen Kollisionsnorm und für eine solche plädierend, Buchner, GRUR Int. 2005, 1008 f.

[218] In Art. 6 I des schließlich verabschiedeten Verordnungstextes wurde die Präzisierung „unmittelbar und wesentlich“ gestrichen. Dies erleichtert insbesondere im Rahmen des Empfehlungstatbestandes die Einbeziehung eines vom späteren Verwendungsort der AGB abweichenden Einwirkungsorts auf den potentiellen Verwender.

[219] KOM(2003) 427, S. 17.

Darüber hinaus kann aus dieser Einbeziehung geschlossen werden, dass die Verbandsklage nicht als Eingriffsrecht im Sinne des geplanten Artikel 13 Rom II - VO[220] verstanden werden kann.

b) Rom I - VO

Die Rom I - VO befindet sich in ihrem Gang durch das europäische Rechtssetzungsverfahren im Europäischen Parlament. Es wird erwartet, dass sie nicht vor 2008 in Kraft tritt[221]. Die Verordnung ist in ihrer Struktur, dem Anwendungsbereich und den kollisionsrechtlichen Ergebnissen am EVÜ orientiert[222]. Dennoch werden sich durch die Rom I - VO Änderungen ergeben.

Wie Art. 27 EGBGB lässt Art. 3 Rom I - VO die freie Rechtswahl zu. Sie steht jedoch unter dem Vorbehalt von Art. 5 Rom I - VO, der die Anknüpfung von Verbraucherverträgen regelt[223]. Der Verordnungsentwurf erklärte in Art. 5 Rom I - VO für seinen situativen Anwendungsbereich[224] generell das Recht des gewöhnlichen Aufenthalts des Verbrauchers für anwendbar[225]. Hintergrund der vorgeschlagenen Änderung war, dass in Folge der EVÜ-Regelung häufig eine Rechtsspaltung dahingehend eintritt, dass das Heimatrecht des Unternehmers in Kombination mit dem zwingenden Recht des Verbraucheraufenthaltes gegolten hat. Diese parallele Anwendung mehrerer Rechtsordnungen sollte vermieden werden[226] und der aufwendige Günstigkeitsvergleich entfallen.

In der Folge wäre es häufiger zur Übereinstimmung zwischen dem deliktischen Recht der Verbrauchereinwirkung und dem vertraglichen Recht am gewöhnlichen Aufenthalt des Verbrauchers gekommen. Dies gilt allerdings nicht für die in der Vergangenheit relevant gewordenen Gran-Canaria - Fällen, bei denen Personen gezielt während ihres Auslandsurlaubs angesprochen werden. Dort bleibt die Diskrepanz zwischen dem Ort der Verbrauchereinwirkung und dem gewöhnlichen Aufenthalt der Verbraucher bestehen.

---

220 Im verabschiedeten Verordnungstext Artikel 16.

221 Neueste Informationen, IPRax 2006, Heft 2 II. Das Europäische Parlament hat die Verordnung nunmehr am 29.11.2007 angenommen. Die Annahme durch den Rat steht noch aus, dürfte aber Anfang 2008 erfolgen, vgl. Pressemitteilung des Bundesministeriums der Justiz vom 7. Dezember 2007, http://www.bmj.bund.de/enid/0ac8f09706d635f6964092d 093438343 7093a0979656172092d0932303037093a096d6f6e7468092d093132093a095f7472636964092 d0934383437/Pressestelle/Pressemitteilungen_58.html (Stand: 04.01.2008).

222 Näher zu Rom I: Mankowski, IPRax 2006, 101 und Leible, IPRax 2006, 365.

223 Im verabschiedeten Verordnungstext Artikel 6.

224 Hierzu Leible, IPRax 2006, 369.

225 Zu den vorangegangenen Diskussionen und ursprünglichen Normvorschlägen, Mankowski, IPRax 2006, 106.

226 Erläuterungen zu Artikel 5 der geplanten Rom I - VO, KOM(2005) 650.

Mankowski ging zum Verordnungsvorschlag – wie er selbst schreibt „ketzerisch" – davon aus, dass sich trotz einer vollständig ausgeschlossenen Rechtswahl in der Praxis nicht viel ändern würde, weil die Norm wie schon zuvor Art. 29 I EGBGB nur dem informierten Verbraucher helfe, der sich nicht von der schwarz auf weiß im Vertrag zu lesenden Klausel abschrecken ließe[227]. Jedenfalls hätte es ein Ausschluss der Rechtswahl den Verbraucherverbänden erleichtert, direkt gegen Rechtswahlklauseln in Verträgen vorzugehen.

Im schließlich verabschiedeten Verordnungstext wurde in Artikel 6 II jedoch entsprechend der Regelung im EVÜ eine Rechtswahlmöglichkeit wieder aufgenommen[228], sofern diese nicht dazu führe, dass dem Verbraucher der Schutz entzogen wird, der ihm durch diejenigen Bestimmungen gewährt wird, die mangels einer Rechtswahl Anwendung fänden. Insoweit verbleibt es im Wesentlichen für die Rom I - VO bei den zu Art. 29 EGBGB erörterten Problemen.

Soweit der zu Art. 29 IV EGBGB vergleichbare Anwendungsbereich von Art. 5 Rom I - VO nicht eröffnet ist, verbleibt es nach Art. 4 II Rom I - VO bei der aus Art. 28 EGBGB bekannten Regelung, dass das am Ort des gewöhnlichen Aufenthalts des Erbringers der charakteristischen Vertragsleistung anwendbar ist. Zur Verständniserleichterung ist dies in Art. 4 I Rom I - VO für verschiedene Vertragsformen ausformuliert.

IV. Zusammenfassung

Die in §§ 1, 2 UKlG enthaltenen Ansprüche sind deliktisch zu qualifizieren. Die Anknüpfung erfolgt über Art. 41 I EGBGB in einer erfolgsortbezogenen Auslegung an den Ort, an dem die kollektiven Verbraucherinteressen beeinträchtigt werden und künftig eine solche Beeinträchtigung unterbleiben soll. Deutsche Gerichte können unter Beachtung des ordre public ausländische Verbandsklagenormen heranziehen.

Soweit Anspruchsvoraussetzung die Rechtswidrigkeit von vertraglichem Verhalten ist, erfolgt eine Anknüpfung als selbstständige Vorfrage an das Vertragsstatut. Auch hier können ausländische Normen anwendbar sein. Die zweite vom BGH im wettbewerbsrechtlichen Kontext der *Direct Shopping* - Entscheidung offen gelassene Frage, ob ein Verband sich im Rahmen der deutschen Verbandsklagenorm zur Überprüfung des beanstandeten Verhaltens auch auf ausländisches Recht berufen kann, ist damit grundsätzlich positiv zu beantworten.

---

[227] Mankowski, IPRax 2006, 106.
[228] Hierzu unter Rücksicht der Parteiautonomie befürwortend Staudinger, AnwBl 2008, 10 f., 16.

Gesetzesänderungen wären nicht zwingend erforderlich, eine Klarstellung insbesondere hinsichtlich der Möglichkeit, ausländisches Recht zur Verhaltensüberprüfung heranzuziehen, aber wünschenswert.

Durch die anstehenden europäischen Entwicklungen entsteht eine Sonderkollisionsnorm für unlauteren Wettbewerb und ein Ausschluss der Rechtswahl für bestimmte Verbraucherverträge. Weder die methodische Vorgehensweise bei Sachverhalten mit Auslandsbezug noch die konkrete Anknüpfung müssen dadurch grundsätzlich geändert werden.

Kapitel 7: Erläuterung der Fallgruppen

I. Einführung

Um die Ausführungen der vorstehenden Kapitel zu veranschaulichen, werden die gefundenen Ergebnisse nun auf die in der Einleitung aufgelisteten Situationen angewendet. Es werden nur die Aspekte angesprochen, die sich aus dem grenzüberschreitenden Charakter der Sachverhalte ergeben. Zur Begründetheit einer Unterlassungsklage müssten darüber hinaus die jeweiligen Anspruchsvoraussetzungen erfüllt sein.

Verwendungs- und Empfehlungstatbestand des § 1 UKlG werden gesondert besprochen, weil der Empfehlungstatbestand für die Bestimmung des anwendbaren Vertragsrechts mit der anvisierten Verwendungssituation eine zusätzliche Ebene erfordert. Eine Auflistung für § 2 UKlG erfolgt nicht, weil die Norm eine Vielzahl von Verbraucherschutzgesetzen erfasst, so dass eine pauschalierte Betrachtung nicht weiterführend erscheint.

II. Verwendung von AGB

Die folgenden Erläuterungen beziehen sich auf Verfahren vor deutschen Gerichten. Die unten aufgeführte tabellarische Situationenbeschreibung (siehe S. 199 - 201) enthält in der ersten Zeile die klagende qualifizierte Einrichtung und in der zweiten den beklagten Verwender. In der dritten Zeile ist der Verwendungsort als Ort der Verbraucherinteressenbeeinträchtigung aufgeführt, so wie er in Kapitel 6 III. 1. b) cc) (5) definiert wurde. Die vierte Zeile schließlich nennt das „Schutzobjekt" der Klage, die betroffene Verbrauchergruppe. Die in der Tabelle verkürzte Bezeichnung als „deutsch" oder „ausländisch" bezieht sich auf den gewöhnlichen Aufenthalt der Verbraucher bzw. in den ersten beiden Zeilen auf den Sitz von Kläger und Beklagtem, wobei diese Arbeit sich auf europäische Staaten beschränkt. Soweit innerhalb einer Situation mehrfach auf das „Ausland" verwiesen wird, soll es sich jeweils um denselben ausländischen Staat handeln.

1. Situationen

a) Situation V 1

Diese Situation, in der alle betrachteten Elemente auf Deutschland bezogen sind, beschreibt das typische deutsche Verfahren. Hier sind grundsätzlich keine international verfahrens- oder privatrechtlichen Besonderheiten zu beachten.

Zwar kann auch ein Vertrag in einem rein nationalen Kontext eine Rechtswahlklausel enthalten, jedoch griffe dann Art. 27 III EGBGB ein, der zwingende Bestimmungen von einer Rechtswahl ausnimmt, wenn der Sachverhalt nur mit dem Recht eines Staates verbunden ist. Da Art. 27 III EGBGB anders als Art. 34 EGBGB nicht nur das international zwingende Recht, sondern alle dispositiven Regeln erfasst[1], fänden §§ 305 ff. BGB mit der Folge Anwendung, dass eine solche Rechtswahl in AGB gegenüber Verbrauchern überraschend im Sinne von § 305c BGB und somit unwirksam wäre[2].

Die hier beschriebene Situation kann auch dann entstehen, wenn die Verbraucher sich veranlasst durch den Unternehmer ins Ausland begeben. Dann liegt eine kollisionsrechtlich relevante Situation vor. In diesen „Kaffeefahrten" - Fällen muss darauf eingegangen werden, dass der Verwendungsort in Deutschland liegt[3].

b) Situation V 2

In Situation V 2 haben Kläger und Beklagter ihren Sitz ebenfalls in Deutschland. Die AGB-Verwendung in Deutschland betrifft hier jedoch Verbraucher mit gewöhnlichem Aufenthalt im Ausland.

Wie in allen Situationen, in denen der Verwender seinen Sitz in Deutschland hat, begründen die Normen über den allgemeinen Gerichtsstand, Art. 2, 60 EuGVVO, die internationale Zuständigkeit deutscher Gerichte[4].

Der Unterlassungsanspruch unterliegt gemäß Art. 41 I EGBGB dem Recht des Orts der Verbraucherinteressenbeeinträchtigung[5]. Da in dieser Situation die Verwendung von AGB in Deutschland unterlassen werden soll, ist deutsches Recht anwendbar. Der Verweisungsumfang erstreckt sich auch auf die Aktivlegitimation. Sie folgt daher aus § 3 UKlG. In aller Regel, d.h. soweit nicht eine dahingehende Einschränkung aus der Satzung zu entnehmen ist, sind deutsche Verbände zum Schutz aller in Deutschland befindlichen Verbraucher tätig, auch wenn sie sich nur vorübergehend, zum Beispiel zu Urlaubszwecken, in Deutschland aufhalten und sich ihr gewöhnlicher Aufenthalt im Ausland befindet[6].

---

[1] Siehe MüKo-Martiny, Art. 29 EGBGB Rn. 64, 67 zu Art. 27 III, 29 EGBGB und Art. 34 EGBGB.
[2] Palandt-Heinrichs, § 305c BGB, Rn. 5.
[3] Siehe Kapitel 6 III. 1. b) cc) (5).
[4] Die internationale Zuständigkeit wurde in Kapitel 5 I. besprochen.
[5] Zum auf den Unterlassungsanspruch anwendbaren Recht siehe Kapitel 6 III. 1.
[6] Siehe Kapitel 3. I. 5. für Ausführungen zur Aktivlegitimation.

Das anwendbare Vertragsrecht wird als selbstständig anzuknüpfende Vorfrage nach Art. 27 ff. EGBGB bestimmt[7]. Enthalten die AGB eine Rechtswahl, wäre diese vorrangig. Sie wäre in der vorliegenden Situation nicht durch Art. 29 I EGBGB überlagert, weil die situativen Anwendungsvoraussetzungen in Nrn. 1 - 3 mit dem Verwendungsort parallel laufen. Würde man eine der Varianten als erfüllt ansehen, müsste bereits der Verwendungsort im Ausland angesiedelt werden, so dass Situation V 4 vorläge. Da Art. 29 II EGBGB auf die situativen Voraussetzungen von Art. 29 I EGBGB verweist, ist er ebenfalls nicht anwendbar.

Ohne Rechtswahl ist Art. 28 EGBGB anwendbar. In aller Regel wird auf die Vermutung von Art. 28 II EGBGB zurückgegriffen werden können. Vorliegend wäre dann deutsches Recht auf die Überprüfung der angegriffenen Vertragsklauseln anwendbar, weil der Verwender seinen Sitz in Deutschland hat.

Dieses Ergebnis, insbesondere die Nichtgeltung von Art. 29 EGBGB, ist stimmig. Der deutsche Verwender kann bei Massengeschäften nicht den gewöhnlichen Aufenthalt jedes Kunden feststellen. Verwendet er AGB in Deutschland, ergibt sich in Situationen V 1 und V 2 nicht nur dieselbe Konsequenz für den Unterlassungsanspruch, sondern auch dieselbe Vertragsrechtsordnung, unabhängig davon, ob Verbraucher mit gewöhnlichem Aufenthalt in Deutschland oder im Ausland Vertragspartner sind.

c) Situation V 3

Die dritte Situation entspricht dem vom Kläger vorgetragenen Sachverhalt in dem Urteil *Kauf im Ausland / AGB*[8]. Es klagt ein deutscher Verband gegen einen deutschen Unternehmer wegen der Verwendung von AGB im Ausland gegenüber Verbrauchern mit gewöhnlichem Aufenthalt in Deutschland.

Die internationale Zuständigkeit deutscher Gerichte folgt aus Art. 2, 60 EuGVVO.

Die Anknüpfung an den Verwendungsort, an dem auf die Verbraucherinteressen eingewirkt wird, hat gemäß Art. 41 I EGBGB die Anwendbarkeit eines ausländischen Verbandsanspruchs zur Folge. Wiederum ist zu beachten, dass sich die Verbraucher unabhängig vom Verwender ins Ausland begeben haben müssen. Ansonsten wäre der Verwendungsort durch die vorherige Einwirkung auf den Verbraucher schon in Deutschland gegeben und es läge Situation V 1 vor.

---

[7] Allgemein zum anwendbaren Vertragsrecht siehe Kapitel 6 III. 2.

[8] Dort war streitig, ob der Beklagte oder nicht vielmehr ein ausländischer Unternehmer die AGB verwendet hatte.

Da die Aktivlegitimation vom deliktischen Verweisungsumfang erfasst ist, bestimmt sie sich nicht nach § 3 UKlG, sondern auch für deutsche Verbände vor einem deutschen Gericht nach dem anwendbaren ausländischen Recht[9]. Nach der UKl-RL müssen die Mitgliedstaaten ausländischen qualifizierten Einrichtungen die Unterlassungsklage gewähren, so dass für die § 1 UKlG entsprechenden ausländischen Ansprüche die Aktivlegitimation grundsätzlich bejaht werden kann. Eine Klageabweisung erfolgte jedoch, wenn der deutsche Verband einen ausländischen Anspruch geltend macht, der nur den jeweiligen ausländischen Verbänden gewährt wurde, z.B. der französische Schadenersatzanspruch.

Eine Klageabweisung ist darüber hinaus möglich, wenn das Gericht für den konkreten Fall zu dem Ergebnis kommt, dass der klagende Verband kein Schutzinteresse hat. Diese Beurteilung erfolgt nach den Maßstäben des anwendbaren ausländischen Rechts. Nach deutscher Rechtslage müsste der in der Registrierung angegebene Schutzumfang der Satzung den Klagesachverhalt erfassen, d.h. eine verbraucherschützende Tätigkeit im Ausland einbeziehen.

Kann die Aktivlegitimation bejaht werden, muss das auf die Klauseln anwendbare Vertragsrecht bestimmt werden. Auch bei ausländischen Verbandsklageansprüchen liegt eine selbstständig anzuknüpfende Vorfrage vor. Eine Rechtswahl ist nach Art. 27 EGBGB möglich. Ebenso wie in Situation V 2 ist Art. 29 I EGBGB nicht einschlägig, weil ansonsten bereits der Verwendungsort in Deutschland lokalisiert werden müsste. Dies gilt unabhängig davon, ob deutsches oder ausländisches Recht gewählt wird. In beiden Fällen kommen Art. 29 I EGBGB und Art. 29 II EGBGB nicht zum Zuge. Hier zeigt sich erneut die hohe Relevanz der Bestimmung des Orts, an dem die Verbraucherinteressen beeinträchtigt werden. Ohne Rechtswahl ist – nimmt man den Regelfall an – gemäß Art. 28 II EGBGB deutsches Recht auf die Überprüfung der angegriffenen Vertragsklauseln anwendbar, weil der Verwender seinen Sitz in Deutschland hat.

d) Situation V 4

Auch in Situation V 4 haben klagender Verband und beklagter Unternehmer ihren Sitz in Deutschland. Geklagt wird wegen der Verwendung von AGB im Ausland gegenüber Verbrauchern mit gewöhnlichem Aufenthalt im Ausland. Dies entspricht der Entscheidung *Direct Shopping* in einem vertraglichen Kontext.

Deutsche Gerichte sind gemäß Art. 2, 60 EuGVVO international zuständig.

---

[9] Zum auf die Aktivlegitimation anwendbaren Recht siehe Kapitel 3. I. 6. und Kapitel 6 III. 1.c).

Der Situationenbeschreibung nach soll die Verwendung im Ausland erfolgen, so dass gemäß Art. 41 I EGBGB ausländisches Recht auf den Unterlassungsanspruch anwendbar ist. Jedoch fehlt es an der Aktivlegitimation, nimmt man für das ausländische Recht ähnliche Grundsätze an, wie sie in der vorliegenden Arbeit für das deutsche Recht entwickelt wurden.

Die grundsätzliche Klagemöglichkeit des deutschen Verbandes ist bei Eintragung in die Liste der Europäischen Kommission durch die Anerkennungspflicht aus der UKl-RL gesichert. Allerdings besteht hier wie in der Situation V 2 die Möglichkeit, dass der Verband nach der Auffassung des ausländischen Rechts für die konkrete Situation nicht aktivlegitimiert ist, weil sein registrierter Satzungszweck nicht den Schutz ausländischer Verbraucher im Ausland erfasst. Derzeit sind in deutschen Verbandssatzungen keine Formulierungen zu finden, die eine solche Auslegung zuließen. Europäisch agierende Stellen haben sich bisher nicht registrieren lassen. Eine dieser Fallgestaltung entsprechende Klage wäre daher abzuweisen.

e) Situation V 5

In Situation V 5 geht ein deutscher Verband gegen einen ausländischen Unternehmer vor, weil dieser in Deutschland gegenüber Verbrauchern mit gewöhnlichem Aufenthalt in Deutschland AGB verwendet hat. Diese Konstellation entspricht dem Vorgehen eines französischen Verbandes in Frankreich in der Entscheidung *Direct Shopping*[10], wobei dort nicht AGB, sondern wettbewerbswidriges Verhalten streitig war.

Die Zuständigkeit deutscher Gerichte folgt hier aus Art. 5 Nr. 3 EuGVVO. Zwar hat der Beklagte keinen allgemeinen Gerichtsstand in Deutschland, da er jedoch in Deutschland AGB verwendet und hierdurch auf Verbraucher eingewirkt hat, ist ein Erfolgsort in Deutschland gegeben und die deliktische Zuständigkeit eröffnet.

Auf den Unterlassungsanspruch ist deutsches Recht anwendbar, Art. 41 I EGBGB. Die Aktivlegitimation folgt für den deutschen Verband aus § 3 UKlG. Da das Verhalten des Beklagten deutsche Verbraucher in Deutschland betrifft, ist die Klage auch vom räumlich-persönlichen Satzungsumfang erfasst.

Enthalten die AGB eine Rechtswahl, richtet sich das einschlägige Vertragsrecht nach Art. 27, 29 I EGBGB. Die situativen Voraussetzungen können hier erfüllt sein, weil Verwendungsort und gewöhnlicher Aufenthalt des Verbrauchers übereinstimmen. Entsprechend ist bei Fehlen einer Rechtswahl im sachlichen

---

[10] Siehe Tribunal de Grande Instance Nanterre, Urt. v. 01.02.1993, VuR 1993, 258.

Anwendungsbereich von Art. 29 EGBGB nach seinem Artikel 2 deutsches Recht anwendbar, während außerhalb von Art. 29 EGBGB, soweit die Vermutung des Art. 28 II EGBGB nicht durch Art. 28 V EGBGB entkräftet werden kann, ausländisches Recht Vertragsstatut wäre.

f) Situation V 6

Es klagt ein deutscher Verband gegen einen ausländischen Unternehmer wegen der Verwendung von AGB in Deutschland. Diesmal sind Verbraucher mit gewöhnlichem Aufenthalt im Ausland Ziel der Verwendung.

Wie in Situation V 5 ist die Zuständigkeit deutscher Gerichte über den Erfolgsort nach Art. 5 Nr. 3 EuGVVO gegeben.

Der Unterlassungsanspruch und damit auch die Aktivlegitimation unterliegen gemäß Art. 41 I EGBGB deutschem Recht. Entsprechend Situation V 5 ist die Aktivlegitimation gegeben. Hieran zeigt sich noch einmal, dass es bei der Aktivlegitimation auf den Aktionsradius des Verbandes und nicht auf die „kontrollierte Person“ ankommt.

Beim anwendbaren Vertragsrecht kann hier anders als bei Situation V 5 eine Rechtswahl unabhängig von Art. 29 I EGBGB getroffen werden. Bei einer Wahl ausländischen Rechts käme das Recht des gewöhnlichen Aufenthalts des Verbrauchers ohnehin zur Anwendung, während bei einer Wahl deutschen Rechts, d.h. des Rechts des Verwendungsorts, der Schutz von Art. 29 I EGBGB nicht eingreift, weil der Verbraucher nicht an seinem Heimatort beeinflusst wurde, sonst läge Situation V 8 vor. Enthalten die AGB keine Rechtswahlklausel, ist nach der Vermutung des Art. 28 II EGBGB ausländisches Recht anwendbar.

Anders als bei Situationen V 1 und V 2 besteht bei Situation V 5 und V 6 nicht zwingend Übereinstimmung beim anwendbaren Vertragsrecht. Obwohl auch hier der Unternehmer nicht ohne weiteres feststellen kann, welchen gewöhnlichen Aufenthalt seine Vertragspartner haben, ist eine Abweichung zumutbar, weil sie nur dann auftritt, wenn sich der Unternehmer dafür entscheidet, abweichend von seinem Wirkungsort sein Heimatrecht zu wählen.

g) Situation V 7

Klagt ein deutscher Verband gegen einen ausländischen Unternehmer wegen der Verwendung von AGB im Ausland gegenüber Verbrauchern mit gewöhnlichem Aufenthalt in Deutschland, fehlt es an der Zuständigkeit deutscher Gerichte.

Ein allgemeiner Gerichtsstand des Beklagten ist in Deutschland nicht gegeben. Die Zuständigkeit deutscher Gerichte lässt sich auch nicht aus Art. 5 Nr. 3

EGBGB herleiten. Zwar kann im Rahmen des deliktischen Gerichtsstandes sowohl der Handlungs- als auch der Erfolgsort herangezogen werden. Jedoch ist der Handlungsort bei Fehlen besonderer Umstände mit dem Sitz des Beklagten identisch, so dass sich hieraus vorliegend keine Zuständigkeit ergibt. Da vorliegend der Erfolgsort im Ausland ist, kann auch hierauf die Zuständigkeit nicht gestützt werden. Eine entsprechende Klage wäre als unzulässig abzuweisen.

In Situation V 7 muss der Verband im Ausland klagen oder einem ausländischen Verband dort die Klage überlassen.

h) Situation V 8

Will ein deutscher Verband gegen einen ausländischen Unternehmer wegen der Verwendung von AGB im Ausland gegenüber Verbrauchern mit gewöhnlichem Aufenthalt im Ausland klagen, fehlt es aus denselben Gründen wie in Situation V 7 an der internationalen Zuständigkeit deutscher Gerichte. Weder allgemeiner Gerichtsstand noch Handlungs- oder Erfolgsort können in Deutschland lokalisiert werden.

i) Situation V 9

In den folgenden acht Situation hat der klagende Verband seinen Sitz im Ausland. In Situation V 9 klagt er gegen einen deutschen Unternehmer wegen der Verwendung von AGB in Deutschland gegenüber Verbrauchern mit gewöhnlichem Aufenthalt in Deutschland.

Die internationale Zuständigkeit deutscher Gerichte ergibt sich aus Art. 2, 60 EuGVVO.

Da der Verwendungsort als Ort der Verbraucherinteressenbeeinträchtigung in Deutschland liegt, richtet sich der Unterlassungsanspruch gemäß Art. 41 I EGBGB nach deutschem Recht und die Aktivlegitimation des Verbandes nach § 3 UKlG. In § 3 UKlG wurde die Anerkennungspflicht ausländischer qualifizierter Einrichtungen aus der UKl-RL umgesetzt. Jedoch können die Gerichte prüfen, ob die konkrete Klage vom registrierten Satzungsumfang erfasst ist[11]. Die bisher registrierten Verbände beschränken sich in ihrem Tätigkeitsbereich auf ihr Staatsgebiet oder richten sich an Personen mit gewöhnlichem Aufenthalt in diesem Staat, so dass die Aktivlegitimation in aller Regel zu verneinen ist. Eine entsprechende Klage wäre abzuweisen.

[11] Siehe Kapitel 3 I. 4. b).

j) Situation V 10

In Situation V 10 sind Verbraucher mit gewöhnlichem Aufenthalt im Ausland von der Verwendung der AGB in Deutschland durch den deutschen Unternehmer betroffen. Es klagt ein ausländischer Verband.

Die internationale Zuständigkeit deutscher Gerichte ist aus Art. 2, 60 EuGVVO eröffnet.

Wie in Situation V 9 richtet sich der Unterlassungsanspruch wegen der Beeinflussung der Verbraucher in Deutschland nach deutschem Recht. Anders als in Situation V 9 kann eine Aktivlegitimation nach § 3 UKlG hier aber gegeben sein. Erfasst der aus der Registrierung ersichtliche Verbandszweck auch den Schutz von heimischen Verbrauchern im Ausland ist die Aktivlegitimation zu bejahen.

Die Vertragsklauseln sind nach dem gewählten Recht zu prüfen. Art. 29 I EGBGB greift nicht ein, weil bei einem Verwendungsort in Deutschland auch die Einwirkung im Sinne der Nrn. 1 - 3 von Art. 29 I EGBGB nicht am gewöhnlichen Aufenthaltsort des Verbrauchers stattgefunden hat. Ohne Rechtswahl findet Art. 28 EGBGB Anwendung.

Sowohl der Unterlassungsanspruch als auch das Vertragsrecht richten sich nach demselben Recht wie in Situation V 2. Hierauf hat die Person des Klägers – das Unterscheidungsmerkmal zu Situation V 2 – keinen Einfluss. Sie bestimmt „lediglich" den Umfang der Aktivlegitimation.

k) Situation V 11

In Situation V 11 klagt ein ausländischer Verband gegen einen deutschen Unternehmer wegen der Verwendung von AGB im Ausland gegenüber Verbrauchern mit gewöhnlichem Aufenthalt in Deutschland.

Deutsche Gerichte sind gemäß Art. 2, 60 EuGVVO international zuständig.

Der Ort der Verbraucherinteressenbeeinträchtigung liegt im Ausland; der Unterlassungsanspruch unterliegt ausländischem Recht. Der ausländische Verband ist nach dem Recht seines Staates aktivlegitimiert, auf die Anerkennungspflicht der UKl-RL muss nicht zurückgegriffen werden. Soweit nach diesem Recht so wie in Deutschland der konkrete Fall vom Verbandszweck erfasst sein muss, kann die Aktivlegitimation bejaht werden. Ein Verband kann grundsätzlich jedes verbraucherrechtsrelevante Verhalten für seinen Tätigkeitsbereich unabhängig von Nationalität oder dem gewöhnlichen Aufenthalt der handelnden oder betroffenen Personen verfolgen.

Das die Rechtmäßigkeit der AGB bestimmende Vertragsrecht richtet sich ohne Anwendbarkeit von Art. 29 I EGBGB nach Art. 27, 28 EGBGB. Die Verbraucher haben sich ohne Veranlassung durch den Unternehmer ins Ausland begeben, sonst läge Situation V 9 vor. Sind die situativen Voraussetzungen von Art. 29 I EGBGB nicht gegeben, kann auch Art. 29 II EGBGB keine Anwendung finden. Enthalten die AGB keine Rechtswahl, bestimmt sich das anwendbare Recht nach Art. 28 EGBGB.

Wiederum zeigt sich eine Übereinstimmung mit Situation V 3 und so die Unabhängigkeit des anwendbaren Rechts vom konkreten Kläger.

l) Situation V 12

In Situation V 12 klagt ein ausländischer Verband gegen einen deutschen Unternehmer wegen der Verwendung von AGB im Ausland gegenüber Verbrauchern mit gewöhnlichem Aufenthalt im Ausland. Die Situation entspricht derjenigen in der Klage des britischen OFT vor belgischen Gerichten wegen rechtswidriger Werbung eines belgischen Unternehmens gegenüber britischen Verbrauchern in Großbritannien[12].

Die internationale Zuständigkeit deutscher Gerichte folgt aus Art. 2, 60 EuGVVO.

Der Unterlassungsanspruch unterliegt wegen der Verbraucherinteressenbeeinträchtigung im Ausland ausländischem Recht. Die Aktivlegitimation ist wie in Situation V 11 gegeben.

Das Vertragsrecht richtet sich bei Vorliegen einer Rechtswahl nach Art. 27, 29 I EGBGB, wobei Art. 29 I EGBGB dann zum Tragen kommt, wenn deutsches Recht gewählt wurde. Ohne Rechtswahl ist im sachlichen Anwendungsbereich von Art. 29 EGBGB nach Art. 29 II EGBGB ausländisches Recht für die AGB-Kontrolle einschlägig. Ansonsten greift die Vermutung des Art. 28 II EGBGB mit der Folge deutschen Rechts, wobei je nach Vertrag und Fallgestaltung Art. 28 V EGBGB zu prüfen ist.

Wie in Situationen V 5 und V 6 ist ein mögliches Abweichen des anwendbaren Vertragsrechts zwischen Situationen V 11 und V 12 trotz nicht feststellbarer Verbraucheridentität zumutbar, weil auch hier ein Unterschied nur dann entsteht, wenn sich der deutsche Unternehmer in Situation V 12 dafür entscheidet, sein Heimatrecht zu wählen und so die Rechtsspaltung selbst herbeiführt.

---

[12] Hierzu siehe Kapitel 6 II. 1. c).

m) Situation V 13

In der Situation V 13 klagt ein ausländischer Verband gegen einen ausländischen Unternehmer wegen der Verwendung von AGB in Deutschland gegenüber Verbrauchern mit gewöhnlichem Aufenthalt in Deutschland.

Wegen der Beeinträchtigung der Verbraucherinteressen durch Verwendung der AGB in Deutschland, ist gemäß Art. 5 Nr. 3 EuGVVO die internationale Zuständigkeit deutscher Gerichte eröffnet.

Dennoch wäre eine entsprechende Klage mangels Aktivlegitimation abzulehnen. Diese richtet sich wie der Unterlassungsanspruch nach deutschem Recht. Obwohl der ausländische Verband bei Eintragung in die Kommissionsliste grundsätzlich nach § 3 UKlG anerkannt ist, dürfte sein Schutzauftrag in aller Regel nicht auf aus seiner Sicht ausländische Verbraucher im Ausland, d.h. hier deutsche Verbraucher in Deutschland, gerichtet sein. Eine Klage wäre abzuweisen.

n) Situation V 14

In Situation V 14 haben Kläger und Beklagter ihren Sitz im Ausland. Klageanlass ist die Verwendung von AGB in Deutschland gegenüber Verbrauchern mit gewöhnlichem Aufenthalt im Ausland.

Art. 5 Nr. 3 EuGVVO eröffnet die internationale Zuständigkeit deutscher Gerichte.

Der Unterlassungsanspruch richtet sich nach deutschem Recht. Für die Aktivlegitimation ist auf die in § 3 UKlG umgesetzte Anerkennungspflicht der Liste der Europäischen Kommission zu verweisen. Anders als in Situation V 13 ist hier eine Aktivlegitimation bei entsprechendem Verbandszweck jedoch möglich. Sie ist zu bejahen, wenn der Verband auch auf den Schutz (aus Sicht des ausländischen Verbands) einheimischer Verbraucher im Ausland, d.h. (aus Sicht des deutschen Gerichts) ausländischer Verbraucher in Deutschland gerichtet ist.

Liegt die Aktivlegitimation konkret vor, ist für das anwendbare Recht zunächst eine Rechtswahl beachtlich. Art. 29 I und II haben hier keinen Einfluss, weil die ausländischen Verbraucher bei einem Verwendungsort in Deutschland nicht im Sinne der Nrn. 1 - 3 an ihrem gewöhnlichen Aufenthaltsort beeinflusst worden sein können. Fehlt eine Rechtswahl ist nach Art. 28 II EGBGB in der Regel ausländisches Recht einschlägig.

o) Situation V 15

In Situation V 15, in der ein ausländischer Verband gegen einen ausländischen Unternehmer wegen der Verwendung von AGB im Ausland gegenüber

Verbrauchern mit gewöhnlichem Aufenthalt in Deutschland klagt, fehlt es bereits an der Zuständigkeit deutscher Gerichte. Der Verband muss im Ausland klagen.

p) Situation V 16

Bei Situation V 16 handelt es sich um das typische ausländische Verfahren, das keinen Bezug zu Deutschland aufweist, so dass auch hier keine internationale Zuständigkeit deutscher Gerichte gegeben ist.

2. Zusammenfassung

Zusammenfassend kann festgestellt werden, dass für die internationale Zuständigkeit ein Bezug zu Deutschland entweder über den Sitz des Unternehmers oder über die Auswirkung seines Verhaltens auf in Deutschland befindliche Verbraucher notwendig ist.

Hinsichtlich des anwendbaren Rechts ist der Verwendungsort als Ort der Beeinträchtigung der Verbraucherinteressen sowohl für den Unterlassungsanspruch als auch für das Vertragsrecht ausschlaggebend, während die betroffene Verbrauchergruppe nur Einfluss auf das anwendbare Vertragsrecht hat. In den Situationen, in denen bei Klagen deutscher Verbände ausländische Unterlassungsansprüche anwendbar wären, fehlt es in der Regel noch an der Aktivlegitimation der Verbände (vgl. Situationen V 3 und V 4). Daher kann es zur Zeit nur durch die Eröffnung der Klagemöglichkeit für ausländische Verbände zur Anwendung ausländischen Verbandsklagerechts vor deutschen Gerichten (vgl. Situationen V 11 und V 12) kommen. Der deutsche Gesetzgeber ist durch die UKl-RL verpflichtet, diese Situationen rechtlich zu lösen.

Wie schon in einzelnen Situationen hervorgehoben, hat die Bestimmung des Verwendungsorts eine erhebliche Bedeutung. Das jeweils auf die Situationen anwendbare Recht bestimmt sich unabhängig von der Nationalität des Klägers. Dies ist wichtig, weil es für den Unternehmer nicht vorhersehbar ist, von wem er verklagt wird. Die Herkunft des klagenden Verbandes ist nur für die Aktivlegitimation ausschlaggebend.

Als Übersicht ergibt sich die folgende Tabelle:

	Situation	Zuständigkeit	Anwendbares Recht	
V1	dt. Verband dt. Unternehmer in Deutschland dt. Verbraucher		typisches deutsches Verfahren	
V2	dt. Verband dt. Unternehmer in Deutschland ausl. Verbraucher	Art. 2 EuGVVO	Unterlassungsanspruch: Aktivlegitimation: Vertragsrecht:	dt. Recht, Art. 41 I EGBGB § 3 UKlG, Satzung für Schutzumfang (+) Rechtswahl, Art. 27 EGBGB dt. Recht, Art. 28 II EGBGB
V3	dt. Verband dt. Unternehmer im Ausland dt. Verbraucher	Art. 2 EuGVVO	Unterlassungsanspruch: Aktivlegitimation: Vertragsrecht:	ausl. Recht, Art. 41 I EGBGB ausl. Recht, Anerkennungspflicht aus EG-Liste, je nach Schutzumfang in Satzung (+/-) Rechtswahl, Art. 27 EGBGB dt. Recht, Art. 28 II EGBGB
V4	dt. Verband dt. Unternehmer im Ausland ausl. Verbraucher	Art. 2 EuGVVO	Unterlassungsanspruch: Aktivlegitimation:	ausl. Recht, Art. 41 I EGBGB ausl. Recht, Anerkennungspflicht aus EG-Liste, Satzung für Schutzumfang, idR (-)
V5	dt. Verband ausl. Unternehmer in Deutschland dt. Verbraucher	Art. 5 Nr. 3 EuGVVO (Erfolgsort)	Unterlassungsanspruch: Aktivlegitimation: Vertragsrecht:	dt. Recht, Art. 41 I EGBGB § 3 UKlG, Satzung für Schutzumfang (+) Rechtswahl, Art. 27, 29 I EGBGB dt. Recht, Art. 29 II EGBGB ausl. Recht, Art. 28 II EGBGB, ggf. Art. 28 V EGBGB
V6	dt. Verband ausl. Unternehmer in Deutschland ausl. Verbraucher	Art. 5 Nr. 3 EuGVVO (Erfolgsort)	Unterlassungsanspruch: Aktivlegitimation: Vertragsrecht:	dt. Recht, Art. 41 I EGBGB § 3 UKlG, Satzung für Schutzumfang (+) Rechtswahl, Art. 27 EGBGB ausl. Recht, Art. 28 II EGBGB

V7	dt. Verband ausl. Unternehmer im Ausland dt. Verbraucher	keine Zuständigkeit		
V8	dt. Verband ausl. Unternehmer im Ausland ausl. Verbraucher	keine Zuständigkeit		
V9	ausl. Verband dt. Unternehmer in Deutschland dt. Verbraucher	Art. 2 EuGVVO	Unterlassungsanspruch: Aktivlegitimation:	dt. Recht, Art. 41 I EGBGB § 3 UKlG Anerkennungspflicht aus EG-Liste, Satzung für Schutzumfang, idR (-)
V10	ausl. Verband dt. Unternehmer in Deutschland ausl. Verbraucher	Art. 2 EuGVVO	Unterlassungsanspruch: Aktivlegitimation: Vertragsrecht:	dt. Recht, Art. 41 I EGBGB § 3 UKlG Anerkennungspflicht aus EG-Liste, je nach Schutzumfang in Satzung (+/-) Rechtswahl, Art. 27 EGBGB dt. Recht, Art. 28 II EGBGB
V11	ausl. Verband dt. Unternehmer im Ausland dt. Verbraucher	Art. 2 EuGVVO	Unterlassungsanspruch: Aktivlegitimation: Vertragsrecht:	ausl. Recht, Art. 41 I EGBGB ausl. Recht, Satzung für Schutzumfang (+) Rechtswahl, Art. 27 EGBGB dt. Recht, Art. 28 II EGBGB
V12	ausl. Verband dt. Unternehmer im Ausland ausl. Verbraucher	Art. 2 EuGVVO	Unterlassungsanspruch: Aktivlegitimation: Vertragsrecht:	ausl. Recht, Art. 41 I EGBGB ausl. Recht, Satzung für Schutzumfang (+) Rechtswahl, Art. 27, 29 I EGBGB ausl. Recht, Art. 29 II EGBGB dt. Recht, Art. 28 II EGBGB, ggf. Art. 28 V

V13	ausl. Verband ausl. Unternehmer in Deutschland dt. Verbraucher	Art. 5 Nr. 3 EuGVVO (Erfolgsort)	Unterlassungsanspruch: Aktivlegitimation:	dt. Recht, Art. 41 I EGBGB § 3 UKlG Anerkennungspflicht aus EG-Liste, Satzung für Schutzumfang, idR (-)
V14	ausl. Verband ausl. Unternehmer in Deutschland ausl. Verbraucher	Art. 5 Nr. 3 EuGVVO (Erfolgsort)	Unterlassungsanspruch: Aktivlegitimation: Vertragsrecht:	dt. Recht, Art. 41 I EGBGB § 3 UKlG Anerkennungspflicht aus EG-Liste, je nach Schutzumfang in Satzung (+/-) Rechtswahl, Art. 27 EGBGB ausl. Recht, Art. 28 II EGBGB
V15	ausl. Verband ausl. Unternehmer im Ausland dt. Verbraucher	keine Zuständigkeit		
V16	ausl. Verband aus. Unternehmer im Ausland ausl. Verbraucher		typisches ausländisches Verfahren (keine Zuständigkeit)	

III. Empfehlung von AGB

Die Situationen für den Empfehlungstatbestand sind wie die Verwendungssituationen aufgebaut und es gelten dieselben allgemeinen Erläuterungen. Wieder werden Verfahren vor deutschen Gerichten besprochen und in der ersten und zweiten Zeile der tabellarischen Darstellung (siehe S. 212 - 215) sind Kläger und Beklagte aufgeführt.

Die dritte Zeile nennt nun den Empfehlungsort im erfolgsortsbezogenen Sinn als Ort der Verbraucherinteressenbeeinträchtigung. In den hier gebildeten Fallgruppen bestimmt der Empfehlungsort zugleich den Sitz des potentiellen Verwenders, d.h. es wird davon ausgegangen, dass bei einer Empfehlung in Deutschland deutsche Verwender angesprochen werden. Sollte dies in Einzelfällen nicht der Fall sein, wirkt sich dies nur innerhalb von Art. 28 II EGBGB aus.

Der vierte Punkt benennt den vom Empfehler für seine AGB anvisierten Verwendungsort. Dieser lässt sich durch Auslegung aus der Empfehlung entnehmen. Darin wird der gewöhnliche Aufenthalt der anzusprechenden Verbraucher seltener ausdrücklich in Betracht gezogen werden. Daher wird zwischen diesen nur innerhalb der einzelnen Situationen unterschieden. Wie sich bei der Besprechung der Verwendungssituationen gezeigt hat, verläuft hier das anwendbare Recht parallel, es sei denn, es ist eine Rechtswahl abweichend vom Verwendungsort vorgesehen, was in den Verantwortungsbereich des Empfehlers fällt und für ihn vorhersehbar ist.

Das Verbot, rechtswidrige AGB zu empfehlen, ist durch die „nur" mittelbare Verbrauchergefahr geprägt. In den Situationen kommt diese Mittelbarkeit darin zum Ausdruck, dass jede Empfehlungssituation eine vom Empfehler bei der Schaffung der AGB angenommene Verwendungssituation enthält, auf die bei der folgenden Besprechung verwiesen werden kann.

1. Situationen

a) Situation E 1

In Situation E 1 klagt ein deutscher Verband gegen einen deutschen Unternehmer wegen der Empfehlung von AGB in Deutschland, die auch in Deutschland verwendet werden sollen.

Deutsche Gerichte sind nach Art. 2, 60 EuGVVO international zuständig.

Der Ort, an dem die Empfehlung unterlassen werden soll, liegt in dieser Situation in Deutschland. Gemäß Art. 41 I EGBGB ist daher deutsches Recht auf den Unterlassungsanspruch sowie die vom Verweisungsumfang mit erfasste Aktivlegitimation anwendbar. Die konkrete Klagesituation ist vom Verbandszweck erfasst, da nicht nur die Empfehlung in Deutschland erfolgt, sondern auch die Verwendung für Deutschland vorgesehen ist. Daher besteht die Aktivlegitimation unabhängig vom gewöhnlichen Aufenthalt der Verbraucher.

Beim anwendbaren Vertragsrecht ist zwischen den anvisierten Verbrauchergruppen zu trennen, weil ihr gewöhnlicher Aufenthalt über Art. 29 EGBGB Einfluss auf das den Kontrollmaßstab gebende Recht hat. Lässt sich auch durch Auslegung nicht entnehmen[13], auf welche Verbrauchergruppe die Empfehlung ausgerichtet ist, wird sie für beide ausgesprochen und die Rechtswidrigkeit der empfohlenen AGB wäre zu bejahen, wenn nur eine der anwendbaren Rechtsordnungen die entsprechende Klausel verbietet. Es ist dann am Empfehler, entweder seine Empfehlung auf den zulässigen Rahmen zu beschränken oder seine Rechtswahlklausel, die den Unterschied herbeiführt, zu ändern.

Wird die Verwendung gegenüber Verbrauchern mit gewöhnlichem Aufenthalt in Deutschland empfohlen, stellen sich die Situationen V 1 und V 9 dar. Wie dort wäre eine Rechtswahl unwirksam und auf die restlichen Klauseln gemäß Art. 28 EGBGB deutsches Recht anwendbar.

Anders ist bei der Empfehlung zur Verwendung gegenüber Verbrauchern mit gewöhnlichem Aufenthalt im Ausland eine Rechtswahl nach Art. 27 EGBGB möglich. Diese Konstellation entspricht den Situationen V 2 und V 10. Hier ist Art. 29 EGBGB nicht einschlägig und eine Rechtsspaltung bei der Betroffenheit verschiedener Verbraucher durch den Empfehler steuerbar. Ohne Rechtswahl ist ebenso wie gegenüber deutschen Verbrauchern nach Art. 28 II EGBGB deutsches Recht einschlägig.

b) Situation E 2

In Situation E 2 klagt ein deutscher Verband gegen einen deutschen Unternehmer wegen der Empfehlung von AGB in Deutschland. Diese werden zur Verwendung im Ausland empfohlen.

Die internationale Zuständigkeit deutscher Gerichte folgt aus Art. 2, 60 EuGVVO.

---

[13] Zur Auslegung und möglichen Vermutungen bei der Feststellung des Empfehlungsinhalts Kapitel 6 III. 2. b).

Auf den Unterlassungsanspruch findet nach Art. 41 I EGBGB deutsches Recht Anwendung, weil schon mit der Empfehlung in Deutschland die Verbraucherinteressen in Deutschland beeinträchtigt werden. Die Aktivlegitimation bestimmt sich ebenfalls nach deutschem Recht. Entscheidend an dieser Situation ist, dass die Aktivlegitimation bejaht wird, obwohl die AGB zur Verwendung im Ausland empfohlen werden und sie möglicherweise nur gegenüber Verbrauchern mit gewöhnlichem Aufenthalt im Ausland verwendet werden sollen[14]. Auch wenn in der entsprechenden Verwendungssituation V 4 keine Aktivlegitimation eines deutschen Verbandes bestünde oder bei der Verwendung gegenüber Verbrauchern mit gewöhnlichem Aufenthalt in Deutschland nur bei entsprechender Tätigkeit und Satzungsformulierung (V 3), prägt hier die der Empfehlung inhärente Gefahr, nämlich die Beeinflussung von Verwendern, die Situation. Da diese in Deutschland geschieht, können deutsche Verbände tätig werden.

Das auf die Überprüfung der AGB anwendbare Vertragsrecht entspricht dem in Situationen V 3 und V 11, soweit die AGB gegenüber Verbrauchern mit gewöhnlichem Aufenthalt in Deutschland verwendet werden sollen. Sollen sie gegenüber Verbrauchern mit gewöhnlichem Aufenthalt im Ausland verwendet werden, entsteht dieselbe Verwendungslage wie in Situationen V 4 und V 12. Dort werden die AGB vorrangig nach dem gewählten Recht überprüft, wobei Art. 27 EGBGB von Art. 29 I EGBGB überlagert werden kann. Ohne Rechtswahl ist gemäß Art. 29 II EGBGB ausländisches Recht anwendbar. Außerhalb von dessen sachlichen Anwendungsbereich entscheidet deutsches Recht nach der Vermutung von Art. 28 II EGBGB über die Rechtswidrigkeit, wobei hier eine Abweichung zugunsten ausländischen Rechts nach Art. 28 V EGBGB nicht ausgeschlossen ist.

Die Situation E 2 zeigt deutlich, dass es für den Empfehler vorteilhaft ist, die von ihm anvisierte Verwendungssituation umfassend zu beschreiben.

c) Situation E 3

In Situation E 3 klagt ein deutscher Verband gegen einen deutschen Unternehmer wegen der Empfehlung von AGB im Ausland, die zur Verwendung in Deutschland vorgesehen sind.

Deutsche Gerichte sind gemäß Art. 2, 60 EuGVVO international zuständig.

Der Unterlassungsanspruch unterliegt wegen der Empfehlung im Ausland ausländischem Recht, Art. 41 I EGBGB; ebenso die Aktivlegitimation. Mit Eintragung in die Liste der Europäischen Kommission ist der deutsche Verband

[14] Zum Umfang der Aktivlegitimation bei der Empfehlung siehe Kapitel 3 I. 5. c).

grundsätzlich nach ausländischem Recht aktivlegitimiert. Auch für die konkrete Situation muss die Aktivlegitimation des Verbandes bejaht werden. Zwar wurden die AGB im Ausland empfohlen. Dennoch folgt nicht im Umkehrschluss zu Situation E 2, dass nun keine Aktivlegitimation vorliegt, weil es nur auf den Empfehlungsort ankomme. Vielmehr beeinflusst der Empfehler mittelbar die Vertragsgestaltung gegenüber Verbrauchern in Deutschland, weil er die AGB zur Verwendung in Deutschland empfohlen hat. Daher ist der Interessenbereich deutscher Verbände berührt.

Das heranzuziehende Vertragsrecht entspricht bei Verbrauchern mit gewöhnlichem Aufenthalt in Deutschland den Situationen V 5 und V 13 und bei Verbrauchern mit gewöhnlichem Aufenthalt im Ausland den Situationen V 6 und V 14.

d) Situation E 4

In Situation E 4 klagt ein deutscher Verband gegen einen deutschen Unternehmer wegen der Empfehlung von AGB im Ausland zur dortigen Verwendung.

Deutsche Gerichte sind gemäß Art. 2, 60 EuGVVO international zuständig.

Der Unterlassungsanspruch richtet sich nach ausländischem Recht, Art. 41 I EGBGB. Für die ebenfalls diesem Recht unterliegende Aktivlegitimation muss wieder die Anerkennungspflicht aus der UKl-RL genannt werden. Dennoch ist vorliegend die Aktivlegitimation – nimmt man für das ausländische Recht bezüglich der Umsetzung von Art. 4 I 2 Halbs. 2 UKL-RL ein ähnliches Verständnis an wie für das deutsche Recht – nur teilweise gegeben.

Sollen ausschließlich Verbraucher mit gewöhnlichem Aufenthalt im Ausland angesprochen werden, fehlt dem deutschen Verband die Aktivlegitimation. Weder ist die Empfehlung in Deutschland erfolgt, noch sollen die AGB in Deutschland verwendet werden. Der Schutz von Verbrauchern mit gewöhnlichem Aufenthalt im Ausland ist aber in aller Regel nicht von seinem Interessenbereich erfasst.

Anders kann sich die Lage darstellen, wenn Verbraucher mit gewöhnlichem Aufenthalt in Deutschland nach der objektiven Vorstellung des Empfehlers Ziel der AGB sein sollen. Je nach Satzungszweck ist die Erstreckung der Tätigkeit deutscher Verbände auf den Schutz von Verbrauchern mit gewöhnlichem Aufenthalt in Deutschland, die sich im Ausland aufhalten, möglich. In diesem Fall kann die Aktivlegitimation bejaht werden. Über die Situation E 3 hinaus, wo der Bezugspunkt für den deutschen Verband über den deutschen Verwendungsort gegeben war, wird hier die Aktivlegitimation allein aufgrund der betroffenen Verbrauchergruppe angenommen, wobei eine entsprechend weite Satzung Voraussetzung ist.

Die vorgestellte Verwendungssituation entspräche dann Situationen V 7 und V 15, jedoch war dort die Klage mangels Zuständigkeit abzulehnen. Da der Beklagte hier in Deutschland sitzt, ist die internationale Zuständigkeit unproblematisch. Das anwendbare Vertragsrecht bestimmt sich vorrangig nach dem gewählten Recht, Art. 27 EGBGB, wobei Art. 29 EGBGB nicht einschlägig ist, weil der Verbraucher erst im Ausland mit den AGB konfrontiert wurde. Ohne Rechtswahl ist gemäß Art. 28 II EGBGB ausländisches Recht für die AGB-Kontrolle einschlägig.

e) Situation E 5

In Situation E 5 klagt ein deutscher Verband gegen einen ausländischen Unternehmer, der AGB in Deutschland zur Verwendung in Deutschland empfohlen hat.

Da Beklagter nunmehr ein Unternehmer mit Sitz im Ausland ist, ist die deutsche internationale Zuständigkeit nicht über Art. 2, 60 EuGVVO eröffnet. Sie lässt sich aber aus dem deliktischen Gerichtsstand Art. 5 Nr. 3 EuGVVO herleiten, weil die AGB in Deutschland empfohlen wurden und die Empfehlung hier Wirkung zeigen soll.

Der Unterlassungsanspruch und damit auch die Aktivlegitimation unterliegen deutschem Recht. Der Verband ist wegen des deutschen Empfehlungsorts in seinem Interessenbereich betroffen.

Das anwendbare Vertragsrecht entspricht bei Verbrauchern mit gewöhnlichem Aufenthalt in Deutschland dem in den Situationen V 1, V 9 und E 1 und bei Verbrauchern mit gewöhnlichem Aufenthalt im Ausland dem in den Situation V 2, V 10 und E 1. Es zeigt sich, dass die Nationalität des Empfehlenden nur für die Zuständigkeit relevant wird. Der Unterlassungsanspruch wird rein erfolgsortbezogen bestimmt und das Vertragsrecht, dass zur AGB-Kontrolle herangezogen wird, wird von der anvisierten Verwendungssituation beeinflusst.

f) Situation E 6

Situation E 6 weicht von Situation E 5 nur insoweit ab, als die AGB nun zur Verwendung im Ausland empfohlen werden.

Auch hier ist der Erfolgsortsgerichtsstand nach Art. 5 Nr. 3 EuGVVO in Deutschland gegeben.

Gemäß Art. 41 I EGBGB ist wegen der Empfehlung in Deutschland unabhängig vom anvisierten Verwendungsort deutsches Recht auf den Unterlassungsanspruch und die Aktivlegitimation anwendbar. Für die Bejahung letzterer kann auf die Ausführungen in Situation E 2 verwiesen werden; der Empfehlungsort in Deutschland ist für die Verbandsbetroffenheit ausreichend. Zudem wird wie schon bei den Verwendungssituationen deutlich, dass die Person des Verwenders bzw. Empfehlers auf die Aktivlegitimation des Verbandes keine Auswirkung hat. Verbände kontrollieren nicht unmittelbar die Unternehmer ihres Tätigkeitsbereichs, sondern schützen Verbraucher in oder aus ihrem Tätigkeitsbereich.

Das anwendbare Vertragsrecht entspricht für Verbraucher mit gewöhnlichem Aufenthalt in Deutschland den Situationen V 3, V 11 und E 2 und für Verbraucher mit gewöhnlichem Aufenthalt im Ausland den Situationen V 4, V 12 und E 2.

g) Situation E 7

In Situation E 7 klagt ein deutscher Verband gegen einen ausländischen Unternehmer wegen der Empfehlung von AGB im Ausland, die zur Verwendung in Deutschland gedacht sind.

Trotz der mittelbaren Ausrichtung der AGB auf Deutschland ist hier keine internationale Zuständigkeit gegeben. Der Empfehler hat seinen Sitz im Ausland und somit dort seinen allgemeinen Gerichtsstand. Da die Empfehlung ausschließlich im Ausland erfolgt, eröffnet auch der Erfolgsortsgerichtsstand nicht die internationale Zuständigkeit deutscher Gerichte.

h) Situation E 8

Auch in Situation E 8, die sich von Situation E 7 nur darin unterscheidet, dass die empfohlenen AGB im Ausland verwendet werden sollen, fehlt es an der internationalen Zuständigkeit deutscher Gerichte.

i) Situation E 9

In den folgenden Situationen ist der Kläger ein ausländischer Verband. In Situation E 9 geht er gegen einen deutschen Unternehmer wegen der Empfehlung von AGB in Deutschland vor, die zur Verwendung in Deutschland gedacht sind.

Die internationale Zuständigkeit deutscher Gerichte ist nach Art. 2, 60 EuGVVO eröffnet.

Der Unterlassungsanspruch unterliegt gemäß Art. 41 I EGBGB deutschem Recht, weil die AGB in Deutschland empfohlen werden. Die Aktivlegitimation richtet sich nach § 3 UKlG, der auch ausländischen Verbänden den Anspruch aus § 1 UKlG zuspricht. Jedoch kann das Verbandsinteresse für die konkrete Situation bezweifelt werden. An ihm fehlt es jedenfalls, sofern die AGB ausschließlich zur Verwendung gegenüber Verbrauchern mit gewöhnlichem Aufenthalt in Deutschland gedacht sind, denn in aller Regel liegt es nicht im Tätigkeitsbereich eines Verbandes, sich um aus seiner Sicht ausländische Verbraucher im Ausland zu kümmern. Soweit aber eine Verwendung gegenüber Verbrauchern mit gewöhnlichem Aufenthalt im Ausland vorgesehen ist, ist eine Aktivlegitimation bei entsprechendem Satzungsumfang möglich. Diese Argumentation entspricht der in Situation E 4.

Wird für den Verband diese weite Aktivlegitimation bejaht, entspricht die vertragsrechtliche Lage den Situationen V 1, V 10 und E 1.

j) Situation E 10

In Situation E 10 klagt ein ausländischer Verband gegen einen deutschen Unternehmer, der in Deutschland AGB zur Verwendung im Ausland empfohlen hat.

Die internationale Zuständigkeit deutscher Gerichte ist nach Art. 2, 60 EuGVVO eröffnet.

Der Unterlassungsanspruch und die Aktivlegitimation richten sich nach deutschem Recht, Art. 41 I EGBGB. Der ausländische Verband ist aufgrund seiner Eintragung anzuerkennen. Mit der zu Situation E 3 verwendeten Begründung liegt die Aktivlegitimation vor.

Ist die Verwendung der AGB gegenüber Verbrauchern mit gewöhnlichem Aufenthalt in Deutschland vorgesehen, ist das Vertragsrecht der Situationen V 3, V 22 und E 2 und bei Verbrauchern mit gewöhnlichem Aufenthalt im Ausland das der Situationen V 4, V 12 und E 2 anwendbar.

k) Situation E 11

In Situation E 11 klagt ein ausländischer Verband gegen einen deutschen Unternehmer wegen der Empfehlung von AGB im Ausland, die in Deutschland verwendet werden sollen.

Deutsche Gerichte sind nach Art. 2, 60 EuGVVO international zuständig.

Unterlassungsanspruch und Aktivlegitimation richten sich wegen der Empfehlung im Ausland und der dort bereits entstehenden Verbraucherinteressenbeeinträchtigung nach ausländischem Recht, Art. 41 I EGBGB. Daher braucht nicht auf die Anerkennungspflicht zurückgegriffen zu werden. Das Klageinteresse folgt entsprechend Situation E 2 daraus, dass die Empfehlung im Heimatstaat des Verbandes stattgefunden hat und wird unabhängig von der angesprochenen Verbrauchergruppe nicht dadurch gehindert, dass die Verwendung in einem aus Verbandssicht ausländischen Staat erfolgen soll.

Das anwendbare Vertragsrecht bestimmt sich für Verbraucher mit gewöhnlichem Aufenthalt in Deutschland wie in den Situationen V 5, V 13 und E 3 sowie für Verbraucher mit gewöhnlichem Aufenthalt im Ausland wie in den Situationen V 6, V 14 und E 3.

l) Situation E 12

In Situation E 12 klagt ein ausländischer Verband gegen einen deutschen Unternehmer wegen der Empfehlung von AGB im Ausland zur dortigen Verwendung.

Deutsche Gerichte sind nach Art. 2, 60 EuGVVO international zuständig.

Unterlassungsanspruch und Aktivlegitimation richten sich nach ausländischem Recht, Art. 41 I EGBGB. Da die Empfehlung im Verbandsgebiet erfolgt, muss letztere bejaht werden.

Das anwendbare Vertragsrecht bestimmt sich für Verbraucher mit gewöhnlichem Aufenthalt in Deutschland wie in den Situationen V 7, V 15 und E 4 sowie für Verbraucher mit gewöhnlichem Aufenthalt im Ausland wie in den Situationen V 8, V 16 und E 4. In den Verwendungssituationen fehlte es jedoch an der Zuständigkeit und bei E 4 konnte die Aktivlegitimation nur für den Schutz deutscher Verbraucher bejaht werden. Sollen vorliegend Verbraucher mit gewöhnlichem Aufenthalt im Ausland angesprochen werden, ist eine Rechtswahl nur im Rahmen von Art. 27 III EGBGB möglich. Ansonsten ist gemäß Art. 28 EGBGB ausländisches Recht anwendbar.

m) Situation E 13

Es klagt ein ausländischer Verband gegen einen ausländischen Unternehmer wegen der Empfehlung von AGB in Deutschland zur dortigen Verwendung.

Die internationale Zuständigkeit deutscher Gerichte ist nach Art. 5 Nr. 3 EuGVVO über den Erfolgsort gegeben.

Unterlassungsanspruch und Aktivlegitimation richten sich nach deutschem Recht, Art. 41 I EGBGB. § 3 UKlG erkennt ausländische Verbände an. Vergleichbar zu den Situationen E 4 und E 9 kann die Aktivlegitimation nur eingeschränkt für den Fall angenommen werden, dass Verbraucher mit gewöhnlichem Aufenthalt im Ausland angesprochen werden sollen und der Verbandszweck eine entsprechende Reichweite aufweist.

Ist dies der Fall, entspricht das anwendbare Vertragsrecht den Situationen V 2, V 10 und E 1.

n) Situation E 14

Es klagt ein ausländischer Verband gegen einen ausländischen Unternehmer wegen der Empfehlung von AGB in Deutschland zur Verwendung im Ausland.

Die internationale Zuständigkeit deutscher Gerichte ist nach Art. 5 Nr. 3 EuGVVO gegeben.

Der Unterlassungsanspruch wird deutschem Recht entnommen. Die § 3 UKlG unterfallende Aktivlegitimation ist aufgrund der beabsichtigten Verwendung im Ausland vergleichbar zu Situation E 10 gegeben.

Das anwendbare Vertragsrecht entspricht bei Verbrauchern mit gewöhnlichem Aufenthalt in Deutschland den Situationen V 3, V 11 und E 2 und bei Verbrauchern mit gewöhnlichem Aufenthalt im Ausland den Situationen V 4, V 12 und E 2.

o) Situation E 15

Klagt ein ausländischer Verband gegen einen ausländischen Unternehmer wegen der Empfehlung von AGB im Ausland, fehlt es an der internationalen Zuständigkeit deutscher Gerichte, auch wenn die Verwendung in Deutschland beabsichtigt ist. Wie schon in Situation E 7 besprochen wird die internationale Zuständigkeit ausschließlich vom Sitz des Beklagten sowie dem Handlungs- und Erfolgsort beeinflusst.

p) Situation E 16

In Situation E 16 weisen alle Sachverhaltskomponenten – in einer Variante mit der Ausnahme der betroffenen Verbrauchergruppe – ins Ausland. Daher fehlt es auch hier an der internationalen Zuständigkeit deutscher Gerichte.

2. Zusammenfassung

Zusammenfassend kann festgehalten werden, dass es für die internationale Zuständigkeit allein auf den Beklagten und den Empfehlungsort ankommt, nicht aber auf den intendierten Verwendungsort. Dies scheint zu einer Einschränkung der Klagemöglichkeiten in Deutschland zu führen, wenn die Verwendung für Deutschland gedacht ist. Jedoch entspricht es der Bestimmung der Gefahr in der Empfehlungsvariante. Sie wird gewährt, um schon den Einfluss auf mögliche Verwender zu verhindern. In den Situationen E 7 und E 15 – bei letzterer nur soweit Verbraucher mit gewöhnlichem Aufenthalt im Ausland betroffen sind – kann in Deutschland erst bei einer konkreten Verwendung und auch nur gegenüber dem Verwender agiert werden.

Andererseits stellt sich bei der Empfehlungsalternative die Aktivlegitimation als weiter dar, weil sie sowohl gewährt werden muss, wenn allein die Empfehlung im Aktionsbereich des Verbandes erfolgt, als auch wenn allein die anvisierte Verwendung Verbraucher im Aktionsbereich des Verbandes betrifft. Hier kommen sowohl die Empfehlungs- als auch die Verwendungsebene zum tragen.

Die Person des beklagten Empfehlers hat nur Auswirkungen auf die internationale Zuständigkeit, nicht aber auf den Unterlassungsanspruch inklusive Aktivlegitimation oder das anwendbare Recht. Dort entscheidet die Situation, die er mit seiner Empfehlung herbeiführen will, d.h. wo und von wem er seine AGB angewendet wissen und auf die Vertragsgestaltung gegenüber Verbrauchern Einfluss nehmen will.

Ebenso wie bei den Verwendungssituationen zeigt sich, dass unabhängig von der Nationalität des Klägers eine Parallelität des anwendbaren Rechts von Unterlassungsanspruch und Vertragsrecht besteht. Dies entspricht der Funktion der Verbandsklage. Unterschiede beim anwendbaren Vertragsrecht je nach Verbrauchergruppe entstehen nur dann, wenn eine Rechtswahl zugunsten des Rechts am Sitz des Verwenders in Abweichung von seinem Wirkungsort versucht wird. Im Ergebnis führt diese Beurteilung, wie aber schon durch Art. 29 EGBGB beabsichtigt und im Entwurf der Rom I - VO fortgeführt, zur Abschaffung der Rechtswahl in Verbraucherverträgen.

Als Übersicht ergibt sich die folgende Tabelle:

	Situation	Zuständigkeit	Anwendbares Recht		
E1	dt. Verband dt. Unternehmer in Deutschland zur Verwendung in Deutschland	Art. 2 EuGVVO	Unterlassungsanspruch: Aktivlegitimation: Vertragsrecht:	dt. Recht, Art. 41 I EGBGB § 3 UKlG Satzung für Schutzumfang (+) dt. Verbraucher: dt. Recht, Art. 28 EGBGB	 ausl. Verbraucher: Rechtswahl, Art. 27 EGBGB dt. Recht, Art. 28 II EGBGB
E2	dt. Verband dt. Unternehmer in Deutschland zur Verwendung im Ausland	Art. 2 EuGVVO	Unterlassungsanspruch: Aktivlegitimation: Vertragsrecht:	dt. Recht, Art. 41 I EGBGB § 3 UKlG Satzung für Schutzumfang (+) dt. Verbraucher: Rechtswahl, Art. 27 EGBGB dt. Recht, Art. 28 II EGBGB	 ausl. Verbraucher: Rechtswahl, Art. 27, 29 I EGBGB ausl. Recht, Art. 29 II EGBGB dt. Recht, Art. 28 II (, V) EGBGB
E3	dt. Verband dt. Unternehmer im Ausland zur Verwendung in Deutschland	Art. 2 EuGVVO	Unterlassungsanspruch: Aktivlegitimation: Vertragsrecht:	ausl. Recht, Art. 41 I EGBGB ausl. Recht Anerkennungspflicht aus EG-Liste Satzung für Schutzumfang (+) dt. Verbraucher: Rechtswahl, Art. 27, 29 I EGBGB dt. Recht, Art. 29 II EGBGB ausl. Recht, Art. 28 II (, V) EGBGB	 ausl. Verbraucher: Rechtswahl, Art. 27 EGBGB ausl. Recht, Art. 28 II EGBGB
E4	dt. Verband dt. Unternehmer im Ausland zur Verwendung im Ausland	Art. 2 EuGVVO	Unterlassungsanspruch: Aktivlegitimation: Vertragsrecht:	ausl. Recht, Art. 41 I EGBGB ausl. Recht Anerkennungspflicht aus EG-Liste Satzung für Schutzumfang (+/-) dt. Verbraucher: Rechtswahl, Art. 27 EGBGB ausl. Recht, Art. 28 II EGBGB	

E5	dt. Verband ausl. Unternehmer in Deutschland zur Verwendung in Deutschland	Art. 5 Nr. 3 EuGVVO (Erfolgsort)	Unterlassungsanspruch: Aktivlegitimation: Vertragsrecht:	dt. Recht, Art. 41 EGBGB § 3 UKlG Satzung für Schutzumfang (+) dt. Verbraucher: dt. Recht, Art. 28 EGBGB	 ausl. Verbraucher: Rechtswahl, Art. 27 EGBGB dt. Recht, Art. 28 II EGBGB
E6	dt. Verband ausl. Unternehmer in Deutschland zur Verwendung im Ausland	Art. 5 Nr. 3 EuGVVO (Erfolgsort)	Unterlassungsanspruch: Aktivlegitimation: Vertragsrecht:	dt. Recht, Art. 41 EGBGB § 3 UKlG Satzung für Schutzumfang (+) dt. Verbraucher: Rechtswahl, Art. 27 EGBGB dt. Recht, Art. 28 II EGBGB	 ausl. Verbraucher: Rechtswahl, Art. 27, 29 I EGBGB ausl. Recht, Art. 29 II EGBGB dt. Recht, Art. 28 II (, V) EGBGB
E7	dt. Verband ausl. Unternehmer im Ausland zur Verwendung in Deutschland	keine Zuständigkeit			
E8	dt. Verband ausl. Unternehmer im Ausland zur Verwendung im Ausland	*keine Zuständigkeit*			
E9	ausl. Verband dt. Unternehmer in Deutschland zur Verwendung in Deutschland	Art. 2 EuGVVO	Unterlassungsanspruch: Aktivlegitimation: Vertragsrecht:	dt. Recht, Art. 41 I EGBGB § 3 UKlG Anerkennungspflicht aus EG-Liste Satzung für Schutzumfang (+/-)	 ausl. Verbraucher: Rechtswahl, Art. 27 EGBGB dt. Recht, Art. 28 II EGBGB

E10	ausl. Verband dt. Unternehmer in Deutschland zur Verwendung im Ausland	Art. 2 EuGVVO	Unterlassungsanspruch: Aktivlegitimation: Vertragsrecht:	dt. Recht, Art. 41 I EGBGB § 3 UKlG Anerkennungspflicht aus EG-Liste Satzung für Schutzumfang (+) dt. Verbraucher: Rechtswahl, Art. 27 EGBGB dt. Recht, Art. 28 II EGBGB	 ausl. Verbraucher: Rechtswahl, Art. 27, 29 I EGBGB ausl. Recht, Art. 29 II EGBGB dt. Recht, Art. 28 EGBGB
E11	ausl. Verband dt. Unternehmer im Ausland zur Verwendung in Deutschland	Art. 2 EuGVVO	Unterlassungsanspruch: Aktivlegitimation: Vertragsrecht:	ausl. Recht, Art. 41 I EGBGB ausl. Recht Satzung für Schutzumfang (+) dt. Verbraucher: Rechtswahl, Art. 27, 29 I EGBGB dt. Recht, Art. 29 II EGBGB ausl. Recht, Art. 28 II (, V) EGBGB	 ausl. Verbraucher: Rechtswahl, Art. 27 EGBGB ausl. Recht, Art. 28 II EGBGB
E12	ausl. Verband dt. Unternehmer im Ausland zur Verwendung im Ausland	Art. 2 EuGVVO	Unterlassungsanspruch: Aktivlegitimation: Vertragsrecht:	ausl. Recht, Art. 41 I EGBGB ausl. Recht Satzung für Schutzumfang (+) dt. Verbraucher: Rechtswahl, Art. 27 EGBGB ausl. Recht, Art. 28 II EGBGB	 ausl. Verbraucher: ausl. Recht, Art. 28 EGBGB
E13	ausl. Verband ausl. Unternehmer in Deutschland zur Verwendung in Deutschland	Art. 5 Nr. 3 EuGV-VO (Erfolgsort)	Unterlassungsanspruch: Aktivlegitimation: Vertragsrecht:	dt. Recht, Art. 41 I EGBGB § 3 UKlG Anerkennungspflicht aus EG-Liste Satzung für Schutzumfang (+/-)	 ausl. Verbraucher: Rechtswahl, Art. 27 EGBGB dt. Recht, Art. 28 II EGBGB

E14	ausl. Verband ausl. Unternehmer in Deutschland	Art. 5 Nr. 3 EuGVVO (Erfolgsort)	Unterlassungsanspruch: Aktivlegitimation:	dt. Recht, Art. 41 I EGBGB § 3 UKlG Anerkennungspflicht aus EG-Liste Satzung für Schutzumfang (+)	
	zur Verwendung im Ausland		Vertragsrecht:	dt. Verbraucher: Rechtswahl, Art. 27 EGBGB dt. Art. 28 II EGBGB	ausl. Verbraucher: Rechtswahl, Art. 27, 29 I EGBGB ausl. Recht, Art. 29 II EGBGB dt. Recht, Art. 28 II (, V) EGBGB
E15	ausl. Verband ausl. Unternehmer im Ausland	keine Zuständigkeit			
	zur Verwendung in Deutschland				
E16	ausl. Verband ausl. Unternehmer im Ausland	keine Zuständigkeit			
	zur Verwendung im Ausland				

Kapitel 8: Zusammenfassung

In dieser Arbeit wurde die in Deutschland seit Umsetzung der UKl-RL bestehende Rechtslage für Verbraucherverbandsklagen nach §§ 1, 2 UKlG mit Bezug zum europäischen Ausland untersucht. Im Zentrum steht die Entwicklung einer rechtstechnischen Anwendung für grenzüberschreitende Sachverhalte. Die theoretische Auseinandersetzung um die Legitimierung und die Rechtsnatur der Verbandsklage dient als Ausgangspunkt und Grundlage für die kollisionsrechtliche Betrachtung.

Nach einem Überblick über verschiedene Formen des kollektiven Rechtsschutzes und seine Legitimationen in Kapitel 1, wurde in Kapitel 2 die Betrachtung der Verbandsklage in Übereinstimmung mit der herrschenden Auffassung in Rechtsprechung und Literatur als eigener Anspruch vertreten. Das materielle Unterlassungsbegehren wird den Verbänden bei Eingriff in ihren durch die gesetzlichen Normen geschützten satzungsgemäßen Interessenbereich gewährt. Es wird prozessual im Wege der Unterlassungsklage geltend gemacht.

Inhaber der Unterlassungsansprüche sind Verbraucherverbände als qualifizierte Einrichtungen. Ihre Aktivlegitimation wird in § 3 I 1 Nr. 1 UKlG geregelt. Diese Norm wird in Kapitel 3 in Konsequenz zur Anspruchsnatur der Verbandsklagenormen – dies in Abkehr von der herrschenden Meinung – als reine Regelung der Aktivlegitimation verstanden. Es ergibt sich hinsichtlich des Umfangs der Klageberechtigung von Verbraucherverbänden eine Arbeitsteilung zwischen dem Bundesamt für Justiz und dem Prozessgericht. Während ersteres im Registrierungsverfahren den geschützten Interessenbereich des Verbandes durch Eintragung des den konkreten Tätigkeitsbereich umschreibenden Satzungsauftrags feststellt, prüft das Gericht im Rahmen der Aktivlegitimation, ob die konkret eingeklagte Fallgestaltung vom festgestellten Satzungsauftrag erfasst ist.

Die Beurteilung der Verbandsklagenormen als eigene Ansprüche der Verbände hat weiterhin die in Kapitel 4 ausgeführte Folge, dass mehrere Kläger aus demselben Anlass gegen den Beklagten vorgehen können. Parallelen Verfahren kann grundsätzlich erst nach für den Verband erfolgreichem Abschluss des ersten Verfahrens über das Argument des Wegfalls der Wiederholungsgefahr entgegengewirkt werden. Erkennt man das jeweils eigene Interesse und die Handlungsautonomie jedes Verbandes an, sollte auch auf europäischer Ebene die Mehrfachverfolgung verschiedener Parteien über Art. 28 EuGVVO gelöst werden. Bisher ist die Zahl grenzüberschreitender Verbraucherverbandsklagen gering und die Interessenvertretung beschränkt sich auf im eigenen Land befindliche Verbraucher. Künftig kann jedoch insbesondere bei besserer finanzieller Ausstattung der Verbände und bei einer Ausweitung ihrer Tätigkeitsbereiche ein erheblicher Diskussionsbedarf über den räumlichen Umfang der Unterlassungsurteile und die Urteilskollision bei Mehrfachverfolgung entstehen.

Streitgegenstand der Verbraucherverbandsklage ist die zukünftige Unterlassung aller dem vom Gericht als rechtswidrig beurteilten Verhaltens im Kern ähnelnden Verhaltensweisen. Unabhängig von der Reichweite der Aktivlegitimation des Verbandes ist der Streitgegenstand des Unterlassungsanspruchs nach §§ 1, 2 UKlG jeweils auf das Staatsgebiet eines Landes beschränkt, weil nur dann die Vergleichbarkeit der Lebenssachverhalte gegeben ist. Innerhalb dieses räumlichen Bereiches ist die auf die Verhaltensbeurteilung angewendete Rechtsordnung für den Streitgegenstand unerheblich. Als tatsächliches Element kann jedoch gegebenenfalls der gewöhnliche Aufenthalt der betroffenen Verbrauchergruppe in den Tenor aufgenommen werden.

In diesem Erfordernis der präzisen Nennung von Tatsachen für Klageantrag und Tenor kann eine Einschränkung der Verbraucherverbandsklage gesehen werden. Jedoch ergibt sie sich zum einen aus dem Rechtsschutzbegehren der Unterlassung und zum anderen aus der Notwendigkeit, ein Unterlassungsgebot nur dann auszusprechen, wenn das beanstandete Verhalten auch in einem Individualverfahren für rechtswidrig befunden würde. Zudem wird lediglich der Streitgegenstand eng definiert und nicht die Klageberechtigung der Verbände eingeschränkt. Es bleibt gerade länderübergreifend tätigen Verbänden unbenommen, am allgemeinen Gerichtsstand des Beklagten mehrere Streitgegenstände in einem Verfahren einzuklagen.

In Kapitel 5 wurde die Anwendbarkeit der EuGVVO begründet. Die auf der UKl-RL beruhenden Verbraucherverbandsklagen sind Zivil- und Handelssachen im Sinne von Art. 1 I EuGVVO. Neben dem allgemeinen Gerichtsstand ist insbesondere der deliktische Gerichtsstand nach Art. 5 Nr. 3 EuGVVO eröffnet. Handlungsort ist in aller Regel der Sitz des Beklagten, Erfolgsort der Ort, an dem die Verbraucherinteressen beeinträchtigt wurden.

Während die Behandlung der internationalen Zuständigkeit nicht zuletzt durch das *Henkel*-Urteil des EuGH überwiegend unstreitig ist, konnte in Kapitel 6 ein erhebliches Maß an Unklarheit und Uneinheitlichkeit bei der Bestimmung des anwendbaren Rechts festgestellt werden.

Im Kollisionsrecht tritt die unterschiedliche Beurteilung der Rechtsnatur der Verbandsklage besonders deutlich hervor. Zum einen wirkt sich auf der Ebene der Qualifikation die Beachtung der materiell-rechtlichen Anspruchsnatur des Unterlassungsbegehrens im Unterschied zur Unterlassungsklage als Verfahrensform aus. Sie beeinflusst auch, wie der Klageberechtigte kollisionsrechtlich behandelt wird. Zum anderen besteht innerhalb des Unterlassungsanspruchs die

Unterscheidung zwischen der Anknüpfung des Unterlassungsanspruchs und der gesonderten Anknüpfung der Vorfrage nach der Rechtswidrigkeit des beanstandeten Verhaltens.

In dieser Arbeit werden die Verbandsansprüche wegen der Verwendung und Empfehlung rechtswidriger Allgemeiner Geschäftsbedingungen und wegen verbraucherrechtswidriger Praktiken deliktisch qualifiziert. Es wird eine allseitige Anknüpfung nach Art. 41 I EGBGB an den Ort der Verbraucherinteressenbeeinträchtigung vertreten. Für den Verwendungstatbestand und den Verstoß gegen verbraucherschützende Normen ist dies der Ort, an dem die Einwirkung auf die betroffene Verbrauchergruppe – in aller Regel im Sinne eines Vertragsabschlusses – unterlassen werden soll. Der Empfehlungstatbestand ist aufgrund seiner eigenen Schutzrichtung gesondert zu betrachten. Er soll bereits eine mittelbare Gefährdungslage verhindern und erfordert daher eine Anknüpfung an den Ort, an dem die Einwirkung auf den potentiellen Verwender im Sinne einer Verwendung der empfohlenen AGB unterlassen werden soll. Die Beurteilung der beanstandeten AGB bzw. des vertraglichen verbraucherrechtswidrigen Verhaltens richtet sich nach dem nach Art. 27 ff. EGBGB zu bestimmenden Vertragsstatut und die Beurteilung des beanstandeten verbraucherrechtsrelevanten Wettbewerbsverhaltens nach dem nach der Marktortregel zu bestimmenden Recht. Diese Ergebnisse können auch bei Inkrafttreten der Rom I und II - VOen beibehalten werden.

Es ist erforderlich, den Verbandsklageanspruch mit allen Voraussetzungen und in seinem gesamten Verweisungsumfang der Rechtsordnung zu entnehmen, auf die der Beklagte sein Verhalten ausgerichtet hat. Nur durch eine solche erfolgsortbezogene Anknüpfung im Unterschied zur Anwendung der lex fori ist sichergestellt, dass alle Marktteilnehmer an einem Ort denselben rechtlichen Konsequenzen ausgesetzt sind. Dies bedeutet die grundsätzliche Möglichkeit der Anwendung ausländischer Verbandsklagevorschriften durch deutsche Gerichte. Eine Einschränkung kann aus dem Gedanken des ordre public erfolgen. Gleichzeitig ist es grundsätzlich hinzunehmen, wenn ein Staat weniger weitreichende kollektive Rechtsschutzinstrumente vorsieht.

Eine gesonderte Anknüpfung der vertraglichen Beurteilung folgt aus der Notwendigkeit, im Verbandsverfahren möglichst dieselben Rechtsregeln anzuwenden wie in einem Individualverfahren über die angegriffenen Verträge. Dass das Vertragsstatut nicht mit dem Ort der Verbraucherbeeinflussung übereinstimmen muss, zeigen die „Gran-Canaria-Fälle“.

Im Verlauf der Arbeit wurden die folgenden Gesetzesänderungen vorgeschlagen, um die Rechtsanwendung zu erleichtern:

- Das Nachweiserfordernis der Verbandsregistrierung sollte, wenn der Gesetzgeber es als eigene Anforderung über eine Beweislastverteilung hinaus ansieht, in einen gesonderten Absatz ausgegliedert werden.

- Der hinreichenden und nachvollziehbaren Überprüfung der Verbandssatzungen würde eine Rechtsverordnung nach § 4 V UKlG dienen.

- In § 3 I 1 UKlG könnte eine Klarstellung dahingehend erfolgen, dass die Ansprüche den Verbänden zustehen, wenn sie in ihren sich aus der Eintragung ergebenden Satzungsinteressen betroffen sind. Dadurch wäre der in Art. 4 I 2 UKl-RL vorgesehenen Möglichkeit, die Klageerhebung am Zweck der Einrichtung im konkreten Fall zu überprüfen, besser Rechnung getragen.

- Insbesondere § 1 UKlG sollte sich nicht nur auf deutsches AGB-Recht beziehen, sondern alle mitgliedstaatlichen Umsetzungen der Klauselrichtlinie erfassen.

- Schließlich wurde im Hinblick auf den neuen § 4a UKlG zur Vermeidung der echten Anspruchskonkurrenz vorgeschlagen, die Norm als Spezialfall für eine Beauftragung nach § 7 VSchDG zu gestalten und für diesen Anwendungsbereich die Aktivlegitimation weit zu fassen, d.h. von einer konkreten Satzungsbetroffenheit des Verbands abzusehen bzw. sie zu unterstellen.

Abschließend ist festzuhalten, dass grenzüberschreitende Verbandsklagesituationen, die durch die Zulassung ausländischer Verbände vor deutschen Gerichten eine erhöhte Relevanz gewonnen haben, mit den derzeit geltenden gesetzlichen Regelungen grundsätzlich lösbar sind. Obwohl eine Reihe von klarstellenden Gesetzesänderungen vorgeschlagen wurden, liegt die Hauptproblematik der grenzüberschreitenden Verbandsklage nicht so sehr in den gesetzlichen Vorschriften, sondern eher in ihrer Behandlung durch Rechtsprechung und Literatur.

Hierbei sind vor allem zwei Aspekte im Blick zu behalten. Zum einen, dass die Verbandsklage in unserem Privatrechtssystem ungewöhnlich ist, weil sie den Schutz kollektiver Interessen durch private Einrichtungen zulässt. Diesbezüglich kreist die Diskussion um die Legitimation der Verbandsklage sowie ihre Rechtsnatur. Sie wird davon beeinflusst, welchen Stellenwert der Funktion der Verbandsklage zur objektiven Rechtsbewahrung beigemessen wird. Zum anderen ist das gewährte Rechtsbegehren ein Unterlassungsanspruch, dessen Zukunftsgerichtetheit sowohl bei der Bestimmung des Streitgegenstandes als auch bei der verfahrensrechtlichen Behandlung des Instanzenzuges besondere Beachtung erfordert.

Der von der UKl-RL gesteckte Rahmen wurde in den deutschen Verbandsklage- und Kollisionsnormen ausgefüllt. Dadurch kann eine rechtliche Annäherung an das grundlegende Ziel der UKl-RL gelingen, die prozessuale Ungleichheit zwischen Verbrauchern und Unternehmern auszugleichen und im europäischen Binnenmarkt eine Wettbewerbsverzerrung zu verhindern.

Entscheidungsverzeichnis

EuGH

OVG

OLGe

LGe

Ausländische Gerichte

Belgien

Frankreich

Österreich

Literaturverzeichnis

Ahrens, Die internationale Verbandsklage in Wettbewerbssachen, WRP 1994, 653

Artz, Kollisionsrecht und ausländisches Recht in spanischen und deutschen Zivilverfahren, 2004

Baetge, Das Recht der Verbandsklage auf neuen Wegen, ZZP 112 (1999), 329

Balzer, Die Darlegung der Prozeßführungsbefugnis und anderer anspruchsbezogener Sachurteilsvoraussetzungen im Zivilprozeß, NJW 1992, 2721

von Bar/Mankowski, Internationales Privatrecht, Band 1, 2. Aufl. 2003

Bartholatus, Anm. zu BGH, Urt. v. 13.03.1964 – Ib ZR 120/62, GRUR 1964, 400

Basedow/Hopt/Koetz (Hrsg.), Die Bündelung gleichgerichteter Interessen im Prozeß, 1999

Behr, Internationale Tatortzuständigkeit für vorbeugende Unterlassungsklagen bei Wettbewerbsverstößen, GRUR Int 1992, 604

Bernreuther, Zum Vergleich von § 13 Abs. 2 Nr. 2 AGBG einerseits und § 13 Abs. 2 Nr. 2 UWG andererseits, WRP 1998, 280

Böhm, Die Rechtsschutzformen im Spannungsfeld von lex fori und lex causae, in Holzhammer/ Jelinek/Böhm (Hrsg.), Festschrift für Hans W. Fasching zum 65. Geburtstag, 1988, S. 107 (zit.: Böhm, in FS-Fasching)

Borck, Bestimmtheitsgebot und Kern der Verletzung, WRP 1979, 180

Bröcker/Czychowski/Schäfer, Praxishandbuch Geistiges Eigentum im Internet, 2003 (zit.: Bröcker/Czychowski/Schäfer-Bearbeiter)

Brunner, Transnationale Unterlassungsklagen im schweizerischen Schieds- und Zivilprozessrecht im Zeitalter liberalisierter Kommunikationsmärkte, in Stauder (Hrsg.), Les actions collectives transfrontières des organisations de consommateur – Droit international et droit du marché intérieur, 1997, S. 109 (zit.: Brunner, in Les actions collectives transfrontières)

Buchner, Rom II und das Internationale Immaterialgüter- und Wettbewerbsrecht, GRUR Int 2005, 1004

Budzikiewicz, Die Anwendbarkeit des Rechtsberatungsgesetzes im Fall grenzüberschreitender Inkassotätigkeit, IPRax 2001, 218

Bundesministerium für Verbraucherschutz, Ernährung und Landwirtschaft (Hrsg.), Das Verbandsklagerecht in der Informations- und Dienstleistungsgesellschaft, 2005 (zit.: Bearbeiter, in Das Verbandsklagerecht)

Bunte, Anmerkung zu BGH, Urt. v. 26.11.1997 – I ZR 148/95, EWiR 1998, 187

Carlier, Les actions collectives transfrontières. Rapport belge, in Stauder (Hrsg.), Les actions collectives transfrontières des organisations de consommateur – Droit international et droit du marché intérieur, 1997, S. 45 (zit.: Carlier, in Les actions collectives transfrontières)

Dauner-Lieb et al. (Hrsg.), Anwaltkommentar BGB, Band 2 Teilband 2, 2005 (zit.: Dauner-Lieb-Bearbeiter)

Dreier/Schulze, Urheberrechtsgesetz, 2. Aufl. 2006 (zit.: Dreier/Schulze-Bearbeiter)

Ehmann/Thorn, Erfolgsort bei grenzüberschreitenden Persönlichkeitsverletzungen, AfP 1996, 20

Emmerich, Unlauterer Wettbewerb, 7. Aufl. 2004

Erman/Westermann (Hrsg.), Handkommentar zum Bürgerlichen Gesetzbuch, 11. Aufl. 2004 (zit.: Erman-Bearbeiter)

Fezer (Hrsg.), Lauterkeitsrecht, 2005 (zit.: Fezer-Bearbeiter)

Franke, Die Verbandsklagen der Verbraucherverbände nach dem französischen Code de la consommation im Vergleich zum deutschen Recht, 2002

Frenk/Boele-Woelki, Die Verbandsklage in den Niederlanden, in Basedow/Hopt/Koetz (Hrsg.), Die Bündelung gleichgerichteter Interessen im Prozeß, 1999, S. 213

Frey, Wie ändert sich das AGB-Gesetz?, ZIP 1993, 572

Fricke, Der Unterlassungsanspruch gegen Presseunternehmen zum Schutze des Persönlichkeitsrechts im IPR, 2003

Fritzsche, Unterlassungsanspruch und Unterlassungsklage, 2000

Gaul, Die Erstreckung und Durchbrechung der Urteilswirkungen nach §§ 19, 21 AGBG, in Sandrock (Hrsg.), Festschrift für Günther Beitzke zum 70. Geburtstag, 1979, S. 997 (zit.: Gaul, in FS-Beitzke)

Gebauer, Europäische Auslegung des Zivilrechts, in Gebauer/Wiedmann (Hrsg.), Zivilrecht unter europäischem Einfluss, 2005, S. 95

Geimer, Internationales Zivilprozeßrecht, 5. Aufl. 2005

Geimer/Schütze, Europäisches Zivilverfahrensrecht, 2. Aufl. 2004

Gellermann, Europäisierte Klagerechte anerkannter Umweltverbände, NVwZ 2006, 7

Gilles, Prozeßrechtliche Probleme von verbraucherpolitischer Bedeutung bei den neuen Verbraucherverbandsklagen im deutschen Zivilrecht, ZZP 98 (1985), 1

Göbel, Prozesszweck der AGB-Klage und herkömmlicher Zivilprozeß, 1980

Greger, Neue Regeln für die Verbandsklage im Verbraucherschutz- und Wettbewerbsrecht, NJW 2000, 2457

ders., Verbandsklage und Prozeßrechtsdogmatik – Neue Entwicklungen in einer schwierigen Beziehung, ZZP 113 (2000), 399

Hadding, Die Klagebefugnis der Mitbewerber und der Verbände nach § 13 Abs. 1 UWG im System des Zivilprozeßrechts, JZ 1970, 305

Halfmeier, Popularklagen im Privatrecht, 2006

Harte-Bavendamm/Henning-Bodewig, UWG, 2004 (zit.: Harte/Henning-Bearbeiter)

Heermann/Hirsch (Hrsg.), Münchener Kommentar zum Lauterkeitsrecht, Band 2 §§ 5 - 22 UWG, 2006 (zit.: MüKo-UWG-Bearbeiter)

Hefermehl/Köhler/Bornkamm, Wettbewerbsrecht, 24. Aufl. 2006 (zit.: Hefermehl/Köhler/Bornkamm-Bearbeiter)

Hefermehl/Köhler/Bornkamm, Gesetz gegen den unlauteren Wettbewerb, 26. Aufl. 2008 (zit.: Hefermehl/Köhler/Bornkamm-Bearbeiter, 26. Aufl.)

Hempel, Privater Rechtsschutz im Kartellrecht, 2002

Henckel, Vorbeugender Rechtsschutz im Zivilrecht, AcP 174 (1974), 97

Hensen, Zur Effizienz der Verbandsklage nach § 13 AGB-Gesetz, in Habersack et al. (Hrsg.), Festschrift für Peter Ulmer zum 70. Geburtstag am 2. Januar 2003, 2003, S. 1135 (zit.: Hensen, in FS-Ulmer)

Heß, Vertragspflichten ohne Erfüllungsort? – Die Besix-Entscheidung des EuGH vom 19.2.2002 – , IPRax 2002, 376

ders., Das geplante Unterlassungsklagengesetz, in Ernst/Zimmermann (Hrsg.), Zivilrechtswissenschaft und Schuldrechtsreform, 2001, 527

ders., Amtshaftung als „Zivilsache" im Sinne von Art. 1 Abs. 1 EuGVÜ, IPRax 1994, 10

ders., Der Binnenmarktprozeß, JZ 1998, 1021

von Hoffmann/Thorn, Internationales Privatrecht, 8. Aufl. 2005

Hölk, Markenparfüm und Erschöpfung – Konsequenzen zum Umfang markenrechtlicher Ansprüche aus den Entscheidungen „Markenparfümverkäufe" und „Parfümtestkäufe", WRP 2006, 647

Hopt/Baetge, Rechtsvergleichung und Reform des deutschen Rechts – Verbandsklage und Gruppenklage –, in Basedow/Hopt/Koetz (Hrsg.), Die Bündelung gleichgerichteter Interessen im Prozeß, 1999, S. 11

Huber, Anmerkung zu EuGH, Urt. v. 07.03.1995, Rs. C-68/93 - Shevill, ZEuP 1996, 300

Jayme/Ch. Kohler, Europäisches Kollisionsrecht 2001: Anerkennungsprinzip statt IPR?, IPRax 2001, 501

dies., Europäisches Kollisionsrecht 1998: Kulturelle Unterschiede und Parallelaktionen, IPRax 1998, 417

Johnen, Grenzüberschreitende Beratungsstellen – Eine neuartige Hilfestellung für Verbraucher im Europäischen Binnenmarkt, VuR 1995, 77

Junker, Die Rom II-Verordnung: Neues Internationales Deliktsrecht auf europäischer Grundlage, NJW 2007, 3675

Kamlah/Ulmar, Neues zum Streitgegenstand der Unterlassungsklage und seine Auswirkungen auf Folgeprozesse, WRP 2006, 967

Kartzke, Verträge mit gewerblichen Ferienhausanbietern, NJW 1994, 823

Kegel/Schurig, Internationales Privatrecht, 9. Aufl. 2004

Kessedjian, L'action en justice des Associations de consommateurs et d'autres organisations représentatives d'intérêts collectifs en Europe, riv dir int priv proc 1997, 281

Keßler, Private Enforcement – Zur deliktsrechtlichen Aktualisierung des deutschen und europäischen Kartellrechts im Lichte des Verbraucherschutzes, WRP 2006, 1061

Kobina Gaba, Nature de l'action juridictionnelle en suppression des clauses abusive d'un contrat, Le Dalloz 2002, 3200

Koch, H., Die Verbandsklage in Europa, ZZP 113 (2000), 413

ders., Internationaler Unterlassungsrechtsschutz zwischen materiellem Recht und Prozeßrecht, in Basedow et al. (Hrsg.), Private Law in the International Arena, liber amicorum Kurt Siehr, 2000, S. 341 (zit.: Koch, in FS-Siehr)

Koch, R./Artz, Die Neuregelung des § 13 Abs. 2 Nr. 2 AGBG, WM 2001, 1016

Kocher, Die „Verbandsklage" in den Anti-Diskriminierungsrichtlinien der EU, in König et al. (Hrsg.), Gleiches Recht – gleiche Realität?, 2003, S. 187

Kohler, Ch., Gemeinschaftsrecht und Privatrecht: Zur Rechtsprechung des EuGH im Jahre 1995, ZEuP 1996, 452

Köhler, Anmerkung zu BGH, Urt. v. 26.11.1997 – I ZR 148/95, LM § 13 UWG Nr. 91

Köhler/Pieper, UWG, 3. Aufl. 2002

Koos, Grundsätze des Lauterkeitskollisionsrechts im Lichte der Schutzzwecke des UWG, WRP 2006, 499

Kopp/Schenke, VwGO, 15. Aufl. 2007

Kramer, Kapitalanleger im Prozess – Das Kapitalanleger-Musterverfahrensgesetz, NJW-Sonderheft 3. Hannoveraner ZPO-Symposion, 2006, S. 8 (zit.: Kramer, NJW-Sonderheft)

Kreuzer/Klötgen, Die *Shevill*-Entscheidung des EuGH: Abschaffung des Deliktsortsgerichtsstands des Art. 5 Nr. 3 EuGVÜ für ehrverletzende Streudelikte, IPRax 1997, 90

Kropholler, Internationales Privatrecht, 5. Aufl. 2004

ders., Handbuch des Internationalen Zivilverfahrensrechts, Bd. I, 1982 (zit.: Kropholler, Handbuch)

Kubis, Internationale Zuständigkeit bei Persönlichkeits- und Immaterialgüterrechtsverletzungen, 1999

Lakkis, Der kollektive Rechtsschutz der Verbraucher in der Europäischen Union, 1997

Leible, Internationales Vertragsrecht, die Arbeiten an einer Rom I-Verordnung und der Europäische Vertragsgerichtsstand, IPRax 2006, 365

Lindacher, Die internationale Verbandsklage in Wettbewerbssachen, in Prütting/Rüssmann (Hrsg.), Verfahrensrecht am Ausgang des 20. Jahrhunderts, Festschrift für Gerhard Lüke zum 70. Geburtstag, 1997, S. 377 (zit.: Lindacher, in FS-Lüke)

ders., AGB-Verbandsklage im Reiseveranstaltergeschäft mit auslandsbelegenen Ferienhäusern und -wohnungen, IPRax 1993, 228

ders., Anmerkung zu BGH, Urt. v. 12.10.1989 – VII ZR 339/88, BB 1990, 661

ders., Zur „Sonderprozeßrechtsnatur“ der lauterkeitsrechtlichen Verbands- und Konkurrentenklage sowie der Verbandsklage nach dem AGB-Gesetz, ZZP 103 (1990), 397

Loewenheim/Meessen/Riesenkampff, Kartellrecht, Band 2 GWB, 2006 (zit.: Loewenheim/Meessen/Riesenkampff-Bearbeiter)

Lorenz, ABG-Kontrolle bei gewerbsmäßiger Überlassung von Ferienwohnungen im Ausland: Internationale Zuständigkeit der Verbandsklage, IPRax 1990, 292

Lüderitz, Internationaler Verbraucherschutz in Nöten, IPRax 1990, 216

Lüke/Wax (Hrsg.), Münchener Kommentar zur Zivilprozessordnung, 2. Aufl. 2000 (zit.: MüKo-ZPO-Bearbeiter)

Lüke/Wax (Hrsg.), Münchener Kommentar zur Zivilprozessordnung, Aktualisierungsband ZPO-Reform 2002 und weitere Reformgesetze, 2. Aufl. 2002 (zit.: MüKo-ZPO-Bearbeiter, Aktualisierungsband)

Maidl, Ausländische AGB im deutschen Recht, 2000

Maier-Reimer, Das Allgemeine Gleichbehandlungsgesetz im Zivilrechtsverkehr, NJW 2006, 2577

Mankowski, Die Lehre von den doppelrelevanten Tatsachen auf dem Prüfstand der internationalen Zuständigkeit, IPRax 2006, 454

ders., Der Vorschlag für die Rom I-Verordnung, IPRax 2006, 101

ders., Anmerkung zu EuGH, Urt. v. 01.10.2002 – Rs. C-167/00 – Verein für Konsumenteninformation ./. Henkel, EWiR 2002, 1047

ders., Anmerkung zu OLG Frankfurt, Urt. v. 03.12.1998 – 6 W 122/98, EWiR 1999, 471

ders., Anmerkung zu LG Detmold, Urt. v. 29.09.1994 – 9 O 57/94, EWiR 1995, 453

ders., Zur Analogie im internationalen Schuldvertragsrecht, IPRax 1991, 305

Mansel, Normzweck und Tatbestandsstruktur des Art. 46 EGBGB, in Lorenz et al. (Hrsg.), Festschrift für Andreas Heldrich zum 70. Geburtstag, 2005, S. 899, (zit.: Mansel, in FS-Heldrich)

ders., Gerichtliche Prüfungsbefugnis im forum delicti, IPRax 1989, 84

Marotzke, Rechtsnatur und Streitgegenstand der Unterlassungsklage aus § 13 UWG, ZZP 98 (1985), 160

Maurer, Grenzüberschreitende Unterlassungsklagen von Verbraucherschutzverbänden, 2001

Melullis, Handbuch des Wettbewerbsprozesses, 3. Aufl. 2000

Michaels/Kamann, Europäisches Verbraucherschutzrecht und IPR, JZ 1997, 601

Michailidou, Internationale Zuständigkeit bei vorbeugenden Verbandsklagen, IPRax 2003, 223

Micklitz, Die Rechtsbruchklage nach § 22 AGBG, in Brönneke (Hrsg.), Kollektiver Rechtsschutz im Zivilprozeßrecht, 2001, S. 87 (zit.: Micklitz, Rechtsbruchklage)

Mittenzwei, Die Verhinderung von Verfahrenskollisionen nach deutschem und europäischem Zivilprozessrecht, 2006

von Moltke, Kollektiver Rechtsschutz der Verbraucherinteressen, 2003

Nagel/Gottwald, Internationales Zivilprozessrecht, 5. Aufl. 2002

Nagel, Anm. zu BGH, Urt. v. 12.10.1989 – VII ZR 339/88, EuZW 1990, 38

Nassall, Das Unterlassungsklagengesetz, in Gebauer/Wiedmann (Hrsg.), Zivilrecht unter europäischem Einfluss, 2005, S. 1045

Oepen, Bericht über die Diskussion zum Thema »Die Verbandsklage – nationales Recht und Recht der Europäischen Union«, ZZP 113 (2000), 443

Oppermann/Müller, Wie verbraucherfreundlich muss das neue UWG sein?, GRUR 2005, 280

Ost, Doppelrelevante Tatsachen im internationalen Zivilverfahrensrecht, 2002

Österreichisches Bundesministerium für Soziale Sicherheit, Generationen und Konsumentenschutz (Hrsg.), Rechtliche und Praktische Umsetzung der Richtlinie Unterlassungsklagen 98/27/EG in 25 Mitgliedstaaten, 2006 (zit.: öBMSG, Praktische Umsetzung)

Palandt (Begr.), BGB, 67. Aufl. 2008

Palandt (Begr.), BGB, 59. Aufl. 2000 (zit.: Palandt-Bearbeiter, 59. Aufl.)

Pastor/Ahrens (Hrsg.), Der Wettbewerbsprozeß, 5. Aufl. 2004 (zit.: Pastor/Ahrens-Bearbeiter)

Pfarr/Kocher, Kollektivverfahren im Arbeitsrecht, 1998

Pfeiffer, Verbraucherrechtliche Eingriffsnormen im Spannungsfeld von EG-Recht und nationaler Rechtssetzung, IPRax 2006, 238

ders., Die Entwicklung des Internationalen Vertrags-, Schuld- und Sachenrechts 1997 – 1999, NJW 1999, 3674

ders., Internationale Zuständigkeit und prozessuale Gerechtigkeit, 1995

ders., Rezension zu Wolfgang Marotzke: Von der schutzgesetzlichen Unterlassungsklage zur Verbandsklage, ZZP 106 (1993), 546

Puttfarken/Franke, Die action civile der Verbände in Frankreich, in Basedow/Hopt/Koetz (Hrsg.), Die Bündelung gleichgerichteter Interessen im Prozeß, 1999, S. 149

Raasch, Diskriminierungsschutz auf neuen Wegen: Verbandsbeteiligung und Antidiskriminierungsstelle im Entwurf eines deutschen Antidiskriminierungsgesetzes, ZESAR 2005, 209

Rauscher, Europäisches Zivilprozeßrecht, Band I: Brüssel I-VO, Brüssel IIa-VO, 2. Aufl. 2006

ders., Anmerkung zu EuGH, Urt. v. 07.03.1995, Rs. C-68/93 – Shevill, ZZPInt 1 (1996), 151

Rebmann/Rixecker/Säcker (Hrsg.), Münchener Kommentar zum Bürgerlichen Gesetzbuch, Band 1: Allgemeiner Teil (§§ 1- 240) AGB-Gesetz, 4. Aufl. 2001 (zit.: MüKo-Bearbeiter)

Rebmann/Rixecker/Säcker (Hrsg.), Münchener Kommentar zum Bürgerlichen Gesetzbuch, Band 10: Einführungsgesetz zum Bürgerlichen Gesetzbuche (Art. 1 - 46) Internationales Privatrecht, 4. Aufl. 2005 (zit.: MüKo-Bearbeiter)

Rebmann/Rixecker/Säcker (Hrsg.), Münchener Kommentar zum Bürgerlichen Gesetzbuch, Band 11: Internationales Wirtschaftsrecht, Einführungsgesetz zum Bürgerlichen Gesetzbuche (Art. 50 - 245), 4. Aufl. 2006 (zit.: MüKo-Bearbeiter)

Rechberger, Verbandsklagen, Musterprozesse und „Sammelklagen“, Festschrift Rudolf Welser zum 65. Geburtstag, 2005 (zit.: Rechberger, in FS-Welser)

Reich, Anmerkung zu BGH, Urt. v. 26.11.1997 – I ZR 148/95, VuR 1998, 174

ders., L'action collective transfrontière en droit allemand et en droit communautaire, in Stauder (Hrsg.), Les actions collectives transfrontières des organisations de consommateur – Droit international et droit du marché intérieur, 1997, S. 157 (zit.: Reich, in Les actions collectives transfrontières)

ders., Rechtsprobleme grenzüberschreitender irreführender Werbung im Binnenmarkt, RabelsZ 56 (1992), 444

Reich/Micklitz, Europäisches Verbraucherrecht, 4. Aufl. 2003

Römermann, Rechtsdienstleistungsgesetz – Die (un)heimliche Revolution in der Rechtsberatungsbranche, NJW 2006, 3026

Rösler, Europäisches Konsumentenvertragsrecht, 2003

Röthel, Verbände und Gemeinschaftsrecht, ZEuP 2002, 58

Rott, Effektivität des Verbraucherrechtsschutzes: Rahmenfestlegungen des Gemeinschaftsrechts, 2006, www.ble.de/download/pdf/04HS033.pdf (Stand: 03.01.2007)

Rott/von der Ropp, Stand der grenzüberschreitenden Unterlassungsklage in Europa, ZZPInt 9 (2004), 3

Ruffert, Rights and remedies in European Community law: A comparative view, CMLR 1997, 307

Rüßmann, Die Bindungswirkung rechtskräftiger Unterlassungsurteile, in Prütting/Rüssmann (Hrsg.), Verfahrensrecht am Ausgang des 20. Jahrhunderts, Festschrift für Gerhard Lüke zum 70. Geburtstag, 1997, S. 675 (zit.: Rüßmann, in FS-Lüke)

Sack, Der Gewinnabschöpfungsanspruch von Verbänden in der geplanten UWG-Novelle, WRP 2003, 549

ders., Das internationale Wettbewerbs- und Immaterialgüterrecht nach der EGBGB-Novelle, WRP 2000, 269

ders., Die kollisions- und wettbewerbsrechtliche Beurteilung grenzüberschreitender Werbe- und Absatztätigkeit nach deutschem Recht, GRUR Int 1988, 320

Säcker, Die Einordnung der Verbandsklage in das System des Privatrechts, 2006

Schack, Internationales Zivilverfahrensrecht, 3. Aufl. 2002

ders., Anmerkung zu BGH, Urt. v. 24.09.1986 – VIII ZR 320/85, ZZP 100 (1987), 442

Schaub, Schadenersatz und Gewinnabschöpfung im Lauterkeits- und Immaterialgüterrecht, GRUR 2005, 918

Schaumburg, Die neue Verbandsklage, DB 2002, 723

Schlosser, Europäisches Zivilprozessrecht, 2. Aufl. 2003

Schlosser/Coester-Waltjen/Graba, Kommentar zum Gesetz zur Regelung des Rechts der Allgemeinen Geschäftsbedingungen, 1977 (zit.: Schlosser/Coester-Waltjen/Graba-Bearbeiter)

Schmidt, E., Verbraucherschützende Verbandsklagen, NJW 2002, 25

Schmidt-Räntsch, Interessenbündelung nur in Sondergesetzen? – Eine Frage an den Gesetzgeber, NJW-Sonderheft zum 3. Hannoveraner ZPO-Symposion, 2006, S. 27 (zit.: Schmidt-Räntsch, NJW-Sonderheft)

Schmidt-Räntsch, Änderungen bei der Klagebefugnis von Verbänden durch das Schuldrechtsmodernisierungsgesetz, DB 2002, 1595

Schricker, Territoriale Probleme und Klagerecht bei unlauterem Wettbewerb, GRUR Int. 1973, 453

Schunder, Die Verbandsklage auf dem Vormarsch, in Zehetner (Hrsg.), Festschrift für Hans-Ernst Folz, 2003, S. 295 (zit.: Schunder, in FS-Folz)

Sobich, AGB-Kontrolle in Großbritannien – The Unfair Terms in Consumer Contracts Regulations 1999, RIW 2000, 675

Spickhoff, Die Tatortregel im neuen Deliktskollisionsrecht, IPRax 2000, 1

Stadler, Gewinnabschöpfung im UWG, NJW-Sonderheft 3. Hannoveraner ZPO-Symposion, 2006, S. 19 (zit.: Stadler, NJW-Sonderheft)

dies., Bündelung von Interessen im Zivilprozess, 2004

dies., Anmerkung zu EuGH, Urt. v. 01.10.2002 – Rs. C-167/00 – Verein für Konsumenteninformation ./. Henkel, ZZPInt 7 (2002), 284

Stauder, Grenzüberschreitende Verletzungsverbote im gewerblichen Rechtsschutz und das EuGVÜ, IPRax 1998, 317

Staudinger (Begr.), J. von Staudingers Kommentar zum Bürgerlichen Gesetzbuch mit Einführungsgesetz und Nebengesetzen, Buch 2 Recht der Schuldverhältnisse §§ 305-310; UKlG, Neubearbeitung 2006 (zit.: Staudinger-Bearbeiter)

Staudinger (Begr.), J. von Staudingers Kommentar zum Bürgerlichen Gesetzbuch mit Einführungsgesetz und Nebengesetzen, AGBG, 13. Bearb. 1998 (zit.: Staudinger-Bearbeiter)

Staudinger (Begr.), J. von Staudingers Kommentar zum Bürgerlichen Gesetzbuch mit Einführungsgesetz und Nebengesetzen, Einführungsgesetz zum Bürgerlichen Gesetzbuch/IPR, Einleitung zu Art. 27 ff. EGBGB, Art. 27 - 33 EGBGB, Anhang zu Art. 33 EGBGB: Internationales Factoring, Art. 34 EGBGB, Anhang zu Art. 34 EGBGB: Internationales Währungs- und Devisenrecht, Art. 35 - 37 EGBGB, Anhang I zu Art. 37 EGBGB: IPR der Versicherungsverträge, Anhang II zu Art. 27 - 37 EGBGB: Internationale Zuständigkeit, Gerichtsstands- und Schiedsvereinbarungen, 13. Bearb. 2002 (zit.: Staudinger-Bearbeiter)

Staudinger (Begr.), J. von Staudingers Kommentar zum Bürgerlichen Gesetzbuch mit Einführungsgesetz und Nebengesetzen, Einführungsgesetz zum Bürgerlichen Gesetzbuch/IPR, Internationales Wirtschaftsrecht, Neubearbeitung 2006 (zit.: Staudinger-Bearbeiter)

Staudinger, A., Rechtsvereinheitlichung innerhalb Europas: Rom I und Rom II, AnwBl 2008, 8

Stein/Jonas, Kommentar zur Zivilprozeßordnung, Bd. 1 Einleitung, §§ 1 - 40, 22. Aufl. 2003 (zit.: Stein/Jonas-Bearbeiter)

Stein/Jonas, Kommentar zur Zivilprozeßordnung, Bd. 2 §§ 41 - 127a, 22. Aufl. 2004 (zit.: Stein/Jonas-Bearbeiter)

Stein/Jonas, Kommentar zur Zivilprozeßordnung, Bd. 5 I §§ 511 - 591, 21. Aufl. 1994 (zit.: Stein/Jonas-Bearbeiter)

Steinringer, Beweisrechtliche Aspekte des Verbraucherschutzes bei allgemeinen oder für den Einzelfall vorformulierten Vertragsbedingungen im italienischen und deutschen Recht, 2002

Stoll, Sturz vom Balkon auf Gran Canaria – Akzessorische Anknüpfung, deutsches Deliktsrecht und örtlicher Sicherheitsstandard, IPRax 1989, 89

Stürner, Prozeßzweck und Verfassung, in Prütting (Hrsg.), Festschrift für Gottfried Baumgärtel zum 70. Geburtstag, 1990, S. 545 (zit.: Stürner, in FS-Baumgärtel)

Teplitzky, Wettbewerbsrechtliche Ansprüche und Verfahren, 8. Aufl. 2002

Teske, Anmerkung zu BGH, Urt. v. 19.09.1990 – VIII ZR 239/89, EWiR 1990, 1045

Thomas/Putzo, Zivilprozessordnung, 28. Aufl. 2007 (zit.: Thomas/Putzo-Bearbeiter)

Thorn, Gerichtsstand des Erfüllungsorts und intertemporales Zivilverfahrensrecht, IPRax 2004, 354

Tsantinis, Aktivlegitimationen und Prozeßführungsbefugnisse von Individuen und Organisationen im UWG-Prozeßrecht, 1995

Trunk, Derogationswirkung von Gerichtsstandsvereinbarungen im deutsch-polnischen Rechtsverkehr: Doppelrelevante Tatsachen und sittenwidrige Schädigung, IPRax 1998, 448

Ulmer, Zur Anpassung des AGB-Gesetzes an die EG-Richtlinie über mißbräuchliche Klauseln in Verbraucherverträge, EuZW 1993, 337

Ulmer/Brandner/Hensen/Schmidt, AGB-Recht, 10. Aufl. 2006

Van Meenen, Lauterkeitsrecht und Verbraucherschutz im IPR, 1995

Veil, Kapitalanleger im Prozess – Publizität, Haftung und kollektive Rechtsverfolgung, NJW-Sonderheft 3. Hannoveraner ZPO-Symposion, 2006, S. 3 (zit.: Veil, NJW-Sonderheft)

Vogenauer, Eine gemeineuropäische Methodenlehre des Rechts – Plädoyer und Programm, ZEuP 2005, 234

Vollkommer, Anmerkung zu BGH, Urt. v. 23.02.2006 – I ZR 272/02 – Markenparfümverkäufe, BGH-Report 2006, 744

Völp, Änderung der Rechts- oder Sachlage bei Unterlassungstiteln, GRUR 1984, 486

Wagner, G., Neue Perspektiven im Schadensersatzrecht – Kommerzialisierung, Strafschadensersatz, Kollektivschaden, in Ständige Deputation des Deutschen Juristentages (Hrsg.), Verhandlungen des sechsundsechzigsten Deutschen Juristentages, Bd I Gutachten, 2006, S. A 1

ders., Neue Perspektiven im Schadenersatzrecht: Kommerzialisierung, Strafschadenersatz, Kollektivschaden, Beilage zu NJW-Heft 22, 2006, S. 5

ders., Internationales Deliktsrecht, die Arbeiten an der Rom II-Verordnung und der Europäische Deliktsgerichtsstand, IPRax 2006, 372

ders., Ehrenschutz und Pressefreiheit im europäischen Zivilverfahrens- und Internationalen Privatrecht, RabelsZ 62 (1998), 243

Wagner, R., Zur Vereinheitlichung des Internationalen Privat- und Zivilverfahrensrechts sechs Jahre nach In-Kraft-Treten des Amsterdamer Vertrages, NJW 2005, 1754

Weber, Die kollisionsrechtliche Behandlung von Wettbewerbsverletzungen mit Auslandsbezug, 1982

Weller, Zur Handlungsortsbestimmung im internationalen Kapitalanlegerprozeß bei arbeitsteiliger Deliktsverwirklichung, IPRax 2000, 202

Graf von Westphalen, International-privatrechtliche Probleme und AGB-Gesetz, WM 1978, 1310

Weyreuther, Verwaltungskontrolle durch Verbände?, 1975

Wimmer-Leonhardt, UWG-Reform und Gewinnabschöpfungsklage oder „Die Wiederkehr der Drachen“, GRUR 2004, 12

Wolf, Ch., Das Kapitalanleger-Musterverfahrensgesetz – Vorlage- oder Aussetzungsverfahren?, NJW-Sonderheft 3. Hannoveraner ZPO-Symposion, 2006, S. 13 (zit.: Ch. Wolf, NJW-Sonderheft)

Wolf/Horn/Lindacher, AGB-Gesetz Kommentar, 4. Aufl. 1999 (zit.: Wolf/Horn/Lindacher-Bearbeiter)

Zöller (Hrsg.), Zivilprozessordnung, 26. Aufl. 2007 (zit.: Zöller-Bearbeiter)

STUDIEN ZUM VERGLEICHENDEN UND INTERNATIONALEN RECHT

Herausgeber: Bernd von Hoffmann, Erik Jayme und Heinz-Peter Mansel

Band 1 Ferdinand Henke: Die Datenschutzkonvention des Europarates. 1986.

Band 2 Peter Czermak: Der express trust im internationalen Privatrecht. 1986.

Band 3 Peter Kindler: Der Ausgleichsanspruch des Handelsvertreters im deutsch-italienischen Warenverkehr. Eine rechtsvergleichende und kollisionsrechtliche Untersuchung. 1987.

Band 4 Wilhelm Denzer: Stellung und Bedeutung des Engineers in den FIDIC-Bauvertragsbedingungen. 1988.

Band 5 Marijan-Maximilian Lederer: Die internationale Enteignung von Mitgliedschaftsrechten unter besonderer Berücksichtigung der französischen Enteignungen 1982. 1989.

Band 6 Rainer Esser: Klagen gegen ausländische Staaten. 1990.

Band 7 Chang Jae-Ok: Auf dem Weg zu einer Materialisierung des Immateriellen? Personen-, Persönlichkeitsschutz und Geldersatz des immateriellen Schadens in rechtsvergleichender Hinsicht am Beispiel des koreanischen und japanischen Zivilrechts unter besonderer Berücksichtigung des deutschen Rechts. 1990.

Band 8 Paul-Frank Weise: Lex mercatoria. Materielles Recht vor der internationalen Handelsschiedsgerichtbarkeit.1990.

Band 9 Werner Born: Der Auftrittsvertrag für Musikgruppen im Bereich der Rock- und Popmusik. 1990.

Band 10 Ralf Erich Jürgens: IPR und Verfassung in Italien und in der Bundesrepublik Deutschland. 1990.

Band 11 Rainer Gildeggen: Internationale Schieds- und Schiedsverfahrensvereinbarungen in Allgemeinen Geschäftsbedingungen vor deutschen Gerichten. 1991.

Band 12 Klaus Grabinski: Die kollisionsrechtliche Behandlung des Durchgriffs bei rechtlich verselbständigten Unternehmen in privater oder öffentlicher Hand. 1991.

Band 13 Dieter Stummel: Konkurs und Integration. Konventionsrechtliche Wege zur Bewältigung grenzüberschreitender Insolvenzverfahren. 1991.

Band 14 Joachim Güntzer: Die Rechtsstellung des Geschäftsführers im spanischen Aktienrecht. Die Neuregelung des spanischen Aktienrechts nach dem Beitritt Spaniens zur EG. 1991.

Band 15 Sabine Isenburg-Epple: Die Berücksichtigung ausländischer Rechtshängigkeit nach dem Europäischen Gerichtsstands- und Vollstreckungsübereinkommen vom 27.9.1968. Untersuchungen zum Anwendungsbereich von Art. 21 EuGVÜ unter schwerpunktmäßiger Behandlung der Frage nach der Bestimmung eines europäischen Streitgegenstandsbegriffs. 1992.

Band 16 Ulrich Nickl: Die Qualifikation der culpa in contrahendo im Internationalen Privatrecht. 1992.

Band 17 Theo Rauh: Leistungserschwerungen im Schuldvertrag. Eine rechtsvergleichende Untersuchung des englischen, US-amerikanischen, französischen und deutschen Rechts unter besonderer Berücksichtigung der gerichtlichen Praxis. 1992.

Band 18 Bernadette Chaussade-Klein: Vorvertragliche "obligation de renseignements" im französischen Recht. 1992.

Band 19 Josef Sievers: Verbraucherschutz gegen unlautere Vertragsbedingungen im französischen Recht. Vom Code civil zum "Code de la consommation" – die Entstehung eines Sonderprivatrechts für Verbraucher. 1993.

Band 20 Achim Schäfer: Grenzüberschreitende Kreditsicherung an Grundstücken, unter besonderer Berücksichtigung des deutschen und italienischen Rechts. 1993.

Band 21 Eugenio Hernández-Breton: Internationale Gerichtsstandsklauseln in Allgemeinen Geschäftsbedingungen. Unter besonderer Berücksichtigung des deutsch-südamerikanischen Rechtsverkehrs (dargestellt am Beispiel Argentinien, Brasilien und Venezuela). 1993.

Band 22 Ingo Reng: Unterhaltsansprüche aufgrund nichtehelicher Lebensgemeinschaft – Internationales Privatrecht und ausländisches materielles Recht. 1994.

Band 23 Stefanie Roloff: Die Geltendmachung ausländischer öffentlicher Ansprüche im Inland. 1994.

Band 24 Katharina Ludwig: Der Vertragsschluß nach UN-Kaufrecht im Spannungsverhältnis von Common Law und Civil Law. Dargestellt auf der Grundlage der Rechtsordnungen Englands und Deutschlands. 1994.

Band 25 Malte Diesselhorst: Mehrparteienschiedsverfahren. Internationale Schiedsverfahren unter Beteiligung von mehr als zwei Parteien. 1994.

Band 26 Manfred Kost: Konsensprobleme im internationalen Schuldvertragsrecht. 1995.

Band 27 Wolff-Heinrich Fleischer: Das italienische Wettbewerbsrecht und die Probleme des selektiven Parfümvertriebs unter Berücksichtigung der Rechtslage in Frankreich und Deutschland. 1995.

Band 28 Angelika Fuchs: Lateinamerikanische Devisenkontrollen in der internationalen Schuldenkrise und Art. VIII Abschn. 2 b) IWF-Abkommen. 1995.

Band 29 Jacques Matthias Aull: Der Geltungsanspruch des EuGVÜ: "Binnensachverhalte" und Internationales Zivilverfahrensrecht in der Europäischen Union. Zur Auslegung von Art. 17 Abs. 1 S. 1 EuGVÜ. 1996.

Band 30 Hartmut Ost: EVÜ und fact doctrine. Konflikte zwischen europäischer IPR-Vereinheitlichung und der Stellung ausländischen Rechts im angelsächsischen Zivilprozeß. 1996.

Band 31 Stefan Wagner: Die Testierfähigkeit im Internationalen Privatrecht. 1996.

Band 32 Wolfgang Jakob Hau: Positive Kompetenzkonflikte im Internationalen Zivilprozeßrecht. Überlegungen zur Bewältigung von *multi-fora disputes*. 1996.

Band 33 Markus Schütz: UN-Kaufrecht und *Culpa in contrahendo*. 1996.

Band 34 Volker Geyrhalter: Das Lösungsrecht des gutgläubigen Erwerbers. Ein "vergessener" Kompromiß und die Auswirkungen auf das heutige deutsche Recht unter besonderer Berücksichtigung des internationalen Sachenrechts. 1996.

Band 35 Andreas Kramer: Abwicklungsstörungen bei Kaufverträgen. Die Lieferung vertragswidriger Sachen im deutschen und italienischen Recht. 1996.

Band 36 Petra Krings: Erfüllungsmodalitäten im internationalen Schuldvertragsrecht. 1997.

Band 37 Tonja Gaibler: Der rechtsgeschäftliche Irrtum im französischen Recht. 1997.

Band 38 Dirk Otto: Rechtsspaltung im indischen Erbrecht. Bedeutung und Auswirkungen auf deutsch-indische Nachlaßfälle. 1997.

Band 39 Gregor W. Decku: Zwischen Vertrag und Delikt. Grenzfälle vertraglicher und deliktischer Haftung dargestellt am Beispiel der Berufs- und Expertenhaftung zum Schutze des Vermögens Dritter im deutschen und englischen Recht. 1997.

Band 40 Gregor W. Decku: Zwischen Vertrag und Delikt. Grenzfälle vertraglicher und deliktischer Haftung dargestellt am Beispiel der Berufs- und Expertenhaftung zum Schutze des Vermögens Dritter im deutschen und englischen Recht. 1997.

Band 41 Ulrike Höpping: Auswirkungen der Warenverkehrsfreiheit auf das IPR unter besonderer Berücksichtigung des Internationalen Produkthaftungsrechts und des Internationalen Vertragsrechts. 1997.

Band 42 Helene Boriths Müller: Die Umsetzung der europäischen Übereinkommen von Rom und Brüssel in das Recht der Mitgliedstaaten. Dargestellt am Beispiel Deutschlands und Dänemarks. 1997.

Band 43 Bernd von Hoffmann / Myong-Chang Hwang (eds.): The Public Concept of Land Ownership. Reports and Discussions of a German-Korean Symposium held in Seoul on October 7-9, 1996. 1997.

Band 44 Oliver Heeder: Fraus legis. Eine rechtsvergleichende Untersuchung über den Vorbehalt der Gesetzesumgehung in Deutschland, Österreich, der Schweiz, Frankreich und Belgien unter besonderer Berücksichtigung des Internationalen Privatrechts. 1998.

Band 45 Heinrich Schütt: Deliktstyp und Internationales Privatrecht. Dargestellt an grenzüberschreitenden Problemen der Arzthaftung. 1998.

Band 46 Axel Steiner: Die stillschweigende Rechtswahl im Prozeß im System der subjektiven Anknüpfungen im deutschen Internationalen Privatrecht. 1998.

Band 47 Martina Schulz: Der Eigentumsvorbehalt in europäischen Rechtsordnungen. Rechtsvergleichende Untersuchung des deutschen, englischen und französischen Rechts unter besonderer Berücksichtigung von Erweiterungen und Verlängerungen. 1998.

Band 48 Karin Dreher: Die Rechtswahl im internationalen Erbrecht. Unter besonderer Berücksichtigung des italienischen IPR-Reformgesetzes N. 218 vom 31. Mai 1995. 1999.

Band 49 Giuliano Gabrielli: Das Verhältnis zwischen der Anfechtung wegen Eigenschaftsirrtums und den Gewährleistungsansprüchen im deutschen, österreichischen und italienischen Recht. 1999.

Band 50 Bernd von Hoffmann / Myong-Chan Hwang (eds.): Developments in Land Law. Reports and Discussions of a German-Korean Symposium held in Berlin and Trier on July 21-24, 1997. 1999.

Band 51 Volker Heidbüchel: Das UNCITRAL-Übereinkommen über unabhängige Garantien und Standby Letters of Credit. Vergleiche mit den Richtlinien der Internationalen Handelskammer, dem deutschen, englischen und US-amerikanischen Recht. 1999.

Band 52 Jan Christoph Nordmeyer: Pflichtteilsansprüche und Wiedervereinigung. Eine systematische Analyse der Ausgleichsansprüche nach BGB-Pflichtteilsrecht unter besonderer Berücksichtigung der durch den Wiedervereinigungsprozeß eingetretenen Wertveränderungen. 1999.

Band 53 Bettina Linder: Vertragsabschluß beim grenzüberschreitenden Verbraucherleasing. 1999.

Band 54 Almontasser Fetih: Die zivilrechtliche Haftung bei Vertragsverhandlungen. Eine rechtsvergleichende Studie zum deutschen, französischen, ägyptischen und islamischen Recht. 2000.

Band 55 Sona Rajani: Die Geltung und Anwendung des Gemeinschaftsrechts im Vereinigten Königreich von Großbritannien und Nordirland. Der Grundsatz der Parlamentssouveränität im Wandel. 2000.

Band 56 Joachim Kayser: Gegenmaßnahmen im Außenwirtschaftsrecht und das System des europäischen Kollisionsrechts. Eine Analyse der EU-Abwehrverordnung gegen die Auswirkungen extraterritorialer Rechtserstreckung eines Drittlandes. 2001.

Band 57 Albrecht Conrad: Qualifikationsfragen des Trust im Europäischen Zivilprozeßrecht. 2001.

Band 58 Bernd Borgmann: Die Entsendung von Arbeitnehmern in der Europäischen Gemeinschaft. Wechselwirkungen zwischen Kollisionsrecht, Grundfreiheiten und Spezialgesetzen. 2001.

Band 59 Aleksandar Jaksic: Arbitration and Human Rights. 2002.

Band 60 Islamisches und arabisches Recht als Problem der Rechtsanwendung. Symposium zu Ehren von Professor Emeritus Dr. iur. Omaia Elwan. Veranstaltet vom Institut für ausländisches und internationales Privat- und Wirtschaftsrecht der Universität Heidelberg und der Gesellschaft für Arabisches und Islamisches Recht e.V. Herausgegeben von Herbert Kronke, Gert Reinhart und Nika Witteborg. 2001.

Band 61 Patrick Fiedler: Stabilisierungsklauseln und materielle Verweisung im internationalen Vertragsrecht. 2001.

Band 62 Werner Mangold: Die Abtretung im Europäischen Kollisionsrecht. Unter besonderer Berücksichtigung des spanischen Rechts. 2001.

Band 63 Eike Dirk Eschenfelder: Beweiserhebung im Ausland und ihre Verwertung im inländischen Zivilprozess. Zur Bedeutung des US-amerikanischen discovery-Verfahrens für das deutsche Erkenntnisverfahren. 2002.

Band 64 Bernd Ehle: Wege zu einer Kohärenz der Rechtsquellen im Europäischen Kollisionsrecht der Verbraucherverträge. 2002.

Band 65 Heiko Lehmkuhl: Das Nacherfüllungsrecht des Verkäufers im UN-Kaufrecht. 2002.

Band 66 Jochen Nikolaus Schlotter: Erbrechtliche Probleme in der Société Privée Européenne. IPR-Harmonisierung im einheitlichen Europäischen Rechtsraum. 2002.

Band 67 Konrad Ost: Doppelrelevante Tatsachen im Internationalen Zivilverfahrensrecht. Zur Prüfung der internationalen Zuständigkeit bei den Gerichtsständen des Erfüllungsortes und der unerlaubten Handlung. 2002.

Band 68 Tobias Bosch: Die Durchbrechungen des Gesamtstatuts im internationalen Ehegüterrecht. Unter besonderer Berücksichtigung deutsch-französischer Rechtsfälle. 2002.

Band 69 Ursula Philipp: Form im amerikanischen Erbrecht. Zwischen Formalismus und harmless error. 2002.

Band 70 Christian Stefan Wolf: Der Begriff der wesentlich engeren Verbindung im Internationalen Sachenrecht. 2002.

Band 71 André Fomferek: Der Schutz des Vermögens Minderjähriger. Ein Vergleich des deutschen und des englischen Rechts unter Berücksichtigung des schottischen und irischen Rechts. 2002.

Band 72 nicht erschienen

Band 73 Markus Dreißigacker: Sprachenfreiheit im Verbrauchervertragsrecht. Der Verbraucher im Spannungsfeld zwischen kultureller Identität und Privatautonomie. 2002.

Band 74 Vassiliki Myller-Igknay: Auskunftsansprüche im griechischen Zivilrecht. Auswirkungen im deutsch-griechischen Rechtsverkehr sowie im deutschen internationalen Privat- und Verfahrensrecht. 2003.

Band 75 Stefan Bruinier: Der Einfluss der Grundfreiheiten auf das Internationale Privatrecht. 2003.

Band 76 Nika Witteborg: Das gemeinsame Sorgerecht nichtverheirateter Eltern. Eine Untersuchung im soziologischen, rechtsgeschichtlichen, verfassungsrechtlichen, rechtsvergleichenden und internationalen Kontext. 2003.

Band 77 Peter Stankewitsch: Entscheidungsnormen im IPR als Wirksamkeitsvoraussetzungen der Rechtswahl. 2003.

Band 78 Jan Wilhelm Ritter: Euro-Einführung und IPR unter besonderer Berücksichtigung nachehelicher Unterhaltsverträge. Eine Untersuchung mit Blick auf das deutsche, französische und schweizerische Recht. 2003.

Band 79 Wolf Richard Herkner: Die Grenzen der Rechtswahl im internationalen Deliktsrecht. 2003.

Band 80 Ira Ditandy: Internationale Zuständigkeit. Neuregelung durch die LOPJ 1985. Vergleich mit dem europäischen Vorbild und Auswirkungen auf das spanische internationale Zivilverfahrensrecht. 2003.

Band 81 Andrea Verena Schefold: Werbung im Internet und das deutsche Internationale Privatrecht. 2004.

Band 82 Klaus Herkenrath: Die Umsetzung der Richtlinie 93/13/EWG über missbräuliche Klauseln in Verbraucherverträgen in Deutschland, dem Vereinigten Königreich, Frankreich und Italien. Auswirkungen nationaler Umsetzungstechniken auf dem Harmonisierungserfolg. 2003.

Band 83 Alexander Thünken: Das kollisionsrechtliche Herkunftslandprinzip. 2003.

Band 84 Barbara v. Daumiller: Die Rechtswahl im italienischen internationalen Erbrecht: und ihre Auswirkungen im deutsch-italienischen Rechtsverkehr. 2003.

Band 85 Robert Mödl: Macht, Verantwortlichkeit und Zurechnung im Konzern. Eine rechtsvergleichende Untersuchung auf der Grundlage des deutschen, spanischen und US-amerikanischen Rechts. 2003.

Band 86 Ursula Kerpen: Das Internationale Privatrecht der Persönlichkeitsrechtsverletzungen. Eine Untersuchung auf rechtsvergleichender Grundlage. 2003.

Band 87 Barbara Ploeckl: Umgangsrechtsstreitigkeiten im deutsch-französischen Rechtsverkehr. Bestehende internationale und nationale Regelungen und der geplante *europäische Besuchstitel*. 2003.

Band 88 Katrin Wannemacher: Die Außenkompetenzen der EG im Bereich des Internationalen Zivilverfahrensrechts. Der räumliche Anwendungsbereich des Art. 65 EGV am Beispiel der EuGVO und der EheVO. 2003.

Band 89 Maren B. Eilinghoff: Das Kollisionsrecht der ungerechtfertigten Bereicherung nach dem IPR-Reformgesetz von 1999. 2004.

Band 90 Patrick Niehr: Die zivilprozessuale Dokumentenvorlegung im deutsch-englischen Rechtshilfeverkehr nach der deutschen und der englischen Prozessrechtsreform. 2004.

Band 91 Anna Christina Gördes: Internationale Zuständigkeit, Anerkennung und Vollstreckung von Entscheidungen über die elterliche Verantwortung. Die VO(EG) Nr. 1347/2000, ihre geplanten Änderungen und das Verhältnis beider zum Minderjährigen- und Kinderschutzabkommen. 2004.

Band 92 Martin Rädler: Rechtsbehelfe des Käufers eines Unternehmens oder einer unternehmerischen Beteiligung gegen den Verkäufer im deutschen und französischen Recht. 2004.

Band 93 Marc-Yngve Dietrich: Rechtsstellung und Beteiligung der Gläubiger im französischen Insolvenzverfahren. 2004.

Band 94 Katia Niemann: Die rechtsgeschäftliche und organschaftliche Stellvertretung und deren kollisionsrechtliche Einordnung. Deutschland und England im Vergleich. 2004.

Band 95 Daniel Ludwig: Neuregelungen des deutschen Internationalen Insolvenzverfahrensrechts. Eine Untersuchung unter vergleichender Heranziehung der Europäischen Insolvenzverordnung. 2004.

Band 96 Cordelia Faulenbach: Der gemeinschaftsrechtliche Vorbehalt im europäischen Wettbewerbsrecht. Die Herkunftslandanknüpfung der E-Commerce-Richtlinie unter dem Einfluss der Grundfreiheiten. 2004.

Band 97 Ulf Dörner: Der Vertragsgerichtsstand nach dem Protokoll von Buenos Aires. 2004.

Band 98 Martin Schmidhuber: Verhaltenskodizes im nationalen und grenzüberschreitenden elektronischen Geschäftsverkehr. Zur Frage der Integration der Selbstregulierung durch Private in die staatliche Rechtsordnung. 2004.

Band 99 Florian Kienle: Die fehlerhafte Banküberweisung im internationalen Rechtsverkehr. Unter besonderer Berücksichtigung des Artikels 4A US Uniform Commercial Code. 2004.

Band 100 Thomas Alexander Brandt: Die Adoption durch eingetragene Lebenspartner im internationalen Privat- und Verfahrensrecht. 2004.

Band 101 Florian Pulkowski: Subunternehmer und Internationales Privatrecht. Der Subunternehmer als Quasi-Verbraucher im Europäischen Kollisionsrecht. 2004.

Band 102 Ulrich Becker: Grundrechtsschutz bei der Anerkennung und Vollstreckbarerklärung im europäischen Zivilverfahrensrecht. Bestimmung der Grenzen für die Einführung eines europäischen Vollstreckungstitels. 2004.

Band 103 Thomas Badelt: Aufrechnung und internationale Zuständigkeit unter besonderer Berücksichtigung des deutsch-spanischen Rechtsverkehrs. 2005.

Band 104 Florian D. Wagner: Vorvertragliche Aufklärungspflichten im internationalen Franchising. Zur Harmonisierung von Delikts- und Vertragsstatut im internationalen Privatrecht unter besonderer Berücksichtigung der Franchise-Gesetzgebung des US-Bundesstaates Kalifornien. 2005.

Band 105 Vera Heine: Die Umsetzung der *EG-Richtlinie über missbräuchliche Klauseln in Verbraucherverträgen* im englischen und deutschen Recht. 2005.

Band 106 Alexander Franz: Überregionale Effektentransaktionen und anwendbares Recht. Eine kollisionsrechtliche Untersuchung unter besonderer Berücksichtigung der Vorschrift des § 17 a DepotG. 2005.

Band 107 Hanna-Maria Uhlenbrock: Gesetzliche Regelungen für nichteheliche Lebensgemeinschaften in Deutschland und Frankreich. Ein Vergleich des Unterhaltsrechts bei der eingetragenen Lebenspartnerschaft und beim Pacte civil de Solidarité. 2005.

Band 108 Katrin Stieß: Anknüpfungen im internationalen Urheberrecht unter Berücksichtigung der neuen Informationstechnologien. 2005.

Band 109 Hendrik Otto: Der gesetzliche Abschlussprüfer im italienischen Recht. Eine rechtsvergleichende Untersuchung unter besonderer Berücksichtigung der zivilrechtlichen Haftung. 2005.

Band 110 Frauke Stuphorn: Bankhaftung für Kreditauskünfte im deutschen und französischen Recht. 2005.

Band 111 Nina Fürer: Die zivilrechtliche Haftung für Raucherschäden. 2005.

Band 112 Giovanni B. Barillà: *Contratto autonomo di garanzia* e *Garantievertrag*. Categorie civilistiche e prassi del commercio. 2005.

Band 113 Timo Torz: Gerichtsstände im Internationalen Insolvenzrecht zur Eröffnung von Partikularinsolvenzverfahren. 2005.

Band 114 Martina Schmid: Die Grenzen der Auslegungskompetenz des EuGH im Vorabentscheidungsverfahren nach Art. 234 EG. Dargestellt am Beispiel der überschießenden Richtlinienumsetzung. 2005.

Band 115 Stephan Lesage-Mathieu: Dispositives Kollisionsrecht im prozessualen Kontext. 2005.

Band 116 Jürgen Görtz: Die subjektiven Grenzen der Rechtskraft US-amerikanischer Urteile. 2005.

Band 117 Vera Hoppe: Die Einbeziehung ausländischer Beteiligter in US-amerikanische class actions. Unter Berücksichtigung des Class Action Fairness Act 2005. 2005.

Band 118 Silke Pütz: Parteiautonomie im internationalen Urhebervertragsrecht – Eine rechtsdogmatische und rechtspolitische Betrachtung der Grenzen freier Rechtswahl im internationalen Urhebervertragsrecht unter besonderer Berücksichtigung des neuen deutschen Urhebervertragsrechts. 2005.

Band 119 Alice Nieroba: Die europäische Rechtshängigkeit nach der EuGVVO (Verordnung (EG) Nr. 44/2001) an der Schnittstelle zum nationalen Zivilprozessrecht. 2006.

Band 120 Jan Kayser: Alternative Formen gerichtlicher und außergerichtlicher Streitbeilegung im deutschen und französischen Zivilprozess. Les modes alternatifs judiciaires et extrajudiciaires de résolution des conflits en procédure civile allemande et française. 2006.

Band 121 Mirko Ehrich: Der internationale Anwendungsbereich des deutschen und französischen Rechts gegen irreführende Werbung. Freie Wahl von Form und Mittel, Rom II und Herkunftslandprinzip. 2006.

Band 122 Daniel Thelen: Die Haftung des Sekundärschädigers für Gewalttaten anderer im US-amerikanischen Deliktsrecht ausgehend von dem Problem rechtsextremistisch motivierter Gewalttaten. 2006.

Band 123 Anne Winterling: Die Entscheidungszuständigkeit in Arbeitssachen im europäischen Zivilverfahrensrecht. 2006.

Band 124 Sarah Gerling: Die Gleichstellung ausländischer mit inländischen Vollstreckungstiteln durch die Verordnung zur Einführung eines Europäischen Vollstreckungstitels für unbestrittene Forderungen. Im Vergleich zum bisherigen Recht und zur Rechtslage in den USA. 2006.

Band 125 Christian Bank: Präventivmaßnahmen börsennotierter Gesellschaften zur Abwehr feindlicher Übernahmeversuche in Deutschland und Großbritannien. Eine rechtsvergleichende Untersuchung des deutschen und britischen Rechts unter Berücksichtigung der Europäischen Übernahmerichtlinie. 2006.

Band 126 Christian Weis: Kaufrechtliche Gewährleistung und Garantievergabe in Deutschland und Spanien. Unter besonderer Berücksichtigung des Unternehmenskaufs. 2006.

Band 127 Emilio Maus Ratz: Der Nacherfüllungsanspruch nach UN-Kaufrecht. Im Lichte der deutschen, spanisch-mexikanischen und US-amerikanischen Rechtswissenschaft. 2006.

Band 128 Constanze Jacobs: Die Sachmängelgewähr im deutschen und belgischen Kaufrecht nach Umsetzung der Verbrauchsgüterkauf-Richtlinie. 2006.

Band 129 Ulrike Teichert: Lückenfüllung im CISG mittels UNIDROIT-Prinzipien – Zugleich ein Beitrag zur Wählbarkeit nichtstaatlichen Rechts. 2007.

Band 130 Sascha Reichardt: Internationale Zuständigkeit im Gerichtsstand der unerlaubten Handlung bei Verletzung europäischer Patente. 2006.

Band 131 Bilgehan Cetiner: Die Sachmängelhaftung des Verkäufers im UN-Kaufrecht und im neuen deutschen Schuldrecht. Eine rechtsvergleichende Studie. 2006.

Band 132 Jan Streer: Die Umsetzung der Verbrauchsgüterkaufrichtlinie im englischen Recht durch die Sale and Supply of Goods to Consumer Regulations 2002. 2007.

Band 133 Kathrin Wannenmacher: Einstweilige Maßnahmen im Anwendungsbereich von Art. 31 EuGVVO in Frankreich und Deutschland: Eine Betrachtung ausgesuchter Verfahren des einstweiligen Rechtsschutzes im internationalen Zivilverfahrensrecht – gerichtliche Zuständigkeit, Anerkennung und Vollstreckung. 2007.

Band 134 Wim Kreytenberg: Die individuelle Schwerpunktbestimmung internationaler Schuldverträge nach der Ausweichklausel des Artikel 4 Absatz 5 Satz 2 EVÜ. Ein Beitrag zur Förderung von Rechtssicherheit und Einzelfallgerechtigkeit im europäischen Kollisionsrecht der Schuldverträge. 2007.

Band 135 Nikolaus Geiben: Der Vorvertrag im Internationalen Privatrecht. Unter besonderer Berücksichtigung des Immobilienerwerbs im portugiesischen und brasilianischen Recht. 2007.

Band 136 Predrag Maksimovic: Der Kapitalschutz im europäischen, serbischen und deutschen Recht der Gesellschaft mit beschränkter Haftung. 2007.

Band 137 Alexander Rathenau: Die Anwendung des EuGVÜ durch portugiesische Gerichte unter Berücksichtigung des autonomen internationalen Zivilverfahrensrechts. 2007.

Band 138 Matthias Creydt: Die Besicherung von Weltraumvermögenswerten. Ein neues einheitliches internationales Sicherungsrecht und dessen Vergleich zum US-amerikanischen Mobiliarsicherungsrecht. 2007.

Band 139 Oliver Borkhardt: Registerpublizität und Kollisionsrecht besitzloser Mobiliarsicherheiten nach dem neuen Art. 9 UCC. 2007.

Band 140 Jens Engelmann-Pilger: Deliktische Haftung für das Fehlverhalten Dritter im Common Law. 2007.

Band 141 Bastian Rotmann: Der Schutz des Dritten in der europäischen Mobiliarzwangsvollstrekkung. Eine rechtsvergleichende Untersuchung vor dem Hintergrund der Verordnung (EG) Nr. 805/2004 zur Einführung eines Europäischen Vollstreckungstitels für unbestrittene Forderungen. 2007.

Band 142 Oliver Ratzel: Die Präklusion isolierter Unterhaltsverfahren durch den ausländischen Scheidungsverbund. Zugleich ein Beitrag zur internationalen Verbundszuständigkeit im Lichte der Quellenveränderung. 2007.

Band 143 Bettina Maria Stade: Die Konstitutionalisierung des Zivilprozessrechts in Spanien und Deutschland vor dem Hintergrund der Europäisierung des Zivilprozessrechts. 2007.

Band 144 Julia El-Bitar: Der deutsche und der französische Kulturgüterschutz nach der Umsetzung der Kulturgüterrückgaberichtlinie. Eine materiellrechtliche und kollisionsrechtliche Untersuchung. 2007.

Band 145 Aris Kaschefi: Sachmängelhaftung im französischen Kaufrecht vor und nach Umsetzung der Verbrauchsgüterkaufrichtlinie. Mit rechtsvergleichenden Hinweisen zum deutschen Recht unter besonderer Berücksichtigung von Weiterfressersachverhalten. 2007.

Band 146 Isabel Roth: Die internationale Zuständigkeit deutscher Gerichte bei Persönlichkeitsrechtsverletzungen im Internet. 2007.

Band 147 Theresa Wilhelmi: Das Weltrechtsprinzip im internationalen Privat- und Strafrecht. Zugleich eine Untersuchung zu Parallelitäten, Divergenzen und Interdependenzen von internationalem Privatrecht und internationalem Strafrecht. 2007.

Band 148 Alice Halsdorfer: Privat- und kollisionsrechtliche Folgen der Verletzung von Kulturgüterschutznormen auf der Grundlage des UNESCO-Kulturgutübereinkommens 1970. 2008.

Band 149 Thomas Müller-Froelich: Der Gerichtsstand der Niederlassung im deutsch-amerikanischen Rechtsverkehr. Eine Untersuchung zu Fragen der Entscheidungs- und Anerkennungszuständigkeit. 2008.

Band 150 Christopher Luhn: Privatautonomie und Inhaltskontrolle von Eheverträgen. Ein kritischer Vergleich des deutschen und des australischen Rechts mit Bezügen zum Internationalen Privatrecht. 2008.

Band 151 Kristin Kohler: Die grenzüberschreitende Verbraucherverbandsklage nach dem Unterlassungsklagengesetz im Binnenmarkt. 2008.

www.peterlang.de

FSC
www.fsc.org
MIX
Papier | Fördert
gute Waldnutzung
FSC® C083411

Kolibri 360 GmbH
Ferdinand-Jühlke-Straße 7
99095 Erfurt, Deutschland
produktsicherheit@kolibri360.de

Druck:
CPI Druckdienstleistungen GmbH
im Auftrag der
Kolibri 360 GmbH
Ferdinand-Jühlke-Str. 7
99095 Erfurt